KOMPASS

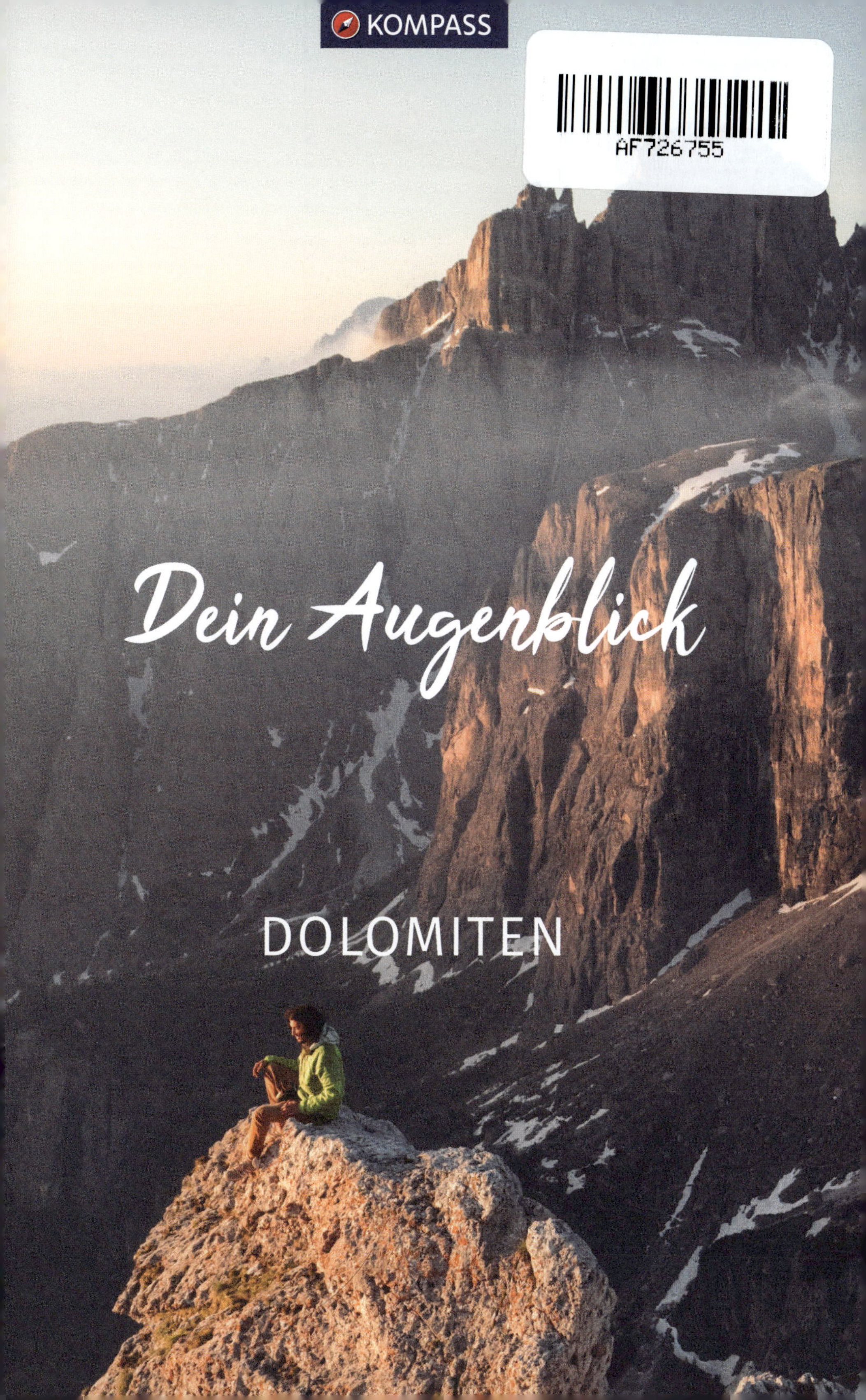

Dein Augenblick

DOLOMITEN

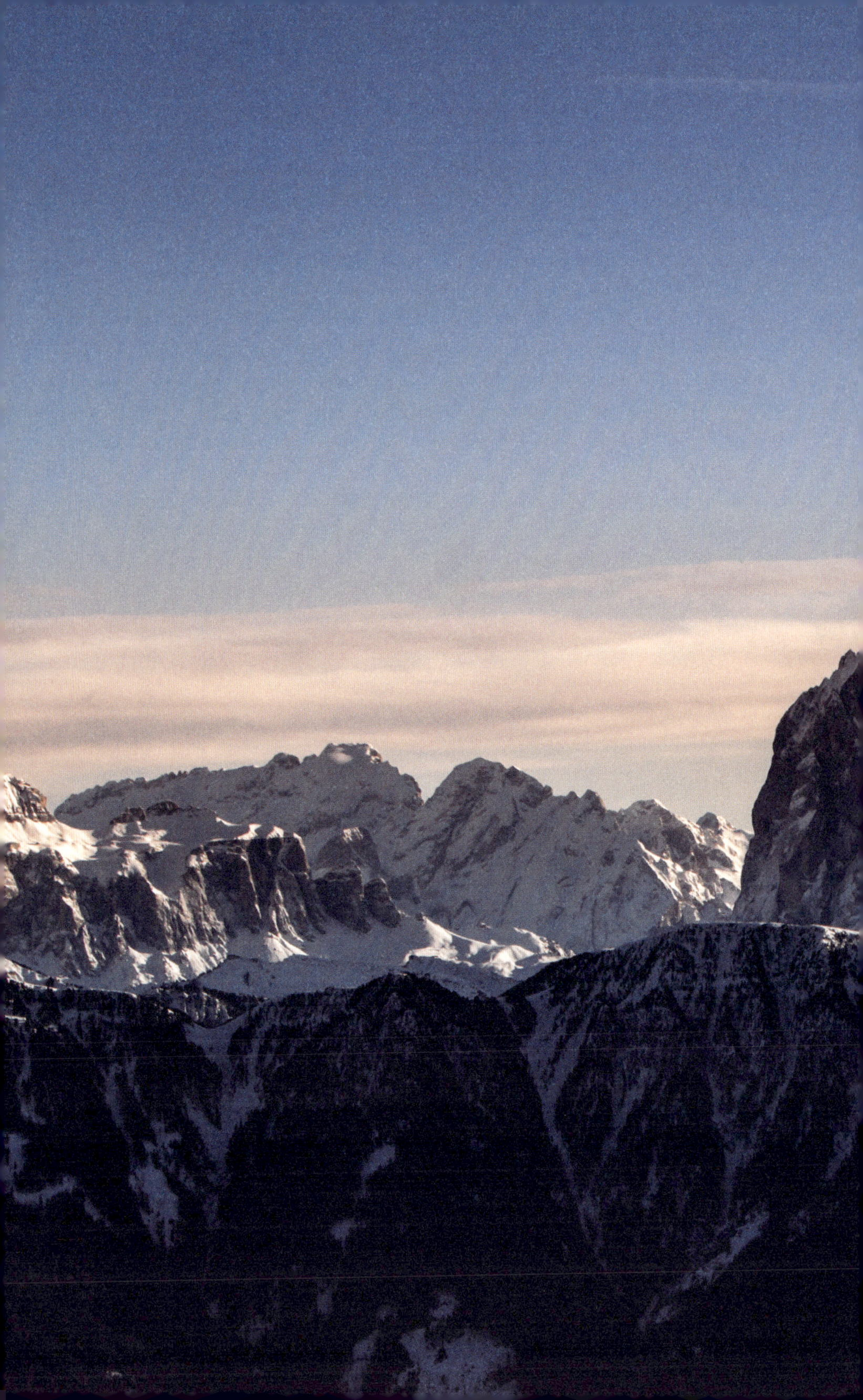

Die Qualität eines Augenblicks hängt vom Blickwinkel ab. Wir zeigen dir Aussichten, für die sich der Anstieg lohnt, und verraten, wo du die besten Ansichten in den Dolomiten erlebst.

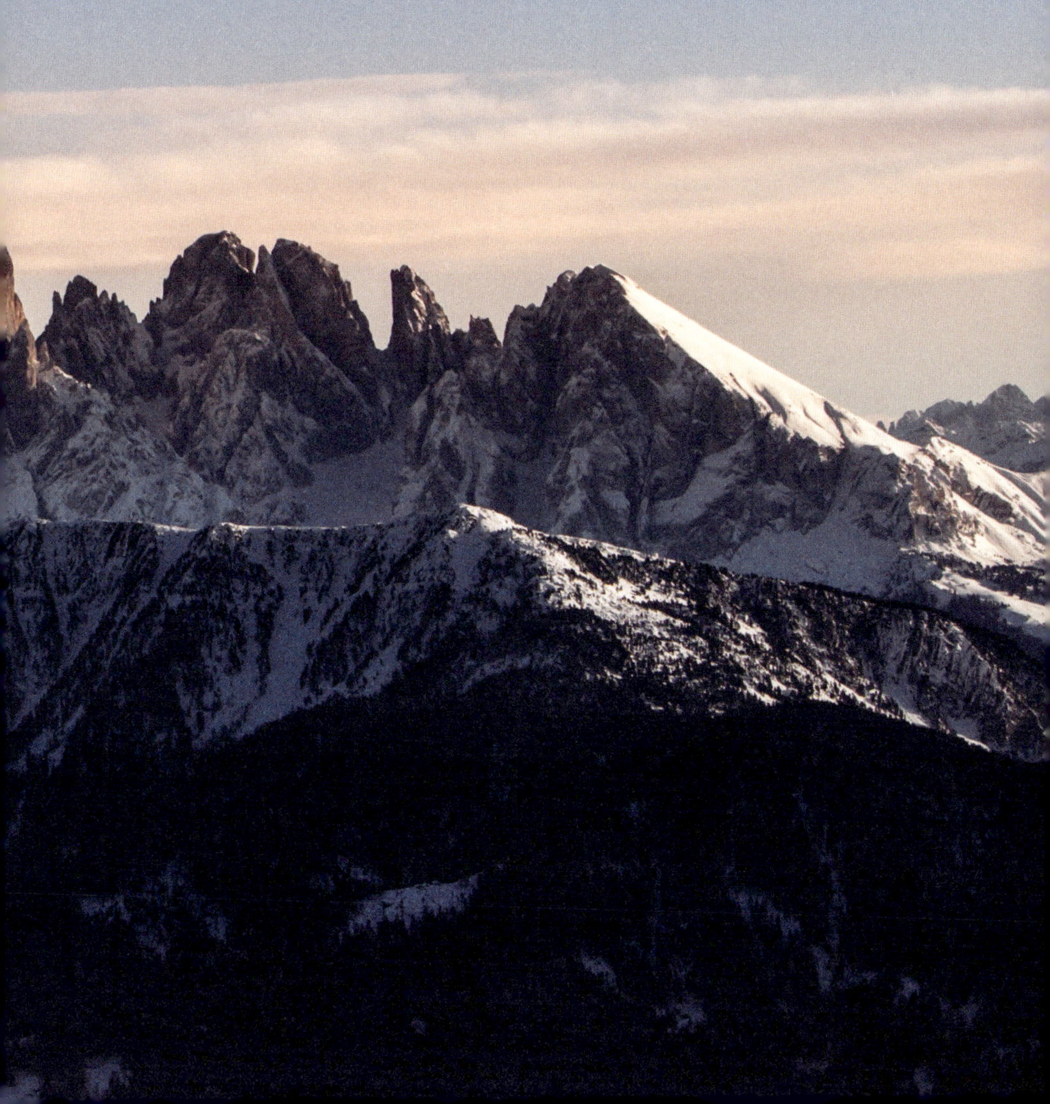

Legende

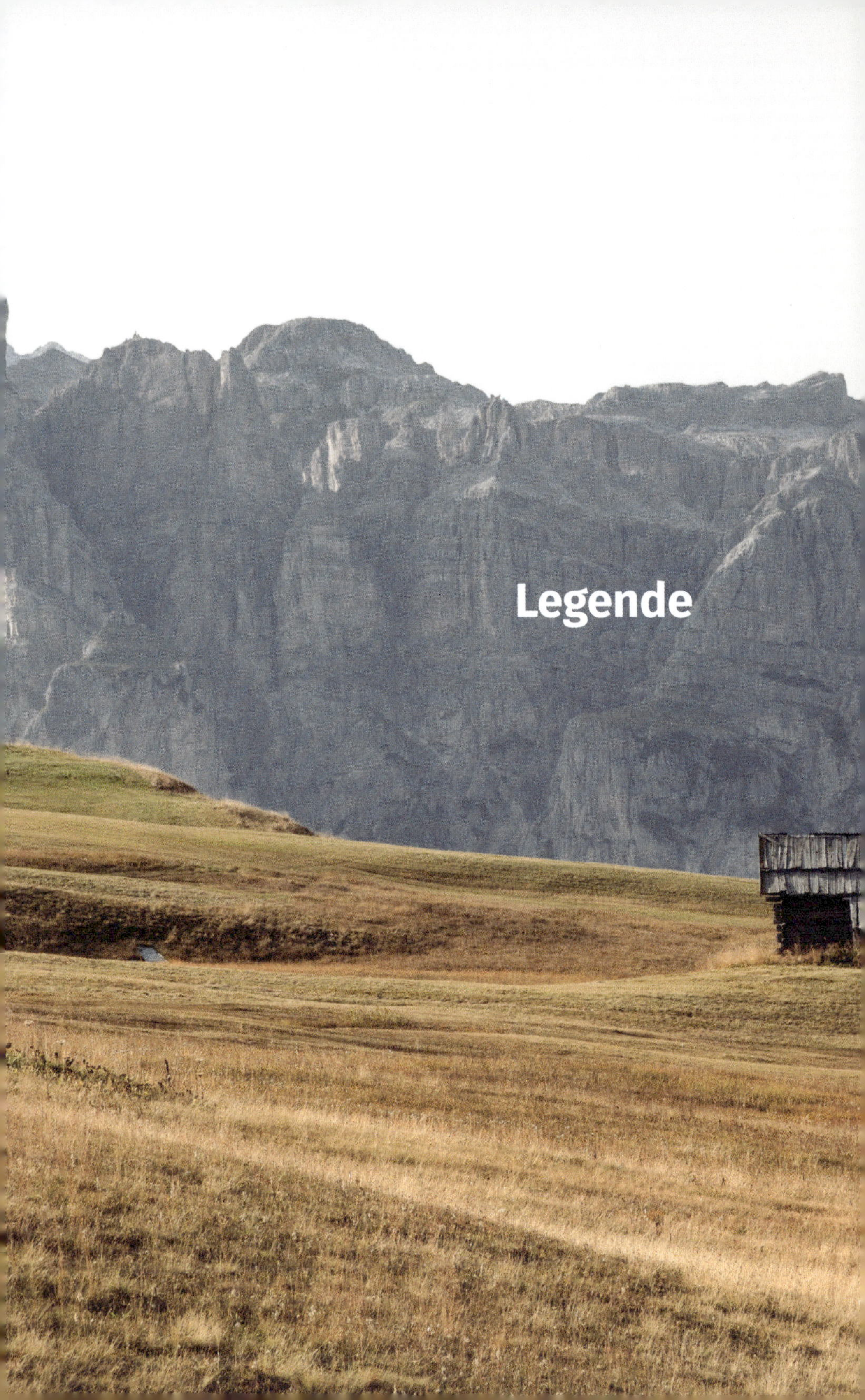

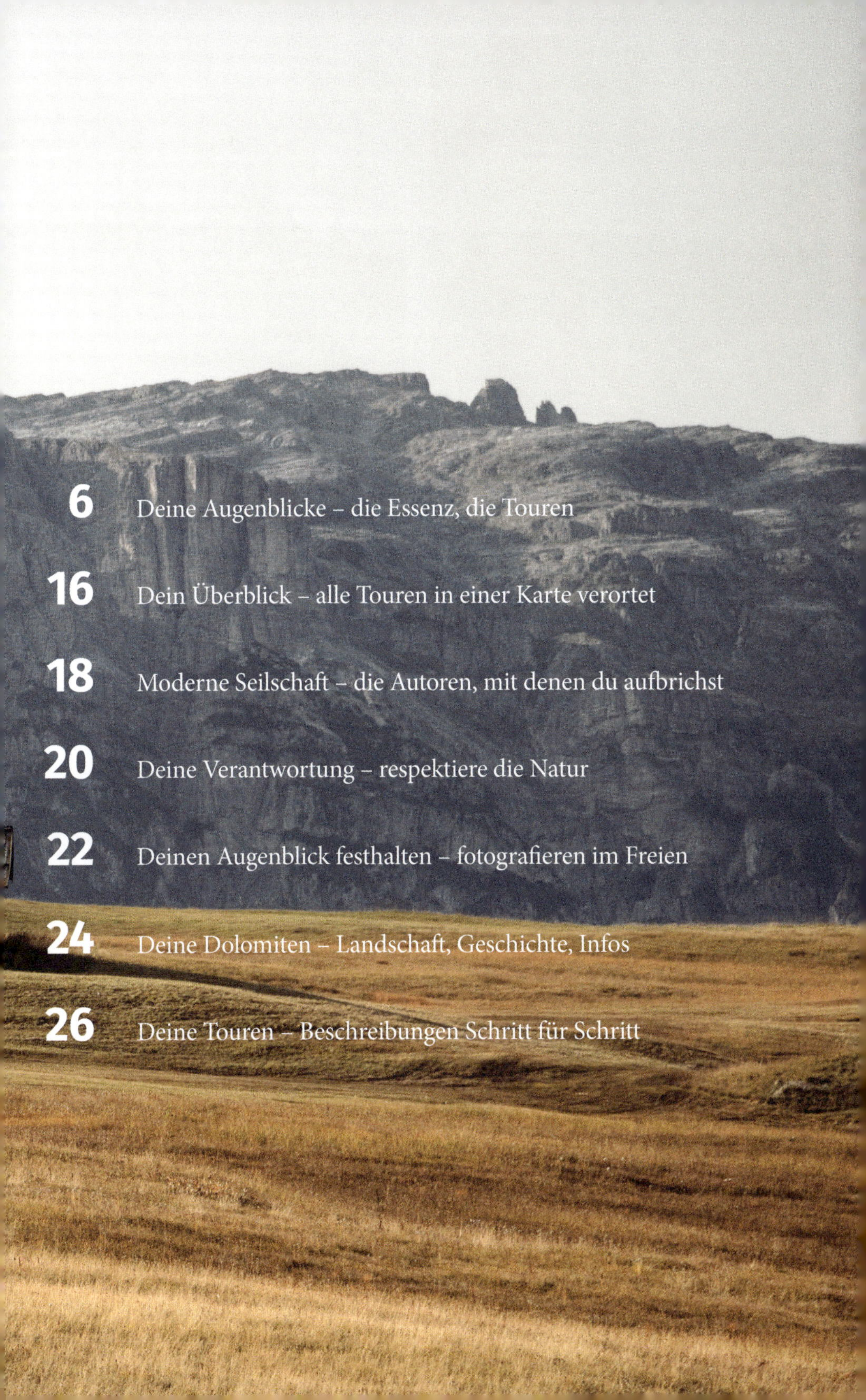

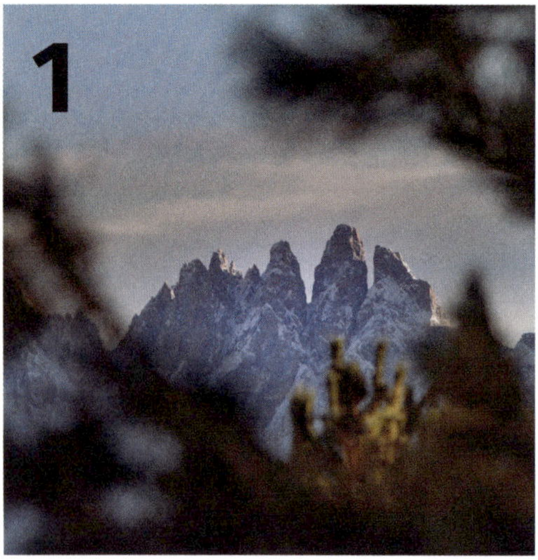

Radlseehütte und Königsanger

Einstieg im Osten: Die Radlseehütte empfiehlt sich als perfekter Aussichtspunkt Richtung Geisler- und die Fermedaspitzen. **Seite 28**

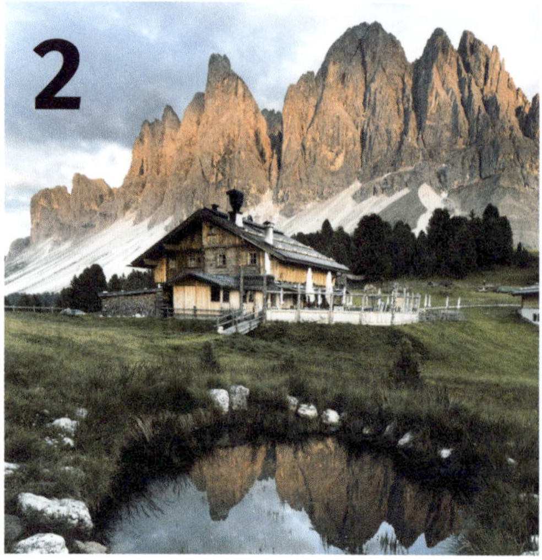

Zur Geisleralm

Die Geislerspitzen gehören zu den schönsten Felsformationen der Dolomiten und zu den Top-Spots für Bildmotive. **Seite 34**

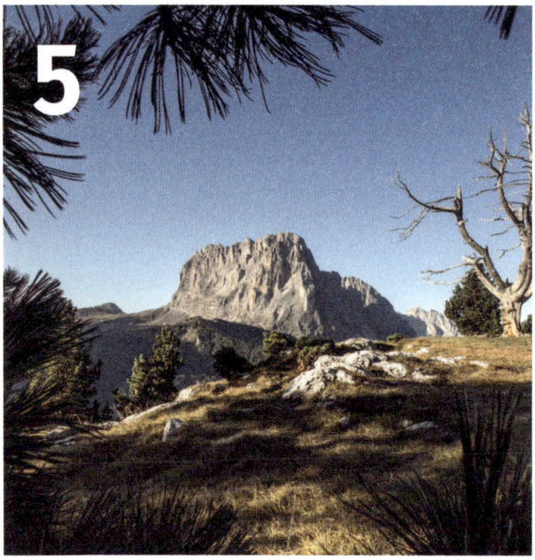

Der Palotasteig zur Steviola

Auf der Nordseite des Grödnertals locken etliche berühmte Wanderziele – die Steviola ist eher ein Geheimtipp geblieben. **Seite 52**

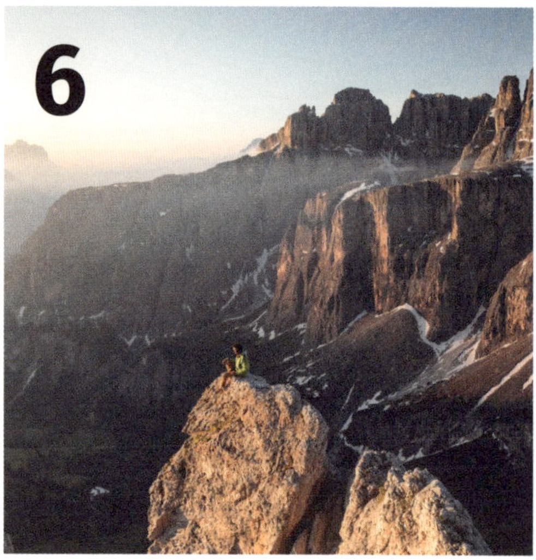

Umrundung der Cirspitzen

Unübersehbar protzen die Cir-Spitzen über dem Grödner Joch. Man kann sie aber auch mit viel Genuss umwandern. **Seite 58**

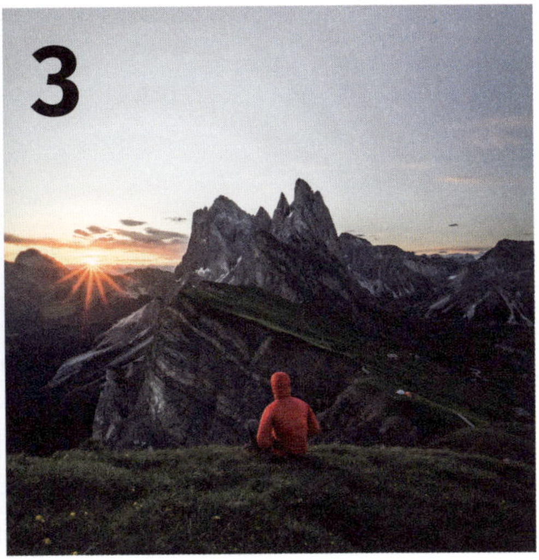

Von der Seceda nach St. Ulrich

Wer zur rechten Zeit auf die Seceda kommt und zu Fuß nach Urtijëi (St. Ulrich in Gröden) hinabwandert, lernt den viel besuchten Seilbahnberg von einer ganz anderen Seite kennen. **Seite 40**

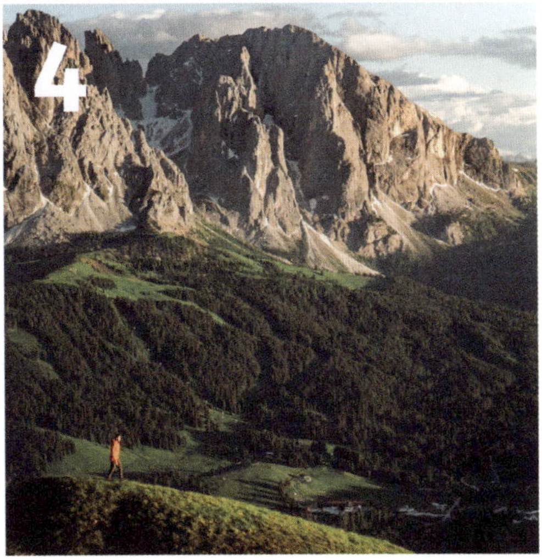

Auf den Pic (Monte Pic)

Für Dolomitenverhältnisse ist er nicht besonders hoch, dieser Wald- und Grasberg zwischen Gröden und der Geislergruppe. Aber er trägt mehrere Bezeichnungen und bietet ein Panorama mit voch viel mehr Bergnamen. **Seite 46**

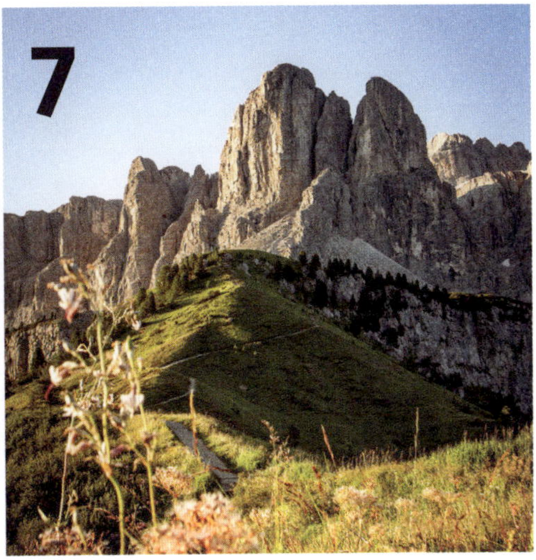

Rundwanderung zum Grödner Joch

Zu einer mit Pfiff erneuerten Schutzhütte, vorbei unter den Hochgipfeln der Zillertaler Alpen und nahe heran an einen Gletscher: Wer würde da nicht neugierig werden? **Seite 64**

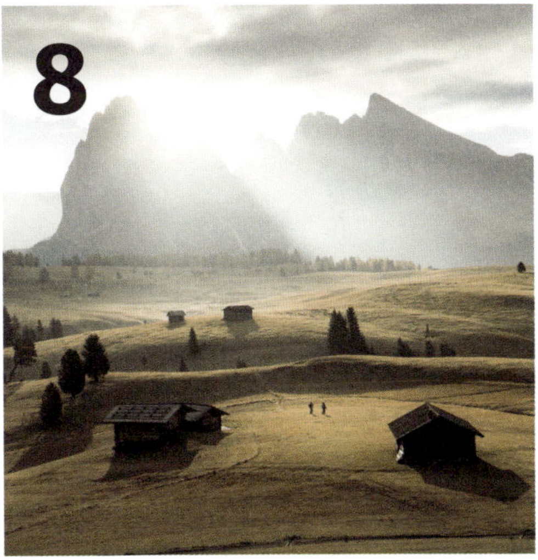

Spaziergang auf der Seiser Alm

Einen guten ersten Eindruck von der berühmten Almlandschaft unter Schlern, Platt- und Langkofel vermittelt dieser Kurztrip. **Seite 70**

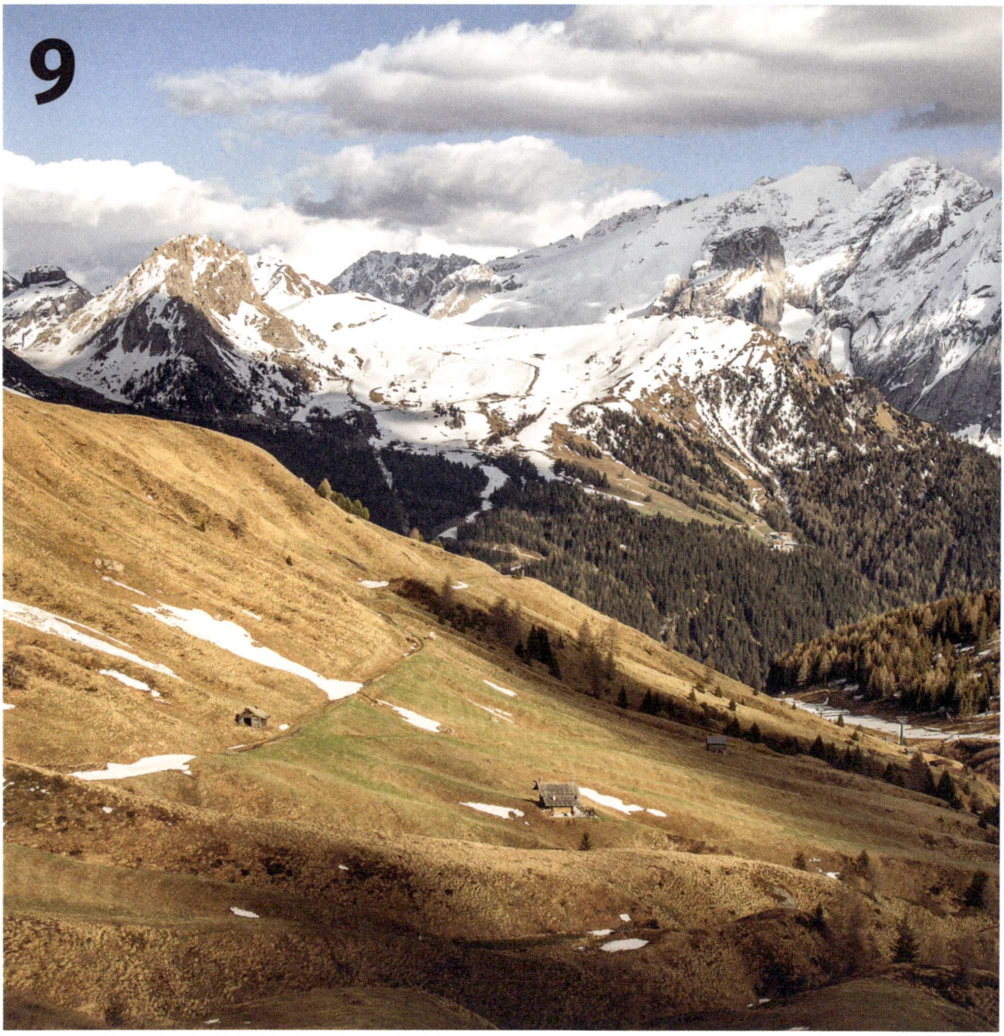

Rund um den Plattkofel

Der Plattkofel ist eine unverwechselbare Berggestalt. Wer sie umrundet, lernt alle seine Facetten genau kennen. **Seite 76**

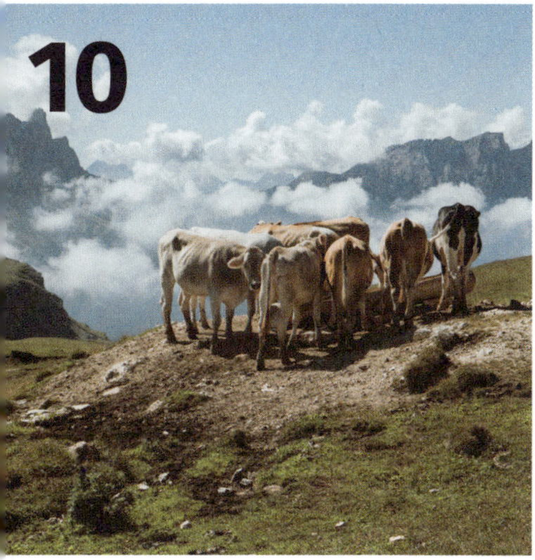

Von der Seiser Alm zum Schlernhaus

Der abgeplattete Felsriese ist das Bergsymbol Südtirols. Grund genug, einmal zu seinem traditionsrechen Gipfelschutzhaus hinaufzuwandern. **Seite 82**

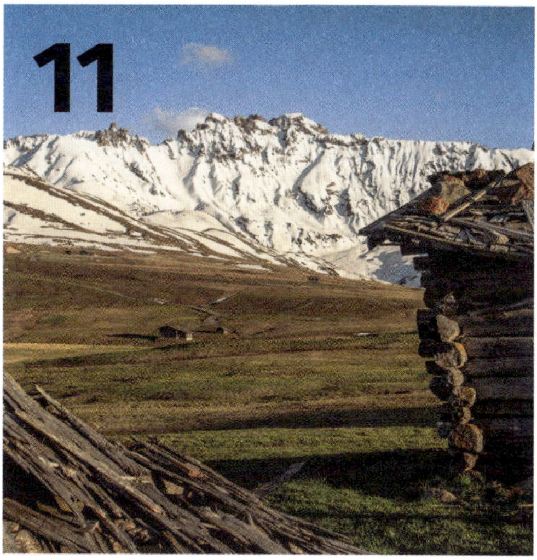

Rosszähne beißen nicht

Man muss kein Geologe sein, um die Rosszähne interessant zu finden. Dieses steinerne „Gebiss“ fasziniert auch alle, die gerne wandern und dabei auch ein wenig Hand an den Fels legen. **Seite 88**

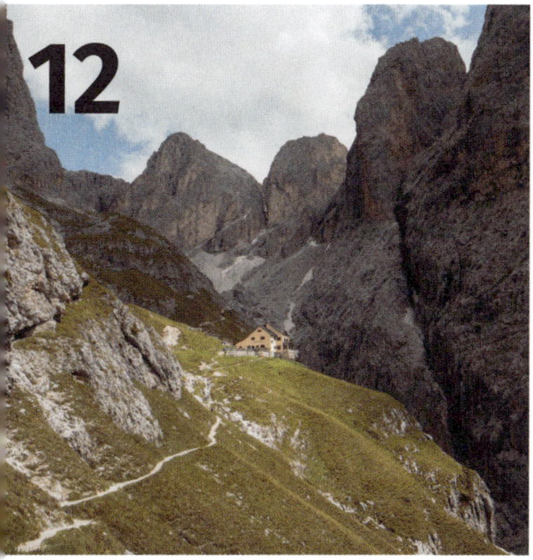

Zur Grasleitenhütte

Wer das Tschamintal nicht kennt, kennt die Dolomiten nicht! Auf dem Weg von Tiers zum Rosengarten lernt man diese märchenhaft wilde Landschaft kennen. **Seite 94**

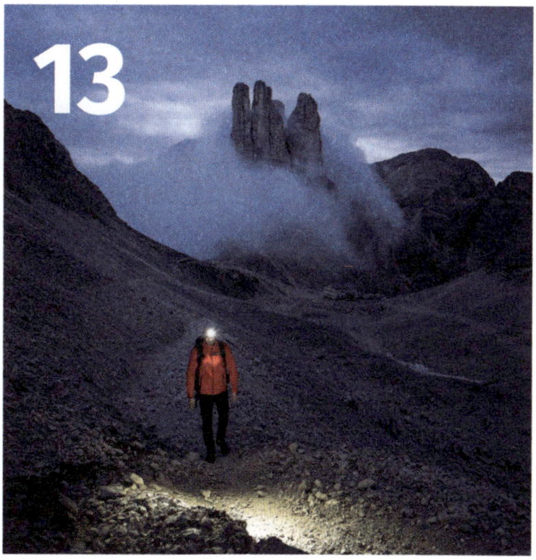

Vajolethütte – Santnerpass

Dem sagenumwobenen Rosengarten kann man auch vom Fassatal aus seine Reverenz erweisen. Dabei kommt man ganz nah an den bizarren Vajolettürmen vorbei. **Seite 100**

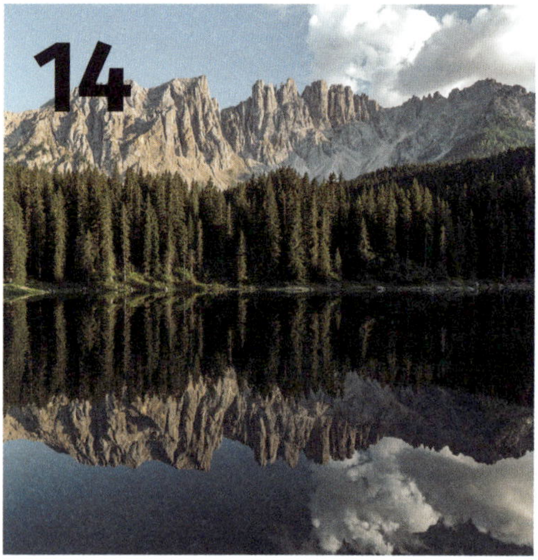

14 Von Obereggen zum Karersee

Auch das Naturwunder am Karerpass zieht immer mehr Menschen in seinen Bann. Daher schlagen wir vor, auf stillen Wegen von Obereggen hinüberzuwandern. **Seite 108**

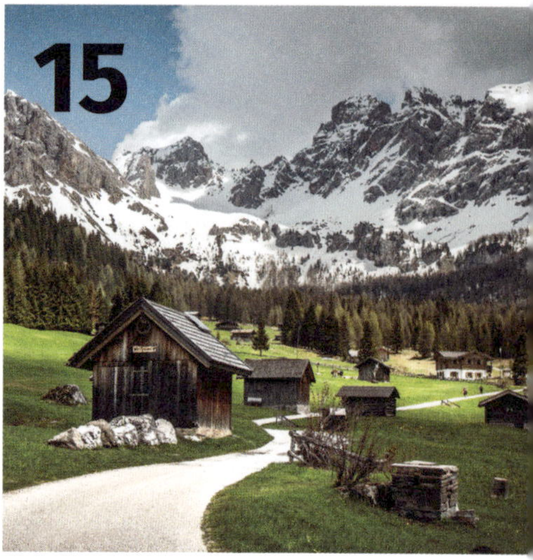

15 Lagusèl und die Wasserfälle

Das Val San Nicolò, ein stilles Seitental des Val di Fassa, birgt viele Naturwunder. Das schönste davon ist wohl ein kleiner See, den nicht viele Wanderer kennen. **Seite 114**

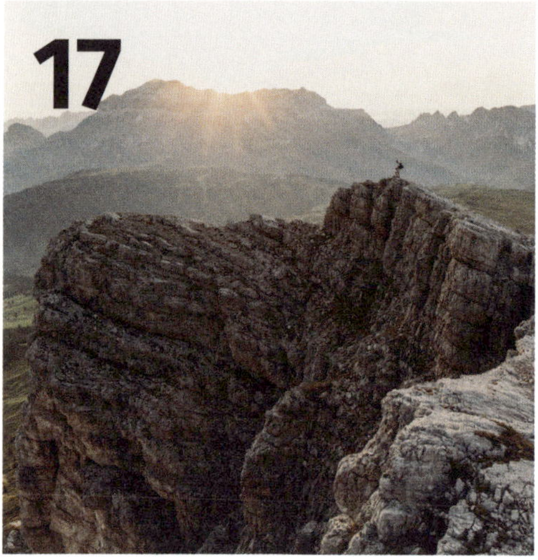

17 Vom Col Alt zur Pralongià

Wiesenland im steinernen Zaubergarten? Ja, das gibt's – und es lohnt sich sehr, es in aller Seelenruhe mit den Wanderschuhen zu erkunden. **Seite 126**

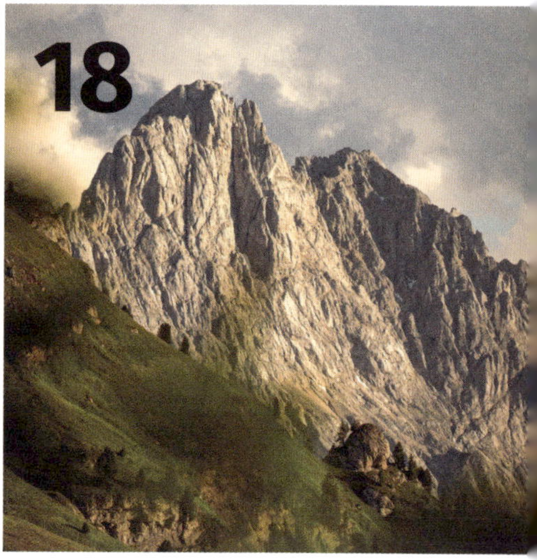

18 Rundwanderung zur Porta Vescovo

Den Bindelweg muss man Dolomitenfreunden nicht vorstellen – ein schönerer Blick zur mächtigen Marmolata als vom historischen „Brotweg“ ist wohl nicht denkbar. **Seite 132**

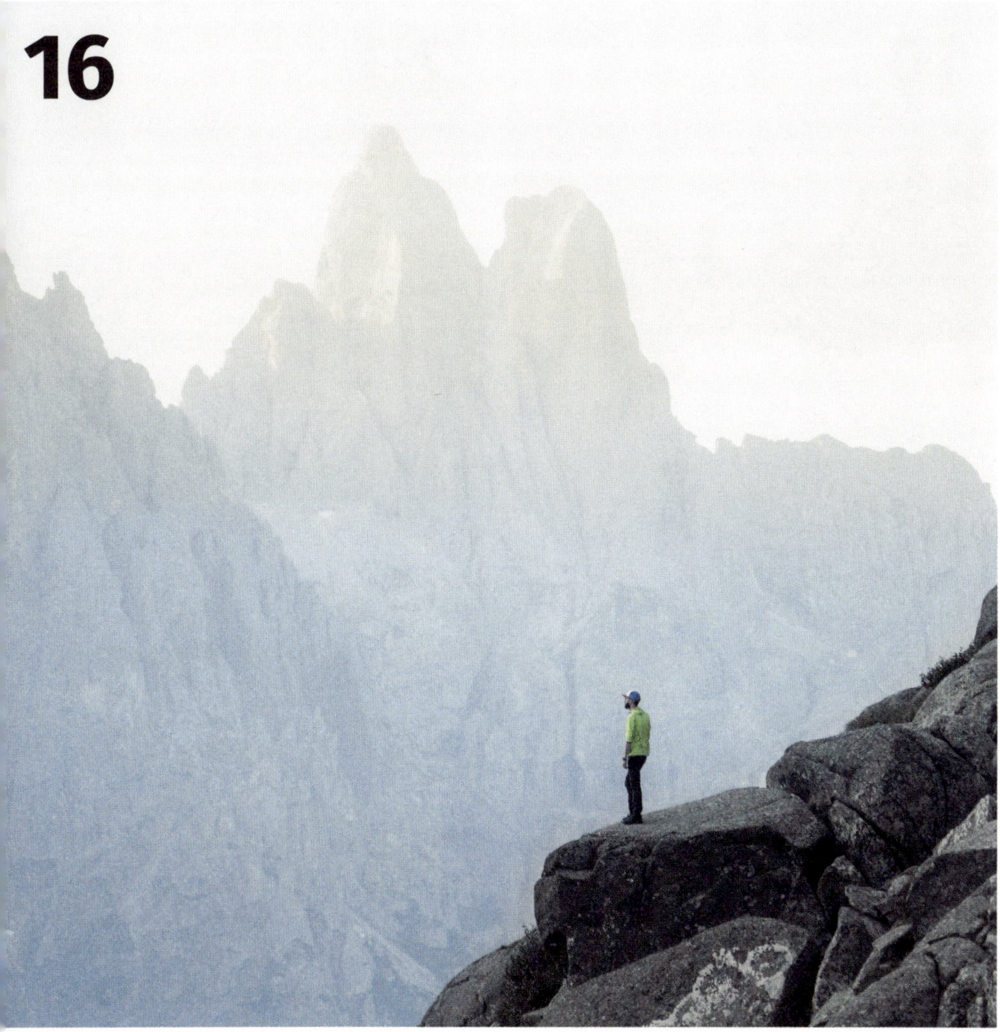

Vom Passo Rolle zum Cavalazza

Die Palagruppe im Süden der Dolomiten zählt zu den eindrücklichsten Berggebieten der ganzen Alpen. Auf dieser Almwanderung betrachtet man sie sozusagen aus ihrem „Vorgarten“. **Seite 120**

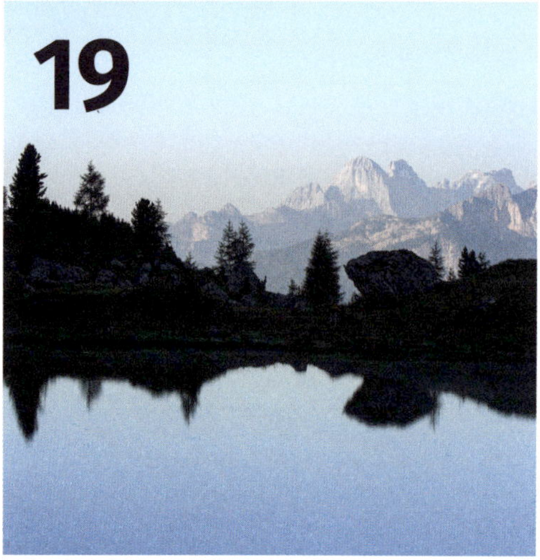

Zum Col di Lana

Fröhlich wird einem auf dem Weg zum „Blutberg“ des Ersten Weltkriegs nicht ums Herz. Trotzdem sollte man den Col die Lana inmitten der großen Dolomitenriesen einmal erstiegenn haben. **Seite 138**

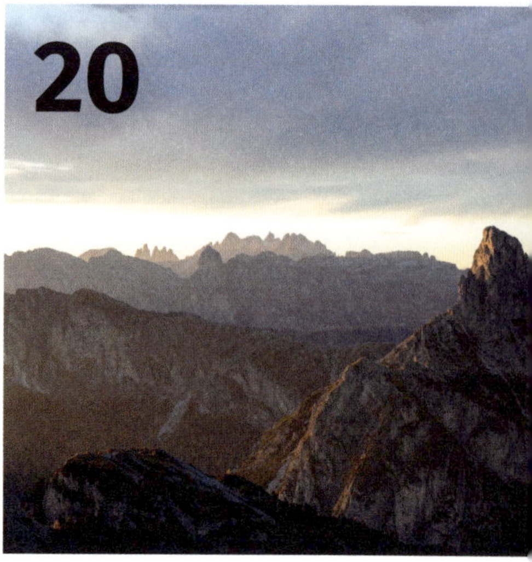

Auf den Hexenstein

Wer würde sich angesichts der wilden Schönheit der Berge um den Falzàregopass nicht verhexen lassen? Schwindelfreiheit und alpine Erfahrung braucht es dabei aber schon! **Seite 144**

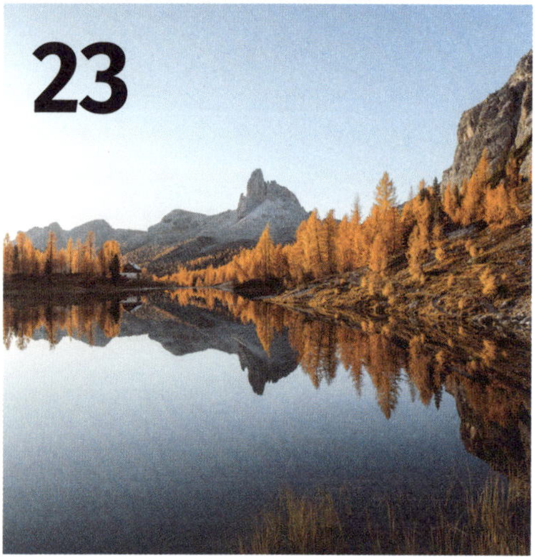

Rund um die Croda da Lago

Ein „Kalendermotiv“ der Dolomiten: Der Mittagszeiger ist nicht nur um 12 Uhr schön und lädt nicht nur im farbenprächtigen Herbst zum Hingehen ein. **Seite 162**

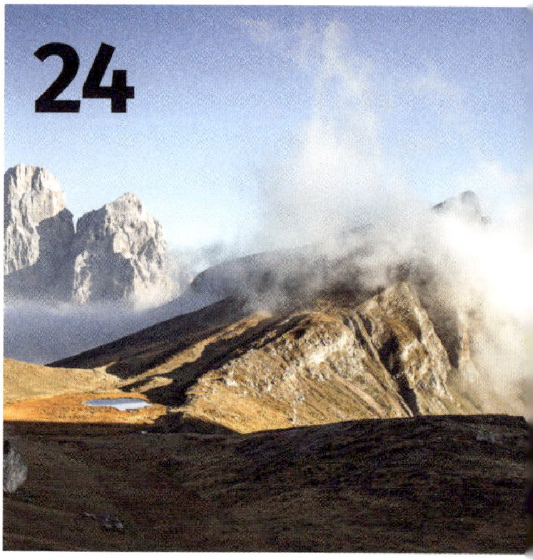

Rund um den Corvo Alto

Die Steine der Dolomiten haben die Menschen hier schon in der Steinzeit besucht – allerdings nicht zum vergnüglichen Wandern, sondern zum Jagen und Beerensammeln. **Seite 168**

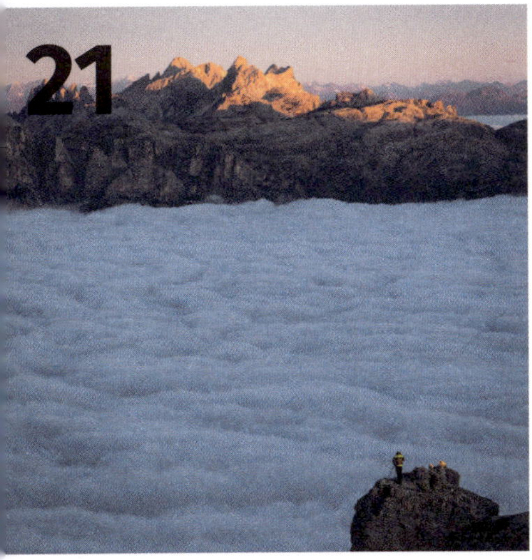

Falzaregopass – Kleiner Lagazuoi

Felsig, aber friedlich – so gibt sich der 2778 Meter hohe Steinberg über dem Falzaregopass. Letzteres war nicht immer so. **Seite 150**

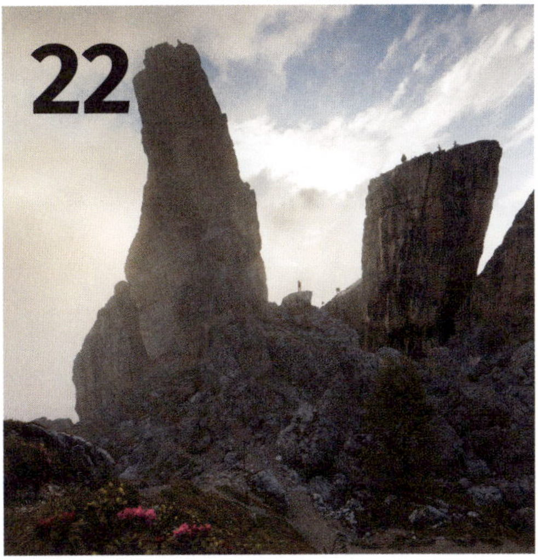

Zu den Cinque Torri

Man muss nicht immer hoch hinaufblicken, um Ungewöhnliches zu entdecken. In den Ampezzaner Dolomiten wecken auch kleinere Felsgestalten heftige Wanderwünsche! **Seite 156**

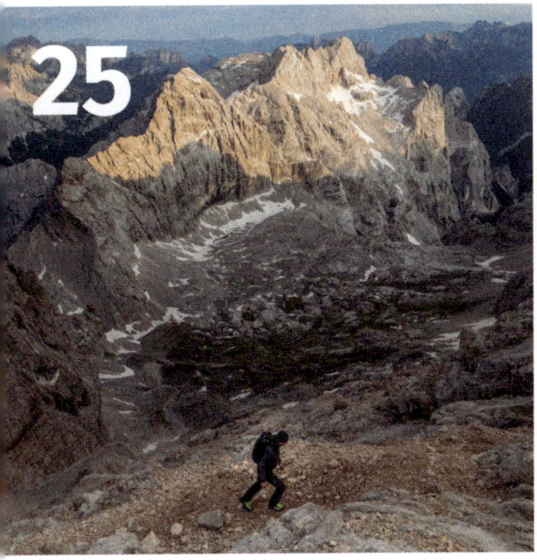

Via Ferrata Degli Alleghesi

Sicheres Wetter abgewartet, frühmorgendlich aufgebrochen und das Klettersteigset angelegt: So lässt sich die Civetta von Schwindelfreien und Bergerfahrenen auf einem luftigen Grat-Klettersteig „überalpinieren". **Seite 174**

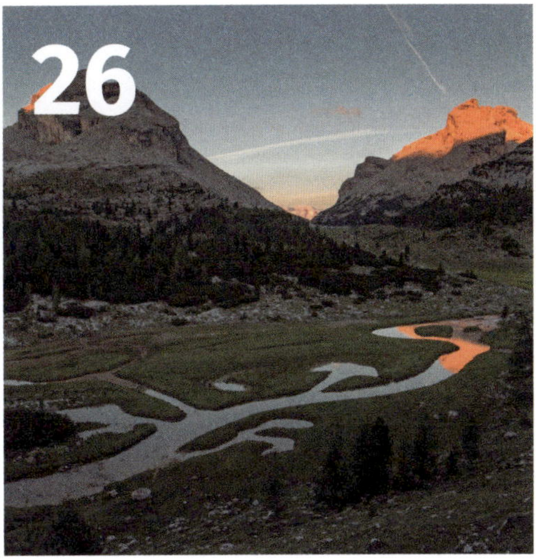

Von Pederü zum Limojoch

Auf ins geheimnisvolle Reich der Fanesalm – vorbei am „Parlament der Murmeltiere". **Seite 180**

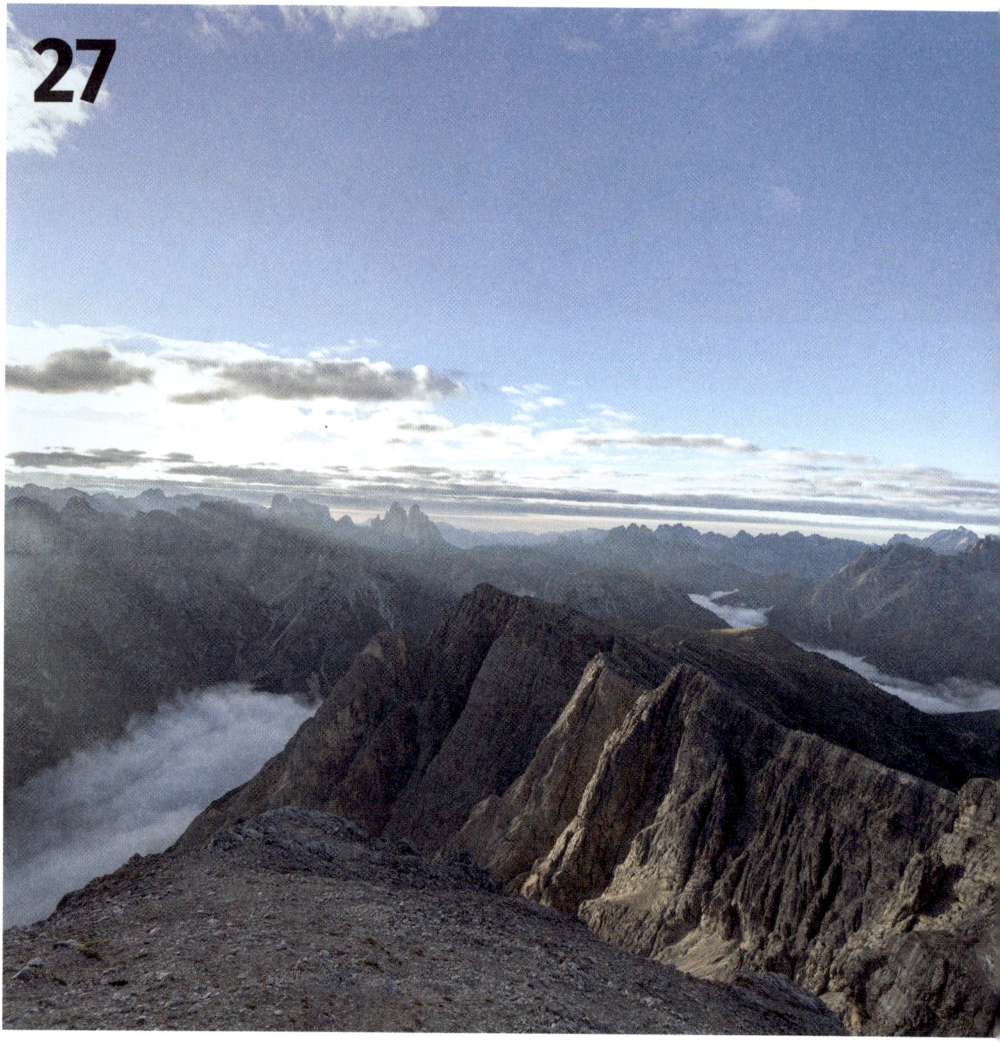

Zum Aussichtsberg Dürrenstein

Hoch hinaus im Norden! Das ist das Motto bei der Ersteigung des schönsten Aussichtsberges der Pragser Dolomiten. **Seite 186**

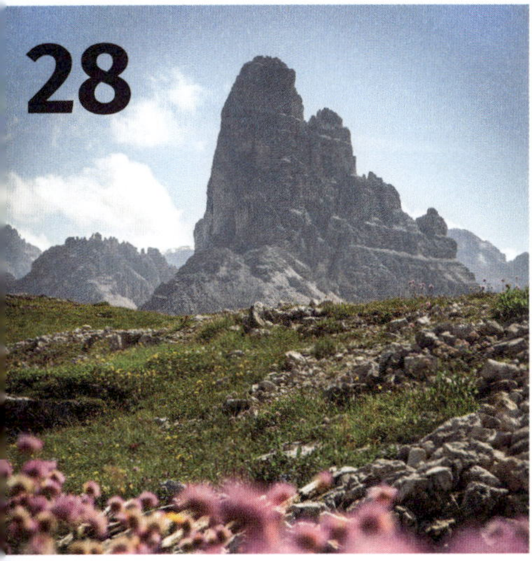

Monte Piana

Schon wieder Kriegserinnerungen … Auf dem Monte Piana schweift der Blick aber nicht nur über alte Kampfstellungen und Schützengräben, sondern auch hinüber zu den Drei Zinnen. **Seite 192**

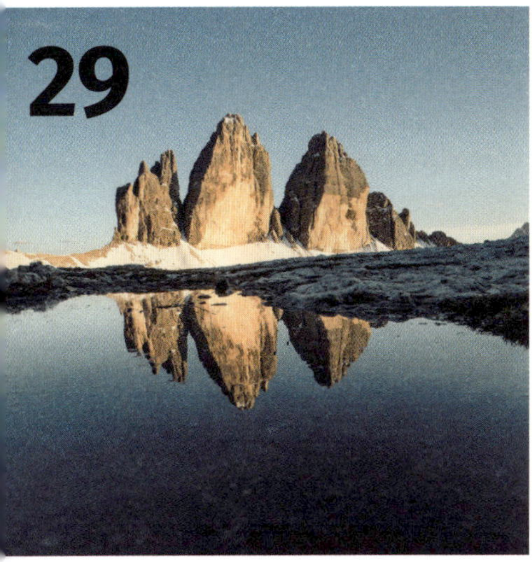

Auf den Toblinger Knoten

Die Tour auf den Toblinger Knoten, den nördlichen Nachbarn der Drei Zinnen, erfordert Klettersteig-Können, verspricht aber eine „rummelfreie" Glanzsicht zu den Stars der Sextner Dolomiten. **Seite 198**

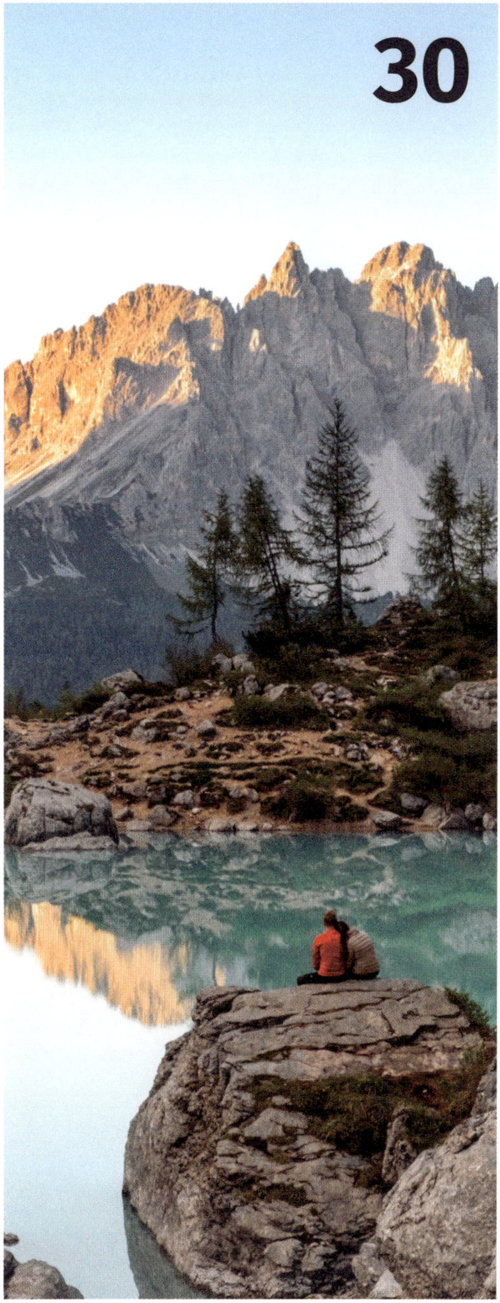

Zum Lago del Sorapiss

In einer der stillsten Ecken der östlichen Dolomiten verbirgt sich ein zauberhafter kleiner See am Fuße eines wahren Bergriesens. **Seite 206**

Gebietsübersicht

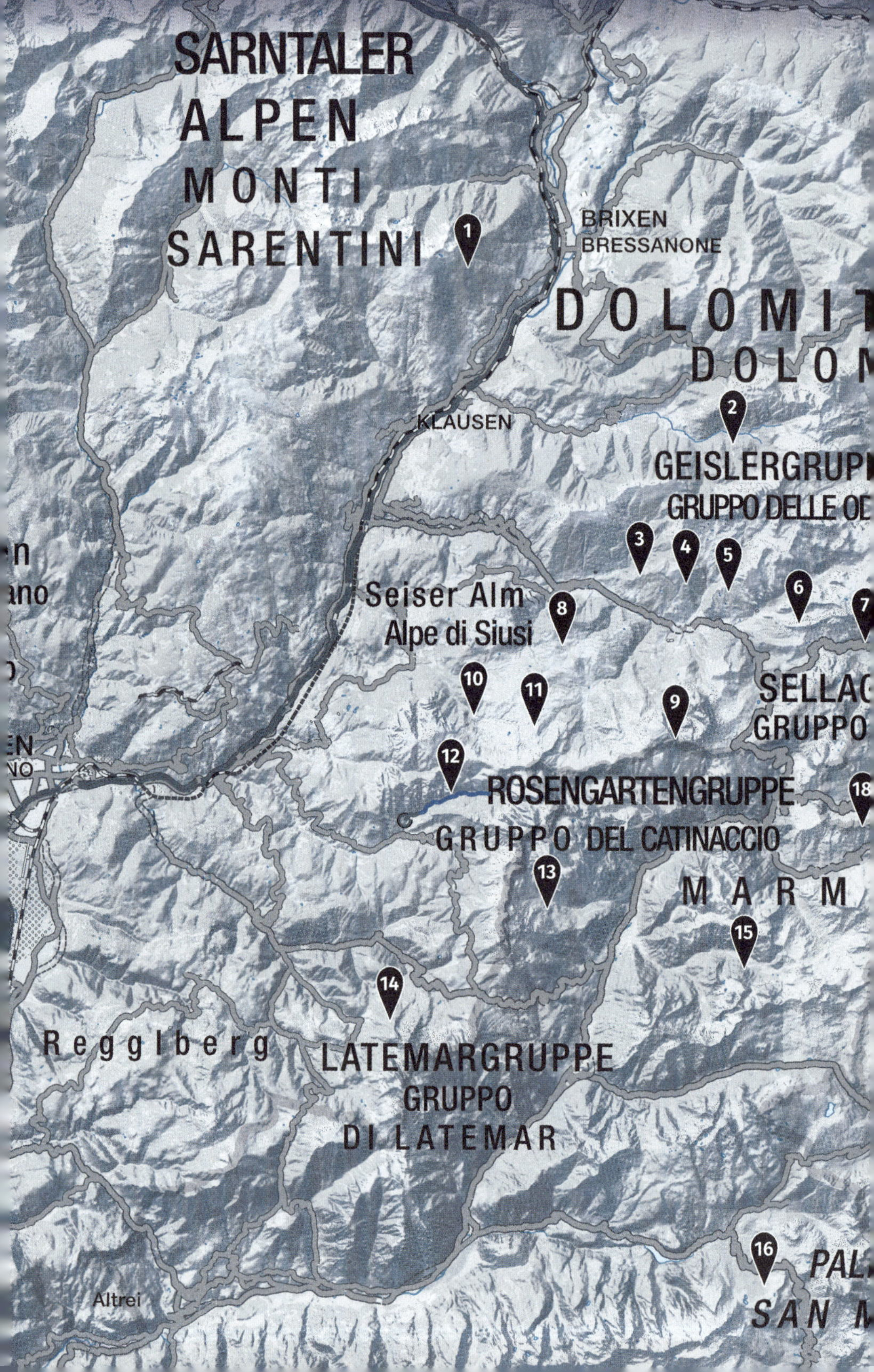

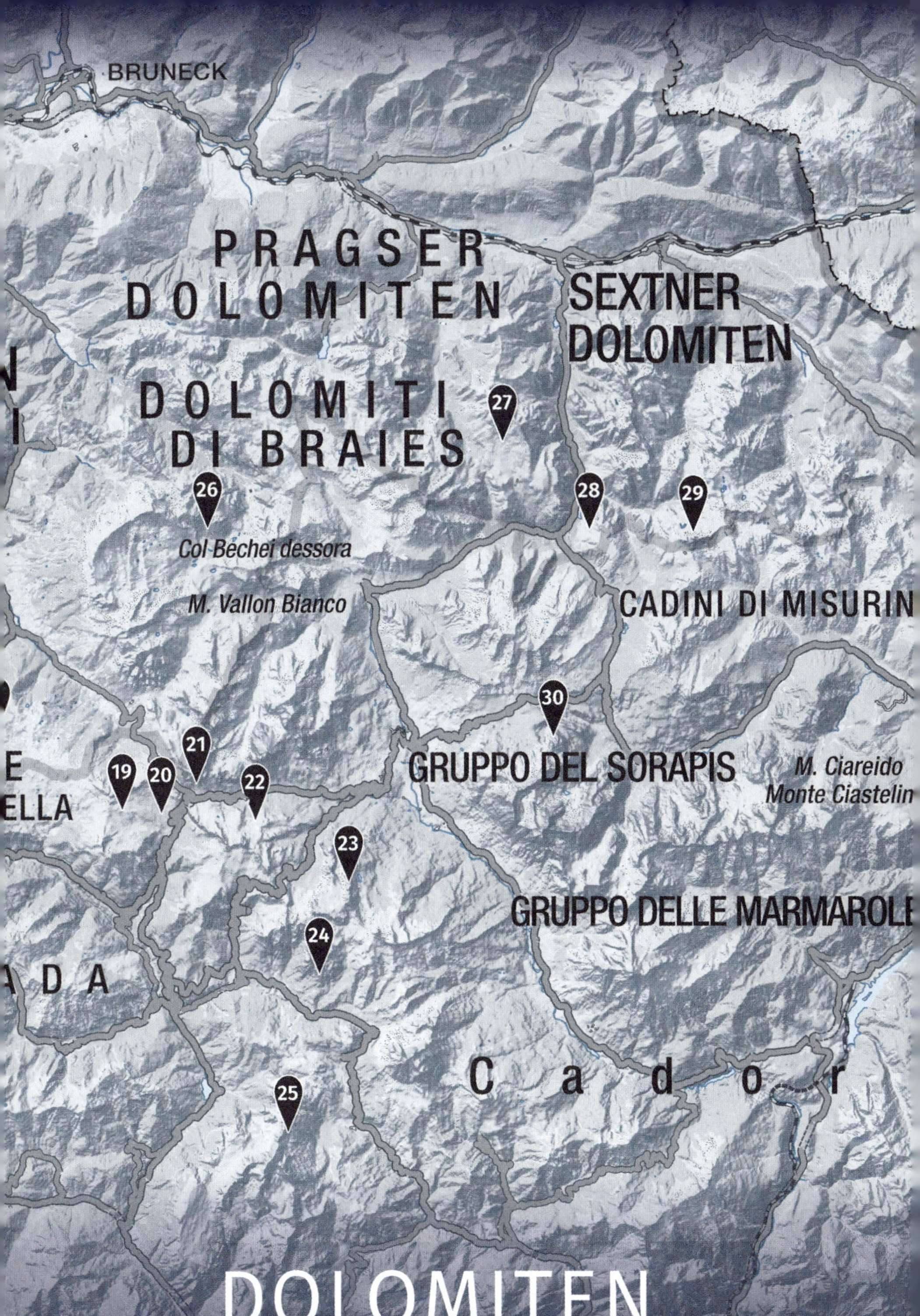

DOLOMITEN

Deine 30 Touren im markantesten Gebirge Italiens

Moderne Seilschaft

Es sind aufstrebende Fotografinnen und Fotografen, die dich gemeinsam mit versierten Bergsteigern an dein Ziel führen. Erfahrung und Tatendrang treffen sich mit der gemeinsamen Sehnsucht nach den beeindruckendsten Augenblicken in den Dolomiten.

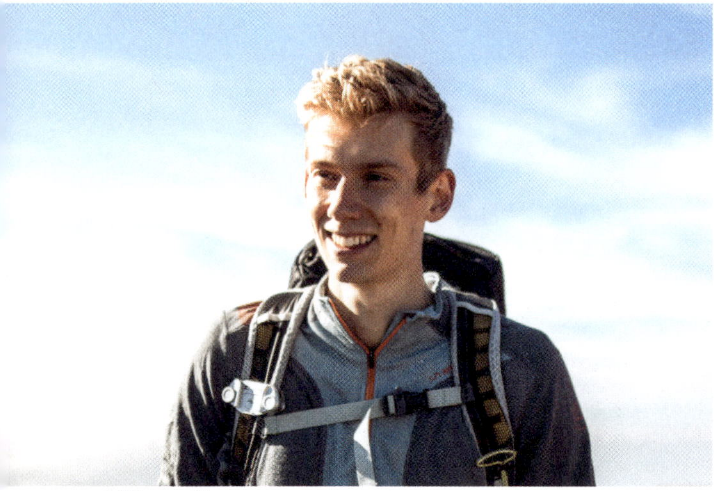

Philipp Pliger

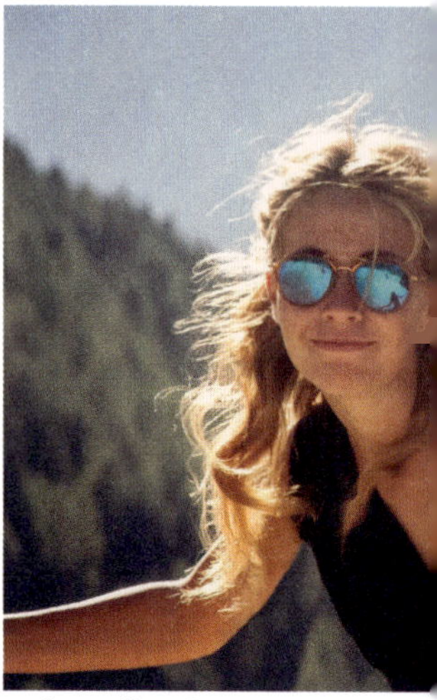

Luisa Härtel

Philipp Pliger wurde in Brixen, im Herzen von Südtirol, geboren und hat in den umliegenden Bergen auch seine Leidenschaft für die Fotografie entdeckt. Besonders in den frühen Morgenstunden fühlt er sich hoch oben in den Bergen

Erfahrung zählt, Leidenschaft besteht

am wohlsten und genießt dort die Ruhe in der Natur. Zudem bietet die Fotografie einen einzigartigen Ausgleich zum stressigen Alltag als Arzt im Krankenhaus. „Als Tipp würde ich jungen Fotografen mit auf den Weg geben, sich nicht zu sehr durch die sozialen Medien beeinflussen zu lassen, sondern selbst einen Weg zu finden und der eigenen Kreativität freien Lauf lassen. Und ansonsten: Einfach rausgehen und losfotografieren".

Geboren in Bayern, fotografisch aktiv auf der ganzen Welt – so könnte man **Luisa Härtel** charakterisieren. Schon bei ihrer ersten Kamera faszinierte sie die Möglichkeit, Momente detailgetreu festzuhalten, vielleicht auch deshalb, weil sie viel zeichnete und malte. So kam Luisa mit Geduld und Kreativität zur Pferde-, Sport- und Porträtfotografie. Heute reizen sie als Bildmotive vor allem historische Städte und (Berg-)Landschaften, die Geometrie, die der Natur innewohnt, und vor allem ihre leuchtenden Farben. Ihr Tipp für unterwegs: „Es kann nie schaden, sich auch einmal umzudrehen!".

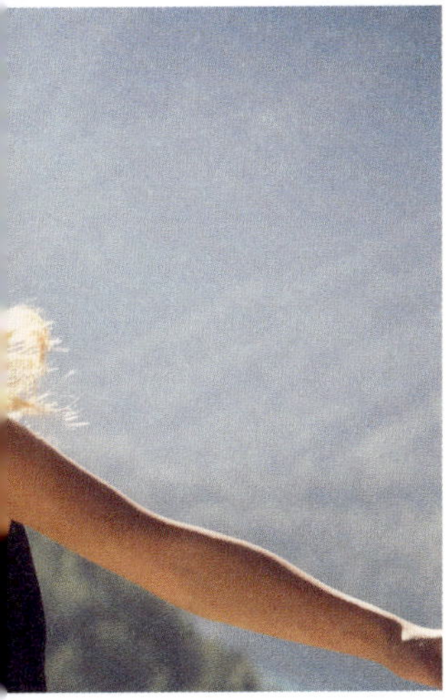

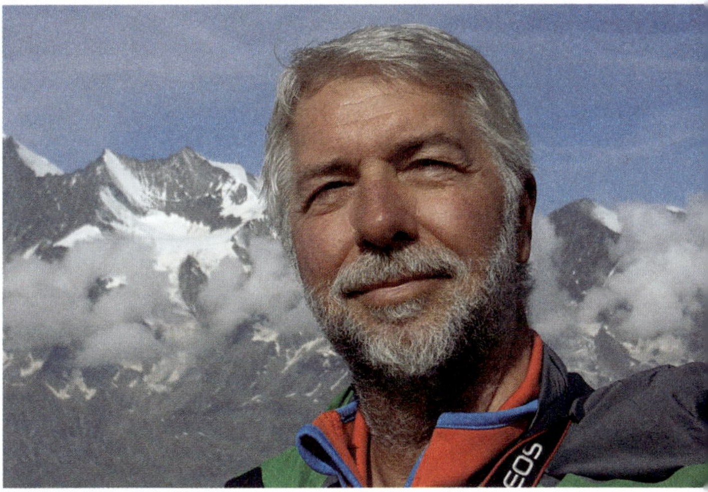

Wolfgang Heitzmann

Schon seit 40 Jahren ist **Wolfgang Heitzmann** im Gebirge unterwegs. Als Tourismusberater war er in vielen europäischen Urlaubsregionen tätig, entwickelte überregionale Kulturprojekte und realisierte zahlreiche Themenwege. Durch sein Engagement für bedrohte Naturräume wurde er zum Mitbegründer des Nationalparks Kalkalpen in Oberösterreich. Heute lebt er in Tirol und arbeitet im Verlagswesen. Mit 80 eigenen Führern und Bildbänden über die Alpen, die Toskana und die Insel Mallorca zählt er zu den erfolgreichsten Outdoor-Autoren. „Unvergessliche Augenblicke habe ich viele erlebt – als Jugendführer des Alpenvereins, auf Gletschergipfeln und Vulkanen, in Schluchten und Karstwüsten, an verborgenen Stätten der Urgeschichte, bei meinen Alpenüberquerungen mit dem Mountainbike oderm beim winterlichen Schneeschuh-Trekking ...“

Jeder Augenblick wird mit dem Highlight der Tour vorgestellt. Bei der Vorstellung steht neben dem Fotografen der jeweiligen Tour auch sein Kürzel unter dem man ihn auf Instagram findet, so zum Beispiel: @p.doublephoto

Weitere Fotos in diesem Buch stammen von **Thomas Kargl** @maxlsbilderbuch, **Stefan Mahlknecht** @stefan_mahl, **Roman Huber** @romempix und **Fabian Künzel** (†) @fabian_kuenzel.

Tourenbeschreibungen haben auch **Franziska Baumann, Manfred Föger, Eugen E. Hüsler, Raphaela Moczynski und Mark Zahel** beigesteuert. Ihnen allen herzlichen Dank!

Deine Verantwortung

KOMPASS will dir mit diesem Wanderführer die Schönheit und Einzigartigkeit der Natur vor Augen führen. Hierfür wurden ganz besondere Orte ausgewählt. Sie gewähren dir einen atemberaubenden Blick auf die einzigartige Komposition aus natürlichen Strukturen und Elementen der jeweiligen Landschaft. Manchmal ist für das Auffinden der perfekten Perspektive ein Extraschritt auf schmalem Steig oder in weglosem Gelände erforderlich. Gerade hier gilt es sich eigenverantwortlich und respektvoll gegenüber der Natur und den Mitmenschen zu verhalten. Die Umwelt zu schützen und den eigenen Fußabdruck minimal zu halten ist Ehrensache.

Einen Moment für die Ewigkeit festzuhalten ist nichts wert, wenn wir die Natur für die Ewigkeit zerstören.

Ehrensache

Respektiere die Berge, die Natur mit ihrer Schönheit und die Gefahren.

Am Berg zählt das Miteinander. Gegenseitige Hilfe und Gemeinschaft wiegen mehr als das perfekte Gipfelfoto.

Versuche mit öffentlichen Verkehrsmitteln oder mit dem Fahrrad anzureisen.

Gehe kein Risiko ein. Du willst deine Geschichten schließlich noch erzählen können.

Nimm mehr Müll mit, als du auf die Berge bringst. Beteilige dich am Schutz unserer Umwelt.

Hinterlasse keine Spuren. Das Ökosystem der Berge ist fragil und erholt sich nur langsam.

„Plastik, Dosen und Papier,
sind den Bergen keine Zier.
Trägst du sie voller bis hierher,
trägst du sie heimwärts auch nicht schwer.“

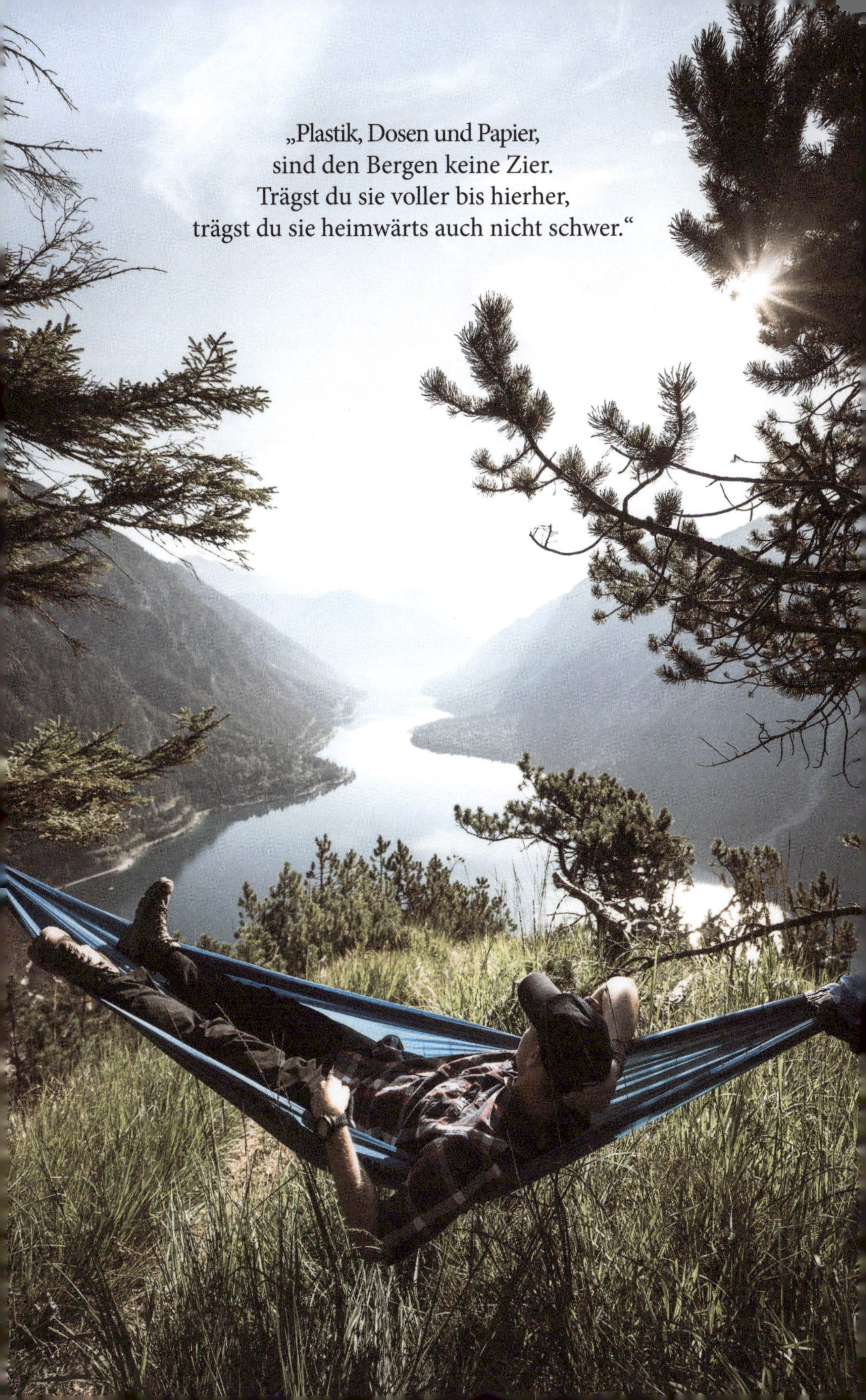

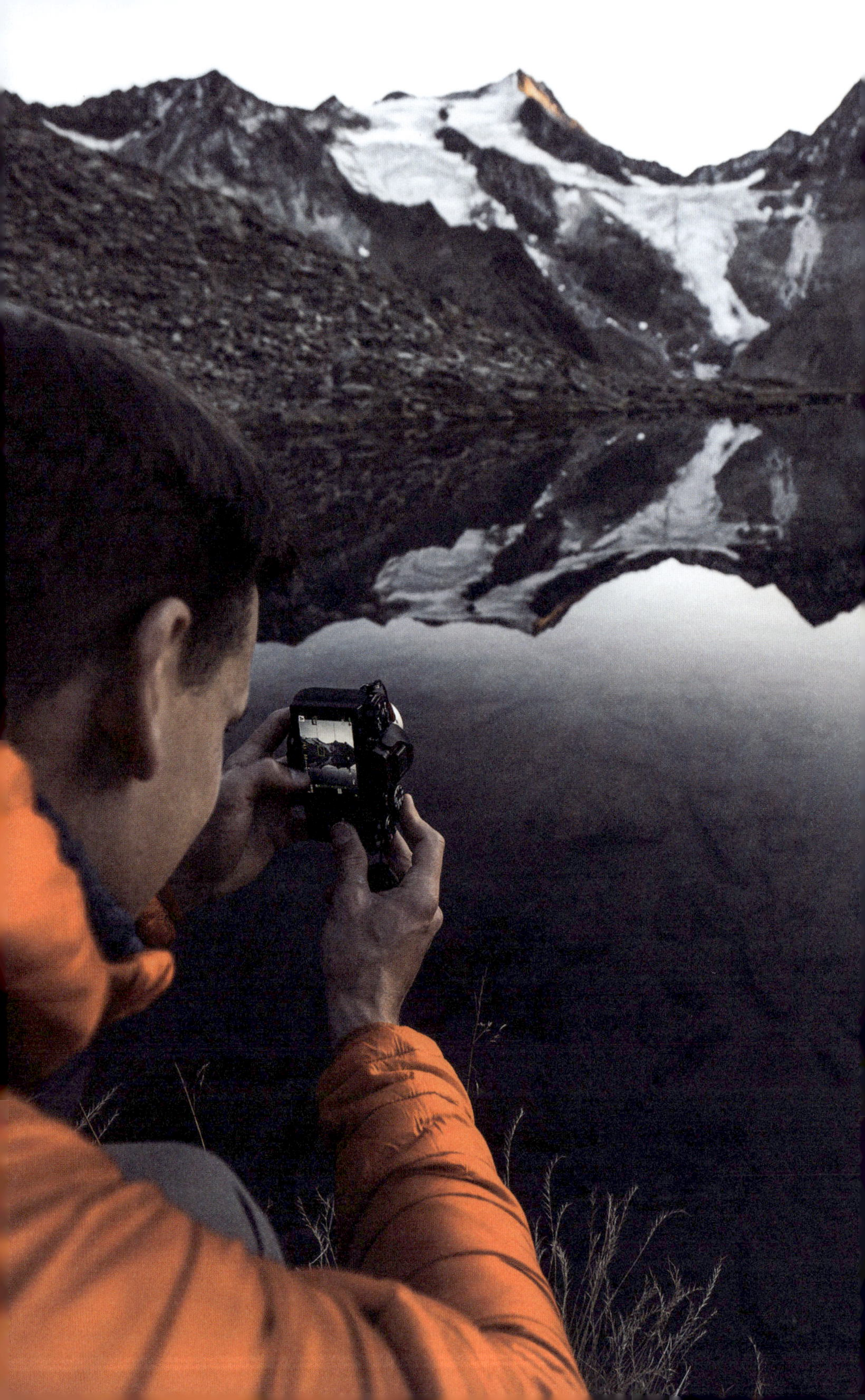

Deinen Augenblick festhalten

Fotografieren im Freien

Intention

Was will ich mit einem Bild ausdrücken oder festhalten? Zuerst sollte man sich überlegen, was man eigentlich als Ergebnis haben möchte. Danach sollte sich die Ausrüstung und der Bildaufbau richten. Es muss nicht gleich die komplette Profiausrüstung sein, um den Moment für die Ewigkeit einzufangen. Schon aus Gründen der Sicherheit sollte ein Handy mit am Berg sein. Die meisten Handykameras reichen für erste Fotoversuche vollkommen aus. Seit Bilder nicht erst aufwendig entwickelt werden müssen, kann man einfach drauflosschießen. Vor jedem Versuch sollte eine Überlegung und ein Bildkonzept stehen. Kennt man erst die Möglichkeiten und Grenzen seiner Kamera, sollte man an eine umfangreichere Ausrüstung denken. Denn jedes Objektiv, Stativ und jeder Filter hat auch sein Gewicht. Passend dazu gibt es auch einen Spruch, den man sich zu Herzen nehmen kann: „The best camera is the one that‘s with you" – „Die beste Kamera ist die, die man dabei hat."

Ausrüstung

Bei der Wahl der Ausrüstung muss sich jeder fragen, was er für ein Ergebnis erzielen will. Hier ein paar grundlegende Informationen: Ein Weitwinkel-Objektiv eignet sich gut für Panorama- und Landschaftsaufnahmen. Ein Objektiv mit einer klassischen Brennweite von 35 – 70 mm eignet sich, um Personen oder Ausschnitte einer Bergszene in den Vordergrund zu stellen. Die Grundregel für die Belichtungszeit ist mindestens die doppelte Brennweite. Wird der Wert unterschritten, kann ein Stativ hilfreich sein. Wenn man es etwas professioneller angehen möchte, sollte man sich auch Gedanken über die Bildbearbeitung machen. Eine Kamera, die im RAW-Format fotografieren kann, ist dann durchaus sinnvoll. In diesem Format werden nämlich deutlich mehr Bildinformationen gespeichert und dies ermöglicht eine feinere Bildbearbeitung mit der entsprechenden Software. Wichtig ist, dass du deine Ausrüstung kennst und beherrschst. Spiele mit den Einstellungen und Möglichkeiten deiner Kamera. Bevor du deine Ausrüstung für eine Tour packst, mach dir eine kleine Checkliste: Genügend Akku (Ersatzakku, Powerbank), genügend Speicherplatz (Ersatzkarten) und versichere dich, dass Akku und Speicherkarte auch wirklich in der Kamera sind.

Komposition und Bildaufbau

Neben dem gewählten Bildausschnitt und dem Motiv ist das Licht die alles entscheidende Komponente. Für ein gutes Foto heißt es zur richtigen Zeit am richtigen Ort zu sein. Bei vollem Sonnenschein ist mit Gegenlicht und harten Schatten zu rechnen. Wolken, Morgen- und Abendstimmungen eignen sich grundsätzlich besser. Plane deine Tour so, dass du trotzdem sicher zurückkommst und eventuell eine Stirnlampe dabei hast. Im Infokasten „Dein Moment für die Ewigkeit" verraten wir Tipps und Tricks wie man Spannung in Bilder bekommt und der Moment perfekt festgehalten wird. Die Kamera zeigt dir den Aufnahmestandort und die Blickrichtung.

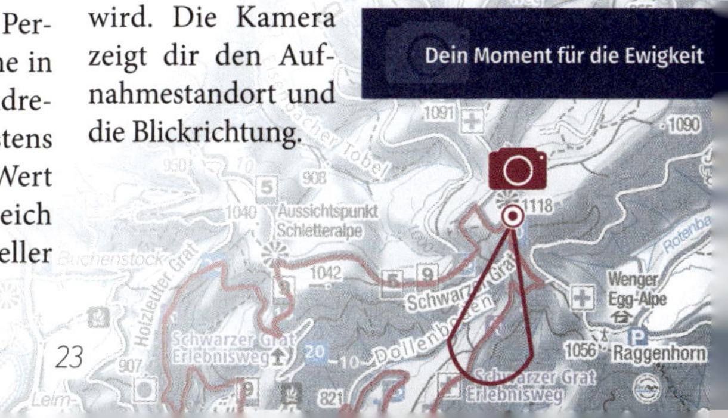

Deine Dolomiten

Landschaft, Geschichte, Infos

Kaum zu glauben: Die wilden Felszacken der Dolomiten sind großteils aus Ablagerungen in einem flachen und tropisch warmen Meer entstanden; ans Tageslicht kamen sie erst vor rund 20 Millionen Jahren im Zuge der (durch den Zeitlupen-Zusammenprall zweier Kontinentalplatten ausgelösten) Alpenbildung, bevor sich die Erosion an ihr unerbittliches Zerstörungswerk machte. Landschaftsbildend ist vor allem der Dolomit, der mit Ausnahme des höchsten Dolomitenberges, der Marmolata, alle bedeutenden Gipfel der ganzen Gebirgsgruppe zwischen dem Südtiroler Pustertal und der oberitalienischen Stadt Belluno, dem Kreuzbergpass bei Sexten und dem Etschtal bildet.

Heute gelten die Dolomiten als eines der schönsten und bekanntesten Gebirge der Welt. Ihren Namen tragen sie übrigens in Erinnerung an den Entdecker des Minerals Dolomit, den französischen Landadeligen Déodat Gratet de Dolomieu (1750–1801). Bekanntheit erlangten die „Dolomite Mountains“ erstmals durch die Reiseschilderungen der Engländer Churchill und Gilbert.

> Sogar der Architekt Le Corbusier zog ehrfürchtig seinen Hut und bestätigte: „Die Dolomiten in Südtirol sind das schönste Bauwerk der Welt.“
>
> sexten.it

Während in der Folge vor allem österreichische und italienische Alpinisten einen Gipfel nach dem anderen erklommen und alle großen Wände durchkletterten, hielt auch der breite Tourismus seinen Einzug in den Dolomiten: Hotels entstanden an den schönsten Plätzen, während sich dazwischen bald die Große Dolomitenstraße von Bozen bis nach Cortina d’Ampezzo schlängelte.

Diese Erfolsgeschichte endete allerdings im Jahre 1915 auf grausame Weise: Mit dem Ersten Weltkrieg kam die „Grande Guerra“ in die Dolomiten. Noch heute stößt man auf Relikte aus dieser traurigen Zeit, in der unzählige Soldaten ihr Leben in einem ebenso brutalen wie sinnlosen Krieg verloren. Viele der heute gut gepflegten Wanderwege und Klettersteige führten damals direkt in erbitterte Kämpfe.

Daran sollte man stets denken, wenn man heute, in gottlob wieder friedlichen Zeiten, die wunderschöne Berg- und Almlandschaft der „Bleichen Berge“ durchwandert.

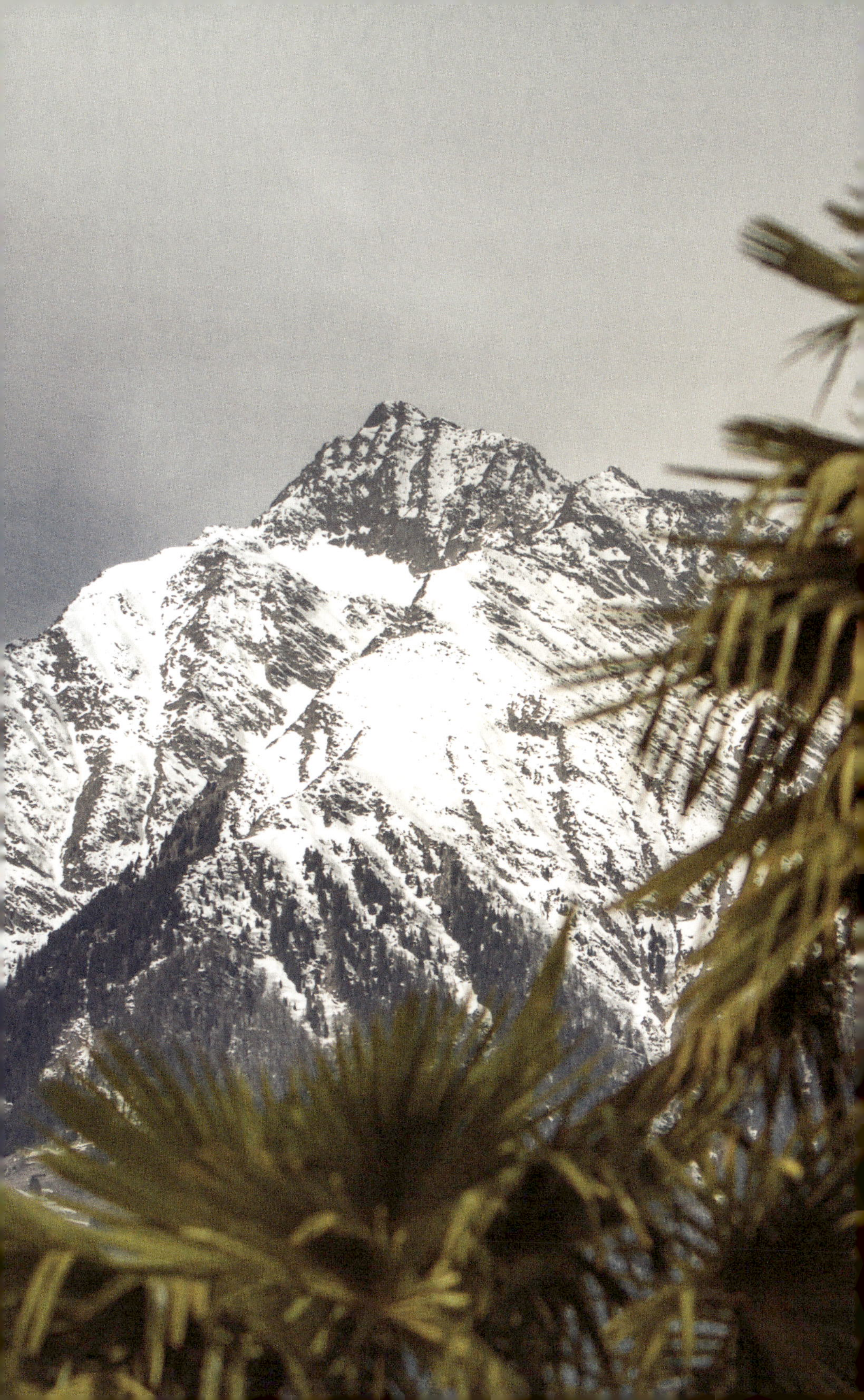

Dein Augenblick

Tourenbeschreibungen

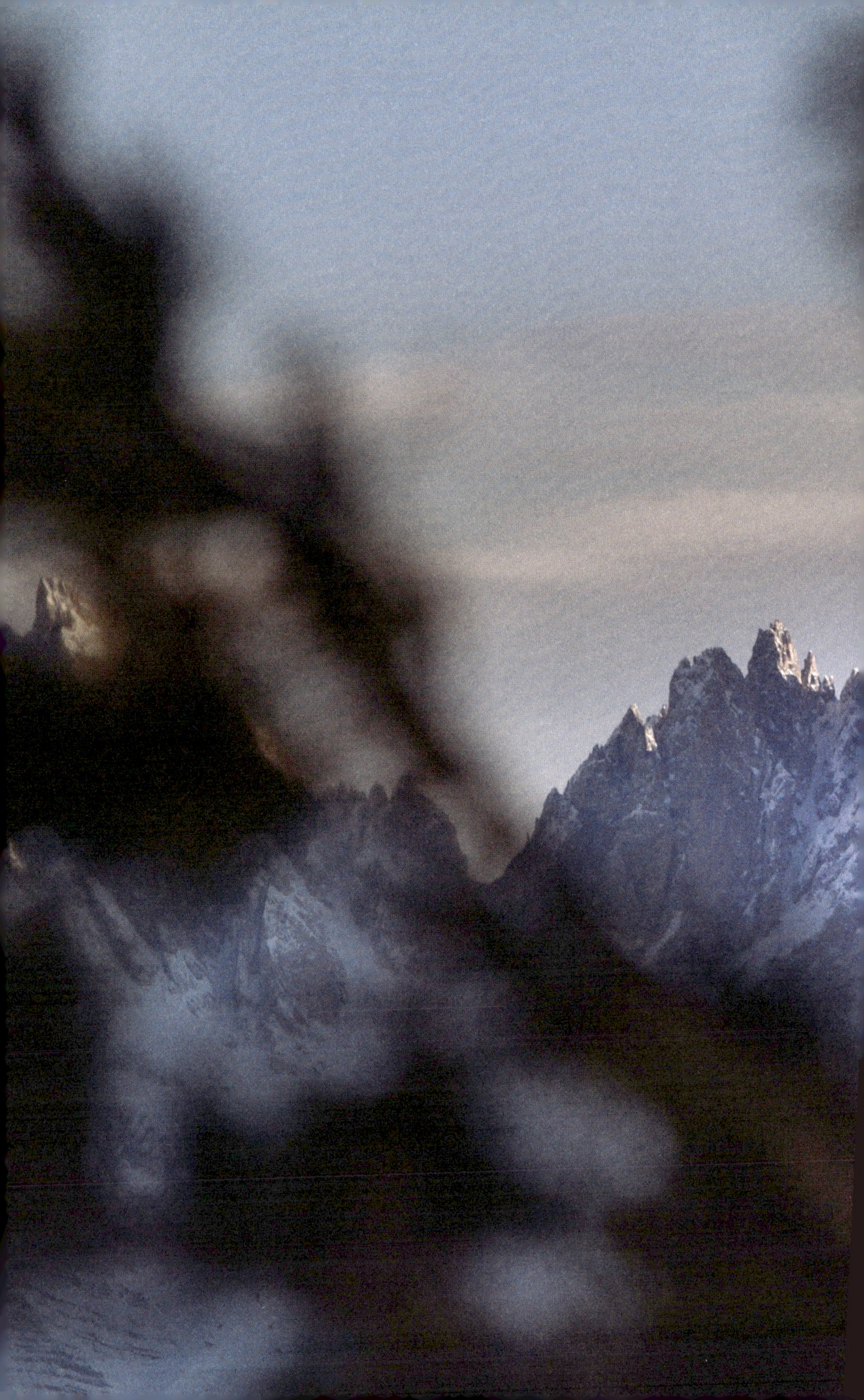

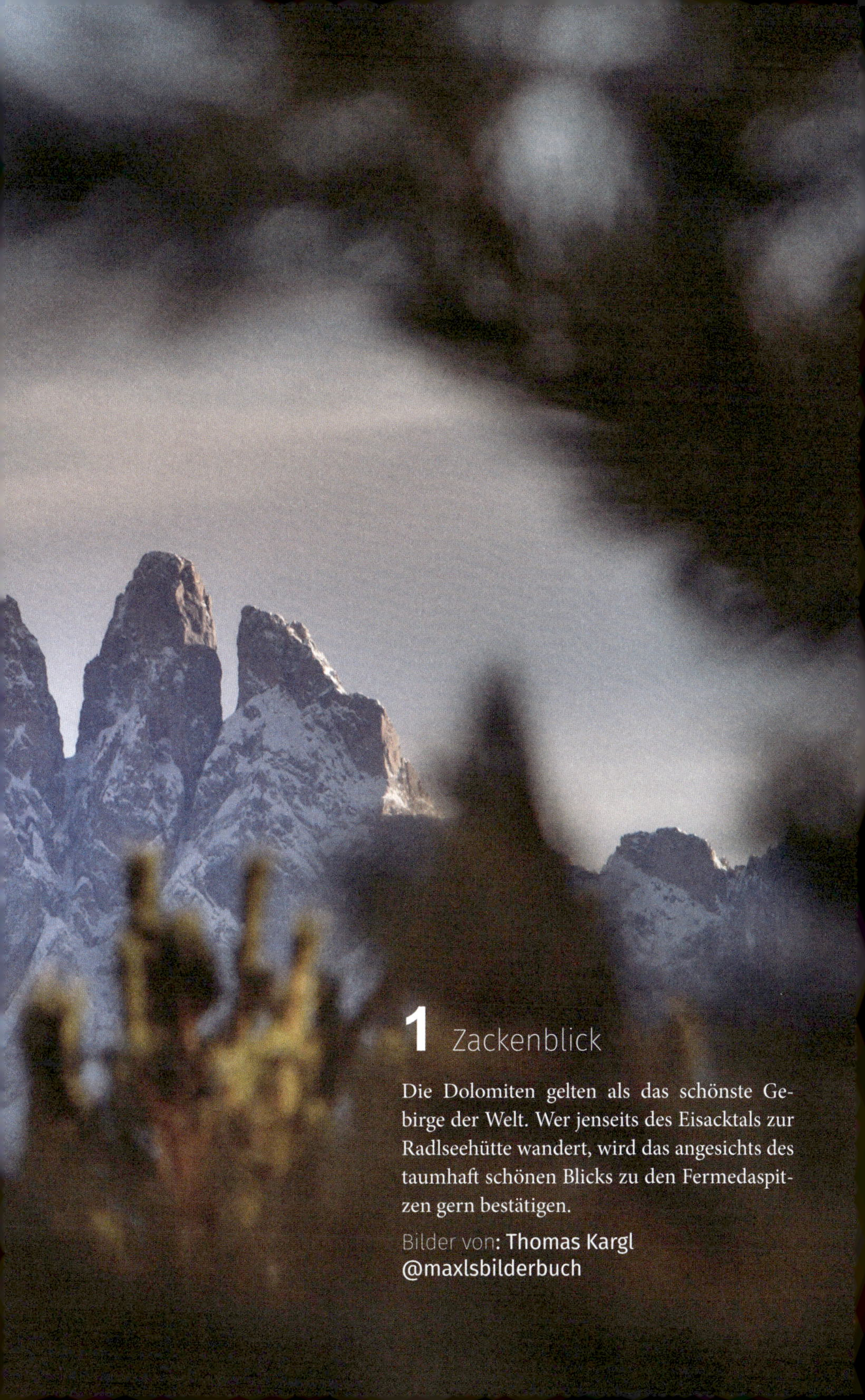

1 Zackenblick

Die Dolomiten gelten als das schönste Gebirge der Welt. Wer jenseits des Eisacktals zur Radlseehütte wandert, wird das angesichts des taumhaft schönen Blicks zu den Fermedaspitzen gern bestätigen.

Bilder von: **Thomas Kargl @maxlsbilderbuch**

Radlseehütte 2284 m und Königsanger 2436 m

Tourencharakter
Waldreicher Anstieg, der im oberen Abschnitt mit großartigem Panorama belohnt wird. Einige Abschnitte auf Forststraßen, sonst steinige, aber unschwierige Bergwege. Der Abstieg ist teils sehr steil und erfordert Trittsicherheit auf einem schottrigen Steig, alternativ auf der Anstiegsroute absteigen.

Start und Ziel
Perlungerhof, 1380 m, in Gereuth oberhalb von Brixen. Zufahrt von Brixen nach Tils, weiter auf schmaler Bergstraße 4 km nach Gereuth und zum Parkplatz unterhalb des Perlungerhofs. Bus von Brixen nach Tils, 900 m (nur werktags), von dort auf dem Weg 8a über den Plonerhof zum Ausgangspunkt (1¼ Std.).

Schwierigkeit: leicht - **mittel** - schwer
Dauer: **5:15 h**
Länge: **10,6 km**
Aufstieg **1080 hm**
Abstieg **1080 hm**

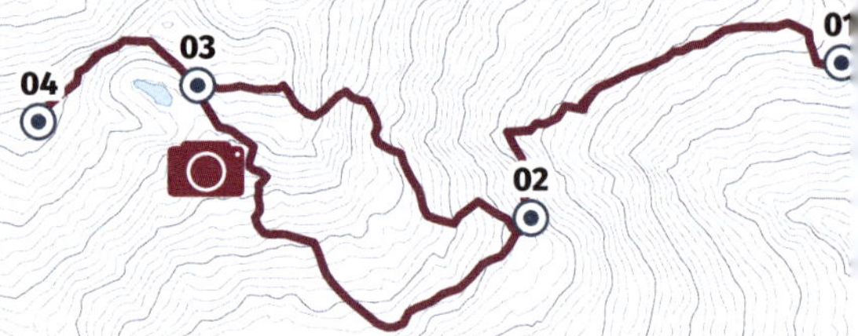

Höhenlinienmodell mit Streckenverlauf

Höhenprofil

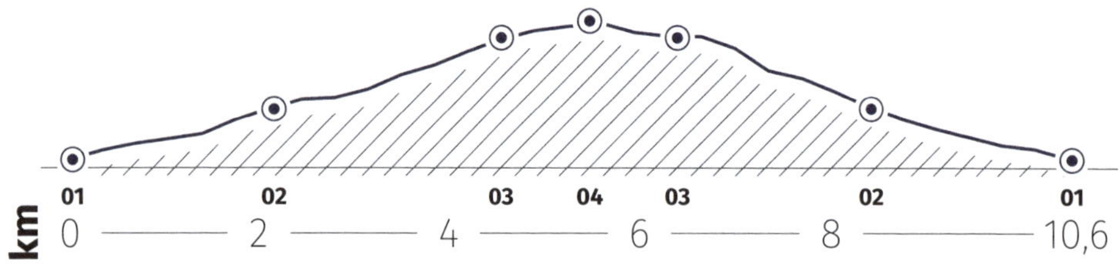

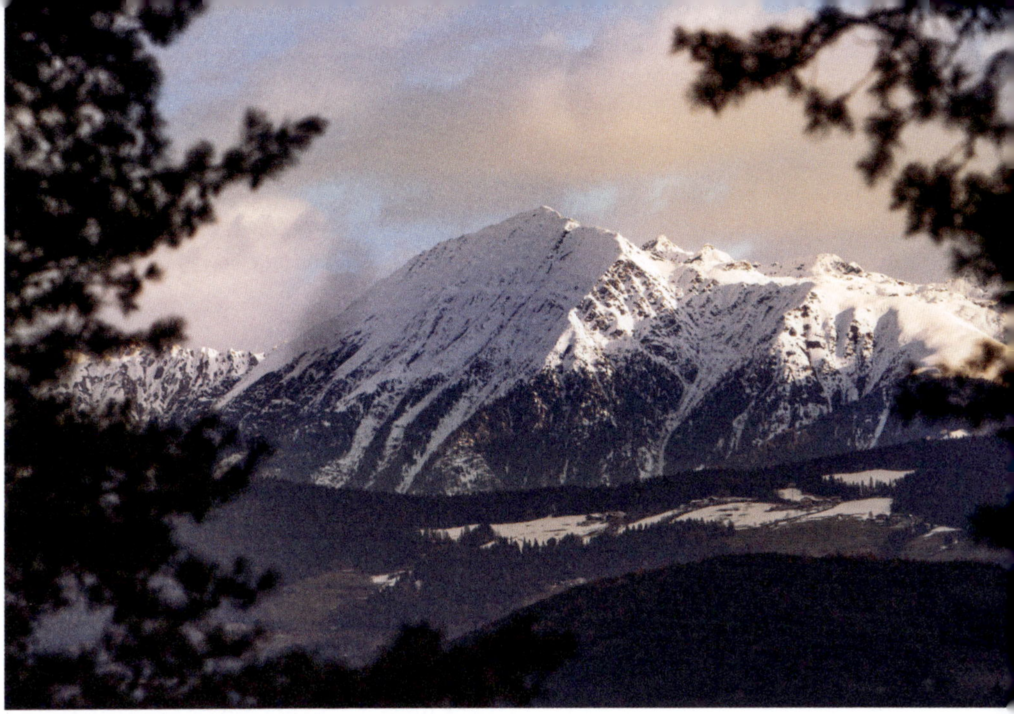

Rund um die Dolomiten erheben sich auch behäbige Berge.

Lieber einen steilen Zahn als gar kein Gebiss.

Unbekannt

Die Radlseehütte wurde an einem privilegierten Standort erbaut – und der Radlsee dient als erfrischender „Hüttenpool". Übrigens: Am Donnerstag ist auf der Radlseehütte Knödeltag – dann steht ein Dutzend verschiedener Knödel, darunter auch nach Rezepten der Wirtsfamilie, zur Auswahl.

Gegenüber dem Parkplatz beim Perlungerhof 01 beginnt ein markierter Wanderweg, der in ein Waldstück führt. Er leitet rechts am Hof vorbei und zu einer Forststraße hinauf. Man folgt ihr bergauf, geht in einer Rechtskehre geradeaus und steigt dann auf einer Forststraße im Wald an. Auch bei der folgenden Rechtskehre hält man sich geradeaus und ist nun auf einem steinigen Waldweg unterwegs. Bei einer Weggabelung setzt sich der Anstieg rechts fort. Ein Steig zieht steil entlang eines Bachtals über Waldhänge bergauf. Beim Tannefrit-Kreuz 02 verzweigt sich der Weg erneut. Rechts führt ein im oberen Teil aussichtsreicher, aber steiler Steig zur Radlseehütte, der hier als Rückweg beschrieben wird. Für den etwas bequemeren Anstieg geht man links zu einer Forststraße und quert auf ihr einige Zeit die Waldhänge, bis man nach rechts zwei Forstwegkehren abkürzen kann (Mark. 8). Anschließend gelangt man links zur Talstation der Materialseilbahn und zweigt dort erneut auf einen Steig ab, der bald über freie Hänge verläuft.

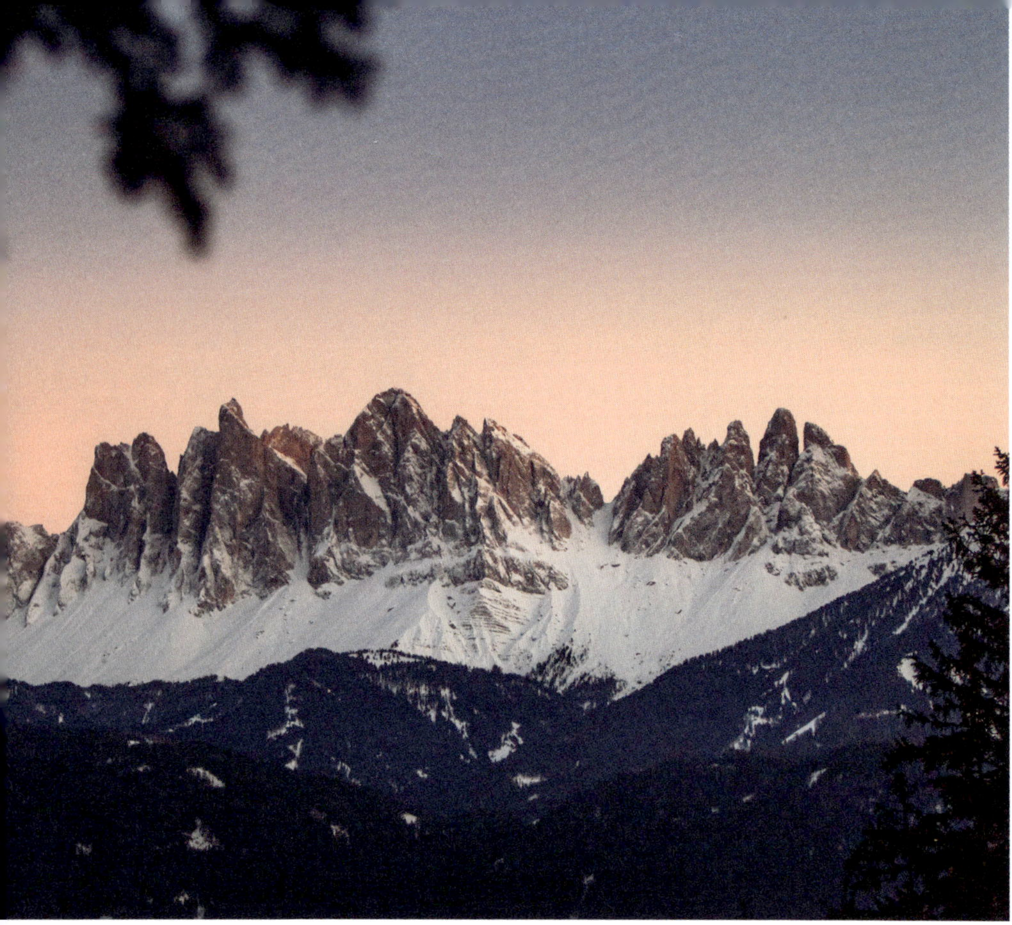

Dolomiten-Prominenz – die Geisler- und die Fermedaspitzen über Villnöß.

Sobald man um einen Geländerücken biegt, rückt das einladende Berghaus ins Blickfeld. Nach zehn Minuten hat man die Terrasse der Radlseehütte **03** erreicht.

Der Anstieg zum Königsanger beginnt auf der linken (westlichen) Seite der Hütte. Ein Steig zieht über den felsdurchsetzten Hang zum Kamm und über den welligen Bergrücken zum Gipfelkreuz des Königsanger **04** hinauf (Panoramatafel).

Anschließend kehrt man auf demselben Weg oder auf der etwas längeren Abstiegsvariante zur Radlseehütte **03** zurück. Von dort folgt man dem Steig 8b Richtung „Perlunger" unter der Materialseilbahn hindurch und in leicht ansteigender Querung über die Hänge des Hundskopfs. Vor einer felsigen Kuppe zeigt Markierung 8b auf einem Felsen nach rechts. Ein schottriger Weg leitet steil zuerst über einen Rücken, dann über einen Alpenrosenhang abwärts. Schließlich taucht man in den Wald ein und hält sich vor einer kleinen Almhütte links bergab. Eine knappe halbe Stunde steigt man weiter durch den Wald ab, dann hat man wieder das Tannefrit-Kreuz **02** erreicht und kehrt auf der Anstiegsroute zum Perlungerhof **01** zurück.

Dein Moment für die Ewigkeit

Bild im Bild

Durch Framing, die Einrahmung deines Bildes im Vordergrund, kannst du effektiv Tiefe erzeugen. Oft werden Blätter, Blüten, Zweige und sogar Höhlenausgänge als Rahmen um das Hauptmotiv gelegt. Dabei muss dein Rahmen nicht immer durchgängig sein. Am Berg bietet sich hierfür ein Abstecher in die Latschen an – so betonst du die schroffen Dolomiten-Gipfel.

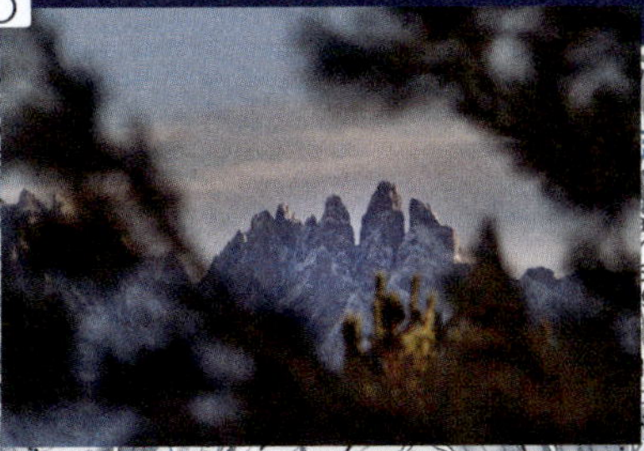

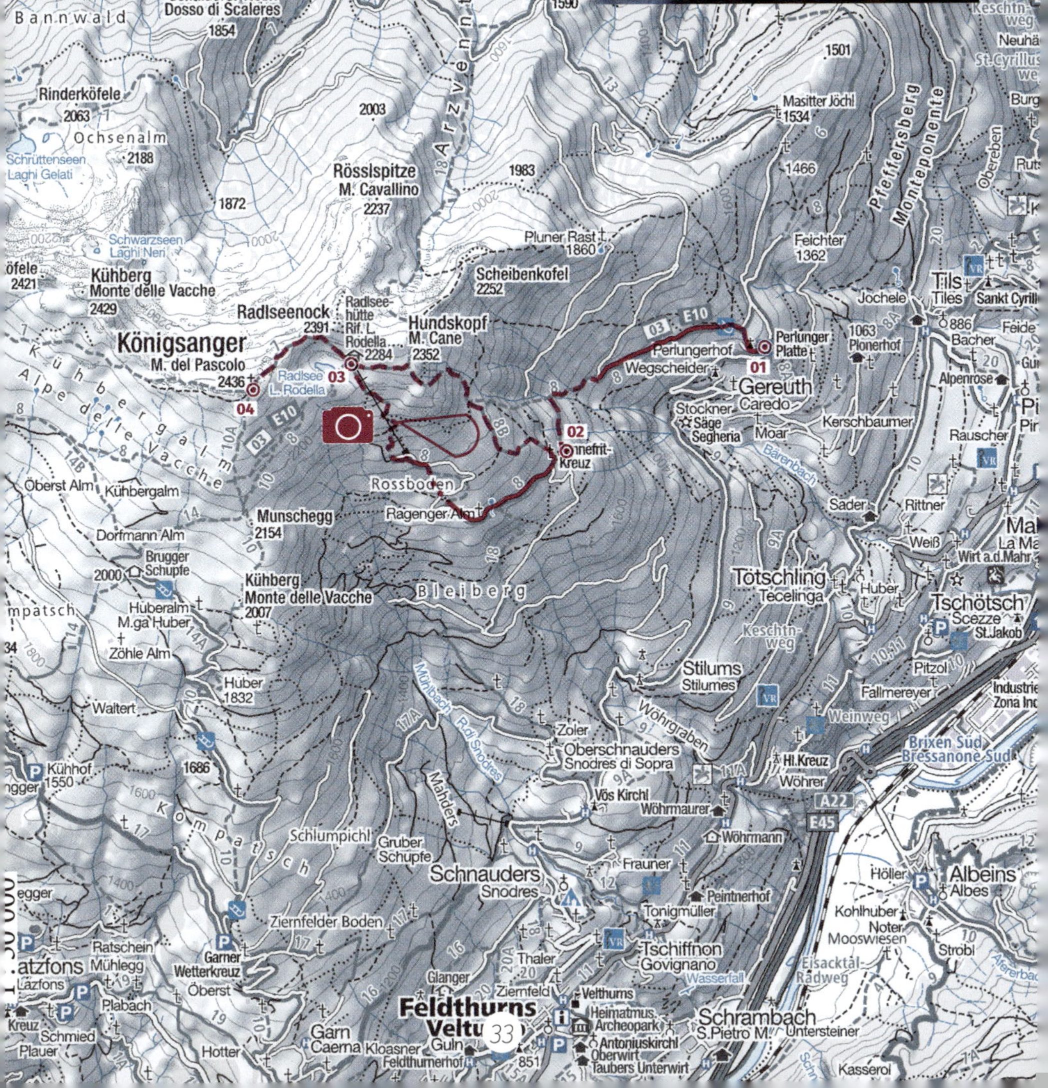

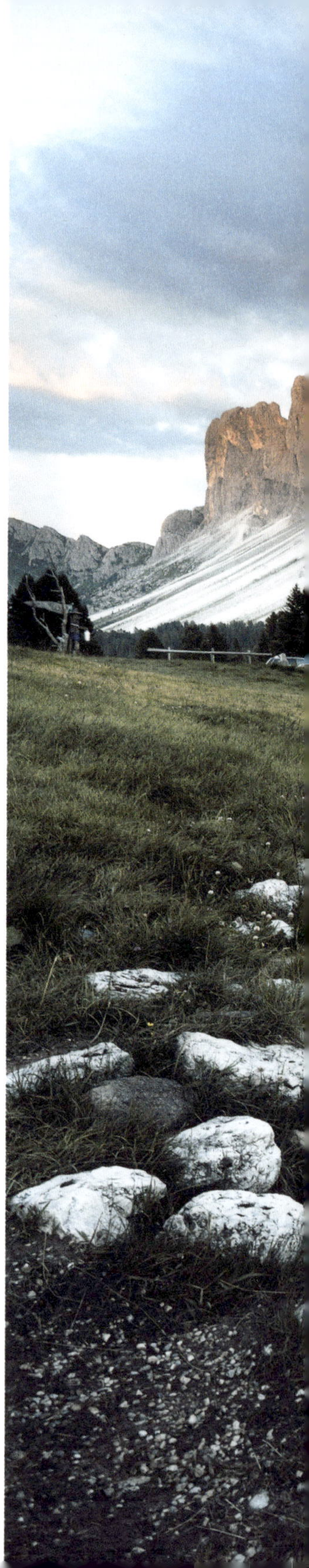

2 (Zu) viel los in Villnöß

Nein, das Geislerspitzenfoto mit der Ranui-Kapelle zeigen wir hier nicht, denn die Nummer vier der Instagram-Hotspots leidet schon genug unter dem hereingebrochenen Massen-phänomen. Bitte also um Respekt und Ruhe, auch weiter droben auf der Geisleralm.

Bilder von: **Fabian Künzel @fabian_kuenzel**

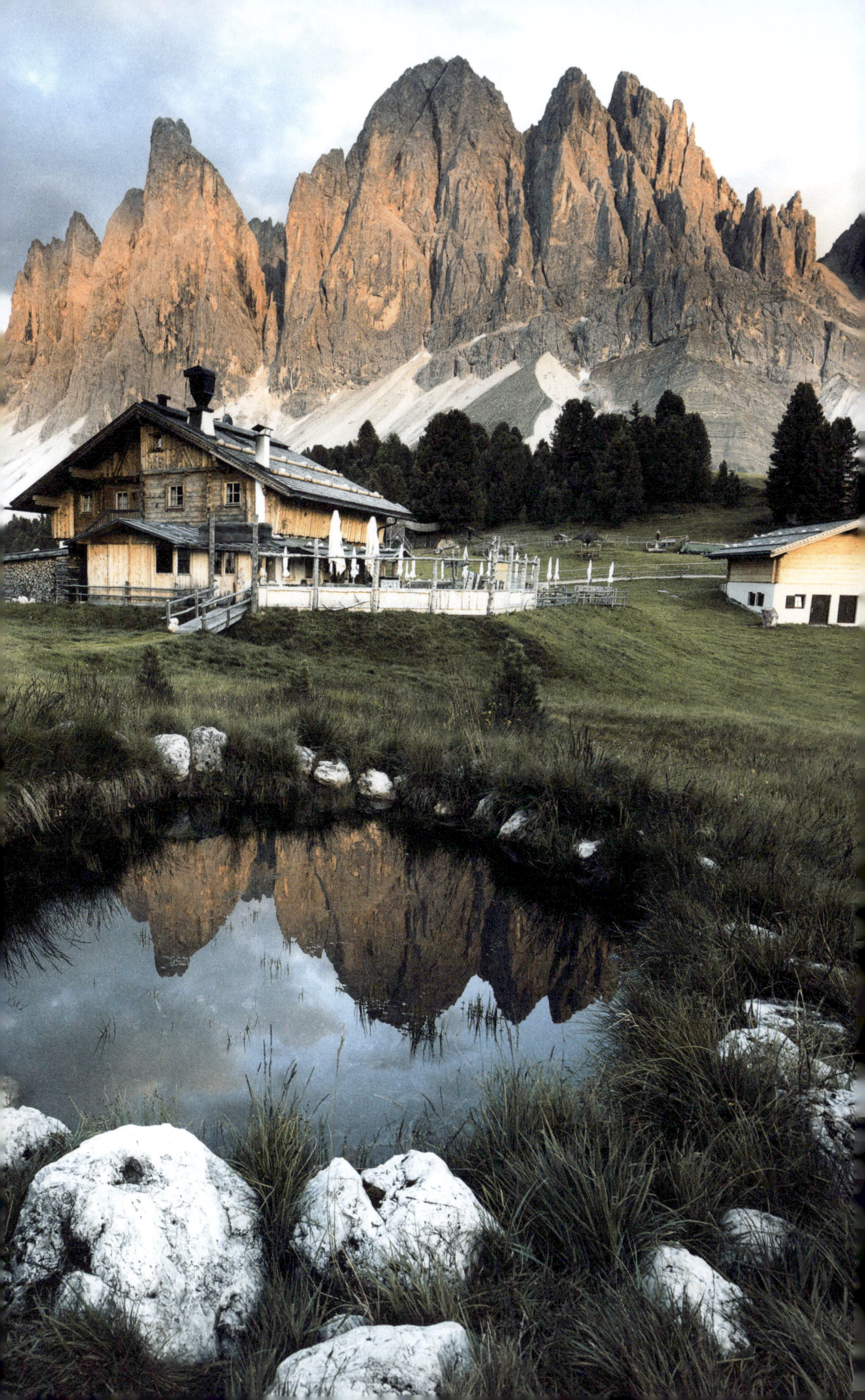

Zur Geisleralm

Tourencharakter
Schöne Wanderung auf Steigen und Güterwegen durch bäuerliche Kulturlandschaft, intakte Bergwälder und blühende Almwiesen. Bei feuchter Witterung kann der relativ steile Abstieg von der Geisleralm zur Duslerhütte (Weg 36) sehr rutschig sein, die Alternative ist an solchen Tagen der Fahrweg.

Start und Ziel
Kostenpflichtiger Parkplatz bei der Zanser Alm im hintersten Villnöß, 1680 m; Zufahrt (auch Busverbindung) von Klausen oder Brixen im Eisacktal (Bahnhof).

Schwierigkeit: leicht - **mittel** - schwer
Dauer: **2:50 h**
Länge: **7,9 km**
Aufstieg **470 hm**
Abstieg **470 hm**

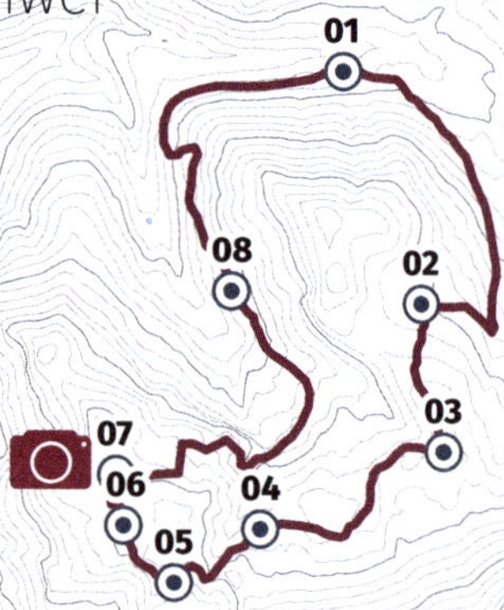

Höhenlinienmodell mit Streckenverlauf

Höhenprofil

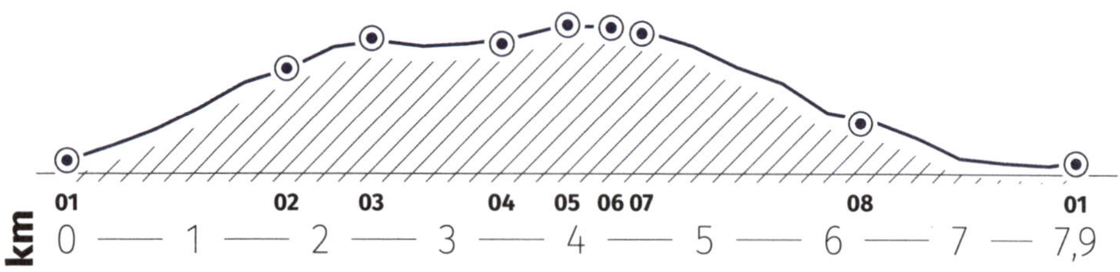

Hat die Geisl an Huet, wird's Wetter guet.
Hat die Geisl an Sabel, wird's miserabel.

Bauernregel in Villnöß.

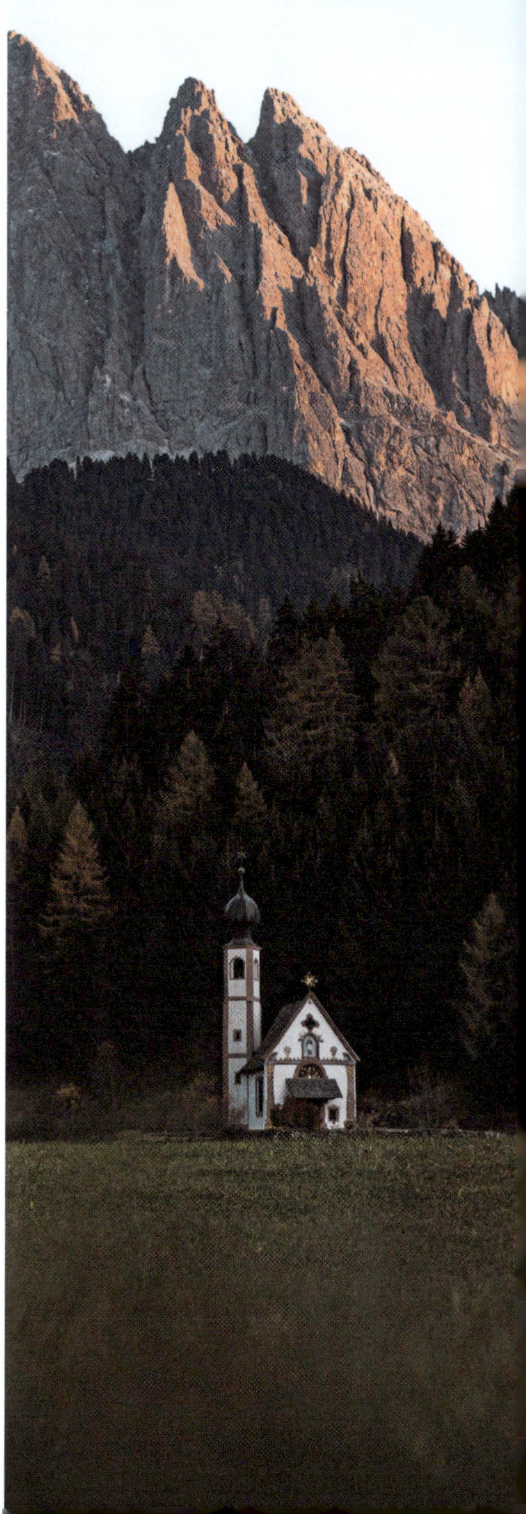

Vier Almen säumen den Weg, der durch Bergwald und über die Almwiesen im hintersten Villnößer Tal führt. Über allem thronen die Geislerspitzen, denen man auf dem Adolf-Munkel-Weg sehr nahe kommt. Im Frühsommer begeistern die Wiesen mit ihrer Blumenpracht, im Herbst sorgen die gelben Lärchen für Farbakzente.

▶ Zur Glatschalm nimmt man vom obersten Parkplatz 01 bei der Zanser Alm den Güterweg Nr. 36, der sich nach kurzer Zeit teilt. Der Beschilderung folgend ist nach rund 30 Minuten das erste Ziel erreicht. Von der Aussichtsterrasse der Glatschalm 02 genießt man einen freien Blick auf die imposanten Nordwände der Geislerspitzen.

Der Zustieg zum Adolf-Munkel-Weg ist nicht zu verfehlen. Zwischen einzelnen Zirben hindurch geht es über die Wiesen zum Waldgürtel hinauf, der das Almgelände von den Schutthängen trennt. Hier teilt sich der Weg: Links geht es Richtung Gampenalm, rechts zur Gschnagenhardtalm. Nach wenigen Metern ist der Adolf-Munkel-Weg 03 erreicht, der nun sanft bergab durch lichten Wald zu einem Bergsturzgelände führt. Dem steinigen Pfad folgt man bis zu einer weiteren Weggabelung 04, wo ein Weg direkt zur Geisleralm abgeht (er ist kaum kürzer als der schönere Umweg über die Gschnagenhardtalm). Weiter auf dem Hauptweg geht es hinter einem Weidezaun einen Bergrücken hinauf, wo nach

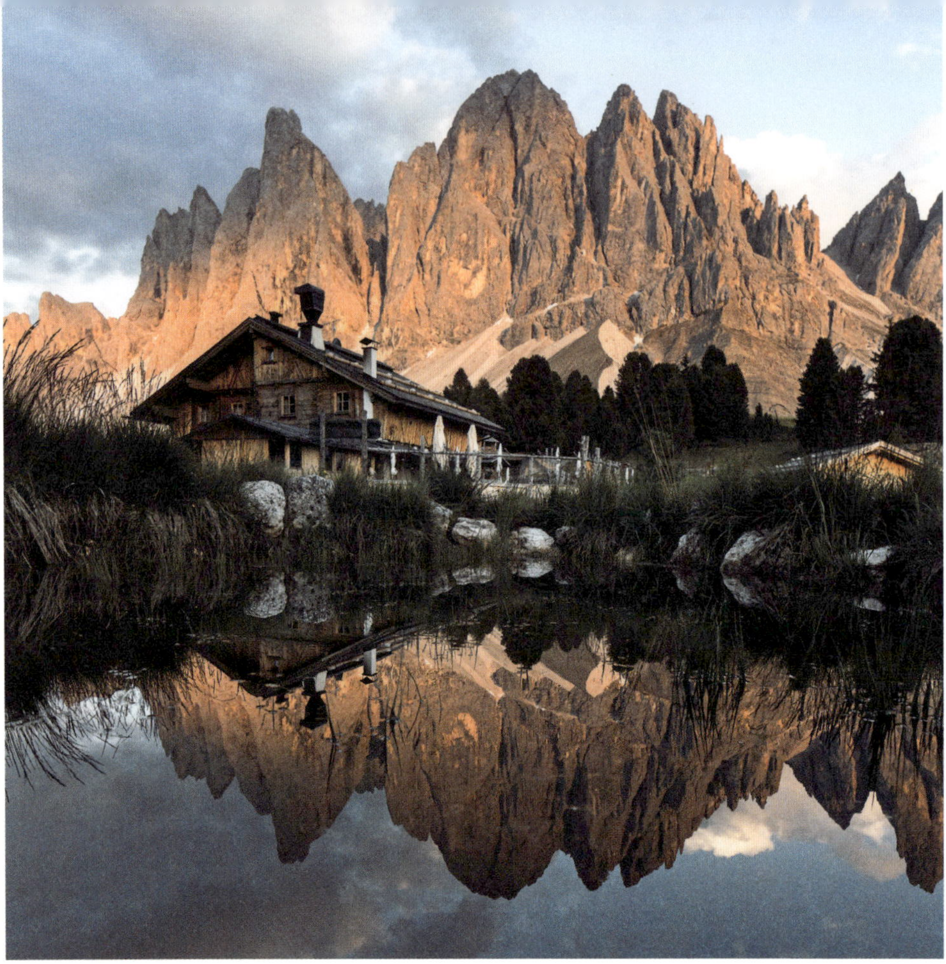

Erst werden die Geislerspitzen bewundert und dann die hausgemachten Köstlichkeiten probiert.

Norden der Weg bis zur Gschnagenhardtalm abzweigt **05**.

Zu den Almen: Zu den beiden Einkehrmöglichkeiten nimmt man den rechten Weg, der in Treppen auf eine Kuppe leitet. Ganz unmittelbar steht man nun am Waldrand und schaut über die Almwiesen talwärts. Die Gschnagenhardtalm **06** ist nach wenigen Minuten erreicht. Die familienfreundliche Alm hält für Kinder einen kleinen Spielplatz und eine Hasenfamilie bereit. Nur etwa 150 m weiter folgt die Geisleralm **07** mit einem Abenteuerspielplatz. Zwei aus knorrigem Holz geschnitzte Wirte begrüßen hier die Gäste.

Abstieg ins Tal: Etwas unterhalb der Alm biegt rechts vom Güterweg der Waldsteig zur Duslerhütte ab. Recht steil geht es durch den Wald über den mit Bohlen und Treppen befestigten Steig zu einem Bach hinunter, dann weitgehend höhenparallel weiter zum Fahrweg zur Geisler Alm. Auf diesem talwärts zur Duslerhütte **08**.

Der Weg von dort hinunter zum Villnößer Bach wurde mehrfach saniert und führt durch den Schwarzwald, zunächst steil bergab, später nach einer Rechtskurve weitgehend eben oberhalb der Fahrstraße und des Bachs zum Parkplatz **01**.

Dein Moment für die Ewigkeit

Hoch oder Querformat?

Ausschlaggebend ob man ein Bild als Hochformat oder Querformat anlegt ist das Motiv das man zeigen will und die Verwendung des Bildes. Auf dieser Seite sieht man einen schönen Vergleich eines Motives in zwei Formaten. Das Hochformat bewirkt eine deutliche Streckung des Bildes.

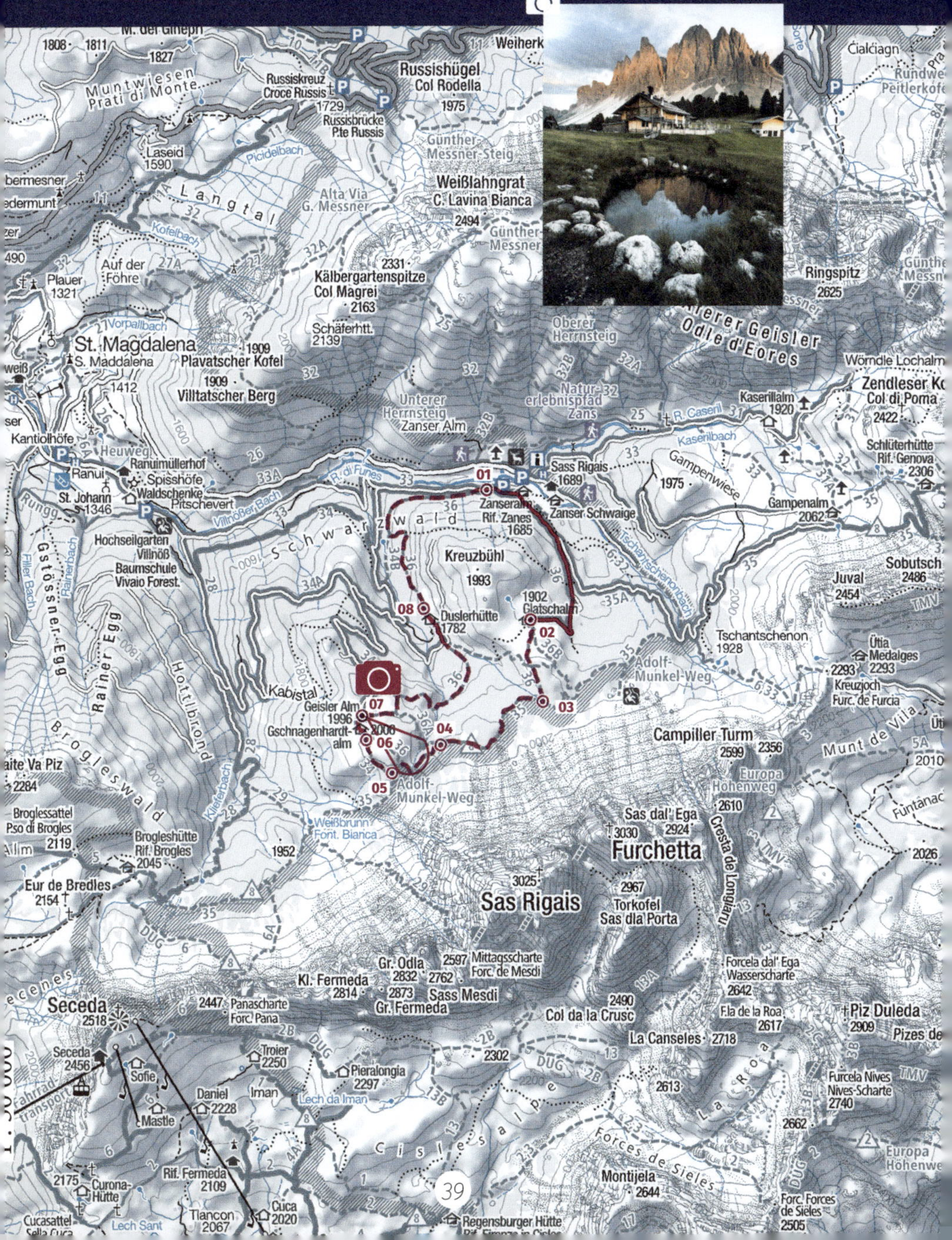

3 Die Böden über Gröden

„Siccus" nannten es die Römer, wenn's trocken war. Die Weideböden der Seceda mögen ja im Sommer trocken werden, doch beim Fotografieren im Frühtau kann's schon ein nasses Gesäß geben.

Bilder von: **Roman Huber @romempix**

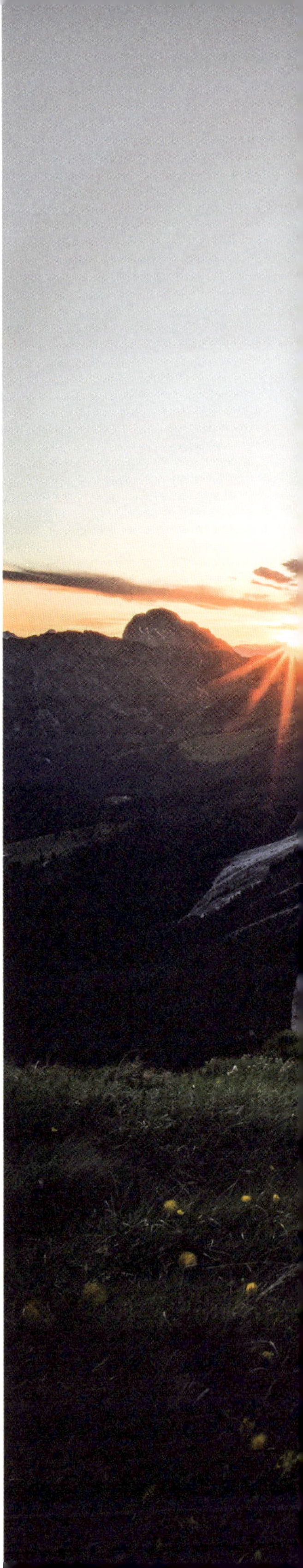

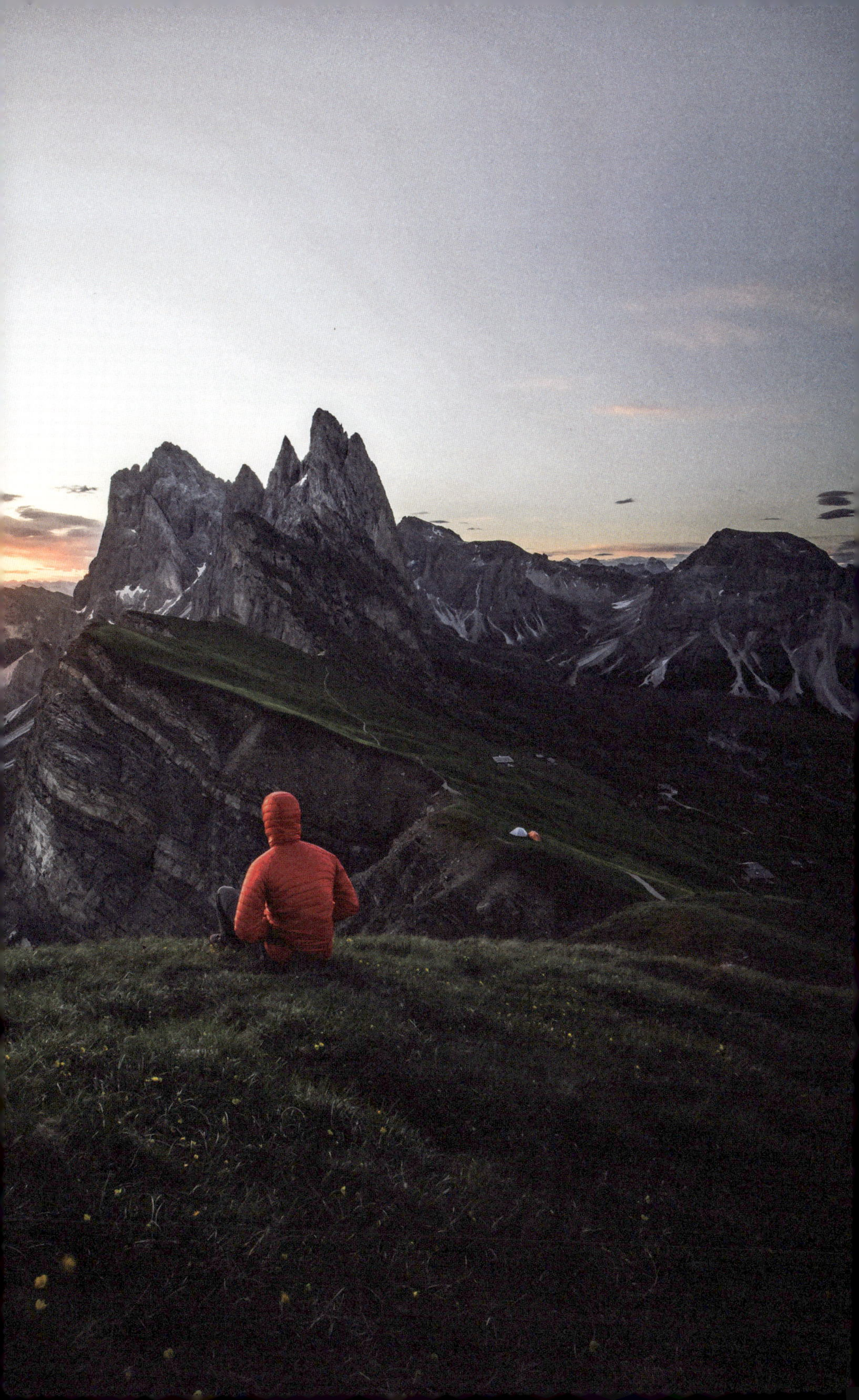

Von der Seceda nach St. Ulrich

Tourencharakter
Aussichtsreiche Wanderung über Almen und Waldwege, am Schluss der „Weg des Dialogs“.

Start
St. Ulrich in Gröden, 1254 m, Talstation der Umlaufbahn Seceda. Auffahrt zur Bergstation, 2456 m.

Ziel
St. Ulrich in Gröden.

Schwierigkeit: leicht - **mittel** - schwer
Dauer: **4:10 h**
Länge: **9,2 km**
Aufstieg **260 hm**
Abstieg **1440 hm**

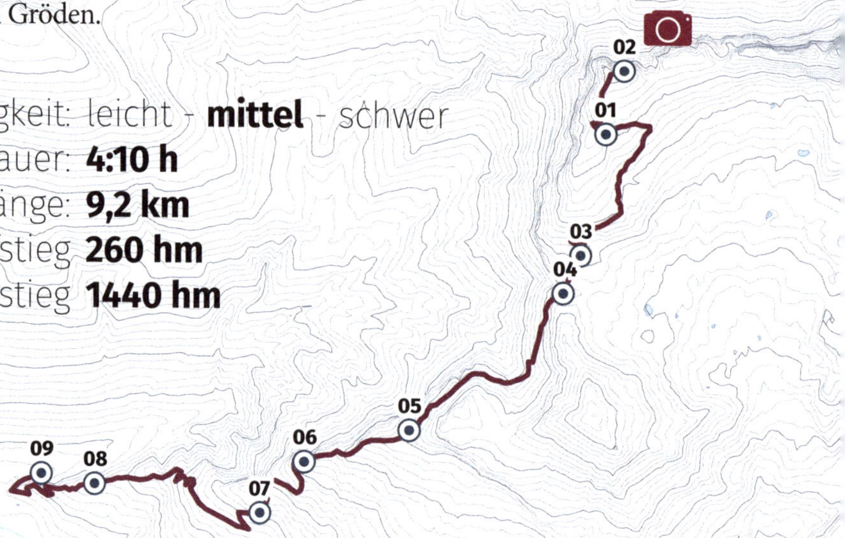

Höhenlinienmodell mit Streckenverlauf

Höhenprofil

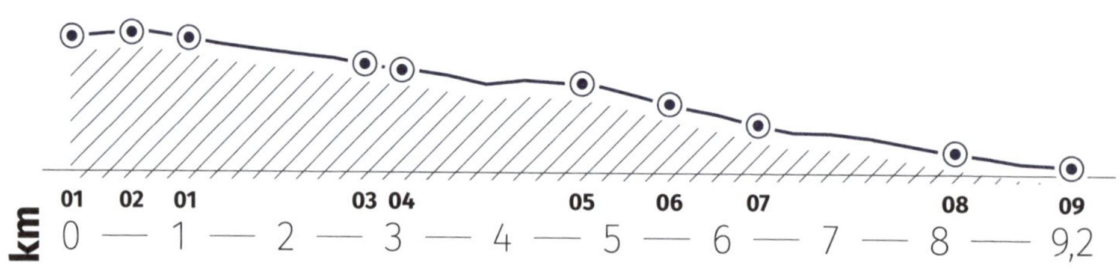

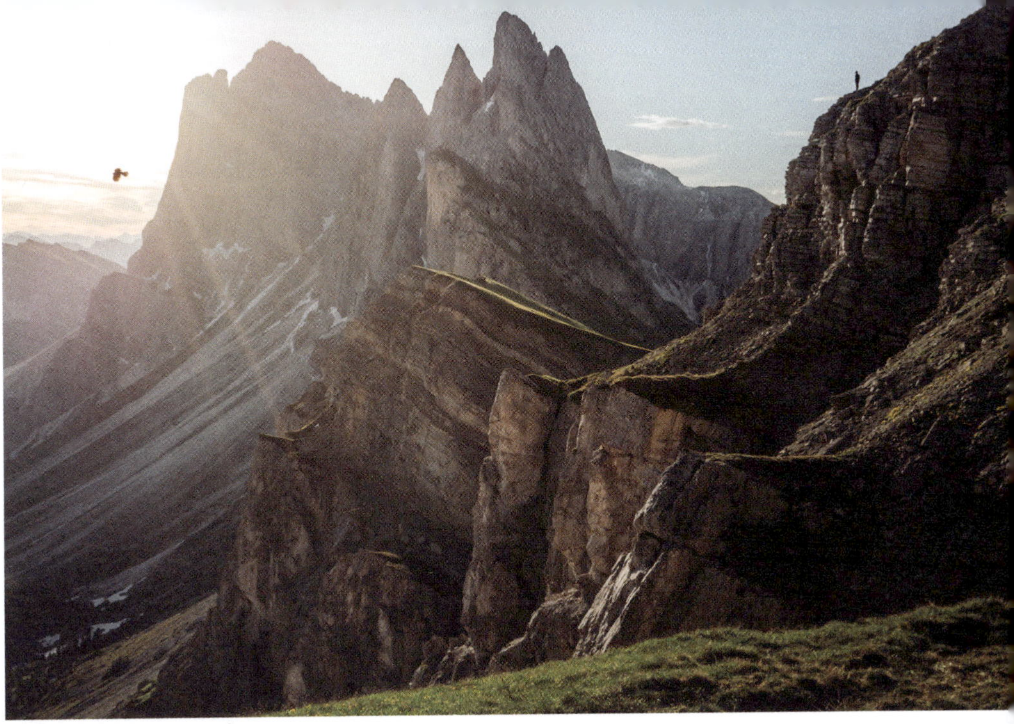

Die Fermedaspitzen bilden eine der berühmtesten Zackenreihen der Dolomiten.

Diese vier Gruppen können als die abwechslungsreichsten, malerischsten der gesamten Dolomiten bezeichnet werden.

Julius Gallhuber in seinem Dolomitenführer von 1929 über die Geislerspitzen, die Puez-, die Sella- und die Langkofelgruppe.

Die Seceda, den westlichen Eckpunkt der Geislergruppe über St. Ulrich in Gröden, schätzen vor allem die Skifahrer, die auf ihren südseitigen Hängen meist perfekte Pistenverhältnisse vorfinden. Doch der „Seilbahnberg“ bietet auch herrliche Ausblicke, etwa zu den nahen Odles („Nadeln“) vor den Geislerspitzen. Allein schon deswegen lohnt sich auch ein sommerlicher Besuch, den man sogar mit einer abwechslungsreichen Bergabwanderung krönen kann.

Von der Bergstation **01** sind es nur wenige Schritte hinauf zum Gipfelkreuz **02**, wo ein Metallkreis mit Gipfelpanorama die Orientierung erleichtert. Bringt man die metallenen Spitzen mit denen am Horizont in Übereinstimmung, dann erfährt man die Namen der Gipfel. Hier ist auch das Foto entstanden.

Abstieg: Von der Bergstation **01** geht man zunächst auf Wirtschaftswegen ein Stück nach Osten zur Hütte Sofie, dann weiter talwärts zur aussichtsreich gelegenen Curonahütte **03** oberhalb des Cucasattels **04**.

Von dort führt der alte Jägersteig Troi de Tuë (Weg 6A) durch lichten Wald ohne große Aussicht, aber auch ohne großen Höhenverlust durch die Westflanke des Monte Pic zur Lichtung Plan da Roles **05**.

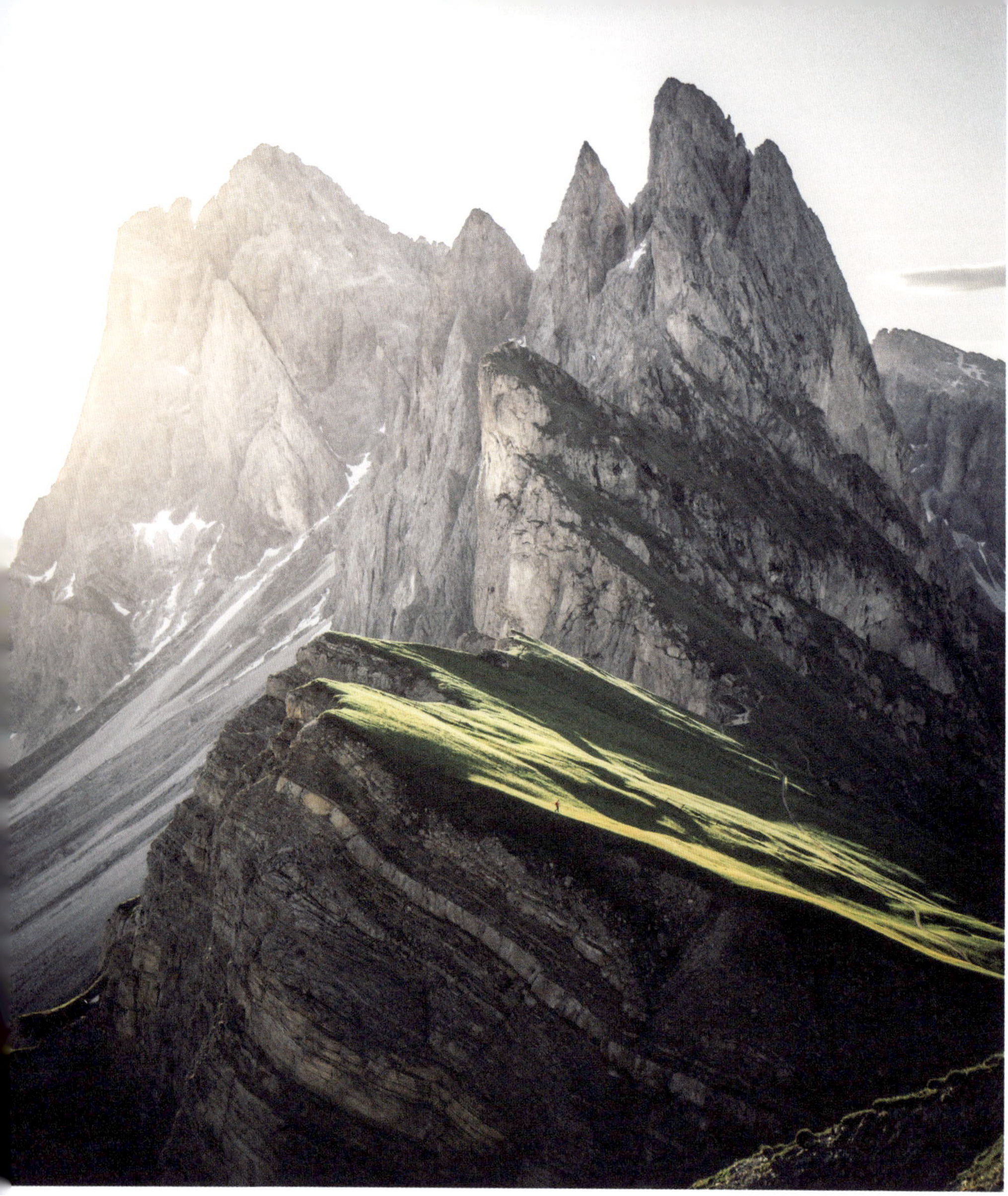

Fermeda- und Geislerspitzen, von der Seceda aus gesehen.

Über einen Grasrücken, dann wieder in den Wald eintauchend geht es hinunter zum Aussichtspunkt Balest **06** und weiter zur Kirche St. Jakob **07**.

Bei einem Platz mit Brunnen und Bänken beginnt der nach St. Ulrich führende „Weg des Dialogs" **08**, der in mehreren Kehren hinunter zur Straße führt. In Porphyrsteine gemeißelte Gedanken laden unterwegs zum Innehalten ein. Höhepunkt ist eine Kapelle mit einer geschnitzten, lebensgroßen Jesusdarstellung. An der Straße geht man wenige Meter nach rechts und biegt dann nochmals rechts zum Parkplatz **09** in St. Ulrich ab.

Dein Moment für die Ewigkeit

Bildaufbau

Das Bild weist einen perfekten Bildaufbau vor. Es ist schön gedrittelt in Vordergrund, der markanten Bergkulisse im Mittelteil und dem Himmel. Je nachdem was man zeigen will bietet sich die Positionierung des Horizontes bei ⅓ oder bei ⅔ des Bildes an.

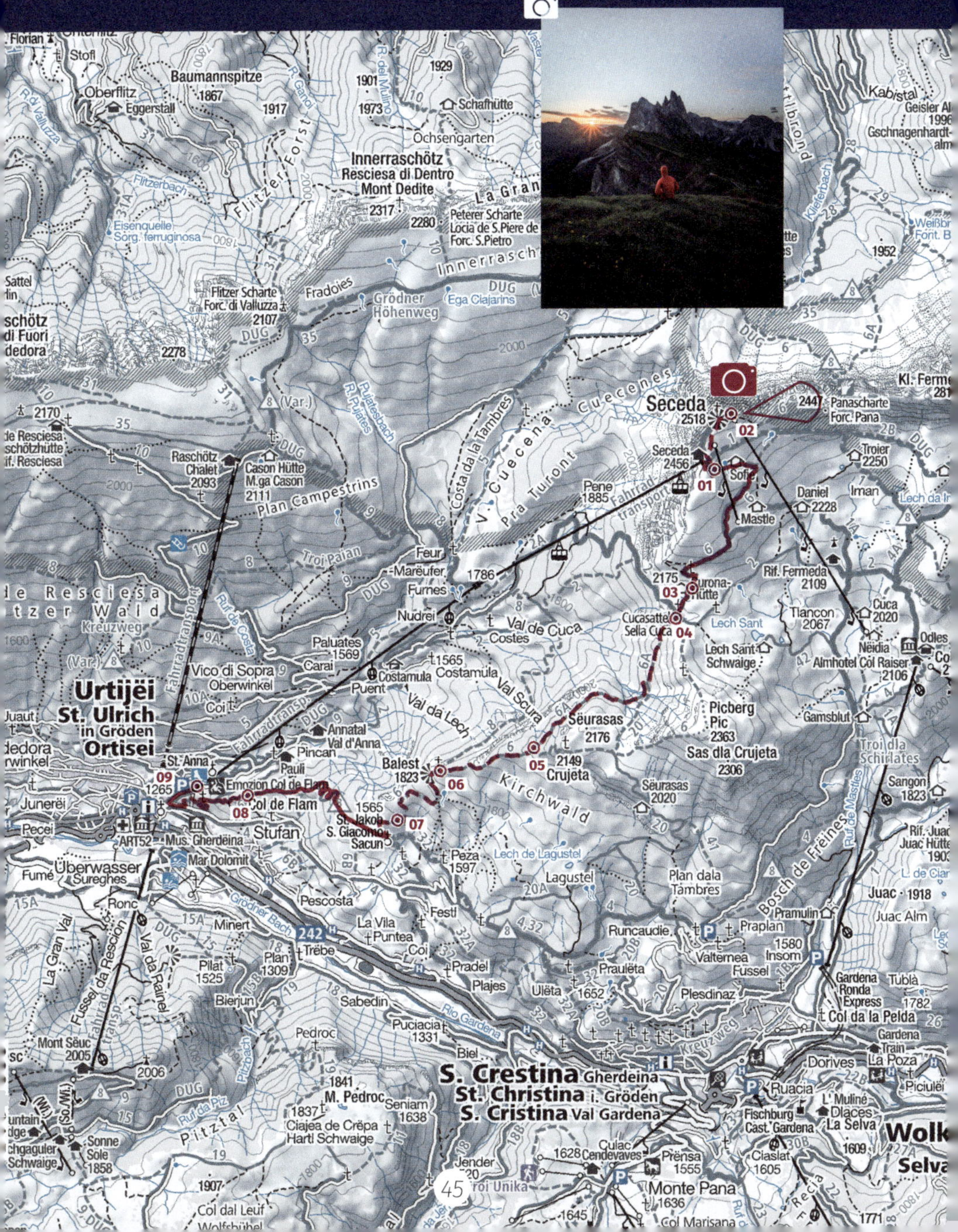

4 Babylonisch Bergsteigen

Pic nennen ihn die Ladiner, Pitschberg heißt er auf Deutsch und für die Italiener ist er der Monte Pic. Die Aussicht von dem kleinen Grasberg über St. Christina in Gröden genießen aber alle Sprachgruppen.

Bilder von: **Roman Huber @romempix**

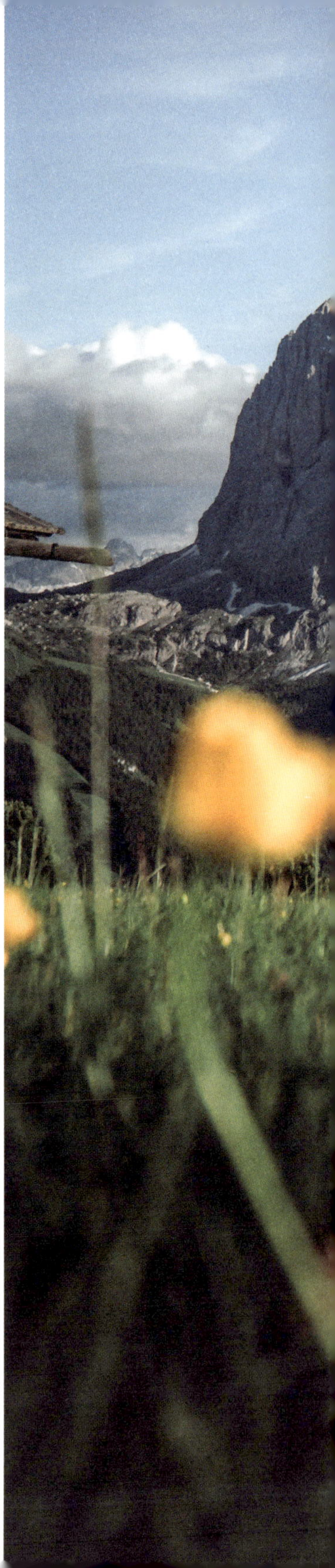

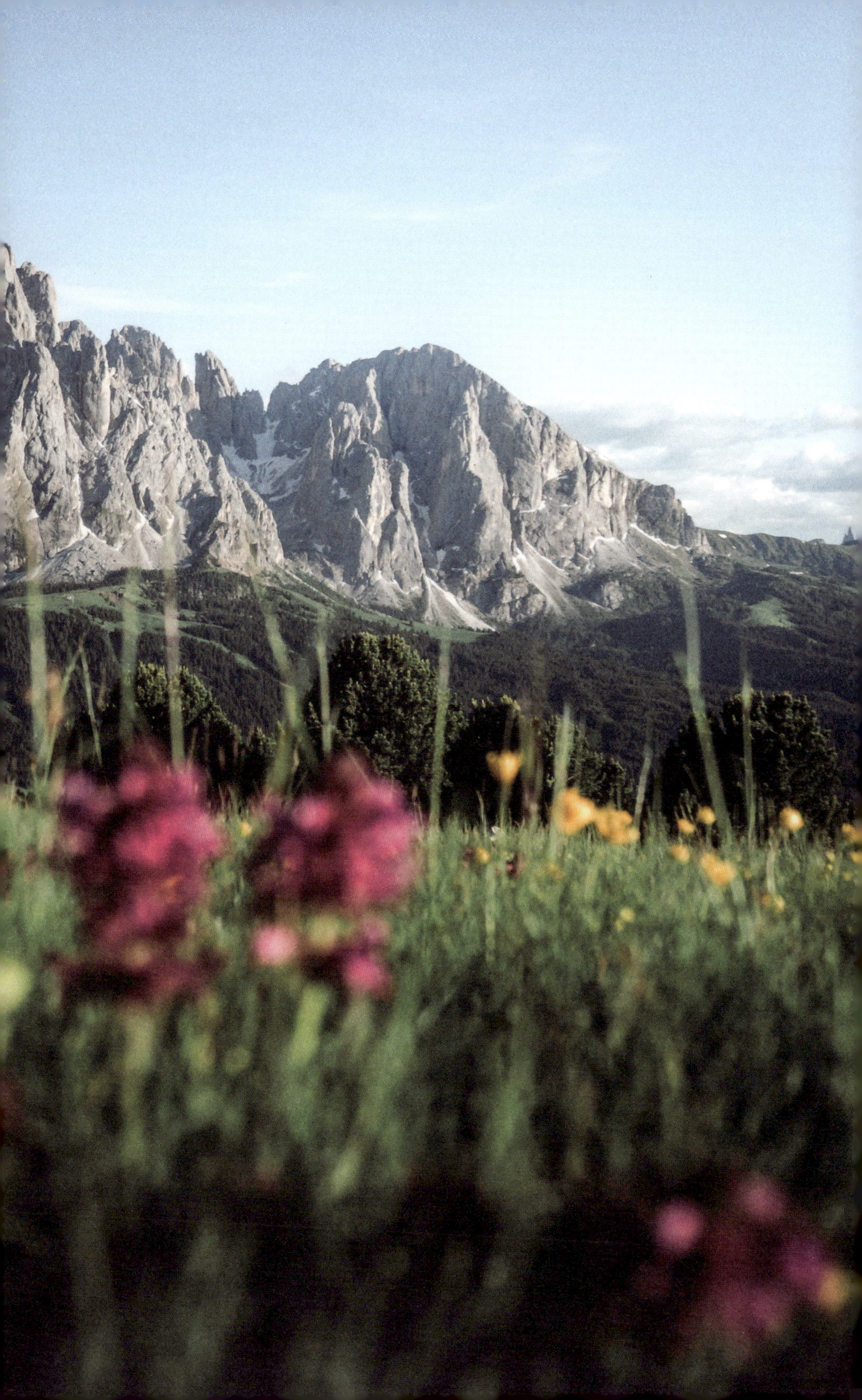

Auf den Pic (Monte Pic) 2363 m

Tourencharakter
Bergwanderung auf breiten Güterwegen und Wiesenpfaden.

Start und Ziel
St. Christina in Gröden, Ortsteil Plesdinaz, Parkplatz oberhalb der Höfesiedlung Runcaudië.

Schwierigkeit: leicht - **mittel** - schwer
Dauer: **3:30 h**
Länge: **9,9 km**
Aufstieg **670 hm**
Abstieg **670 hm**

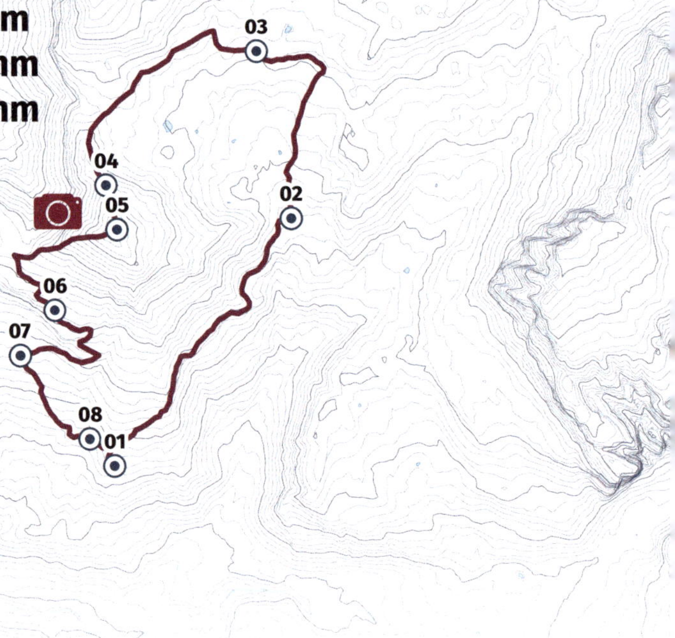

Höhenlinienmodell mit Streckenverlauf

Höhenprofil

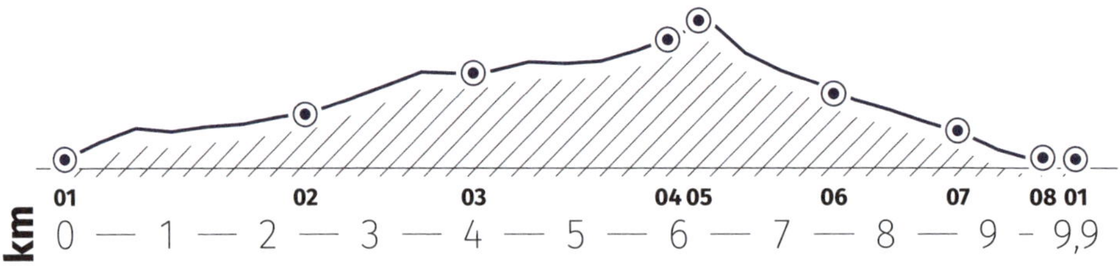

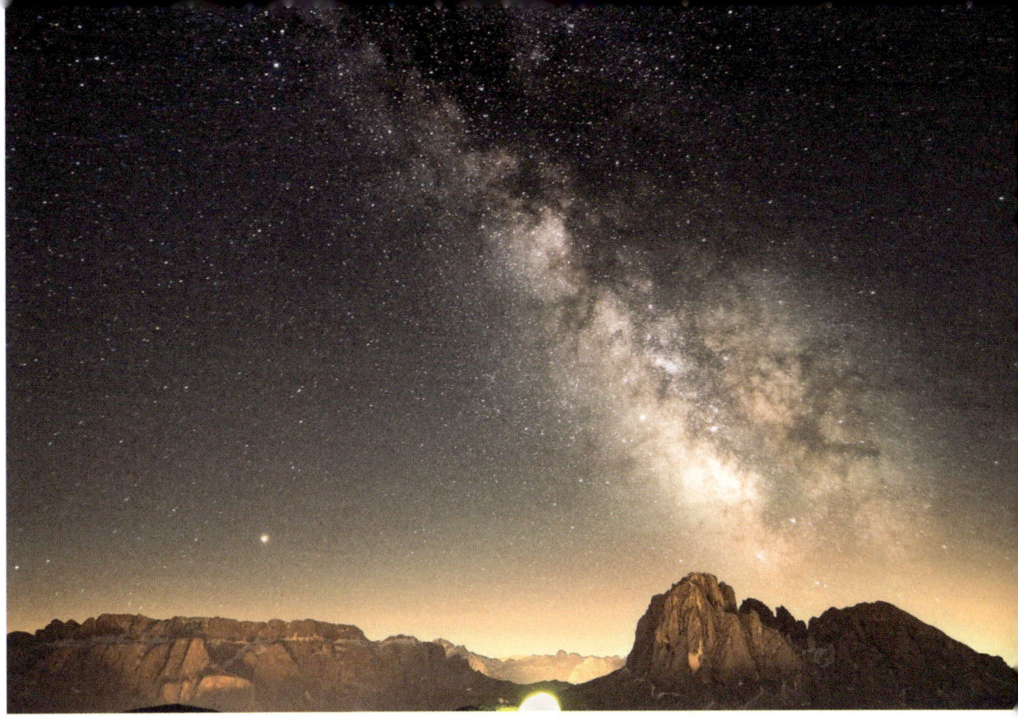

Sella und Langkofel im Sternenglanz.

Der Berg ruft!

Titel des bekanntesten Spielfilms des 1892 in Gröden geborenen Luis Trenker (1937/1938).

Dank seiner exponierten Lage ist der Kleine Pic (oder Monte Pic) ein herrlicher Aussichtsberg über Gröden, der ohne große Mühen und recht einfach erstiegen werden kann.

Gestartet wird am Wanderparkplatz 01 oberhalb der Runcaudië-Höfe. Dort den Wegweisern Richtung Col Raiser, Regensburger Hütte, Fermeda und Gamsbluthütte (Weg 4) folgen, an der Wasserfassung rechts halten. Zunächst ansteigend geht es später weitgehend höhenparallel auf einem Güterweg zur Gamsbluthütte 02, die am Waldrand liegt. Von dort ist der Weg über Almwiesen zu den Hütten Cuca und Fermeda ausgeschildert. Bei der Fermeda-Hütte 03 folgt man Weg 2 Richtung Westen zum Cucasattel. Schon von Weitem ist der schmale Pfad 6, der sich den Wiesenrücken zum Monte Pic hinaufzieht, zu sehen. Malerisch ist der Blick über die hügelige Aschgler Alm Richtung Montijela und Monte Stevia sowie der eindrucksvollen Felsburg Sella oder Richtung Norden zur Seceda und den Geislerspitzen. Etwa auf halber Strecke lädt ein Kreuz 04 zu einem kurzen Abstecher ein. Zum Schluss etwas steiler ansteigend ist schon bald der Gipfel des Pic 05 erreicht, den eine Bank mit Blick auf Sella, Langkofel und Seiser Alm krönt.

Abstieg zur Sëurasas-Hütte: Steil sind die Hänge nach Süden hin zu den Almen von Sëurasas. Entsprechend steil führt auch der

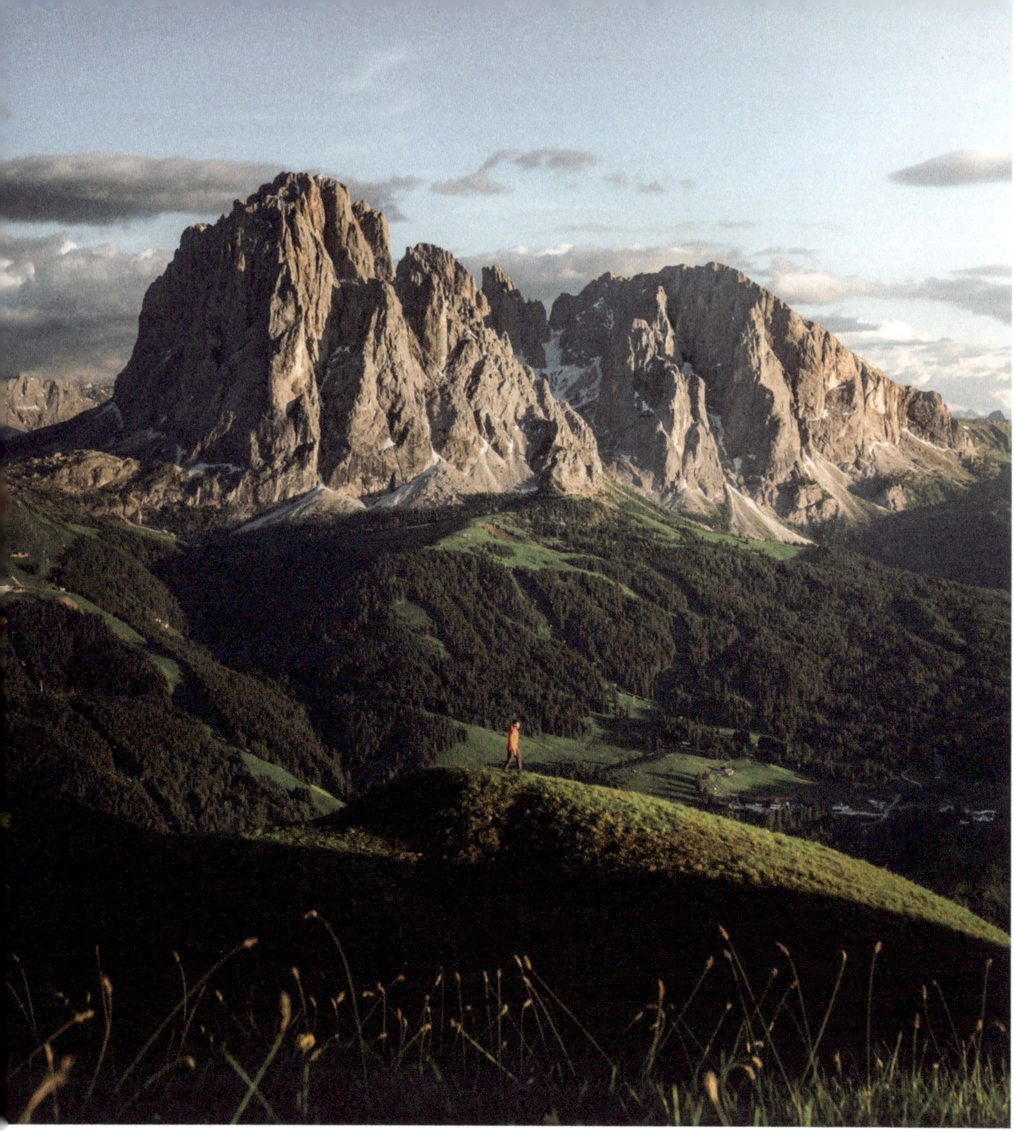

Der „Lange“ und der „Platte“ Kofel hoch über Gröden.

Weg über die Wiesen und vorbei an einzelnen Zirben zum Sattel und einer Wegkreuzung. Rechts ist die Crujeta zu sehen, links malerisch ein paar Almhütten vor der Kulisse von Cirspitzen, Sellastock und Langkofel. Weiterhin steil geht es zwischen Bäumen hindurch zur Sëurasas-Hütte **06**.

Vorbei an weiteren Almgebäuden wandert man nun einen breiten Forstweg talwärts, in einer weit gezogenen Rechtskuve führt die Straße um das markante Felsband herum, auf dem die Alm liegt. An einer Wegkreuzung **07** den Weg 20 links Richtung Regensburger Hütte und Aschgler Alm nehmen. An der nächsten Weggabelung **08** (Brunnen) auf Weg 4 kurz nach links aufwärts zur Wasserfassung wandern und von dort in wenigen Schritten bergab zum Parkplatz **01** absteigen.

Dein Moment für die Ewigkeit

Was darf unscharf sein?

Mit dem Fokus und der Blende steuert man die Schärfe eines Bildes. Auf dem Bild ist der Vordergrund unscharf dargestellt. Das eigentliche Highlight des Bildes – der Langkofel – ist gestochen scharf. Ein Bild ohne scharfen Bereich ist fast immer zu vergessen. Im Zweifel sollte man die Schärfe am Display noch vor Ort kontrollieren.

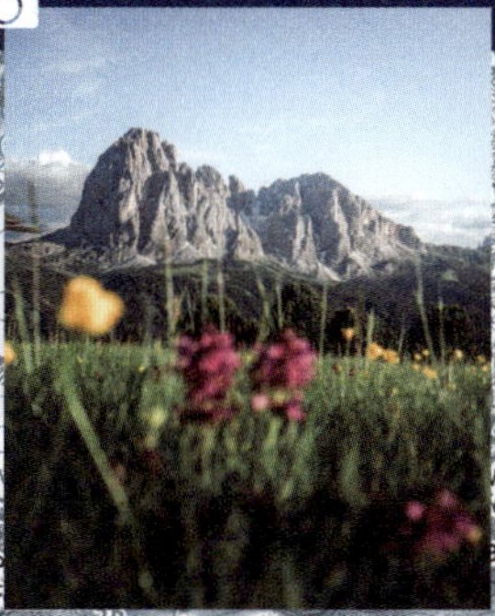

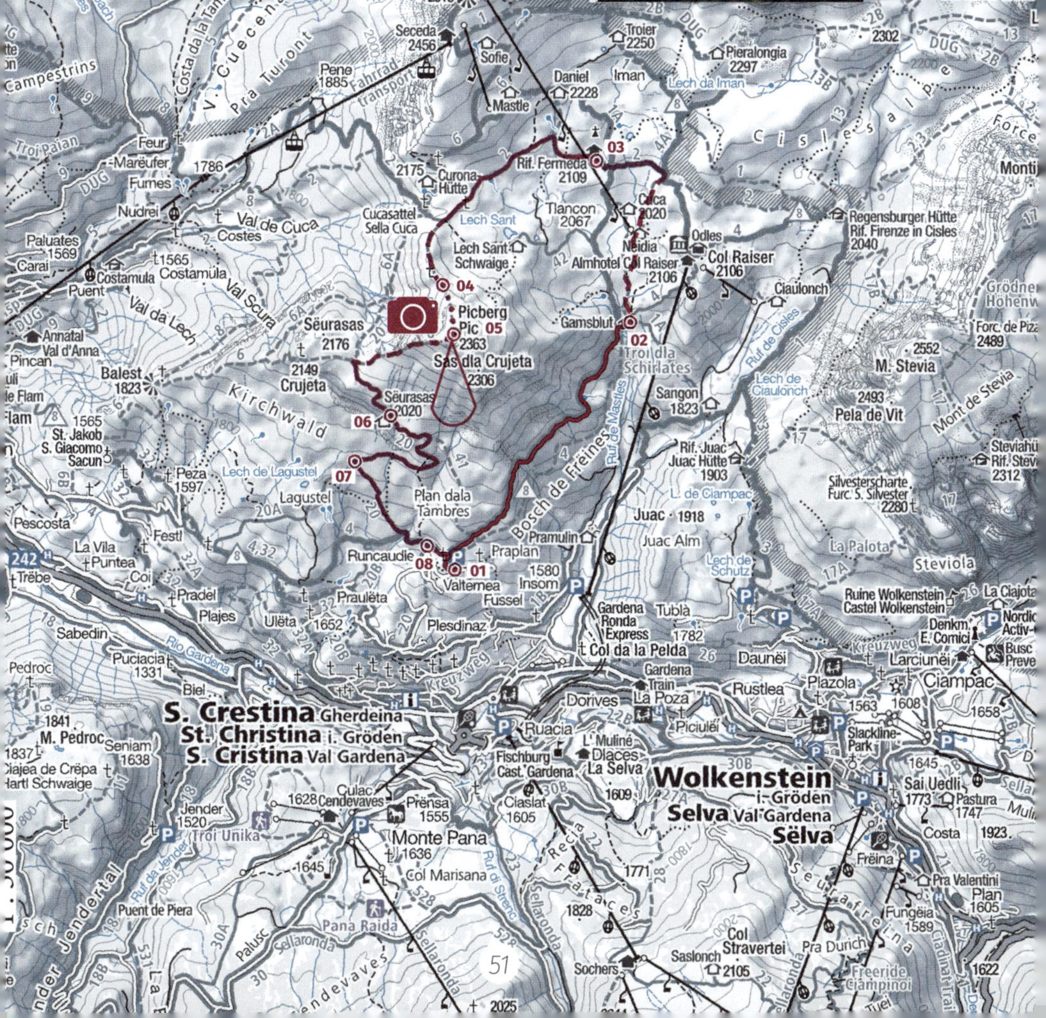

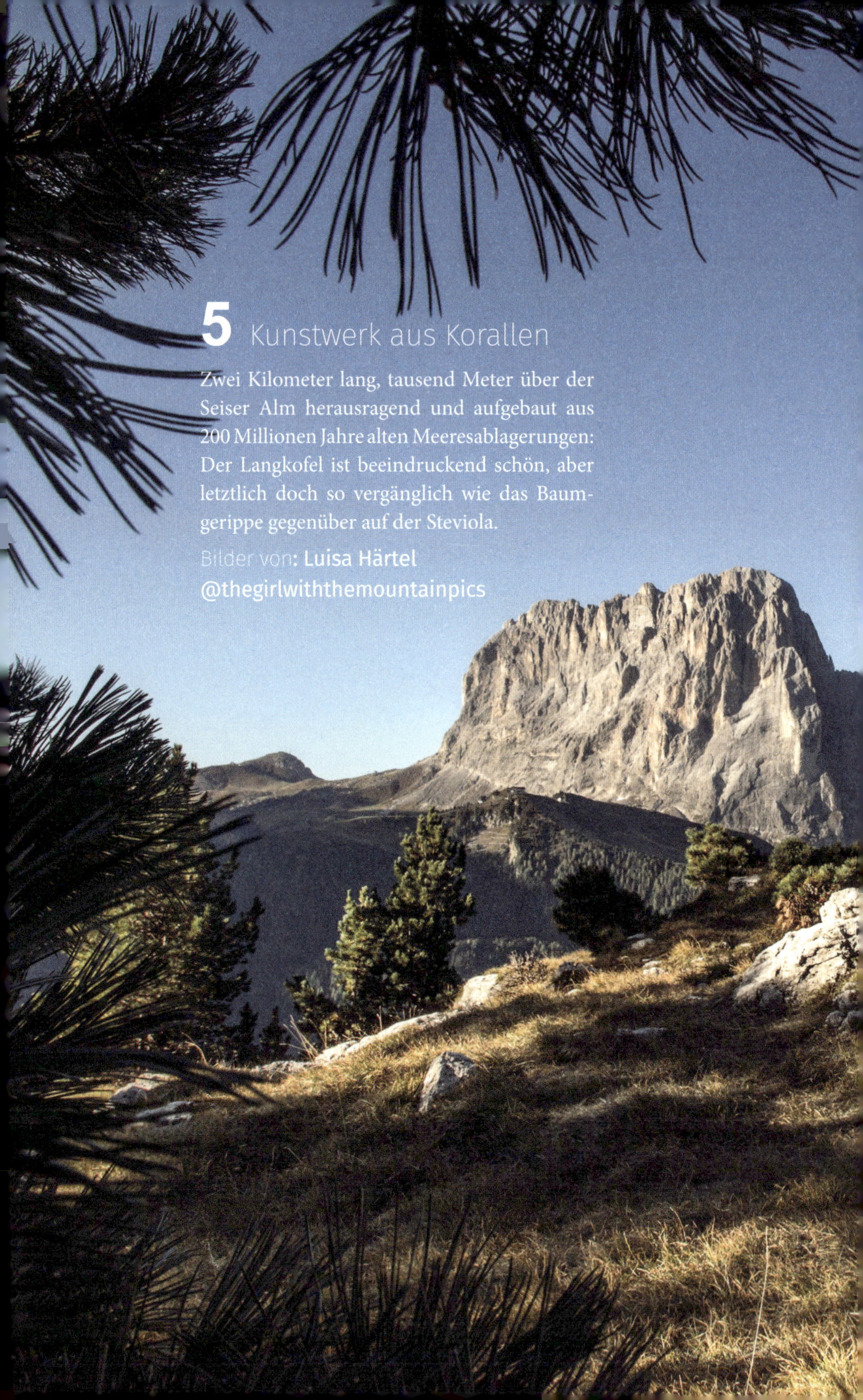

5 Kunstwerk aus Korallen

Zwei Kilometer lang, tausend Meter über der Seiser Alm herausragend und aufgebaut aus 200 Millionen Jahre alten Meeresablagerungen: Der Langkofel ist beeindruckend schön, aber letztlich doch so vergänglich wie das Baumgerippe gegenüber auf der Steviola.

Bilder von: **Luisa Härtel**
@thegirlwiththemountainpics

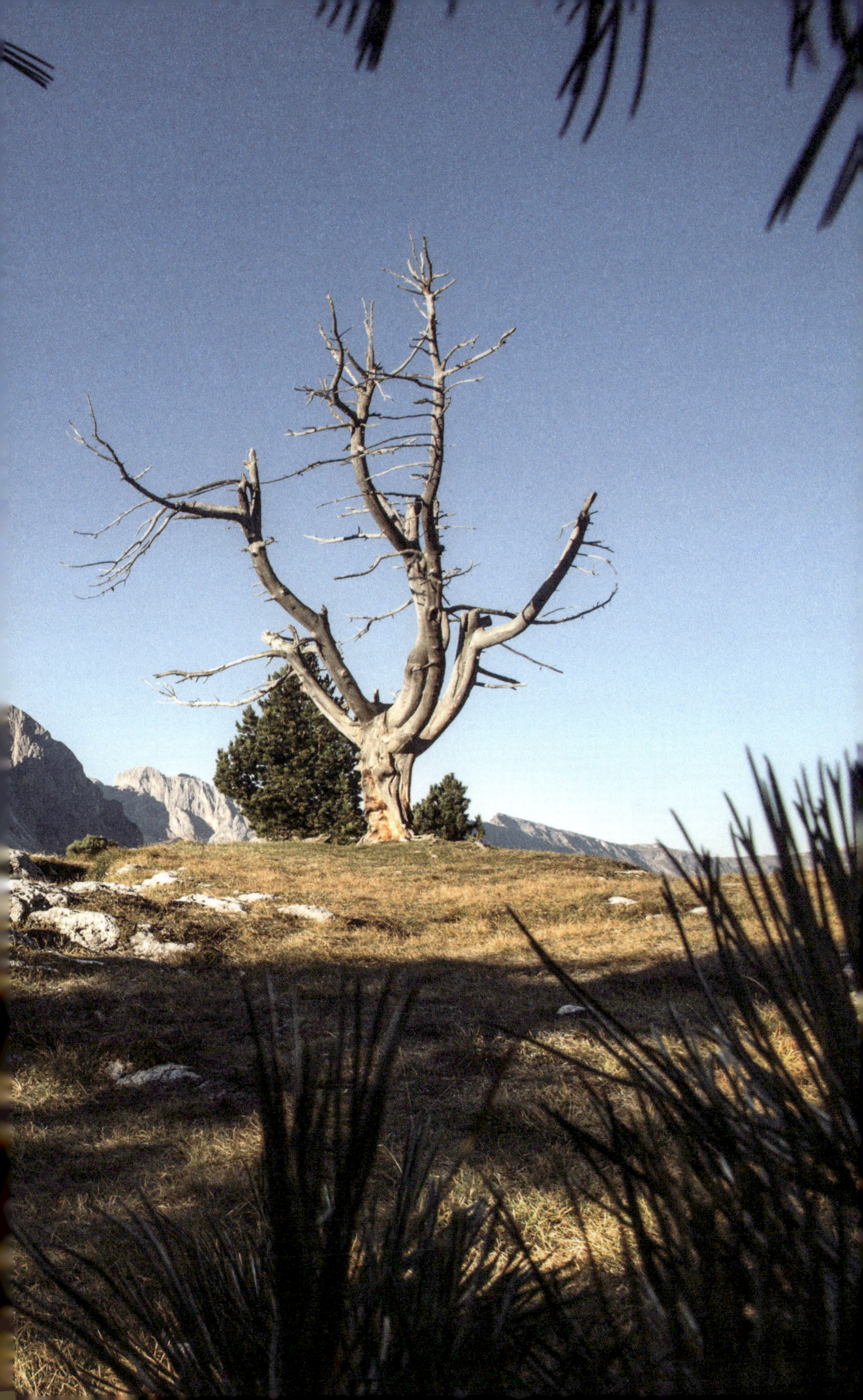

Der Palotasteig zur Steviola 2280 m

Tourencharakter
Steiler, aber ausgebauter Steig, vor der Einmündung in den Weg zur Steviahütte eine etwas ausgesetzte, ungesicherte Stelle. Trittsicherheit und Schwindelfreiheit sind hier nötig.

Start und Ziel
Wanderparkplatz im Wolkensteiner Ortsteil Daunëi.

Schwierigkeit: leicht - **mittel** - schwer
Dauer: **2:30 h**
Länge: **5,3 km**
Aufstieg **580 hm**
Abstieg **580 hm**

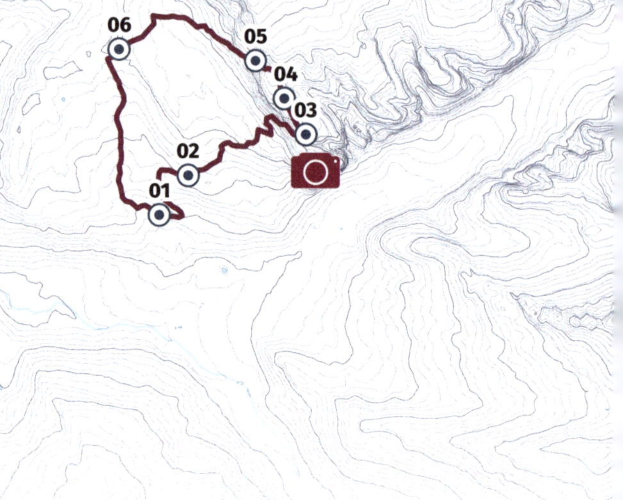

Höhenlinienmodell mit Streckenverlauf

Höhenprofil

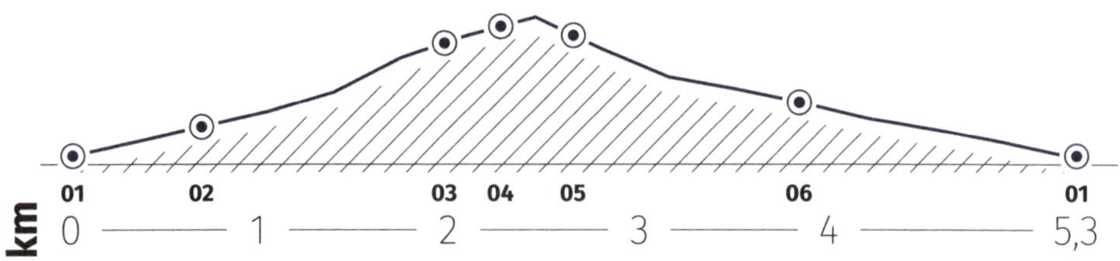

Aber dass ein Baum groß werde, dazu will er um harte Felsen harte Wurzeln schlagen.

Friedrich Nietzsche (1844–1900)

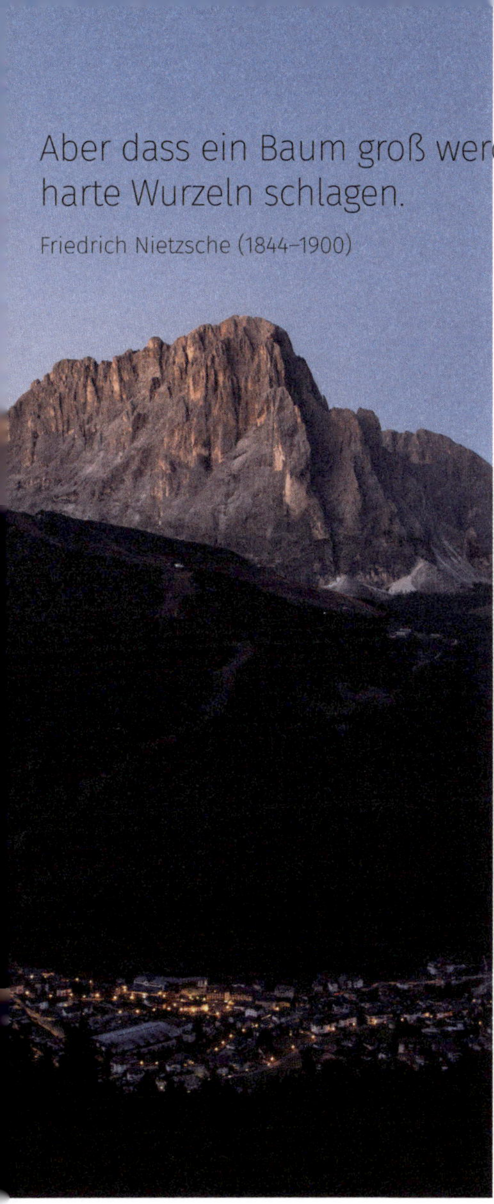

Wolkenstein mit dem Langkofel.

Es kommt wohl nicht oft vor, dass ein abgestorbener Baum einen eigenen Wegpunkt in einer Tourenbeschreibung bekommt. Hoch über dem hinteren Grödnertal, am Palotasteig zur Steviola-Hochweide, ist das der Fall. Der felsumgürtete „Vorbau“ des Stevia-Bergstocks, der besonders eindrucksvoll über dem Val de Chedul aufragt, bietet aber einige weitere „Hingucker“.

▶ Vom Wanderparkplatz 01 geht es wenige Schritte zurück auf der Straße, bis in der ersten Rechtskurve links ein Pfad abbiegt, der auf einen Querweg stößt. Hier nach links bergauf, bis nach ungefähr 5 Minuten ein Wegweiser den Beginn des Palotasteigs 02 anzeigt. Zunächst durch Wald geht es auf gut ausgebautem Weg in mehreren Kehren steil bergauf. Je höher man kommt, desto beeindruckender sind die Tiefblicke nach Wolkenstein, zum Langkofel und zum Sellajoch. Über einen steinigen Pfad geht es Richtung Baumgrenze, bis schließlich die Felswände erreicht sind. Ein getreppter Steig führt nun unterhalb der eindrucksvollen Südwände in weiteren Kehren bergauf, bis schließlich die Cirspitzen und die Wände des Val de Chedul am höchsten Punkt des Weges zu sehen sind. Ein abgestorbener Baum 03 markiert den Übergang zum kleinen Steviola-Plateau, auf dem im Sommer Schafe weiden.

Von dort bietet sich ein Panoramablick nicht nur zur Puez-Hochebene, sondern auch auf die eindrucksvollen Cirspitzen, den Sellastock und die Langkofelgruppe.

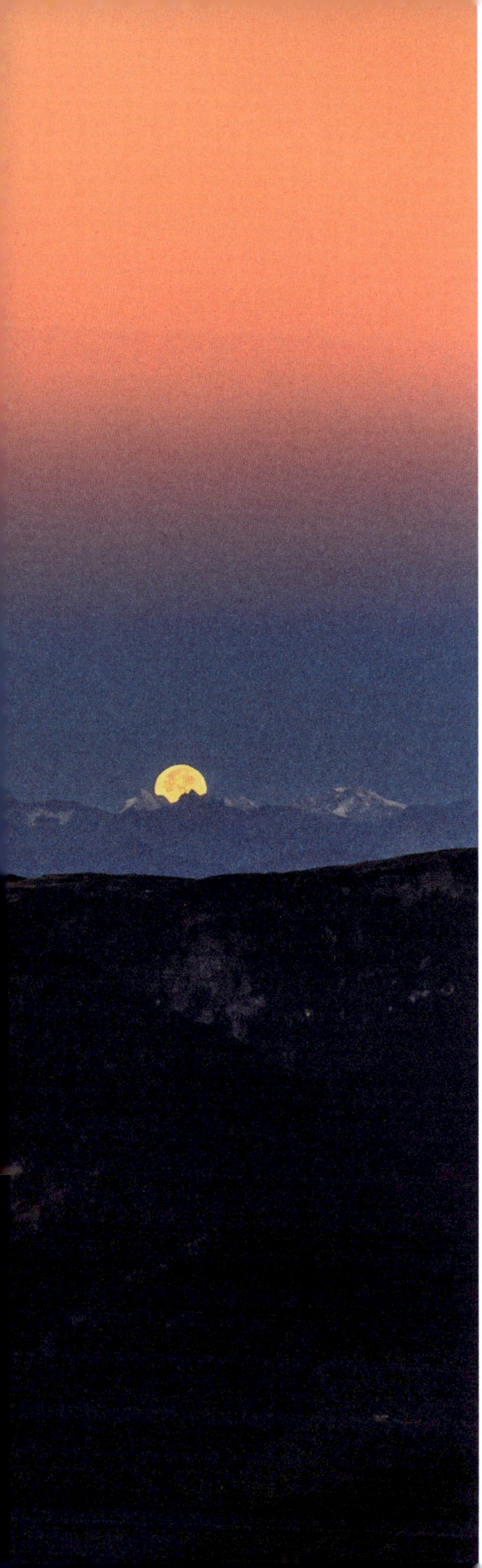

Wahrzeichen des kleinen Plateaus, das nach Westen, Süden und Osten steil abfällt, ist das von Wolkenstein gut sichtbare Kreuz mit einer Christusfigur, unter der eine Bank zum Rasten einlädt. Die Seiser Alm, der Monte Pic und die Almen unterhalb von Seceda und Geislerspitzen liegen zum Greifen nah. Nicht umsonst wird die Stelle auch als „Aussichtsbalkon" von Wolkenstein bzw. von Gröden bezeichnet.

Abstieg über die Silvesterscharte: Richtung Norden geht es nun weiter um eine Anhöhe herum und dann einige Meter bergab in die Silvesterschlucht hinein. Vorsicht! Der exponierte Steig ist nicht gesichert. Durch ein Viehgatter erreicht man den Abzweig **04** zur Steviahütte (ca. 15 Min. Gehzeit bergauf).

Wer nicht einkehren will steigt auf dem Weg Richtung Juac Hütte in einigen Kehren hinauf zur Silvesterscharte **05**, die den Bergstock der Stevia von der Steviola trennt. Von dort führt ein sehr gut ausgebauter und befestigter Steig zunächst steil durch die Felswand bergab und geht dann in einen angenehm begehbaren Waldweg über, der über einen Wiesenrücken zur schön gelegenen Juac Hütte **06** führt. Von der modernen Einkehrhütte genießt man einen herrlichen Blick auf die Geislerspitzen.

Mit Blick auf Sella und Langkofel wandert man nun die letzten 200 Höhenmeter über Wiesen und am Waldrand entlang bergab zum Wanderparkplatz **01**.

Dein Moment für die Ewigkeit

Natürlicher Rahmen

Mit Blättern, Bäumen und der Topografie lässt sich ein natürlicher Rahmen erstellen, der dem Bild Kontrast und Spannung verleiht. Unter Fotografen ist dieses Stilmittel auch als „Framing“ bekannt.

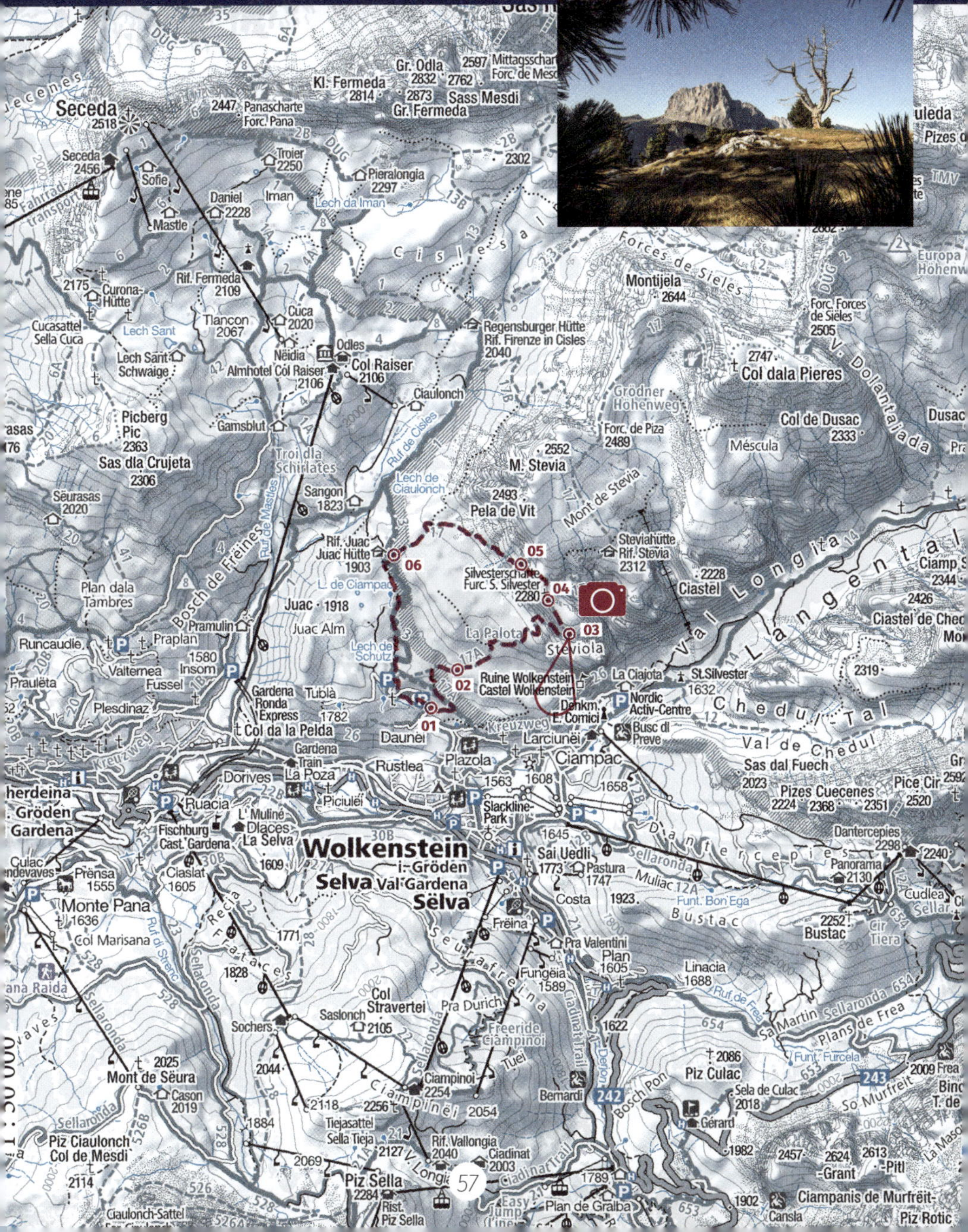

6 Circolo Cir

Schwindelfrei? Dann wird es dir auf diesem luftigen Platz auch gut gefallen. Wer lieber ein bisschen mehr Gestein unter den Beinen hat, kann aber auch auf den Wanderpfaden unterhalb der Cir-Spitzen bleiben.

Bilder von: **Stefan Mahlknecht**
@stefan_mahl

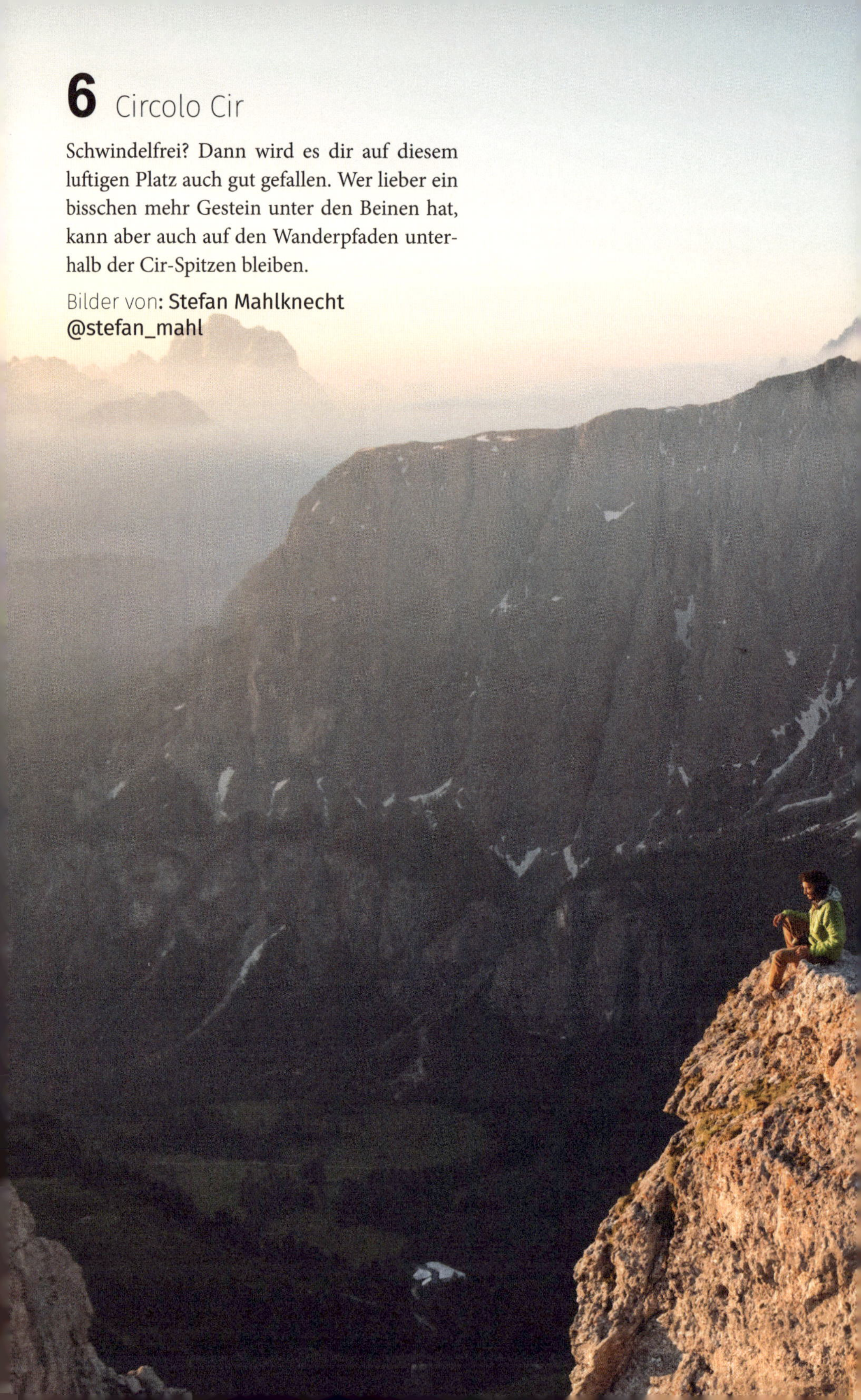

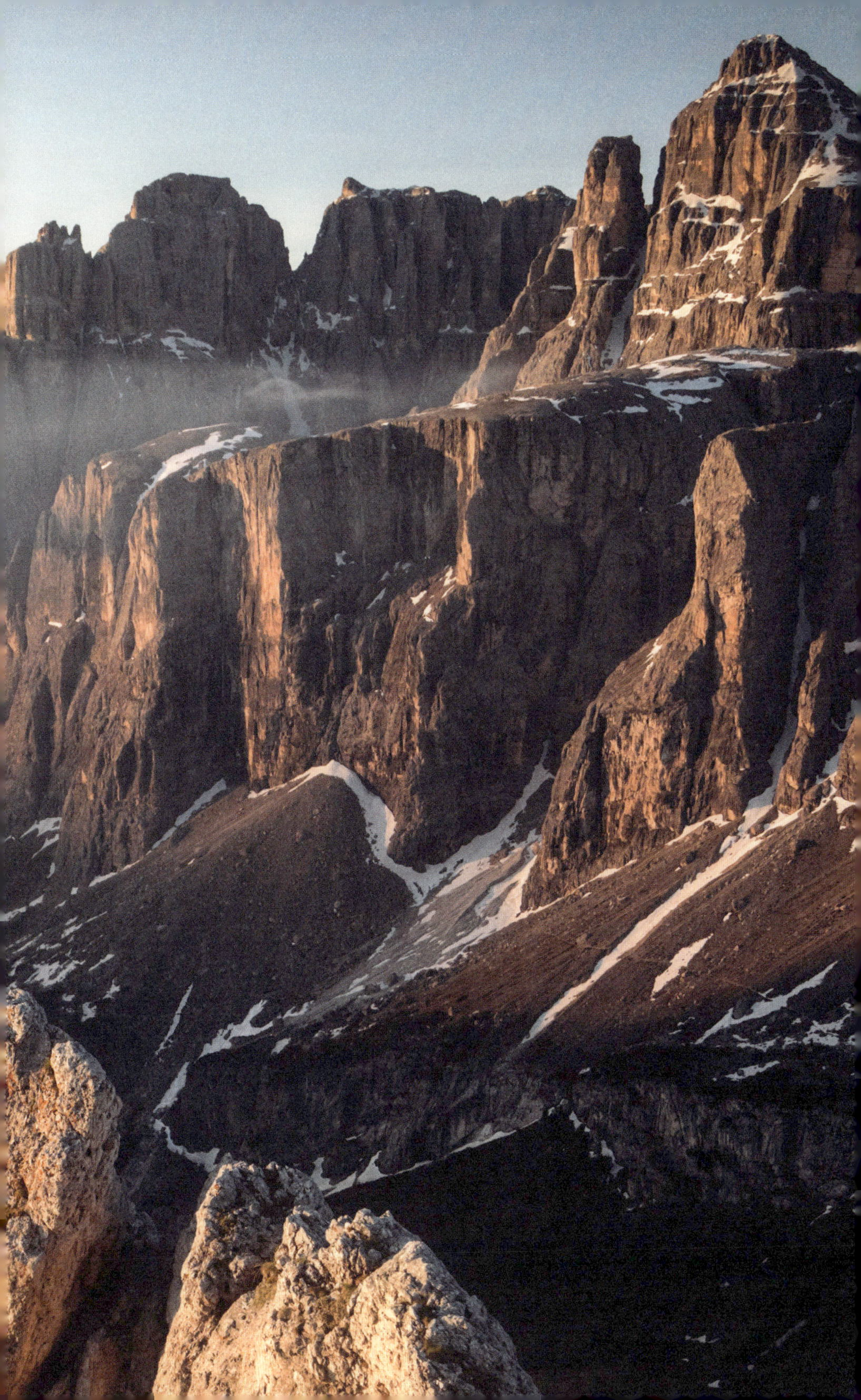

Umrundung der Cirspitzen

Tourencharakter
Für geübte Geher eine Bergwanderung ohne nennenswerten Schwierigkeiten, aber mit einigen stärkeren Steigungen.

Start und Ziel
Grödner Joch, 2121 m, Parkplatz an der Passhöhe; Bergstation der Umlaufbahn Wolkenstein – Dantercëpies, Parkplatz bei der Talstation der Umlaufbahn. Zufahrt auf der Brenner-Autobahn A 22 bis zur Ausfahrt Klausen, weiter auf der SS 242 nach Wolkenstein und auf der SS 243 zum Grödner Joch.

Schwierigkeit: leicht - **mittel** - schwer
Dauer: **3:30 h**
Länge: **7,4 km**
Aufstieg **341 hm**
Abstieg **817 hm**

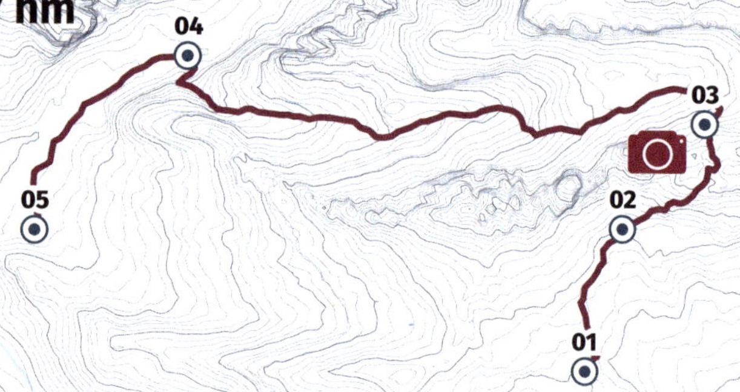

Höhenlinienmodell mit Streckenverlauf

Höhenprofil

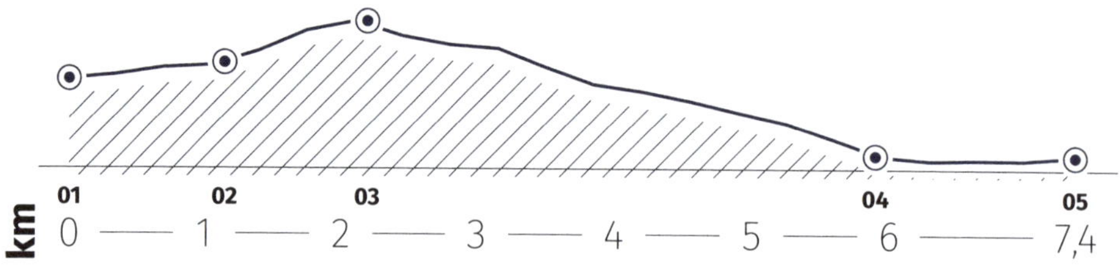

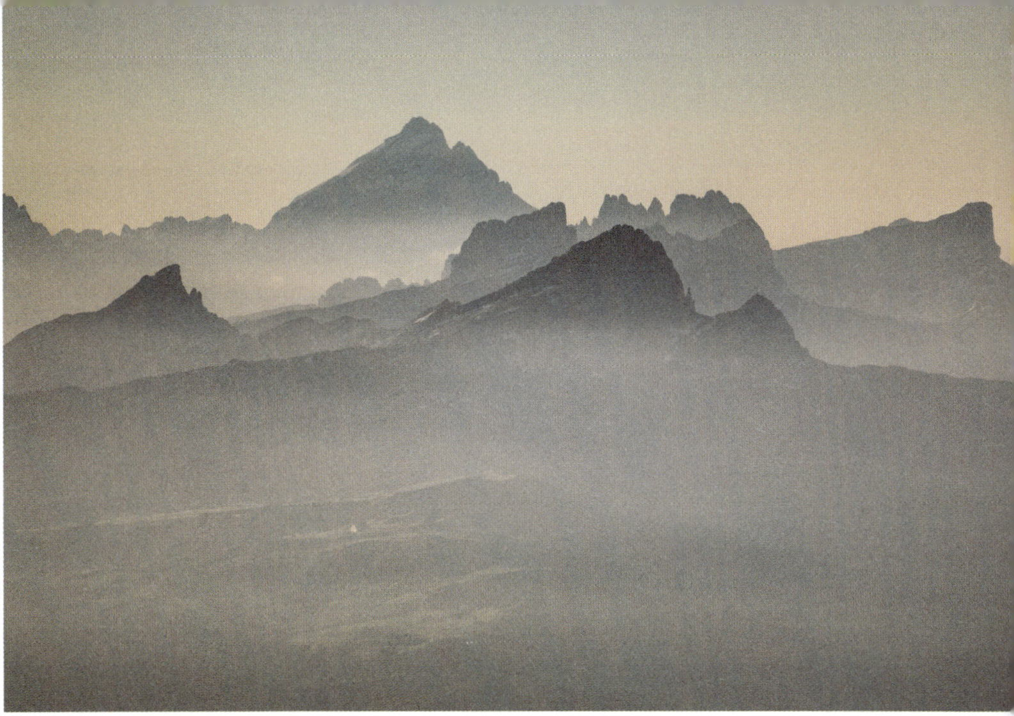

Blick nach Osten über die Dolomiten von Cortina bis zum Antelao.

Steh' wie ein fester Turm, dem nimmermehr die Spitze schwankt in sturmbewegten Tagen.

Dante Alighieri (1265–1321)

Die verwitterte Zackenkette der Cirspitzen erhebt sich im Norden des Grödner Jochs, während ihre Nordwände zum Chedultal abstürzen. Diese Wanderung erlaubt bei gutem Wetter eine herrliche Fernsicht gegen Westen, und mit etwas Glück kann man Gämsen und Murmeltiere beobachten.

▶ Ausgehend von der Bushaltestelle am Grödner Joch **01** (Parkmöglichkeit) auf einem Wiesensteig zum Wirtschaftsweg hinauf, der unmittelbar oberhalb des Hotels Cir vorbeizieht. Auf ihm einige Kehren aufwärts bis zum ersten Hinweisschild, wo der Puezsteig mit dem Dolomiten-Höhenweg Nr. 2 rechts (nördlich) abgeht und die Wiesen unterhalb der Großen Cirspitze querend wir in 20 Minuten zu Jimmy's Hütte **02**, 2222 m, kommen. Wer von Wolkenstein mit der Umlaufbahn heraufgekommen ist, geht dann von der Bergstation Dantercëpies auf einem Wirtschaftsweg rechts hinunter bis zur ersten Haarnadelkurve (ca. 200 Schritte), wo der Zubringersteig zur Hütte (10 Minuten) beginnt. Unmittelbar über Jimmy's Hütte, bei der Gondelbahn (Eintritt in den Naturpark), windet sich der Steig über die von Legföhren bestandenen Schotterhänge. Auf dem höher gelegenen Absatz quert er eine charakteristische Trümmermulde, aus der mehrere bizarre Felstürme aufragen. Kurz, aber steil ist da-

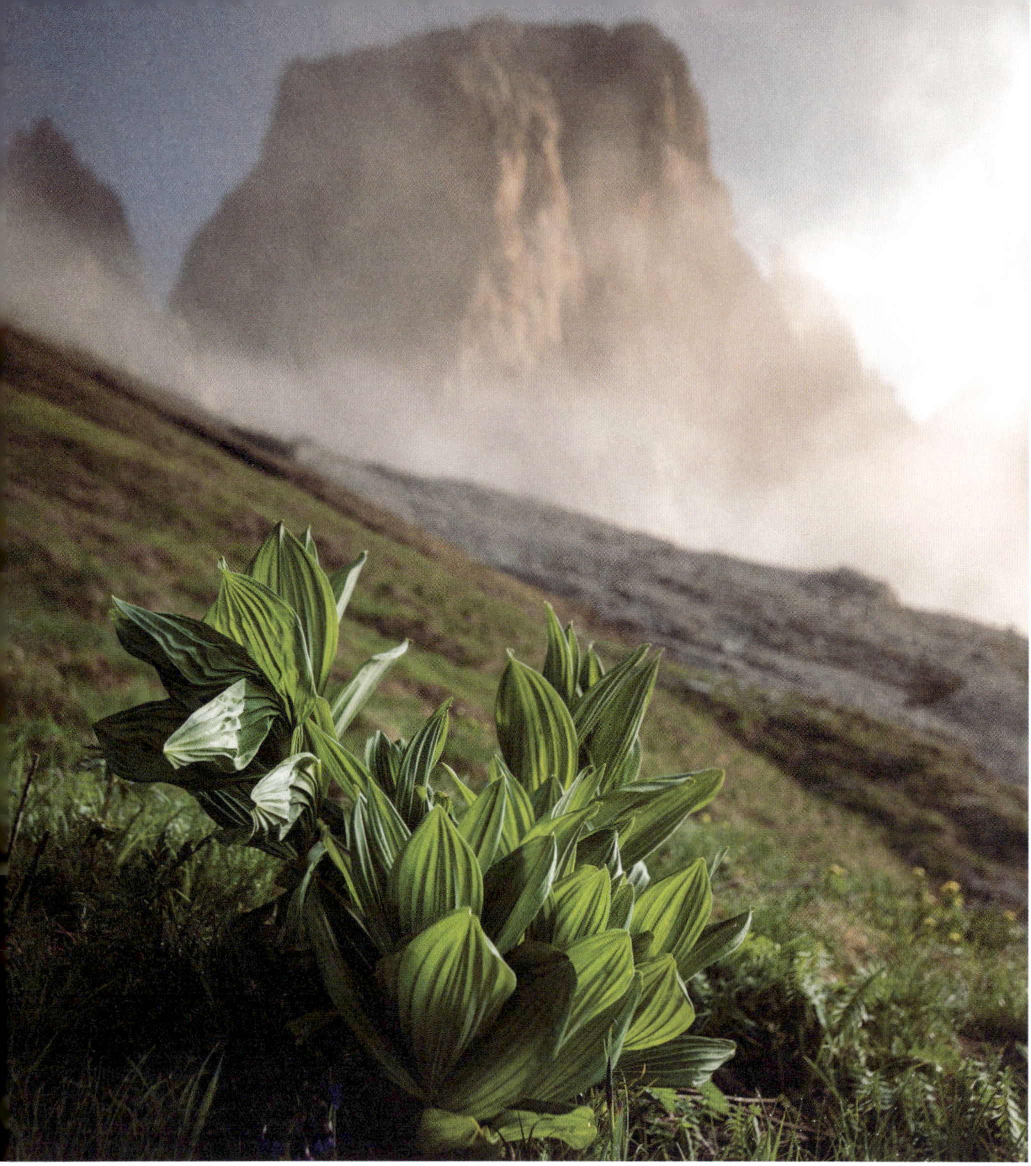

Die Große Cir-Spitze als Nebelspalter.

raufhin der Aufstieg ins Cirjoch 03, 2462 m (1:½ h ab Grödner Joch). Anschließend geht es nur noch abwärts. Auf der Nordseite des Jochs verläuft der Steig über harmlose Felsstufen, wo man ein bisschen achtgeben sollte. Im Anschluss daran, an einer recht engen, felsüberhöhten Stelle (Wegweiser „Chedultal", Mark. 12) verlassen wir den Puezsteig und steigen über Schotter zum obersten Talboden von Chedul hinab. Zunächst geht es über Rasen, später über eine mächtige Talstufe, am Talende dann steil durch Wald auf die Böden des Langentals hinab zur St.-Silvester-Kapelle 04, 1632 m. Der Brunnen in Kapellennähe spendet frisches Trinkwasser. Von dort 30 Minuten ins Ortszentrum von Wolkenstein 05.

Dein Moment für die Ewigkeit

Steiler als gedacht

Sobald du eine Person zeigst bekommt das Auge einen Größenvergleich und eine senkrechte Linie. Fotografierst du jetzt auch noch von oben (Vogelperspektive) oder von unten (Froschperspektive), verstärkst du durch die perspektivische Verzerrung die Höhe eines Berges oder die Tiefe eines Abgrundes.

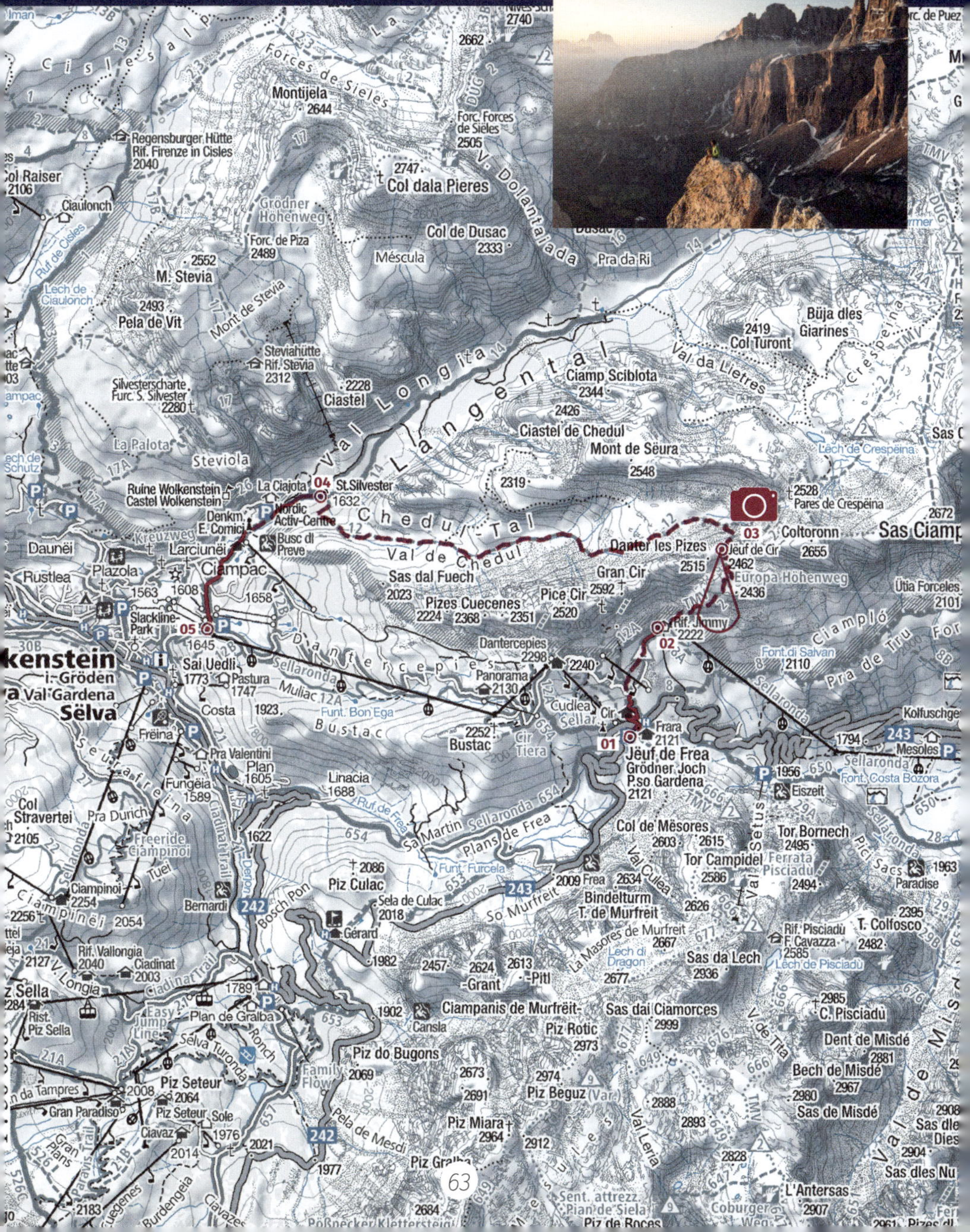

7 Dem Passrummel entfliehen

Nur wenige Schritte vom allsommerlichen Autolärm und Motorradgeknatter entfernt finden sich auch rund ums Grödner Joch etliche stille Plätze mit Dolomitenprachtblick.

Bilder von: **Luisa Härtel**
@thegirlwiththemountainpics

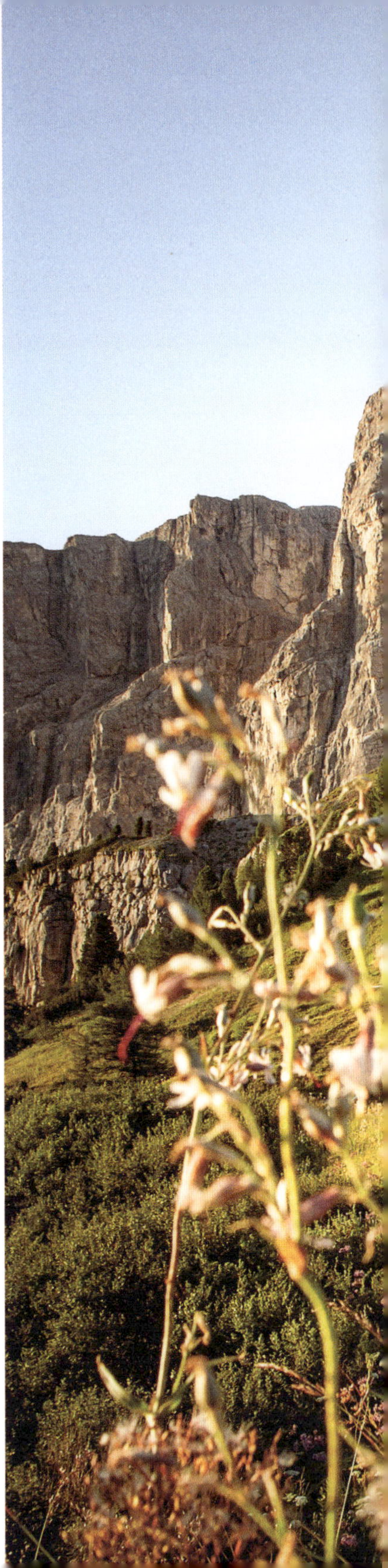

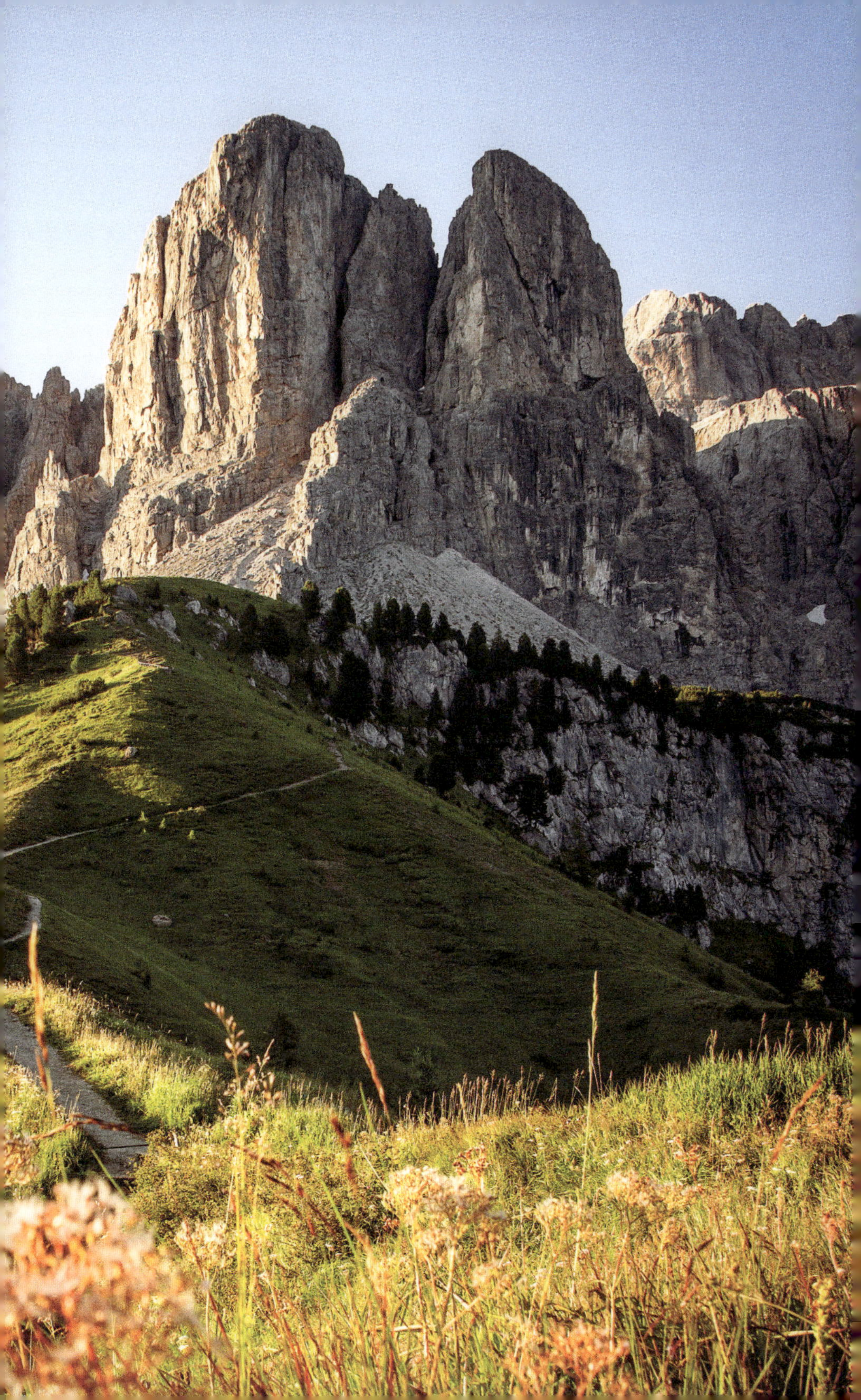

Rundwanderung zum Grödner Joch

Tourencharakter
Leichte Rundwanderung für „Normalwanderer“ mit herrlichem Blick auf die Nordseite des Sellastockes.

Start und Ziel
Kolfuschg/Colfosco, 1640 m. Zufahrt von der Autobahnabfahrt Klausen auf den Staatsstraßen 242d und 242 ins Grödner Tal, links ab auf der Staatsstraße 243 übers Grödner Joch nach Kolfuschg/Colfosco; Parken bei der Kirche.

Schwierigkeit: **leicht** - mittel - schwer
Dauer: **4:00 h**
Länge: **9,6 km**
Aufstieg **522 hm**
Abstieg **522 hm**

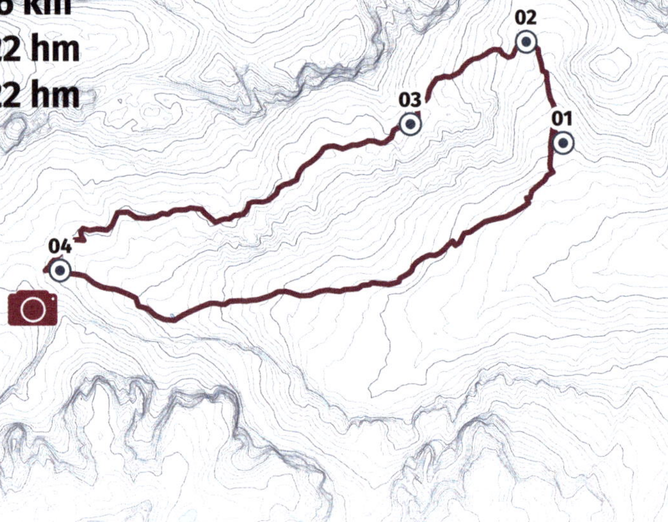

Höhenlinienmodell mit Streckenverlauf

Höhenprofil

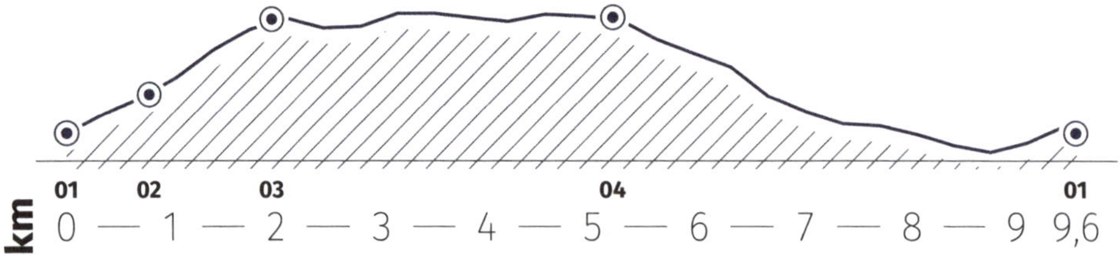

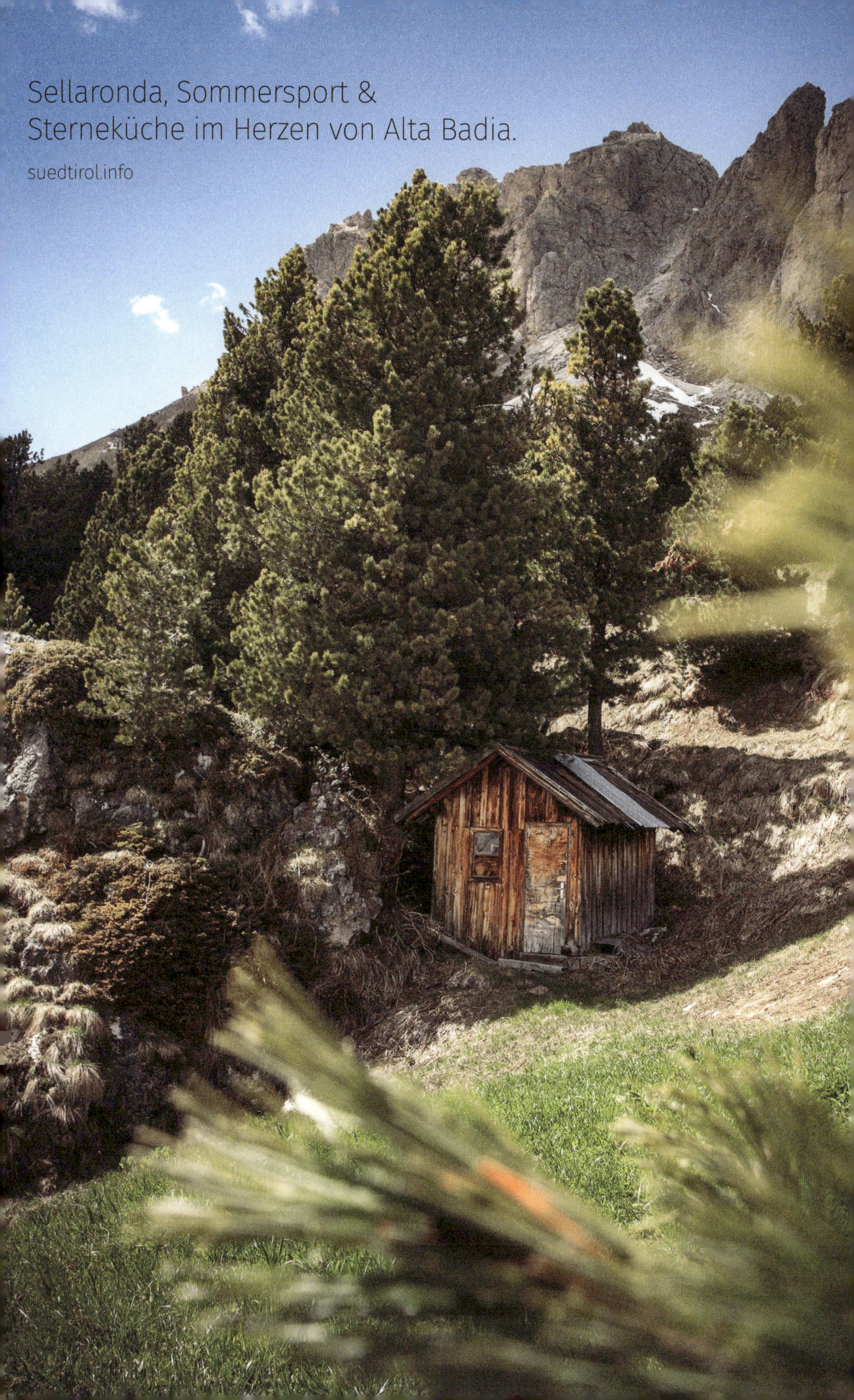
Sellaronda, Sommersport &
Sterneküche im Herzen von Alta Badia.
suedtirol.info

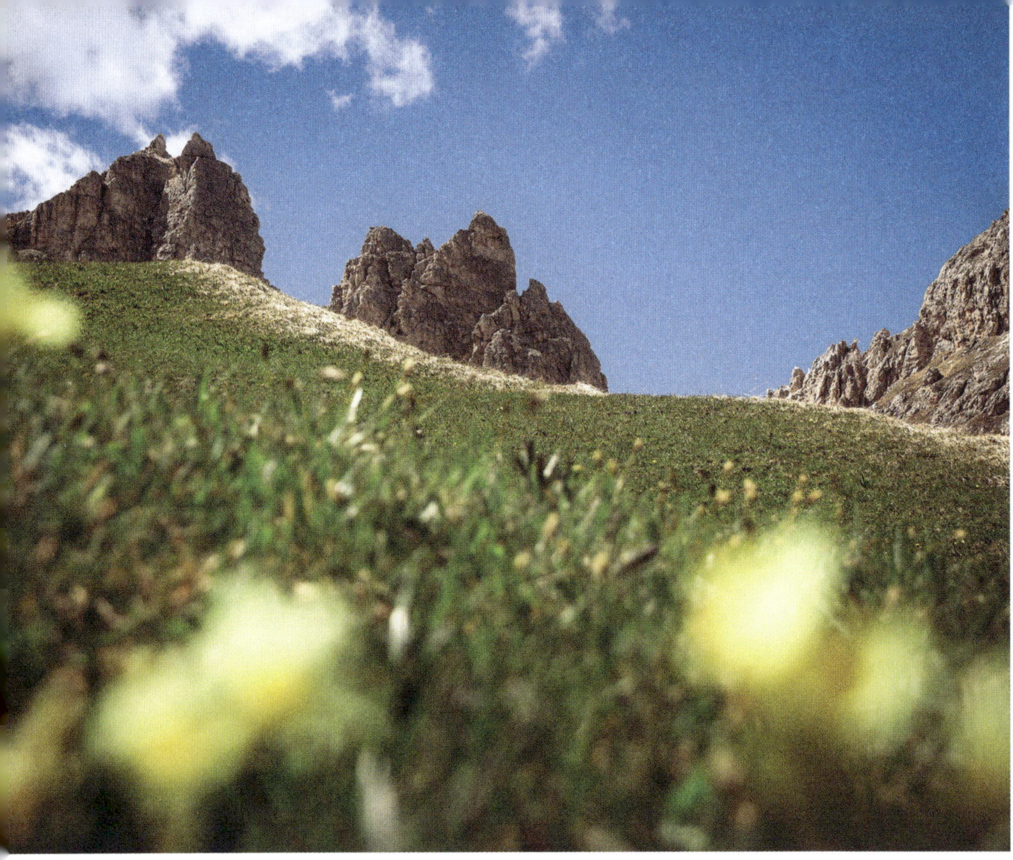

Verschmitzt lugen die Dolomitenspitzen über saftiges Gras hervor.

Hier handelt es sich um eine Tour, die für alle „Normalwanderer“ ohne große Schwierigkeiten eine Schau auf die gewaltige Nordseite des Sellastocks ermöglicht.

▸ Von der Kirche in Kolfuschg **01** wandern wir nordseitig auf gut markiertem Weg Nr. 4 ins Edelweißtal und hinauf zur Ütia Edelweiß **02**, 1890 m. Nachdem wir hier den größten Teil des Höhenunterschiedes bereits überwunden haben, wenden wir uns nach Westen und gelangen über einen mittelmäßig steilen Weg entlang von Schlepplift und Skipiste hinauf zur Ütia Forcelles **03**, 2101 m, das jedoch nur im Winter bewirtschaftet ist. Nun in einer sehr abwechslungsreichen Wanderung, ohne größere Höhenunterschiede, immer westwärts am Fuß von Sas da Ciampac und Col Toronn entlang. Über Wiesensteige, teils auch durch lichten Zirbenbestand und kurzzeitig auch über Schrofengelände erreichen wir bei der Malga Cir die Grödner-Joch-Straße und das Grödner Joch **04**, einen besonders in den Spätsommer- und Herbstmonaten stark frequentierten Dolomitenpass. Von der Passhöhe nun ostwärts auf dem Weg Nr. 650, der die vielen Kehren der Passstraße abkürzt. Nach ca. 25 Minuten erreichen wir eine weitläufige Wiese, von wo wir die Pisciadù-Wasserfälle bewundern können. Weiter auf ebenem Weg und zurück nach Kolfuschg **01**. Sollte gerade eine Busverbindung nach Kolfuschg bestehen, kann der Abstieg auch um gut eine Stunde verkürzt werden (4 Stunden).

Dein Moment für die Ewigkeit

Schatten und Licht

Licht und Schatten sind Gegenspieler, die bewusst eingesetzt gehören. Zu große dunkle Stellen machen ein Bild genauso langweilig wie große eintönig helle Bereiche. Spiel dich mit einem Wechsel zwischen Licht und Schatten.

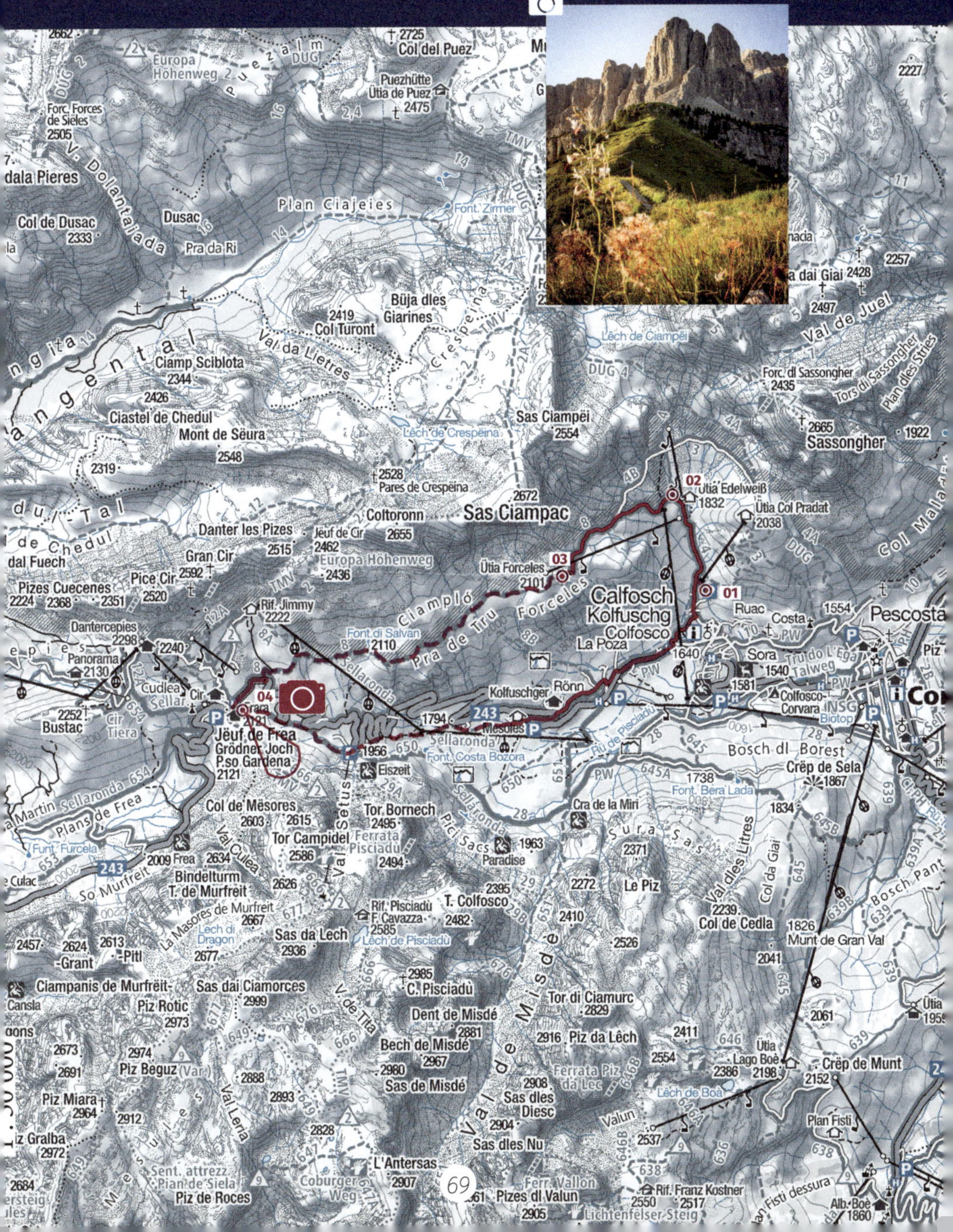

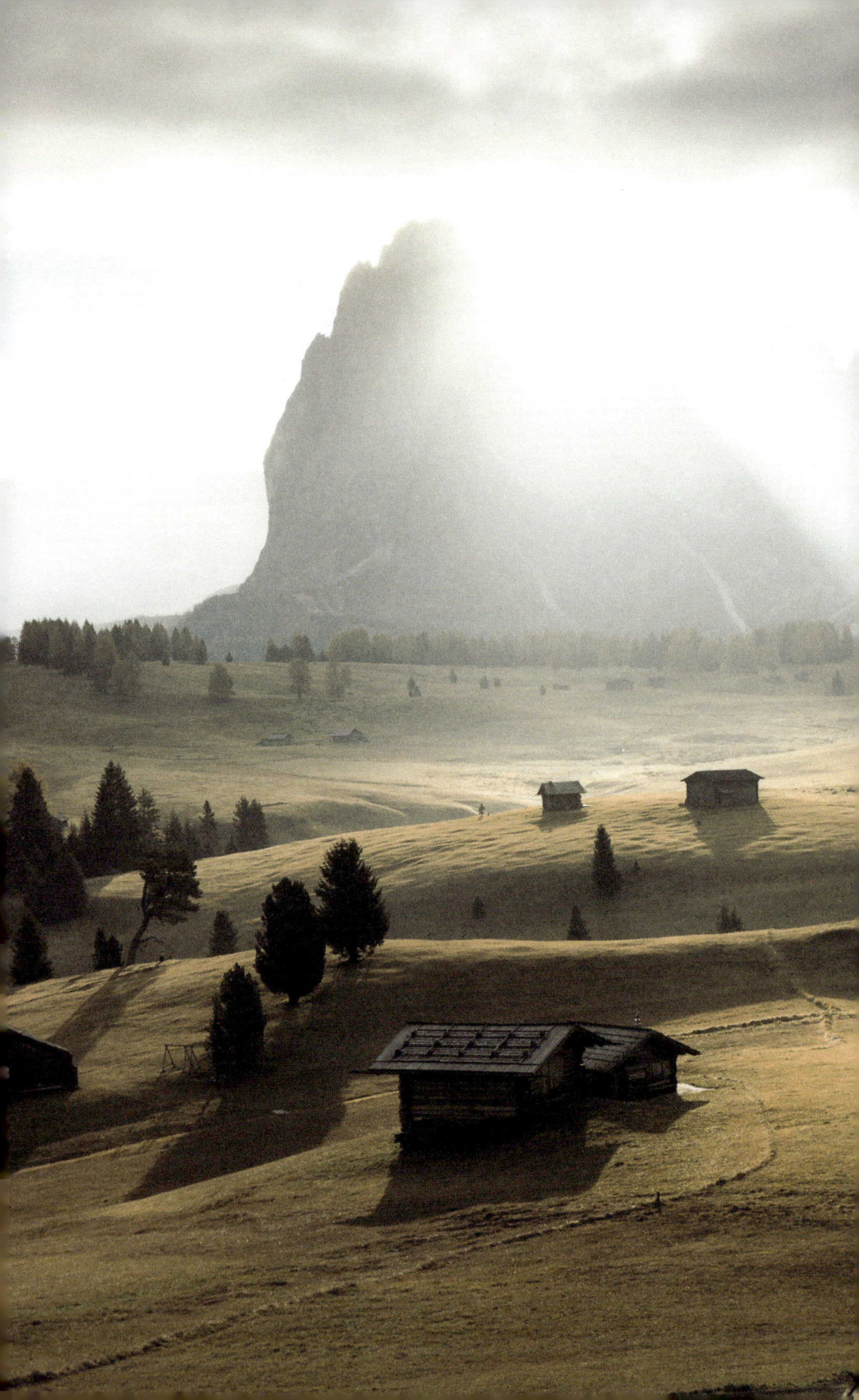

8 Der Atem der Alm

Bevor sich der Pitzbach von der Seiser Alm ins Grödnertal stürzt, schlängelt er sich durch weite Moorwiesen im Angesicht des Lang- und des Plattkofels. Die schmückt der nahende Herbst gern mit luftigen Nebelschleiern.

Bilder von: **Fabian Künzel @fabian_kuenzel**

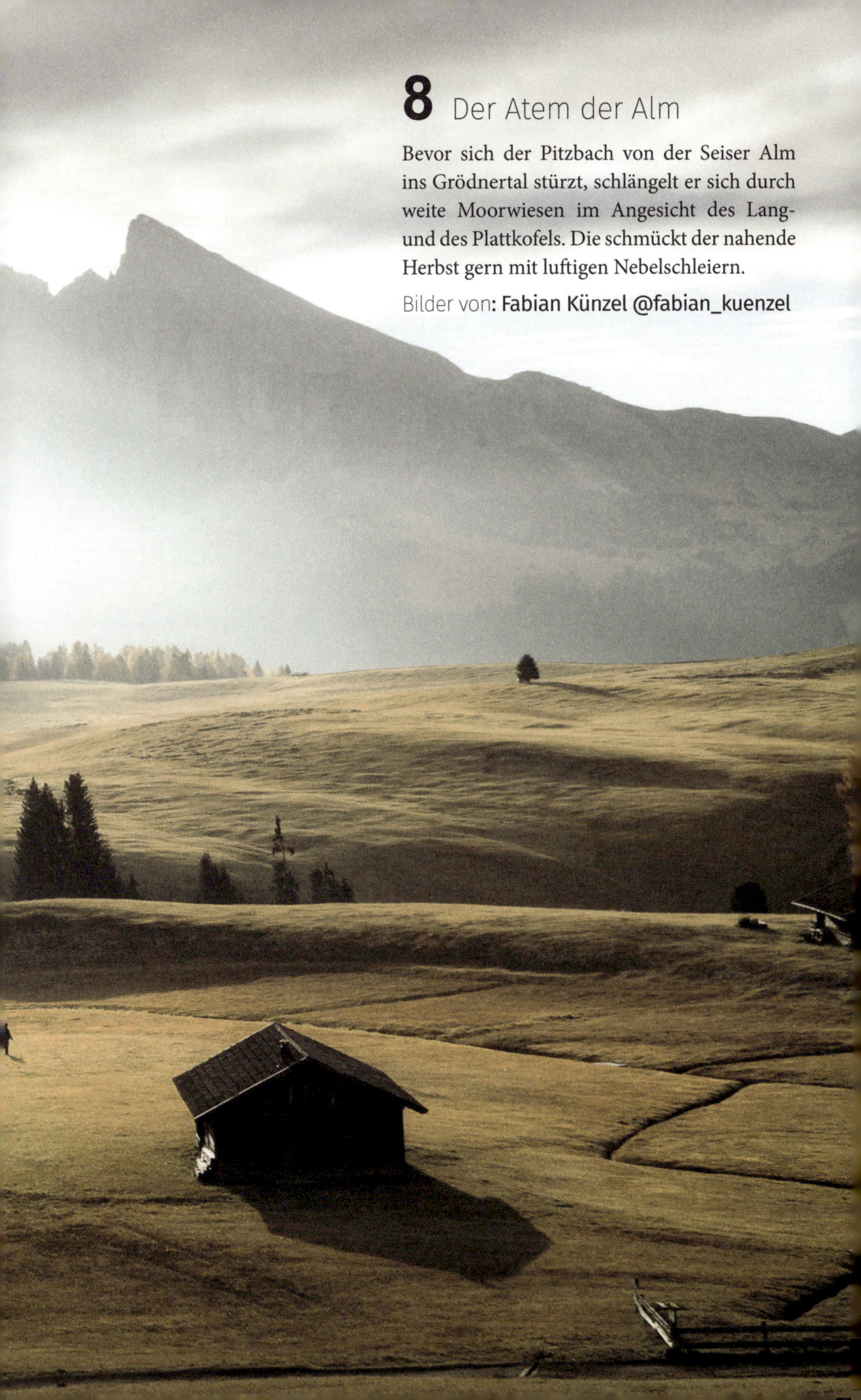

Spaziergang auf der Seiser Alm

Tourencharakter
Einfache Wanderung auf kaum befahrenen Schotter- und Teerstraßen, Wald- und Almwegen über die Weidehochfläche der Seiser Alm. Es bestehen mehrere Möglichkeiten, die Wanderung zu verlängern – etwa über Saltria oder mit einem Abstecher auf den Mont Pedroc (jeweils gut 1 Stunde länger).

Start und Ziel
St. Ulrich in Gröden, 1254 m, Talstation der Umlaufbahn auf den Mont Sëuc (Parkplatz, Busverbindung vom Bahnhof Klausen). Auffahrt zur Bergstation, 2005 m) und auch Talfahrt mit der Seilbahn (www.funiviaortisei.eu).

Schwierigkeit: **leicht** - mittel - schwer
Dauer: **2:30 h**
Länge: **6,3 km**
Aufstieg **170 hm**
Abstieg **170 hm**

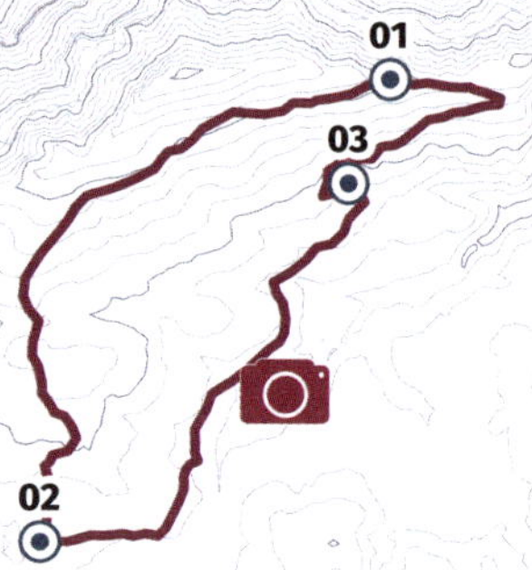

Höhenlinienmodell mit Streckenverlauf

Höhenprofil

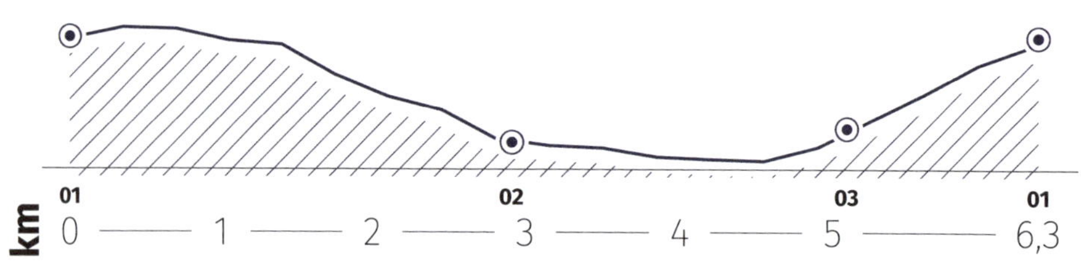

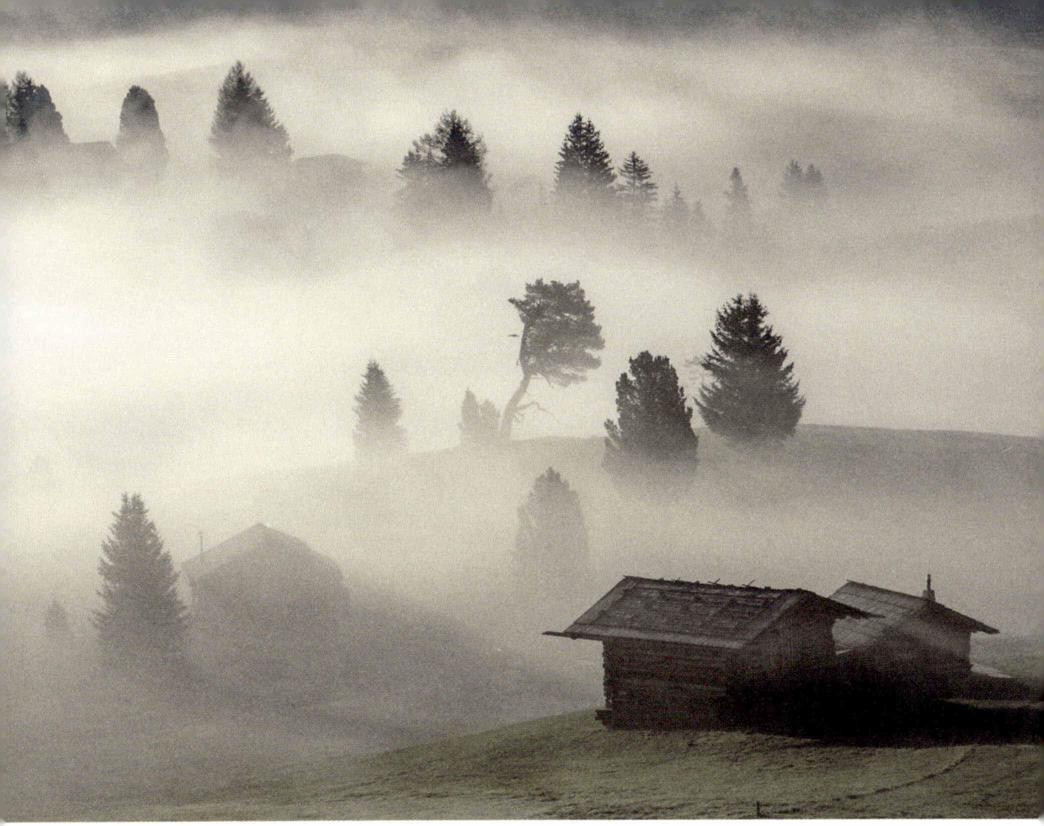

Auch die gut erschlossene Seiser Alm birgt viele stille Ecken.

Auf der berühmten und dementsprechend viel besuchten Seiser Alm über Gröden und Seis am Schlern gibt's unzählige Wanderrouten. Eine der kürzesten ist die hier vorgeschlagene Runde durch das Große Moos, die jedoch einen guten ersten Eindruck von der Schönheit der Landschaft am Fuß von Platt- und Langkofel bietet. Die blumenreichen Wiesen werden zur Heugewinnung (und im Winter zum Skifahren und Langlaufen) genützt. Man fand im Moorboden aber auch einen Lärchenstumpf aus der Jungsteinzeit, als das Klima offenbar noch wärmer war.

Von der Seilbahn-Bergstation auf dem Mont Sëuc **01** gehen wir auf dem steinigen Weg Nr. 6A nach Westen, unterqueren einen Sessellift und erreichen die Jausenstation Contrin. Von dort wandern wir hinab zur Straße mit der Markierung Nr. 6, der wir nach rechts folgen – vorbei am kleinen „Seilbahnhügel" des Monte Icaro und am gleichnamigen Hotel (1910 m).

Bei der nahen Straßenkreuzung **02** biegen wir scharf nach links ab (Nr. 6B) und spazieren neben dem Großen Moos nach Osten. Nach 750 m geht's auf dem links abzweigenden Weg zur urigen Sanonhütte (hausgemachte Torten!) und rechts durch Wiesenmulden weiter zur Schgaguler Schwaige **03** (1858 m), die für ihre traditionelle Südtiroler Hausmannskost bekannt ist.

Zuletzt wandern wir auf einer Forststraße durch lichten Wald wieder zur Seilbahn-Bergstation auf dem Mont Sëuc **01** hinauf.

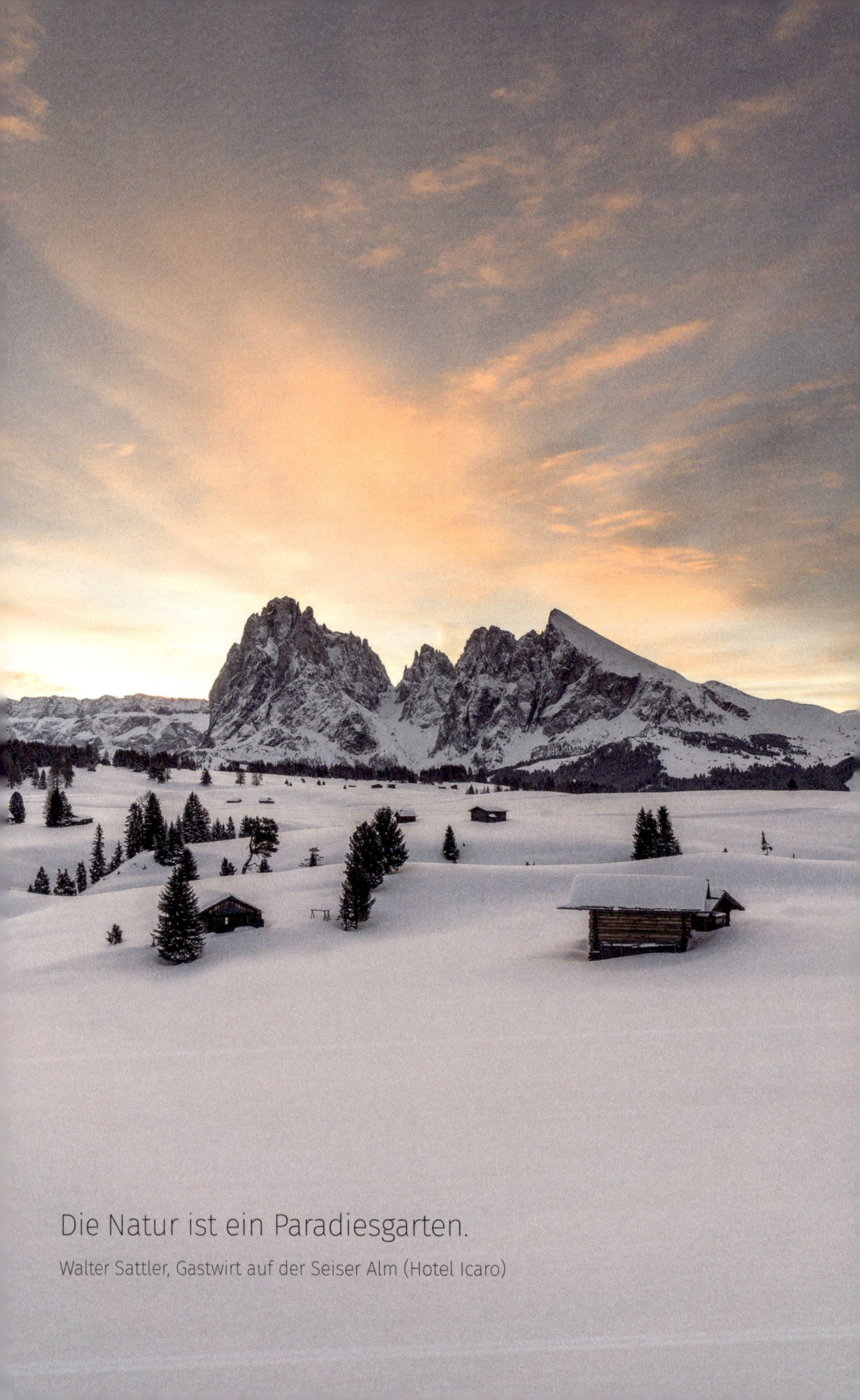

Die Natur ist ein Paradiesgarten.

Walter Sattler, Gastwirt auf der Seiser Alm (Hotel Icaro)

Dein Moment für die Ewigkeit

Sei kreativ

Die Seiser-Alm ist eines der klassichen Bergmotive in Südtirol. Viele kommen um genau so ein Bild zu schießen, wie sie es schon gesehen haben. Doch wo liegt da der Mehrwert? Also sei kreativ und such neue Blickwinkel, andere Tageszeiten oder besondere Wettersituationen, um ein einzigartiges Bild zu schießen.

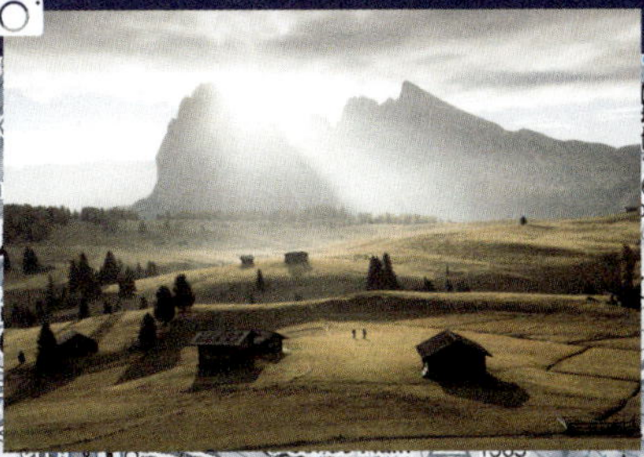

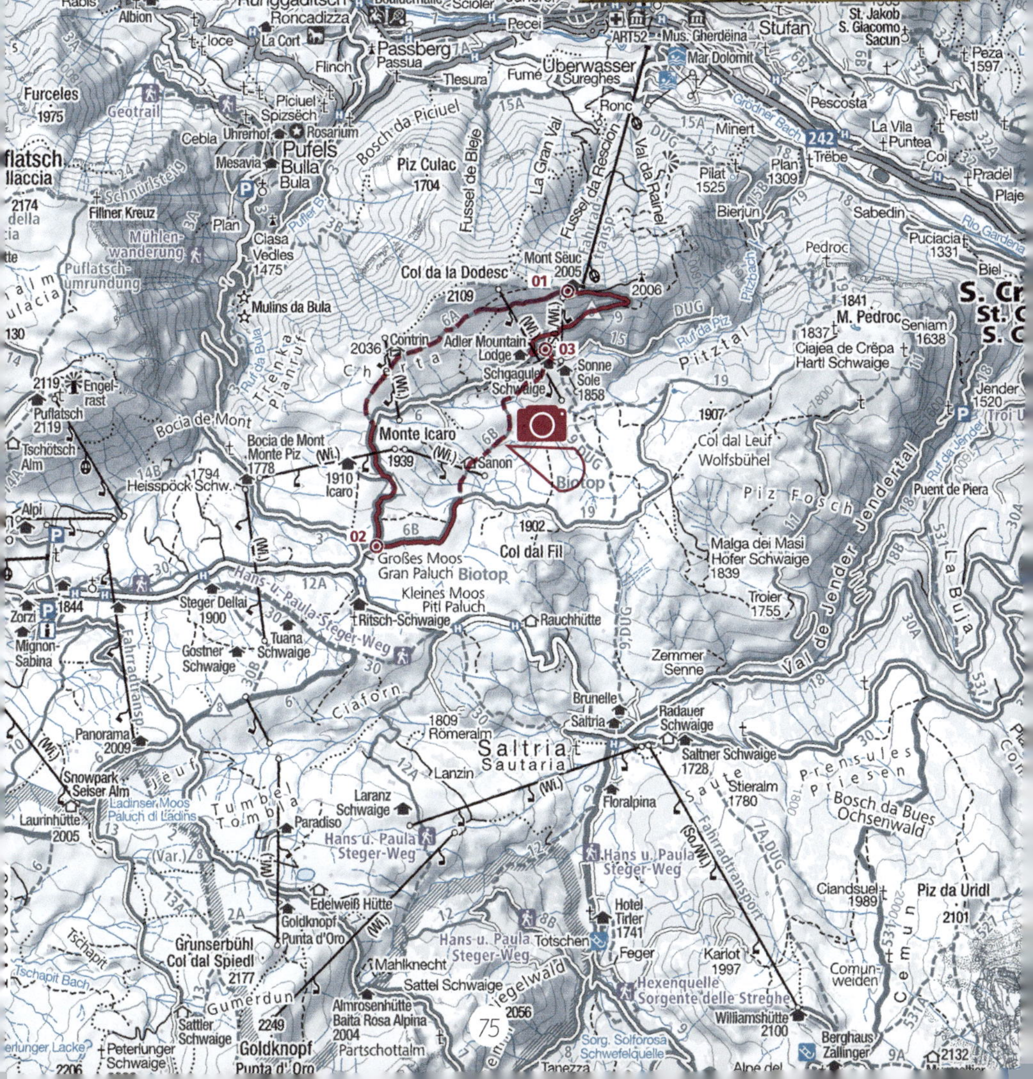

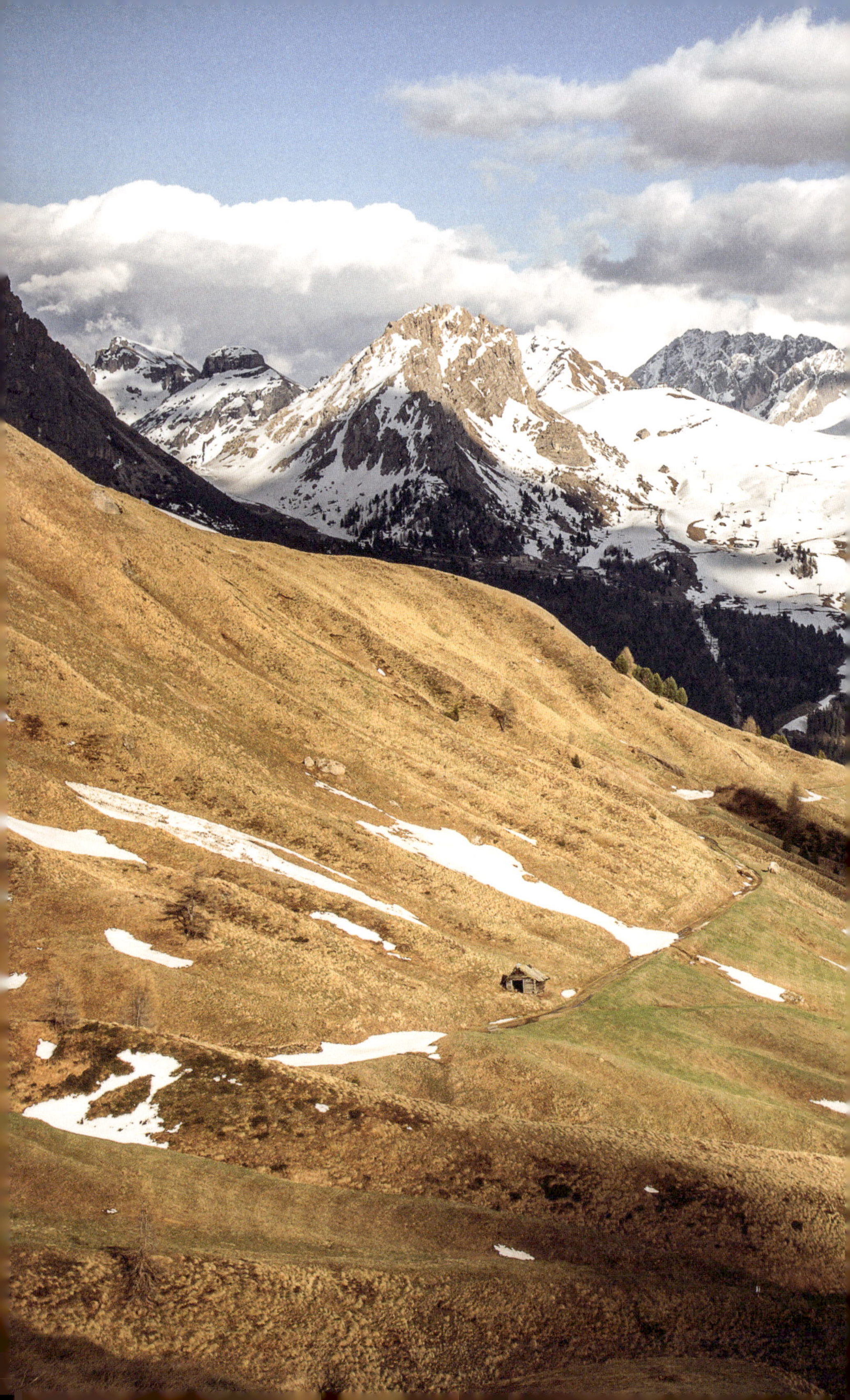

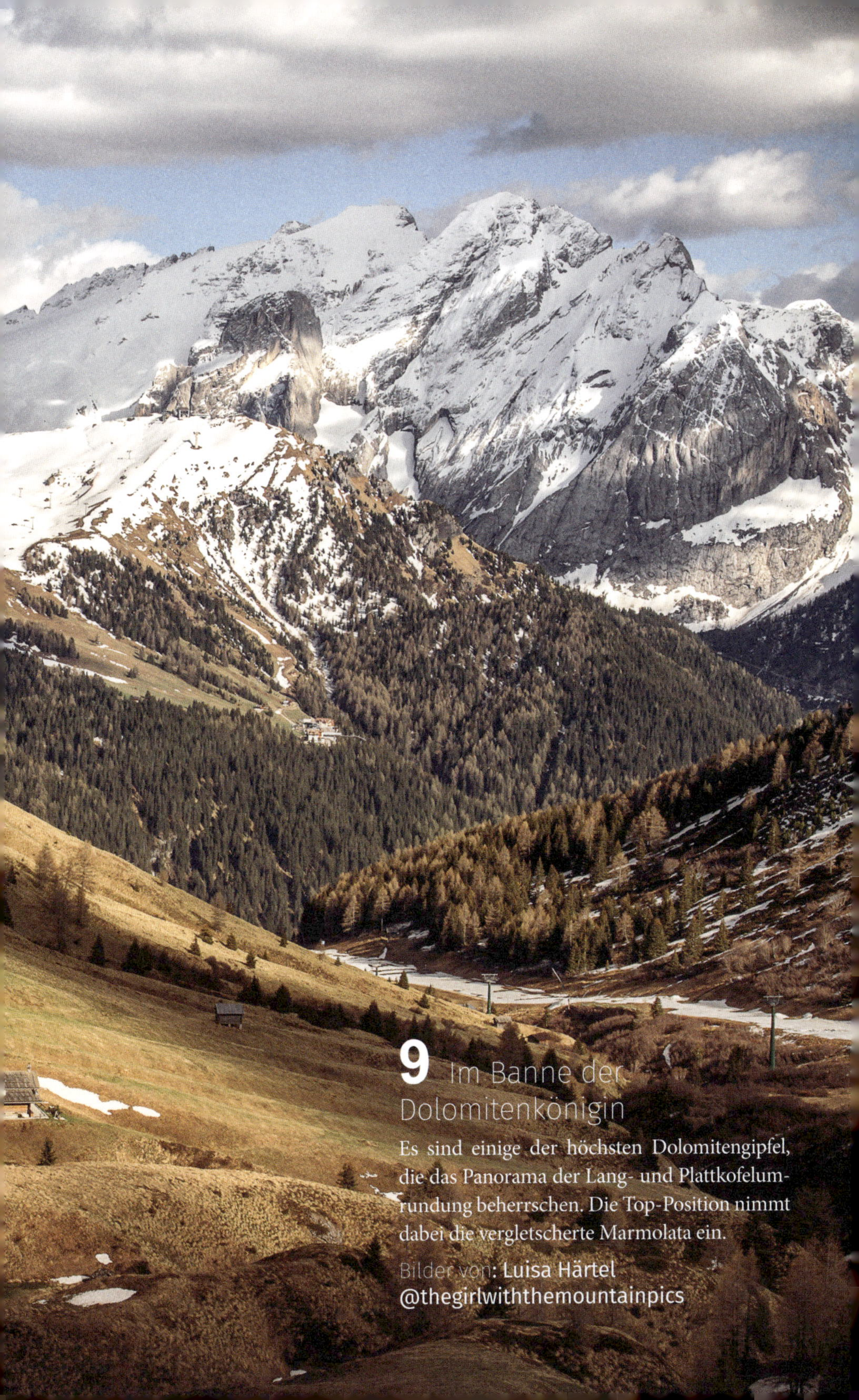

9 Im Banne der Dolomitenkönigin

Es sind einige der höchsten Dolomitengipfel, die das Panorama der Lang- und Plattkofelumrundung beherrschen. Die Top-Position nimmt dabei die vergletscherte Marmolata ein.

Bilder von: **Luisa Härtel**
@thegirlwiththemountainpics

Rund um den Plattkofel

Tourencharakter
Großartige Umrundung eines wilden Gebirgsstocks; steiler und mühsamer Anstieg zur Langkofelscharte.

Start und Ziel
Sellajochhaus zwischen dem Grödner und dem Fassatal, 2180 m. Zufahrt von Canazei auf der Staatsstraße 242 zum Sellajochhaus; Parkplatz.

Schwierigkeit: leicht - **mittel** - schwer
Dauer: **5:30 h**
Länge: **13,9 km**
Aufstieg **700 hm**
Abstieg **700 hm**

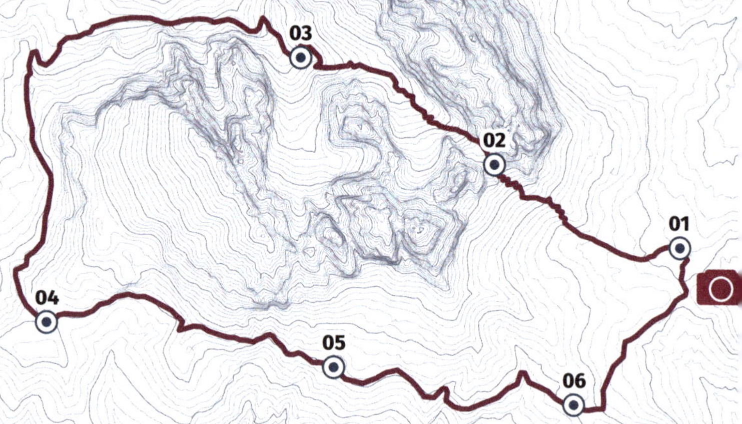

Höhenlinienmodell mit Streckenverlauf

Höhenprofil

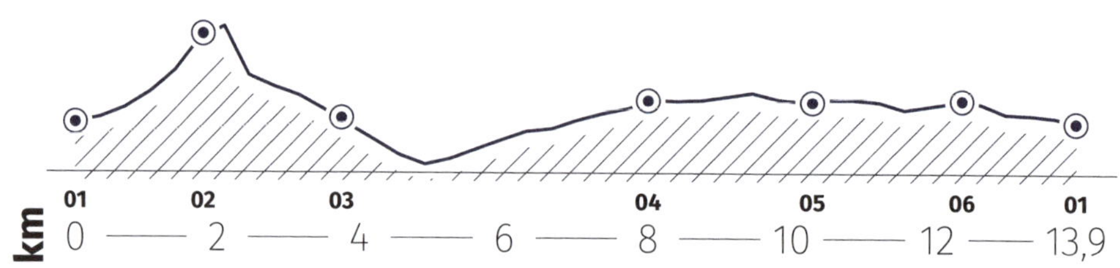

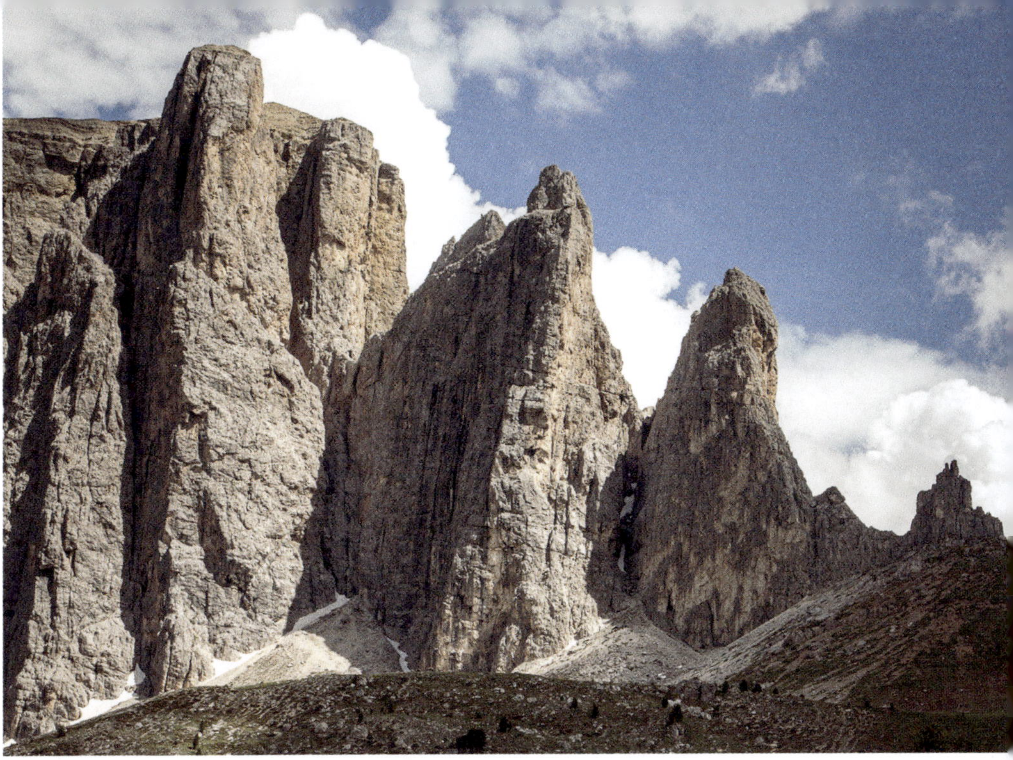

Dolomiten-Felswucht – die berühmten Sellatürme.

Der Plattkofel verdankt seinen Namen seiner auffälligen Form, die ihn wie ein rechtwinkliges Dreieck erscheinen lässt. Besonders beeindruckend wirkt der Fastdreitausender von der Seiser Alm aus.

sentres.com

Die Umrundung des Langkofels und des Plattkofels zählt zu den absoluten „Touren-Klassikern“ der Dolomiten.

▶ Vom Sellajochhaus **01** auf Weg Nr. 525 über felsdurchsetzte Wiesen in nordwestlicher Richtung hinauf zur Langkofelscharte (dort Bergstation einer Kleingondelbahn). Links am großen Bergsturz – der „Steinernen Stadt“ – vorbei steigen wir über die letzten Wiesen in Kehren durch den großen Geröllhang unterhalb der Langkofel-Gondelbahn (bei deren Benutzung sparen wir uns 1 ¼ Std.). Steil und mühsam geht es nun über Schotter hinauf bis zur engen Langkofelscharte, 2679 m, auf der sich die Toni-Demetz-Hütte/Rifugio Toni Demetz **02** befindet. Im Südwesten erhebt sich die Fünffingerspitze und im Norden sind es die großartigen Wände des Langkofels. Von der Hütte aus geht es in nördlicher Richtung über Geröll hinab. Wir kommen in eine imponierende Felsgegend und bleiben weiterhin direkt unterhalb der Langkofelwände, wenden uns aber nach links, um zur Langkofelhütte/Rif. Vicenza **03** zu

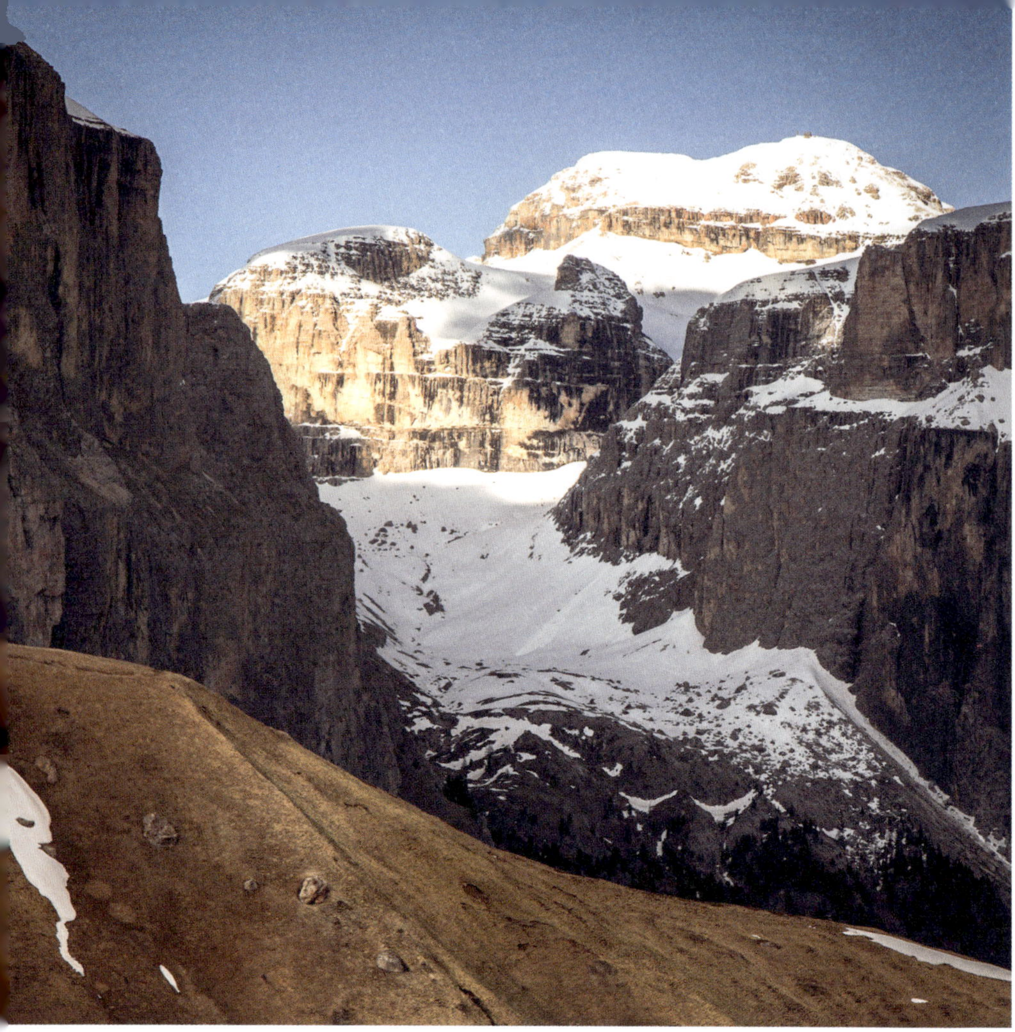

Der Sellastock jenseits des Jochs wirkt wie eine überdimensionierte Burg.

kommen. Der gleiche Weg führt uns nun in ein großes Tal. Hier biegen wir nach links auf den Weg Nr. 527 ab, der unterhalb des Plattkofels dessen westliche Flanke umrundet. Auf ihm gelangen wir zum Piz da Uridl, einem Wiesenbalkon mit Blick auf die Seiser Alm und das Grödner Tal. Mit weiteren schönen Ausblicken steigen wir bequem zur Plattkofelhütte 04 hinauf, die sich auf dem Fassajoch befindet. Auf dem berühmten Friedrich-August-Weg (Nr. 4-557) geht es nun südlich um den Bergstock herum. Nach Überwindung einiger Gegenhänge sowie einiger Wiesentälchen unterhalb der Grohmannspitze gelangen wir zum Rifugio Sandro Pertini 05, 2300 m, und weiter abwärts zur Friedrich-August-Hütte 06. Noch einmal geht es leicht hinauf zur Forcella Rodella, 2318 m, die wir ebenso wie das dazugehörige Rifugio sowie das Rifugio des Alpes rechts liegen lassen. Ein letzter kurzer Aufstieg bringt uns zur Bar Salei, von wo wir auf der Straße zum Sellajochhaus 01 zurückkehren.

Dein Moment für die Ewigkeit

Komplementärfarben

Der Herbst ist für FotografInnen besonders interessant. Ein klares Blau und ein leuchtendes Gelb passen perfekt zusammen, da Gelb die Komplementärfarbe zu Blau ist. Zu diesem Thema gibt es jede Menge Literatur und spannende Internetseiten. Mach dich schlau.

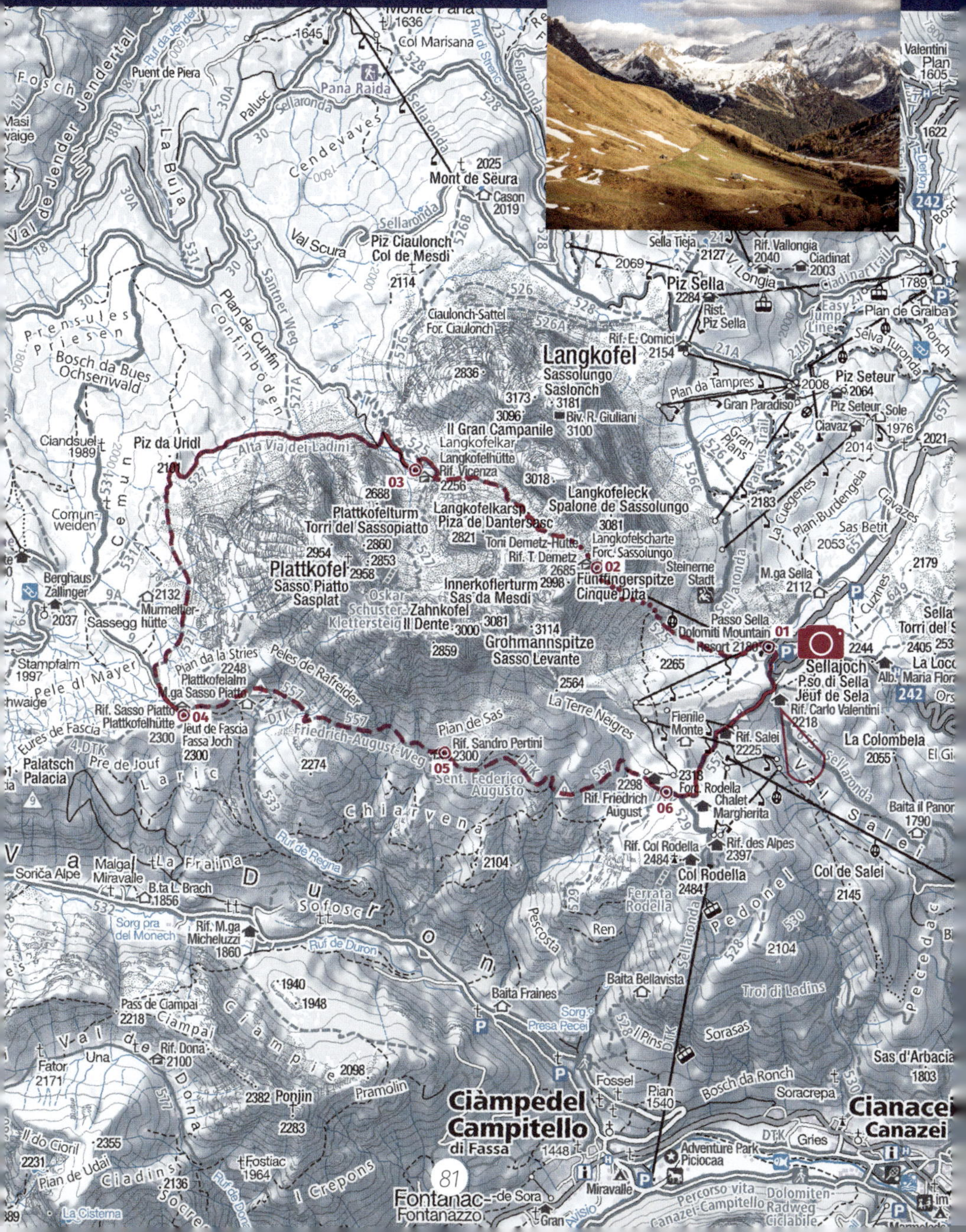

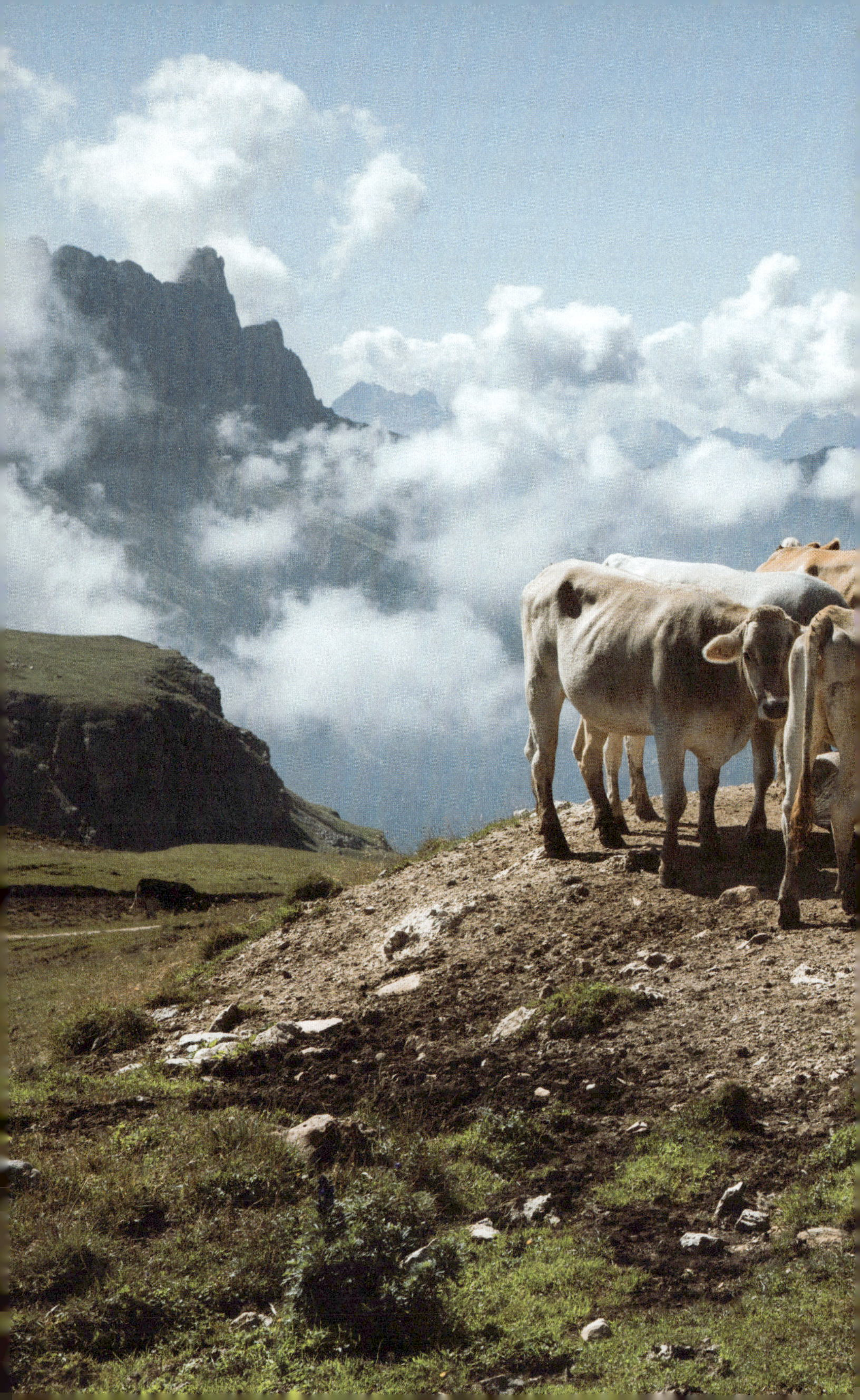

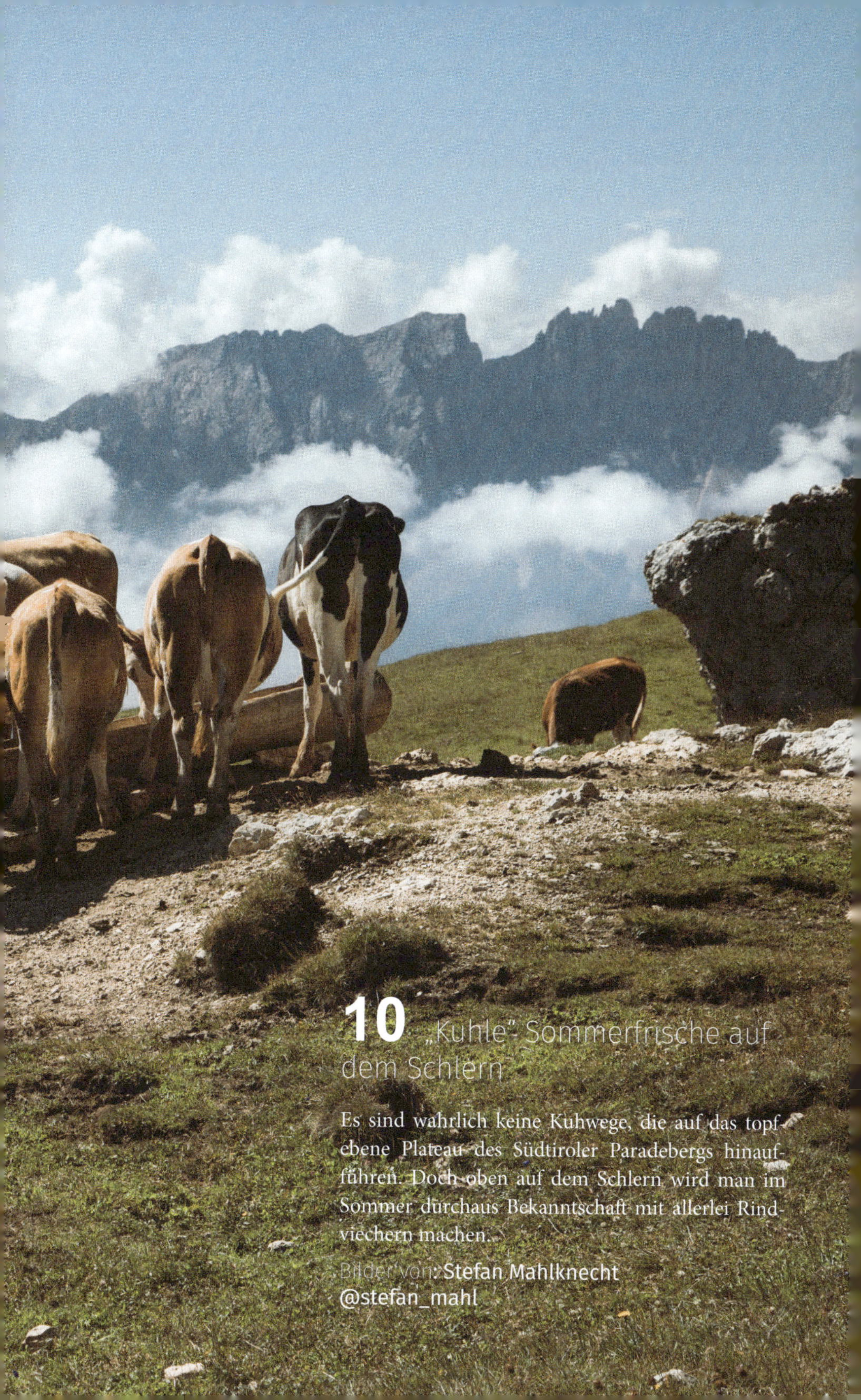

10 „Kuhle" Sommerfrische auf dem Schlern

Es sind wahrlich keine Kuhwege, die auf das topfebene Plateau des Südtiroler Paradebergs hinaufführen. Doch oben auf dem Schlern wird man im Sommer durchaus Bekanntschaft mit allerlei Rindviechern machen.

Bilder von: **Stefan Mahlknecht @stefan_mahl**

Von der Seiser Alm zum Schlernhaus 2450 m

Tourencharakter
Alm- und Bergwege ohne besondere Schwierigkeit, Trittsicherheit ist aber von Vorteil. Die Länge der Tour erfordert Ausdauer. Es sind 1600 Höhenmeter im Abstieg zu bewältigen, alternativ Rückkehr auf der Anstiegsroute.

Start und Ziel
Kompatsch auf der Seiseralm oberhalb von Kastelruth und Seis am Schlern, 1855 m, Bergstation der Seiser-Alm-Bahn. Talstation mit Parkplatz in Seis. Parkplatz (hohe Gebühr) auch in Kompatsch – die Straße zur Seiser Alm ist jedoch von 9 bis 17 Uhr für den privaten Verkehr gesperrt. Bus nach Seis von Brixen über Klausen und Kastelruth und von Bozen über Völs, von Seis und Kastelruth auch Busverbindung nach Kompatsch.

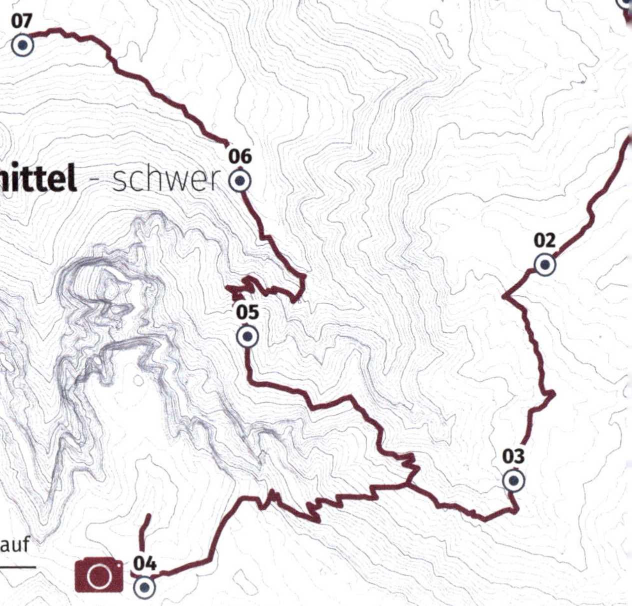

Schwierigkeit: leicht - **mittel** - schwer
Dauer: **6:30 h**
Länge: **18,6 km**
Aufstieg **740 hm**
Abstieg **1600 hm**

Höhenlinienmodell mit Streckenverlauf

Höhenprofil

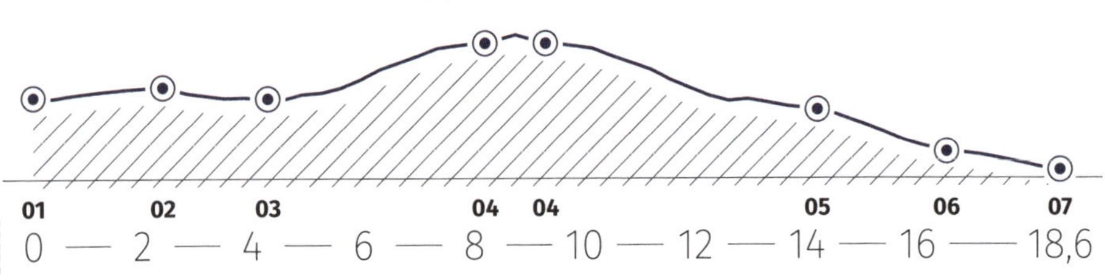

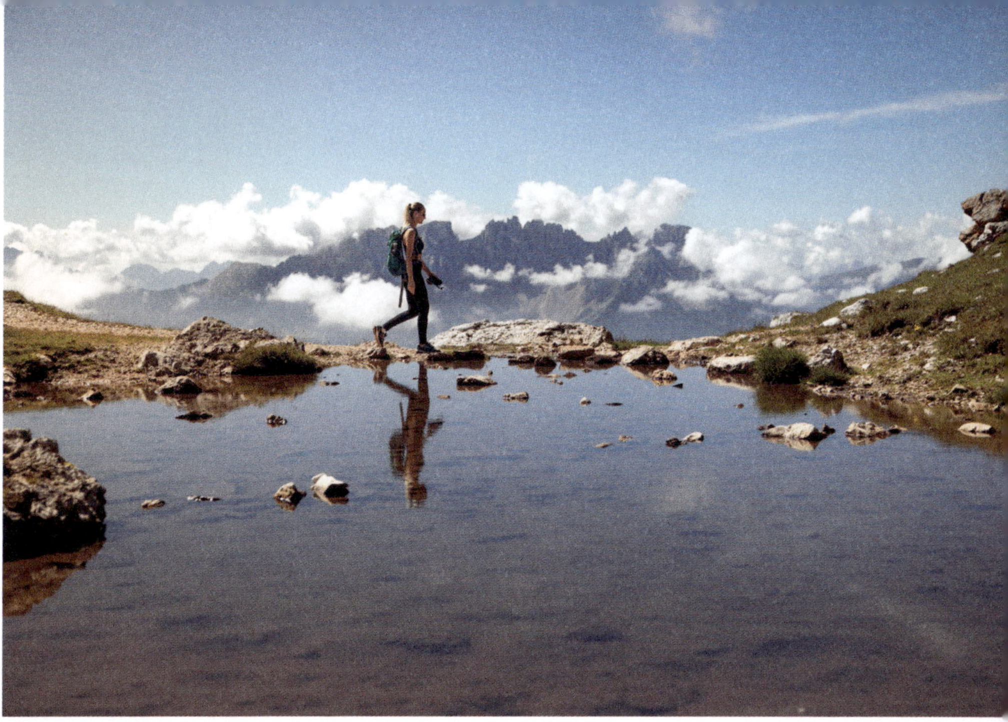

Wasser und Wolken verschönern den Weg zum Schlern.

Kraftorte am Tor zu den Dolomiten.

seiseralm.it

Der Schlern ist nicht irgendein Berg! Mit seiner unverkennbaren Gestalt wurde er zu einem Wahrzeichen Südtirols. Die Sage weiß von Hexen zu berichten, die bei ihren Zusammenkünften am Schlern schreckliche Unwetter zusammenbrauen. Das Schlernhaus, 1885 erbaut, hat noch den Charme einer altehrwürdigen Bergsteigerunterkunft

Von der Bergstation der Seiser-Alm-Bahn in Kompatsch **01** geht man rechts zum großen Parkplatz. Bei der Informationsstelle beginnt ein asphaltierter Fahrweg, dem man bergauf folgt, bis rechts ein breiter Weg Richtung „Schlern" abzweigt (Markierung 10). Er führt über die Wiesen der Seiser Alm auf die Felsabbrüche des Schlern zu. Bei einer Wegkreuzung **02** (hierher auch von der Bergstation des Panoramalifts) wandert man geradeaus bergab und biegt anschließend links in eine Almstraße ein (Markierung 5). Weiter absteigend quert man den Tschapitbach und erreicht die Saltner Hütte **03**. Nach einer Brücke hält man sich links und folgt dem „Touristensteig" über den Nordabhang des Schlern zur Einmündung des Weges von Bad Ratzes hinauf (Markierung 1). Dieser gibt die weitere Anstiegsrichtung vor, in vielen Kehren und teils etwas felsig, bis man die grasige Hochfläche des Schlern erreicht. Nun wandert man über das Plateau, passiert die Abzweigung zum Tierser Alpl und steht wenig später vor dem Schlernhaus **04**.

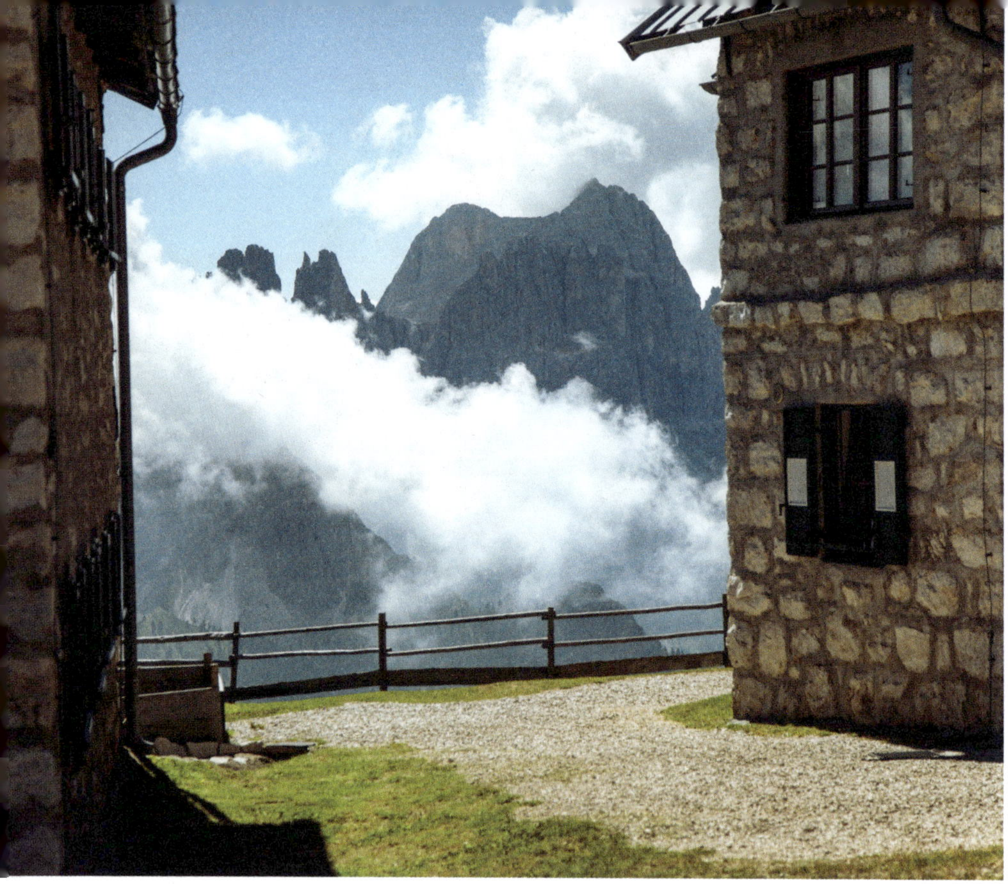

Vom Schlernhaus genießt man den Blick zum Rosengarten.

Eine noch umfassendere Aussicht hat man vom Petz, 2563 m, dem höchsten Punkt des Schlernplateaus (von der Hütte in 20 Minuten).

Schließlich kehrt man auf dem Anstiegsweg zur Abzweigung Richtung Bad Ratzes zurück, steigt dort links noch einige Minuten weiter bergab und trifft auf einen Steig, der aus dem Frötschbachtal heraufzieht (Markierung 1). Nun quert man nach links die bewaldeten Hänge unter den Abbrüchen des Schlern, überschreitet einige Bachrinnen und gelangt zur Schlernbödelehütte **05**. Danach windet sich der Steig ins Frötschbachtal hinab. Dort trifft man auf den Geologensteig und wandert links talauswärts. Bei einer Brücke in der Nähe von Bad Ratzes **06** geht's geradeaus auf einen Forstweg weiter (rechts nach Bad Ratzes mit Bushaltestelle für die Rückkehr nach Seis). Vom nahen Beginn des Oswald-von-Wolkenstein-Wegs (Markierung 3b) hält man sich geradeaus und gelangt links (Teich) zur Straße Seis – Bad Ratzes. Man folgt ihr nur kurz und zweigt in einer Rechtskehre erneut auf einen Forstweg ab. Bei einer Wegkreuzung bleibt man rechts auf dem breiten Schotterweg Richtung Seis, lässt dann aber die Abzweigung nach Seis rechts liegen und steigt zur Talstation der Seiser-Alm-Bahn **07** bei Seis ab (Markierung 8).

Dein Moment für die Ewigkeit

Tierisch gut

Manchmal ist die Stimmung einfach nicht sonderlich fotogen. Umso besser wenn einem dann eine Herde Paarhufer begegnet. Vor der in Wolken gehüllten Bergkulisse gibt dies einem spektakuläres Bild. Mit Menschen, Tieren und mit einem Fokusspiel kann man auch bei schlechterem Licht interessante Bilder schießen.

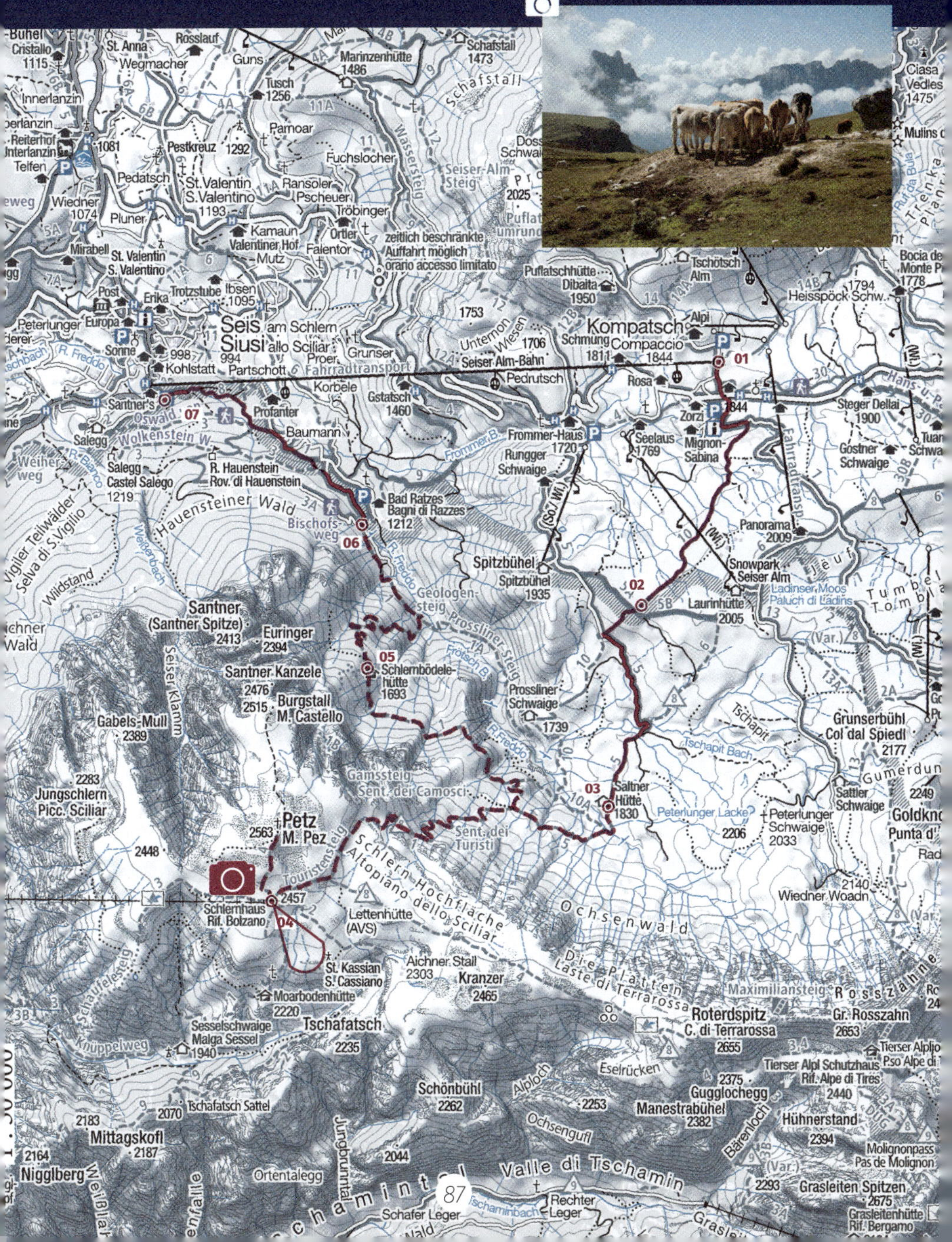

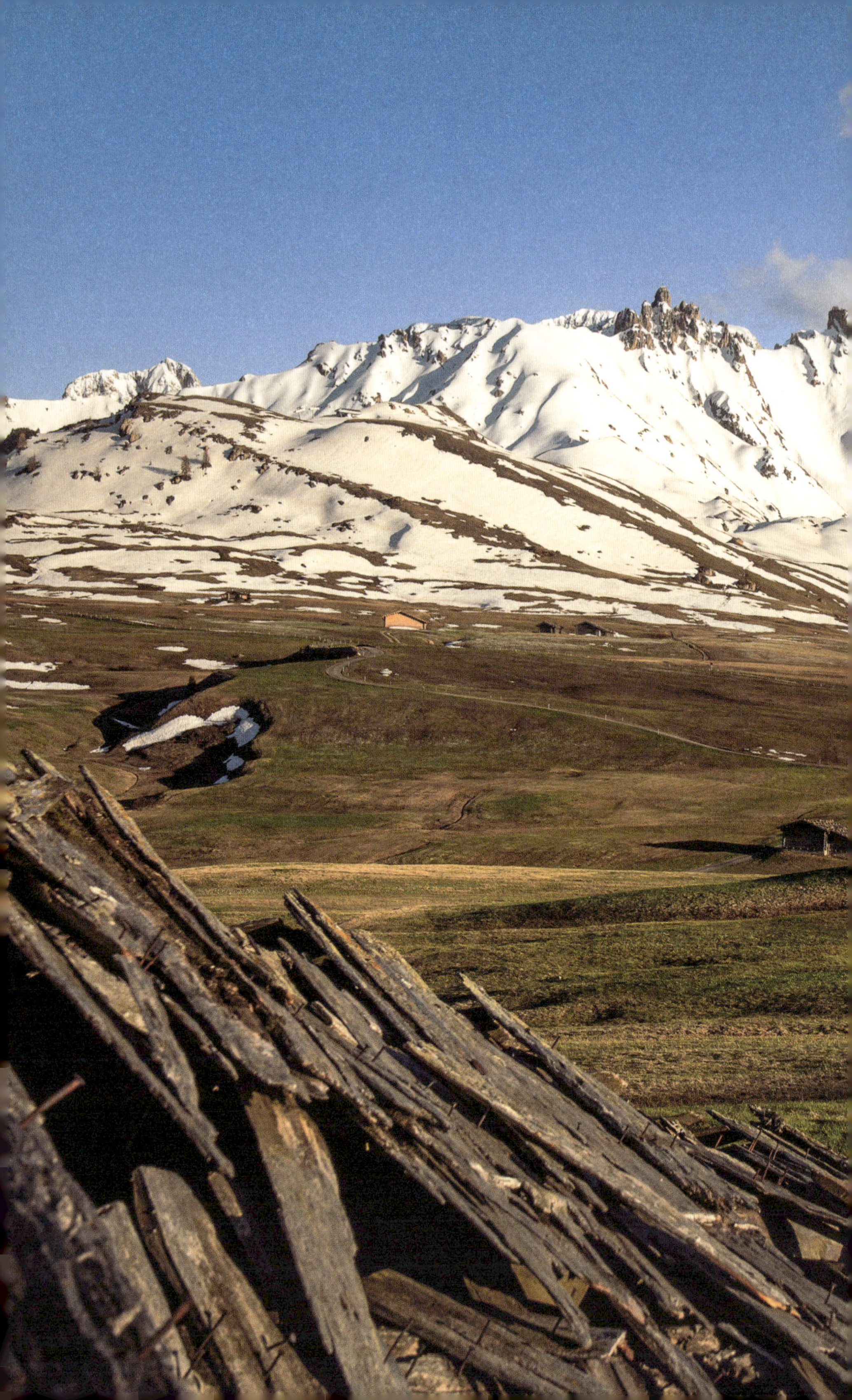

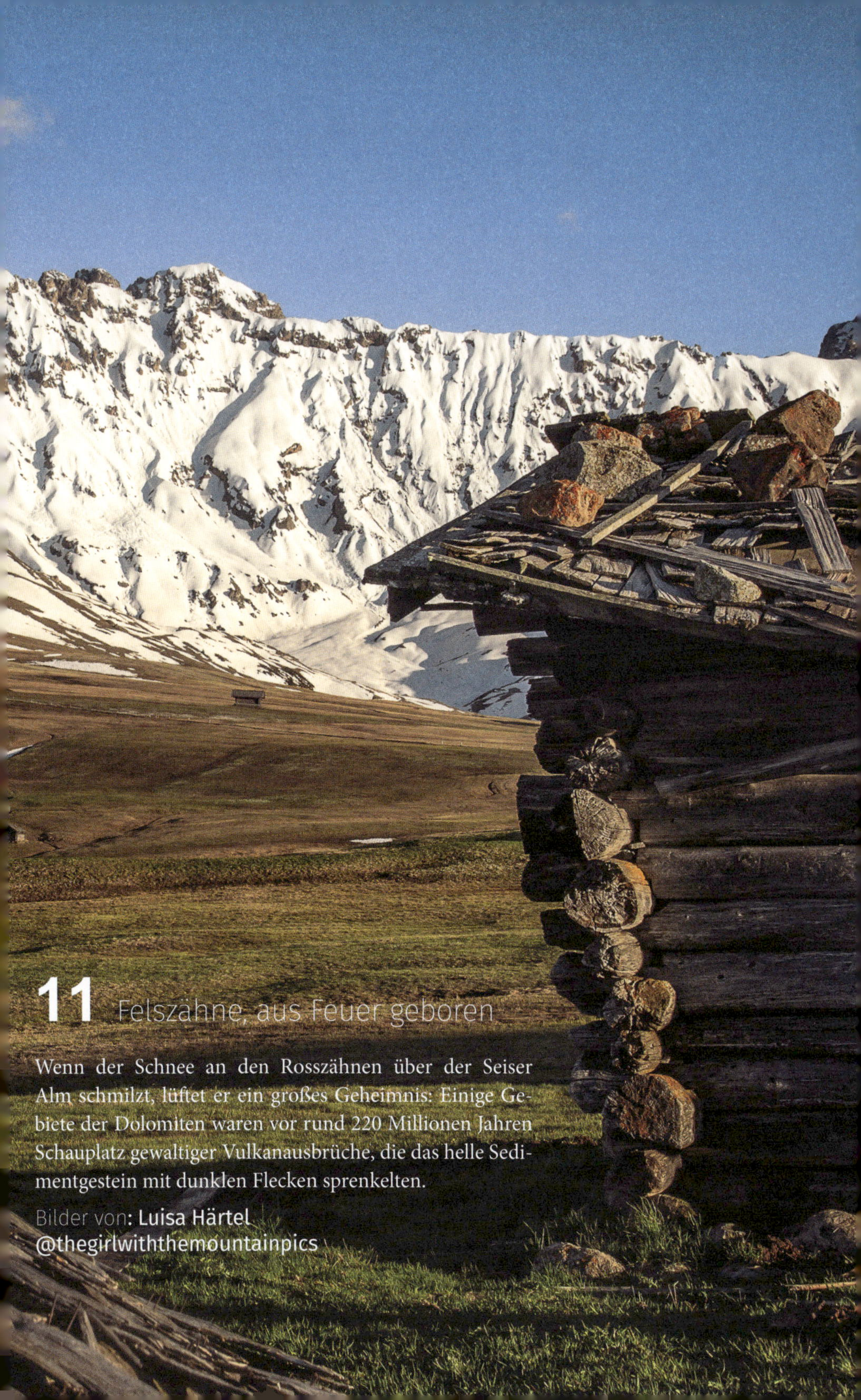

11 Felszähne, aus Feuer geboren

Wenn der Schnee an den Rosszähnen über der Seiser Alm schmilzt, lüftet er ein großes Geheimnis: Einige Gebiete der Dolomiten waren vor rund 220 Millionen Jahren Schauplatz gewaltiger Vulkanausbrüche, die das helle Sedimentgestein mit dunklen Flecken sprenkelten.

Bilder von: **Luisa Härtel**
@thegirlwiththemountainpics

Rosszähne beißen nicht

Tourencharakter
Mittelschwere Bergwanderung. Bis zum Hotel Panorama auf dem Güterweg oder mittels Sessellift, weiter auf dem breiten Weg bis zur Mahlknechthütte. Auf dem Wanderweg Nr. 7 zum Mahlknechtjoch und auf breitem Bergweg hinauf zur Tierser-Alpl-Hütte.

Start und Ziel
Kompatsch, 1844 m, Zufahrt siehe Tour 10.

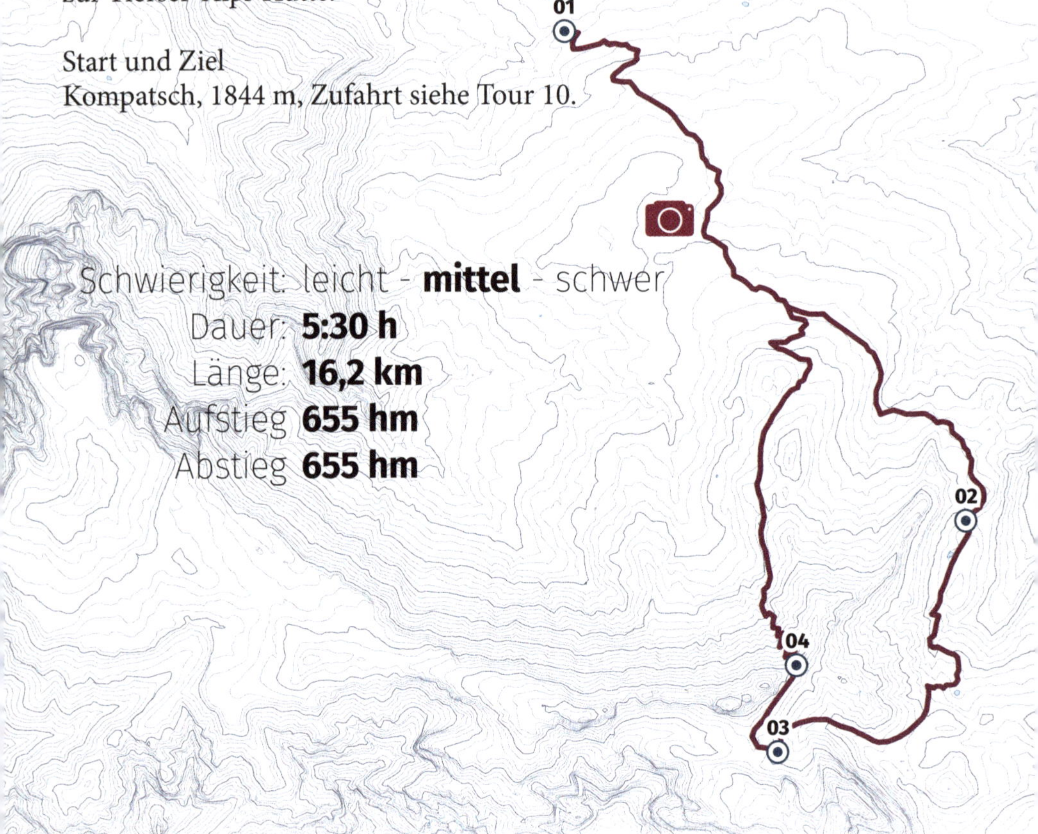

Schwierigkeit: leicht - **mittel** - schwer
Dauer: **5:30 h**
Länge: **16,2 km**
Aufstieg **655 hm**
Abstieg **655 hm**

Höhenlinienmodell mit Streckenverlauf

Höhenprofil

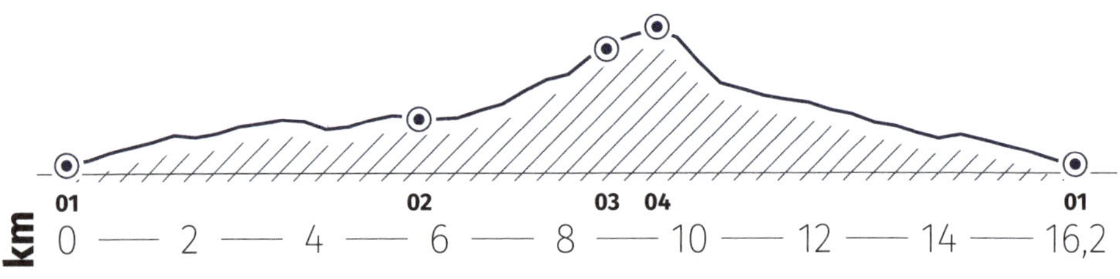

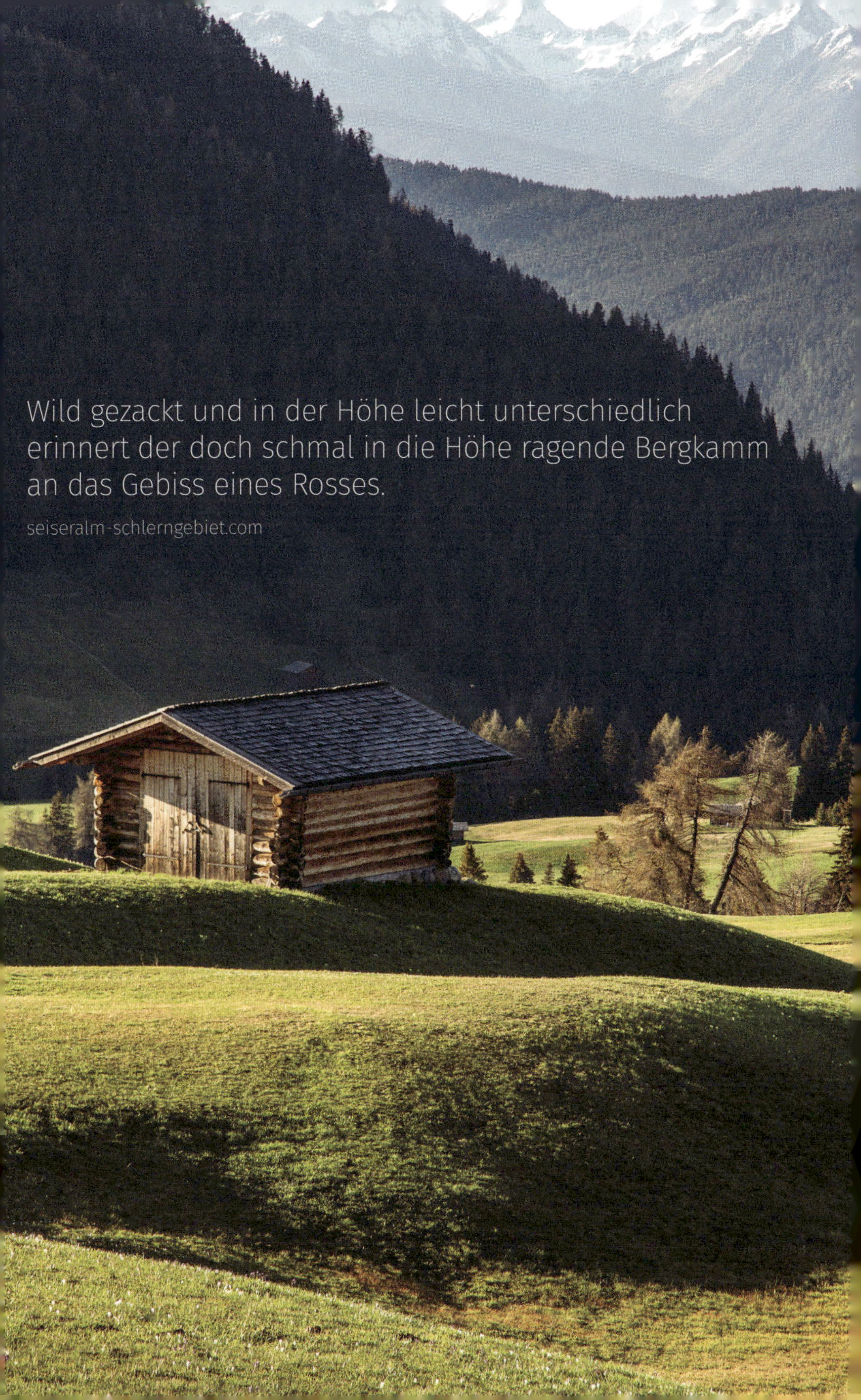

Wild gezackt und in der Höhe leicht unterschiedlich erinnert der doch schmal in die Höhe ragende Bergkamm an das Gebiss eines Rosses.

seiseralm-schlerngebiet.com

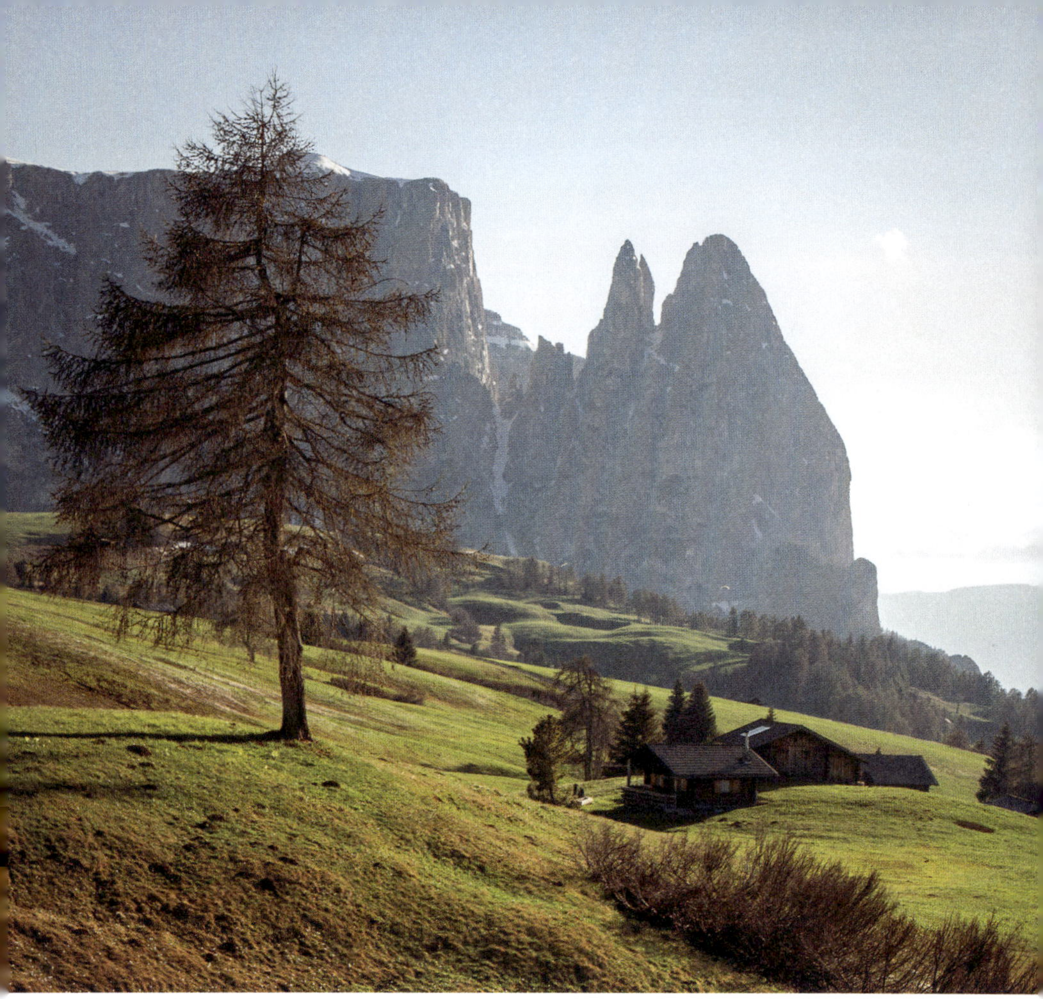

Seine Majestät der Schlern.

Die Rosszähne oberhalb der Seiser Alm zählen nicht zu den höchsten, aber sicher zu den interessantesten Berggebilden der Dolomiten.

▶ Von Kompatsch **01** auf der Seiser Alm (Parkplatz) folgen wir gegenüber den Hotels dem Güterweg, der in mäßiger Steigung zum Hotel Panorama hinaufführt. Dieser eher eintönige Anstieg kann unter Benutzung des Panoramaliftes vermieden werden. Die Tour verläuft nun entlang des Güterweges (Nr. 7) 📷, über Mulden und Täler unterhalb des Hotels Goldknopf vorbei, bis der Weg bei der Mahlknechthütte **02** endet. Nach Querung eines Bachbettes steigt der Weg allmählich an und führt an der Stelle des einstigen Berggasthofs Dialer (Kapelle) vorbei und hinauf zur Tierser-Alpl-Hütte **03**. Diese verlassen wir, indem wir rechts durch Geröll auf Weg Nr. 2 zur aussichtsreichen Rosszähnescharte **04**, 2490 m, ansteigen. Der beeindruckende Rundblick erreicht hier seinen Höhepunkt. In Serpentinen steigen wir auf der Nordseite durchs Geröll hinunter auf die sanften Almwiesen mit den dunkelbraunen Heustadeln und kehren auf dem Weg Nr. 2 zum Ausgangspunkt in Kompatsch **01** zurück (5½ h).

Dein Moment für die Ewigkeit

Ton in Ton

Mindestens seit Aristoteles beschäftigten sich Menschen mit Farben und deren Einteilung. Farben haben einen Einfluss auf die Bildwirkung und müssen folglich bei der Bildkomposition berücksichtigt werden. In diesem Bild sticht besonders der sanfte Farbverlauf der herbstlichen bis winterlichen Töne ins Auge.

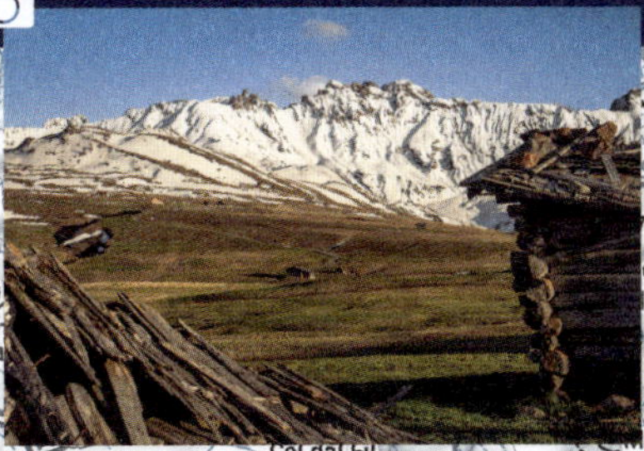

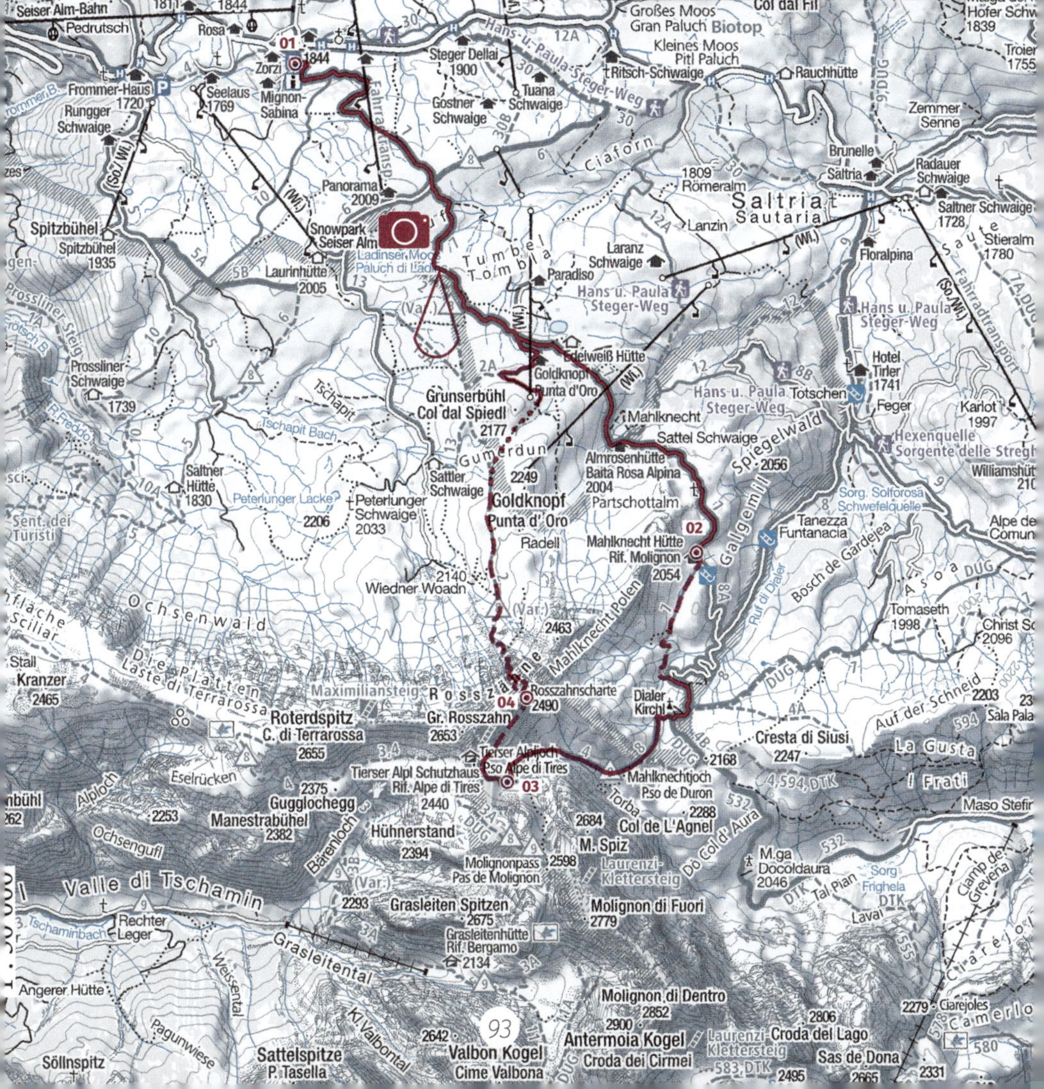

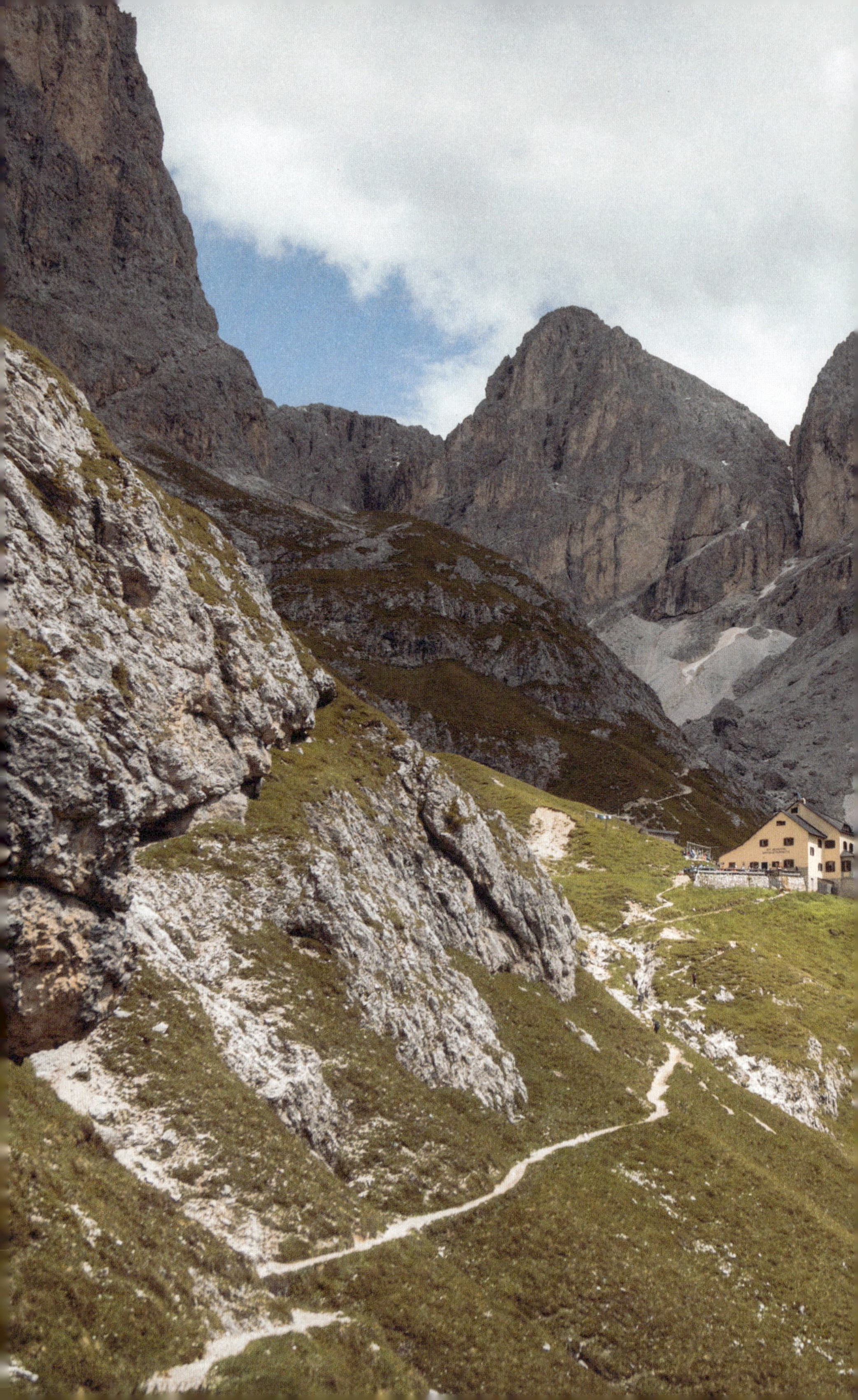

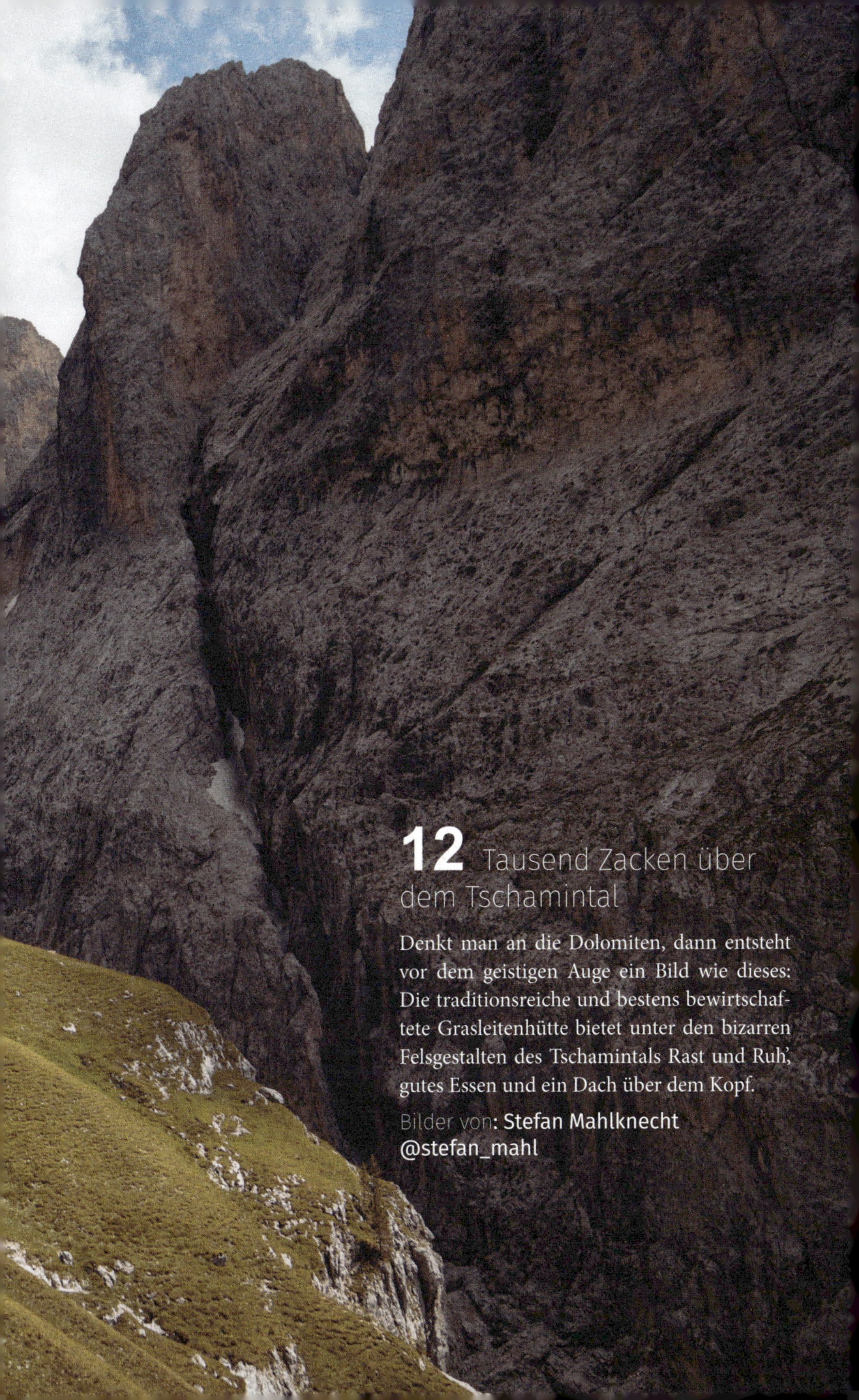

12 Tausend Zacken über dem Tschamintal

Denkt man an die Dolomiten, dann entsteht vor dem geistigen Auge ein Bild wie dieses: Die traditionsreiche und bestens bewirtschaftete Grasleitenhütte bietet unter den bizarren Felsgestalten des Tschamintals Rast und Ruh', gutes Essen und ein Dach über dem Kopf.

Bilder von: **Stefan Mahlknecht @stefan_mahl**

Zur Grasleitenhütte

Tourencharakter
Landschaftlich einzigartig schöne Bergwanderung auf steinigen und stellenweise auch steilen Wegen und Pfaden in sehr alpines Felsgelände – Trittsicherheit ist erforderlich!

Start und Ziel
Tiers, Hotel Weißlahnbad im Talschluss, 1173 m (mehrere Parkplätze entlang der Straße nördlich davon). Anreise auf der Autobahn A 22 bis zur Ausfahrt Bozen-Nord, weiter durch das Eisacktal über Blumau nach Tiers. Busverbindung von Bozen nach Tiers, im Sommer auch bis Weißlahn.

Schwierigkeit: leicht - **mittel** - schwer
Dauer: **5:00 h**
Länge: **13,3 km**
Aufstieg **1000 hm**
Abstieg **1000 hm**

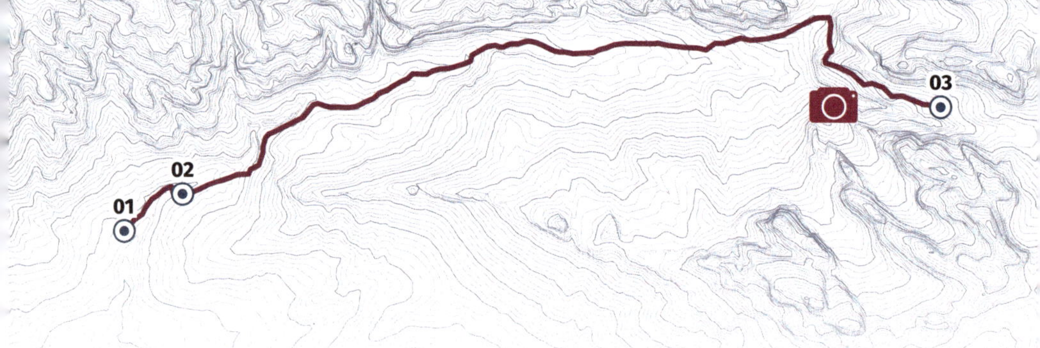

Höhenlinienmodell mit Streckenverlauf

Höhenprofil

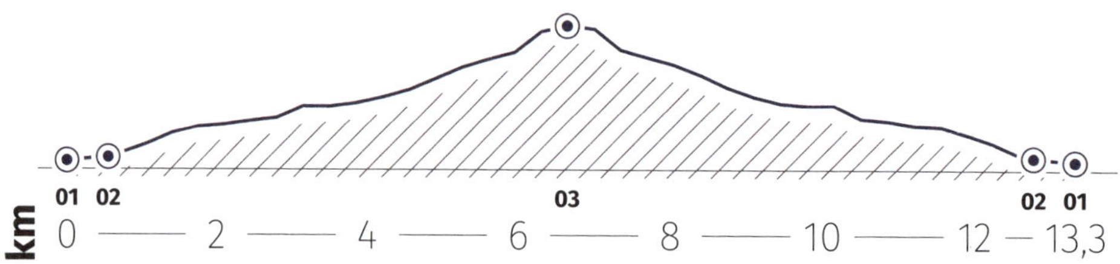

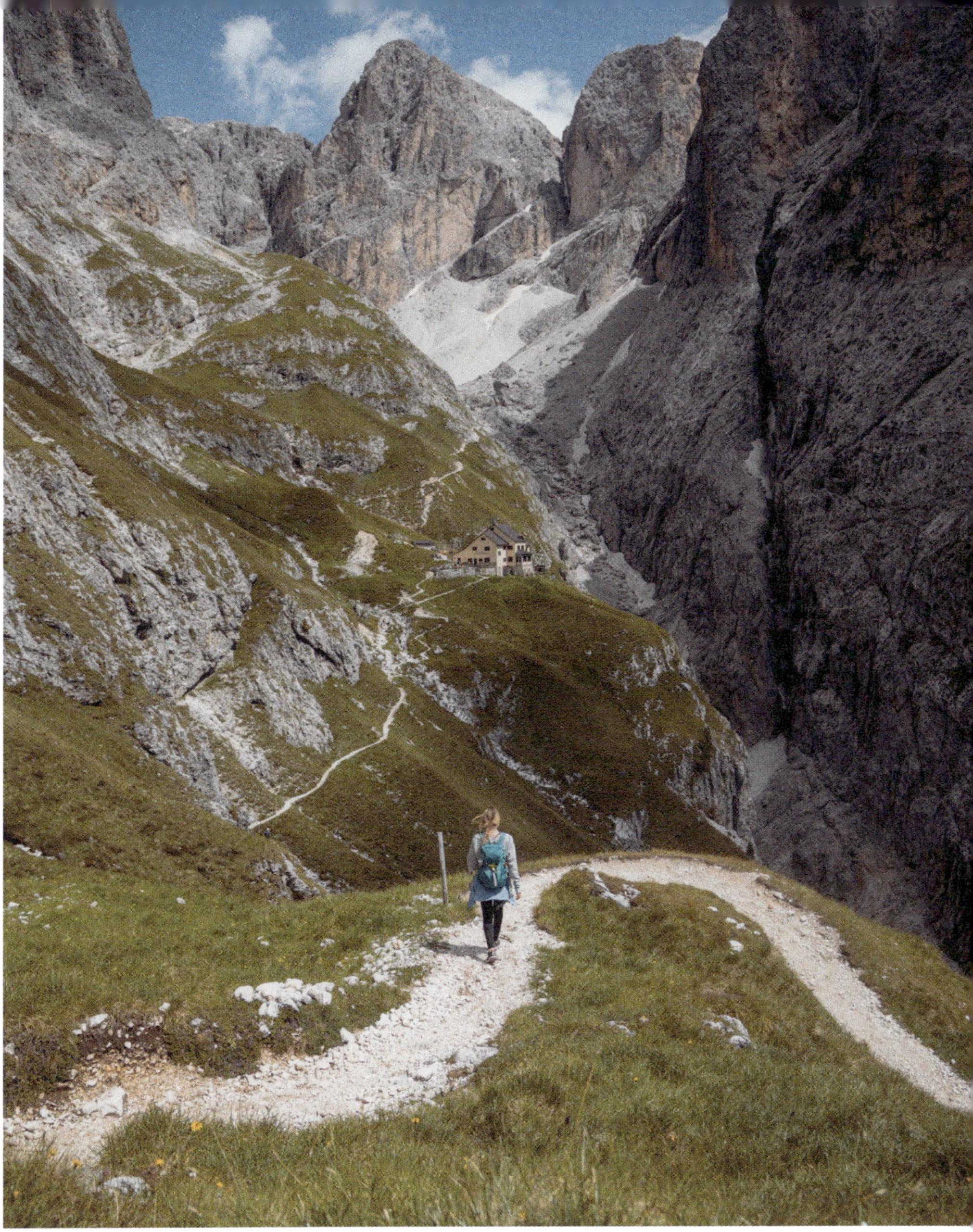

Kehre für Kehre durchs Tschamintal hinauf.

Wozu Türme bauen, wie der Himalaya,
wenn man sie nicht umwerfen kann,
damit es ein Gelächter gibt.

Bertolt Brecht (1898–1956)

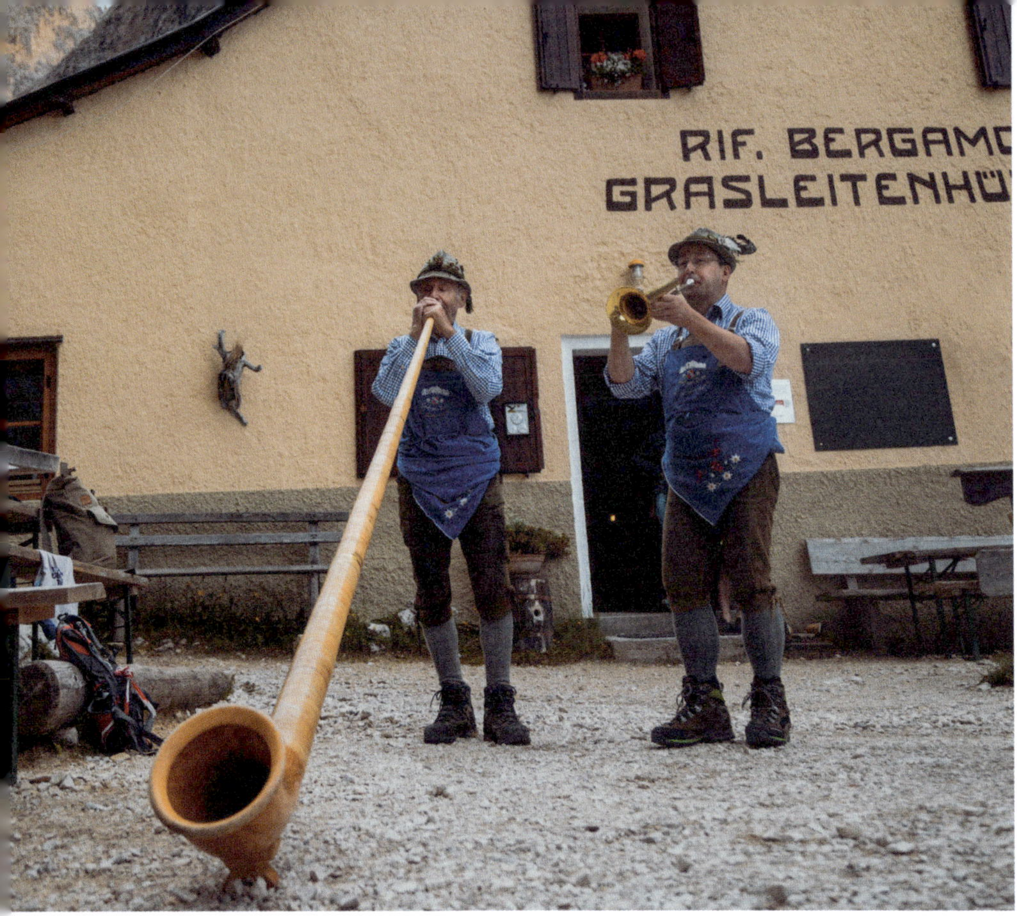

Musikalischer Empfang vor der Hüttenrast.

Die Grasleitenhütte befindet sich oberhalb der Südtiroler Gemeinde Tiers, und zwar auf einer Seehöhe von 2165 Metern im wilden Grasleitental am Rand des Naturparks Schlern-Rosengarten. Dank ihrer einzigartigen Lage inmitten wildester Dolomitenzacken, die das Tschamintal beiderseits begrenzen, ist sie nicht nur ein perfektes Tourenziel, sondern auch ein Etappenziel auf ausgedehnten Wanderungen oder Klettersteigtouren im Herzen des UNESCO-Weltnaturerbes Dolomiten. Der Zustieg zur Grasleitenhütte ist mit Sicherheit einer der schönsten Wege in die sagenumwobene Gebirgsruppe des Rosengartens.

Vom Parkplatz Weißlahn **01** wandern wir zunächst auf einer Schotterstraße am Gasthaus Tschaminschwaige **02** vorbei und folgen dann der Wegmarkierung 3 ins wildromantische Tschamintal hinein. Dort kommen wir an zwei Almlichtungen vorbei und erreichen den atemberaubend schönen Talschluss, in dem sich der Weg teilt. Dort wählen wir den rechts abzweigenden Pfad Nr. 3A, der – nun stärker ansteigend und an einigen Stellen auch ein wenig ausgesetzt – durch ein wüstes Hochtal zur Grasleitenhütte **03** (2165 m) emporzieht.

Der Abstieg erfolgt auf derselben Route.

Dein Moment für die Ewigkeit

Nimm mich mit!

Der kleine Wanderpfad, der sich aus der linken Bildecke schlängelt, lädt den Betrachter ein, diesem zu folgen. In unserem Fall führt uns der Weg direkt zur langersehnten Hüttenrast. Eingebettet in die mächtige Bergkette wirkt die Grasleitenhütte noch einladender.

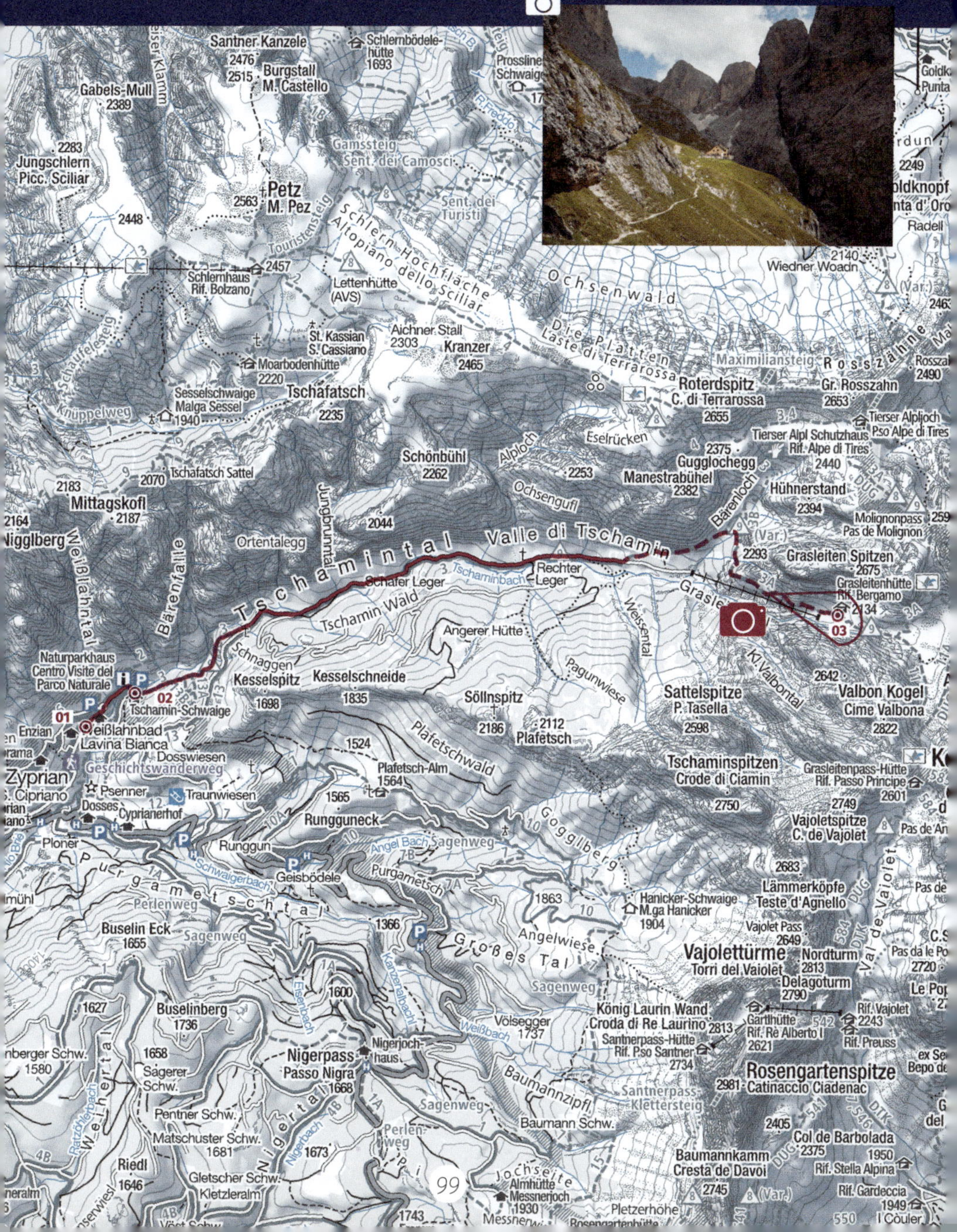

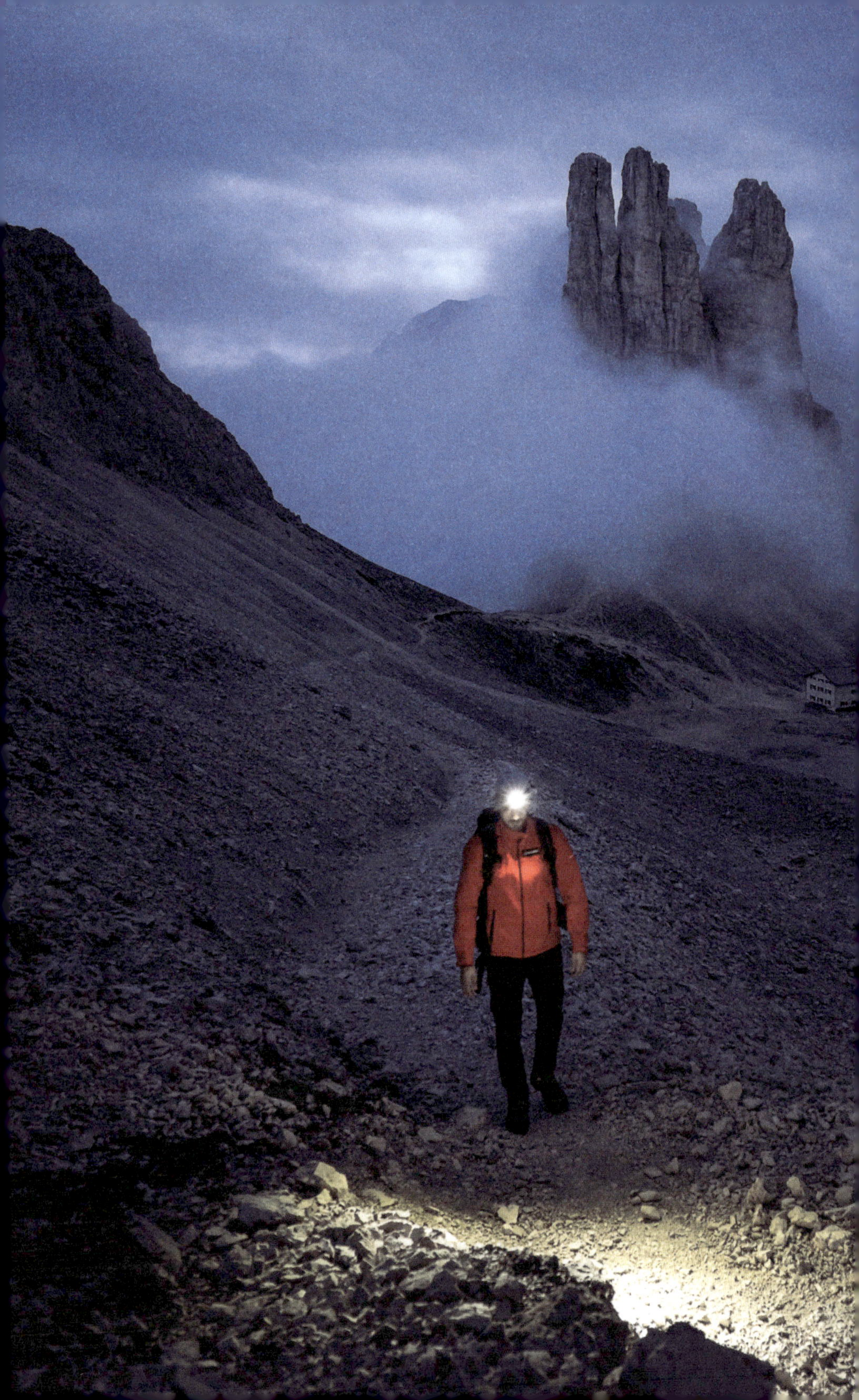

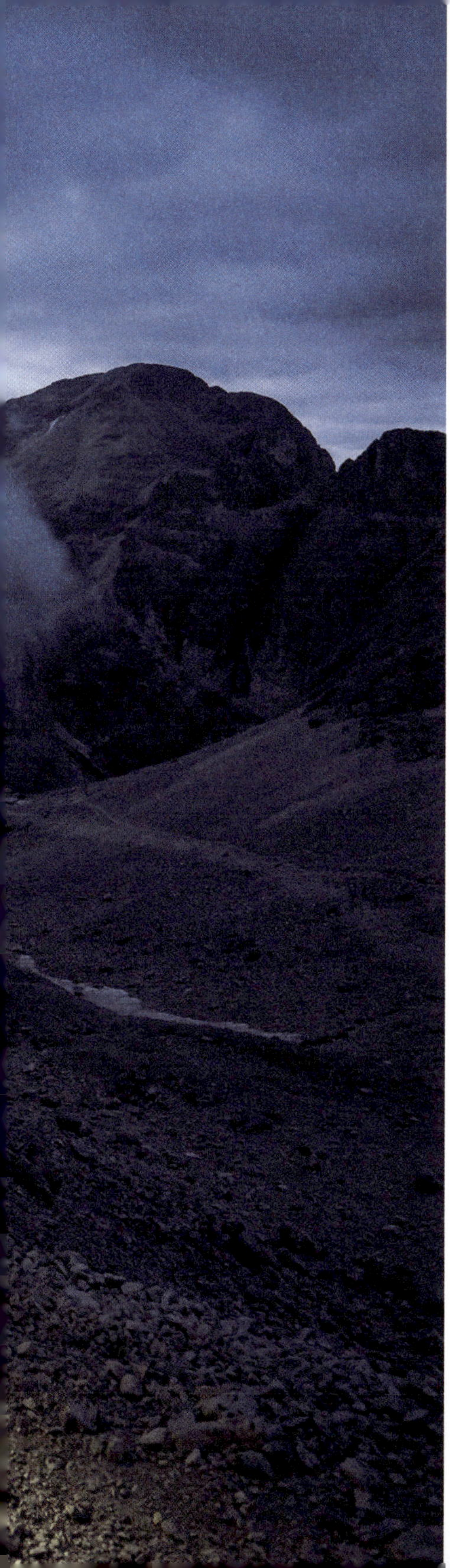

13 Dolomitendämmerung

Um diese Zeit ist man noch allein mit den Vajolettürmen. In ein, zwei Stunden werden die ersten Kletterer zu ihnen aufbrechen und am Abend werden die Felsen vielleicht von der Sonne rot gefärbt – wir befinden uns ja im Rosengarten.

Bilder von: **Fabian Künzel @fabian_kuenzel**

Vajolethütte – Santnerpass 2734 m

Tourencharakter
Alpine Hütten- und Bergtour auf Schotterstraßen und schmalen, teils gesicherten Pfaden im steilen Fels- und Schuttgelände, die Trittsicherheit und Schwindelfreiheit erfordern. Unterwegs mehrere Einkehr- und Übernachtungsmöglichkeiten.

Start und Ziel
Vigo di Fassa (Vich), 1325 m, Talstation der Funivie Catinaccio; Parkplatz, Busverbindung von Bozen (Bahnhof) über den Karerpass. Auffahrt mit der Seilbahn zur Bergstation Ciampedie, 1998 m, Talfahrt ebenfalls mit der Seilbahn (www.catinacciodolomiti.it).

Schwierigkeit: leicht - mittel - **schwer**
Dauer: **5:40 h**
Länge: **12,0 km**
Aufstieg **900 hm**
Abstieg **900 hm**

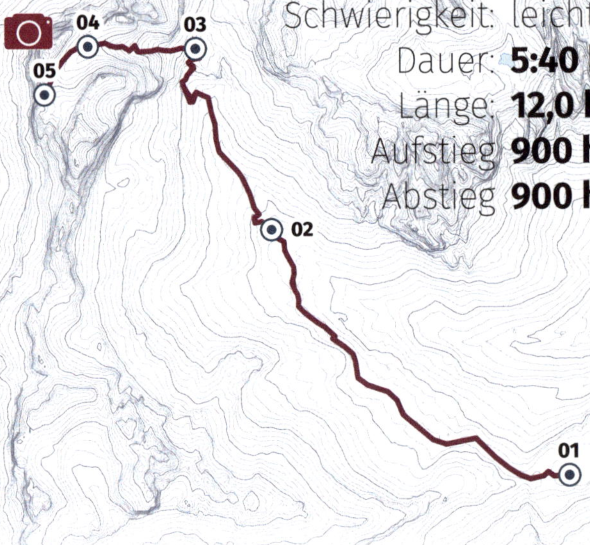

Höhenlinienmodell mit Streckenverlauf

Höhenprofil

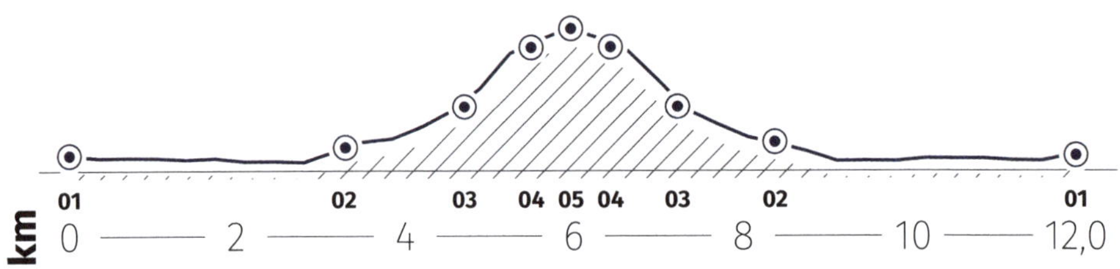

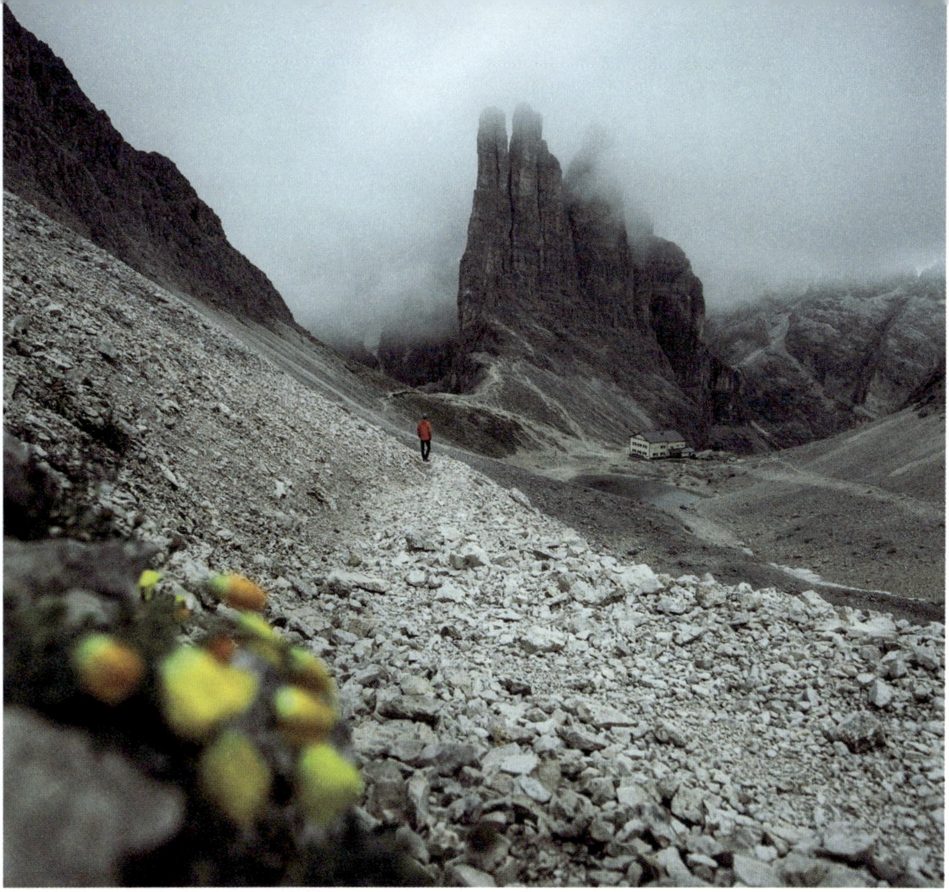

Im Gartl blüht nicht viel, aber das dafür intensiv.

Wer den berühmten Vajolettürmen ohne Klettersteigausrüstung möglichst nahe kommen möchte, muss im Val di Fassa östlich des Karerpasses und des sagenumwobenen Rosengartenmassivs die Bergschuhe schnüren. Dieser Abstecher ins Trentino lohnt sich jedoch sehr, denn allein schon die Wanderung ins Val de Vaiolet (Vajolettal) zählt zu den schönsten Dolomitentouren. Beim Aufstieg zur Gartlhütte muss man dann ein wenig Hand an den Fels legen; bei trockenen und schneefreien Verhältnissen ist er jedoch für Geübte keine Hexerei. Der Anblick der drei magischen Felstürme und

> Es gibt drei Vajolettürme: Winkler, Stabeler, Delago – benannt nach ihren Erstbegehern (1887, 1892, 1895). Sobald man hinaufklettert, scheint es aber, dass man dem Himmel näher ist als dem Boden.
>
> Aus bergfuehrerdolomiten.it

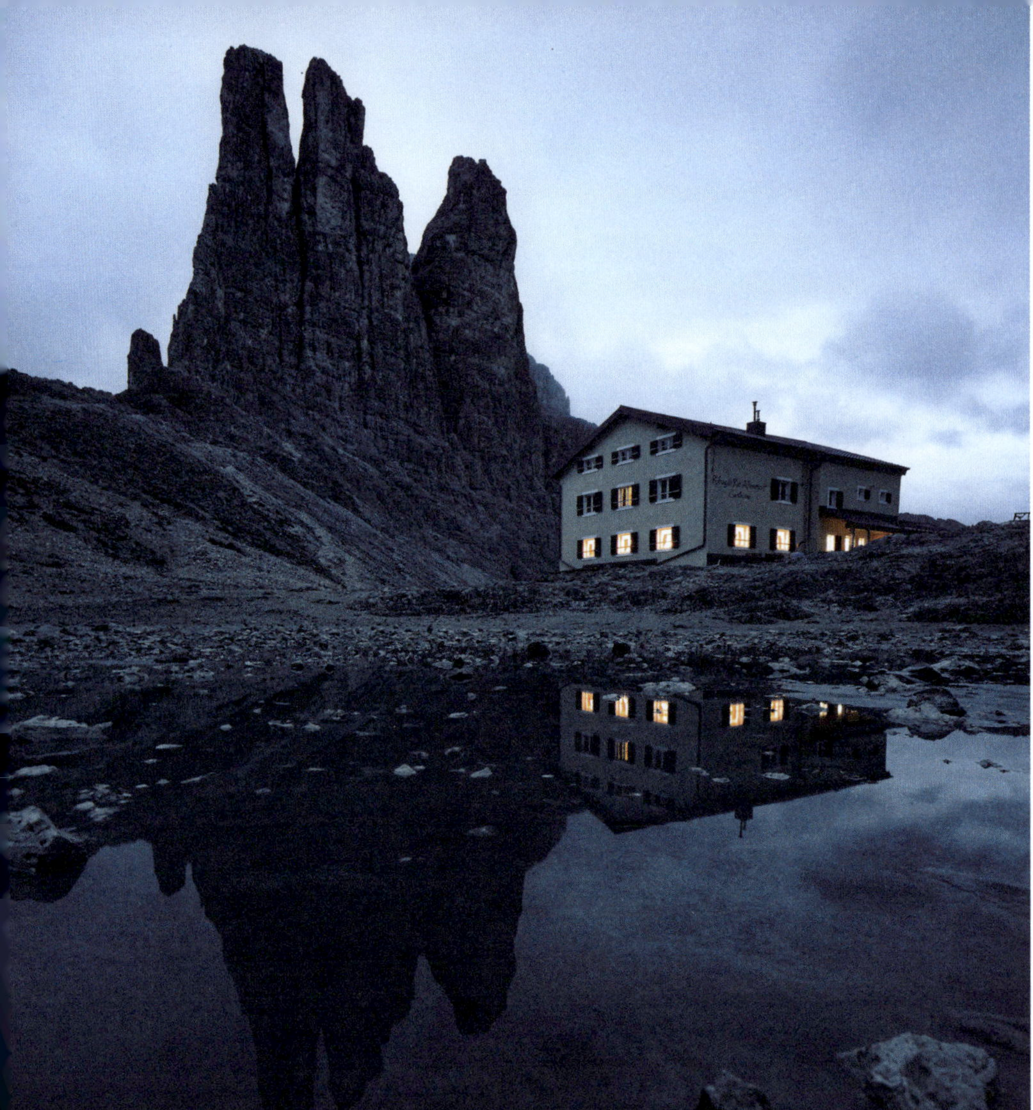

die gewaltige Aussicht vom rasch erreichten Santnerpass – westwärts liegt halb Südtirol in der Tiefe, direkt daneben fahren die Felswände der Rosengartenspitze empor – belohnen jedenfalls alle Mühen überreichlich. Allerdings – um in diesem Gebiet allein zu sein, müsste man in einer der hoch gelegenen Schutzhütten übernachten und (sehr) frühmorgens starten!

▶ Von der Seilbahn-Bergstation **01** folgen wir der Beschilderung „Rif. Gardeccia, Rif. Vaiolet e Preuss“ nach links, wandern über den Rücken zum Rifugio Negritella und zweigen danach rechts (Nr. 540) ab. Durch das Skigebiet kommen wir zur nächsten Gabelung, von der wir rechts auf einem breiten Weg in den Wald wandern. Bald wird eine weitere Piste überquert, dann geht's durch Waldhänge weiter. Nach 50 Minuten erreichen wir Gardeccia **02** (1950 m) mit dem gleichnamigen Rifugio und weiteren Einkehrstationen im Val de Vaiolet. Von dort wandern wir dann ca. 1 Stunde auf der Schotterstraße, zuletzt in steilen Kehren, bis zum Rifugio Vajolet **03** (Vajolethütte, 2243 m) und zur benachbarten, mit einem Türmchen geschmückten Preuss-Hütte hinauf.

Dein Moment für die Ewigkeit

Blaue Stunde

Die Zeit vor dem Sonnenaufgang und nach dem Sonnenuntergang ist für Fotografen besonders geeignet. Das Licht hat eine fast künstliche blaue Farbe. Der Name „Blaue Stunde“ bezieht sich dabei eher auf den Zeitpunkt. Das Phänomen hält etwa 30-50 Minuten an und wird durch den Sonnenstand von 4-8 Grad unterhalb des Horizontes ausgelöst.

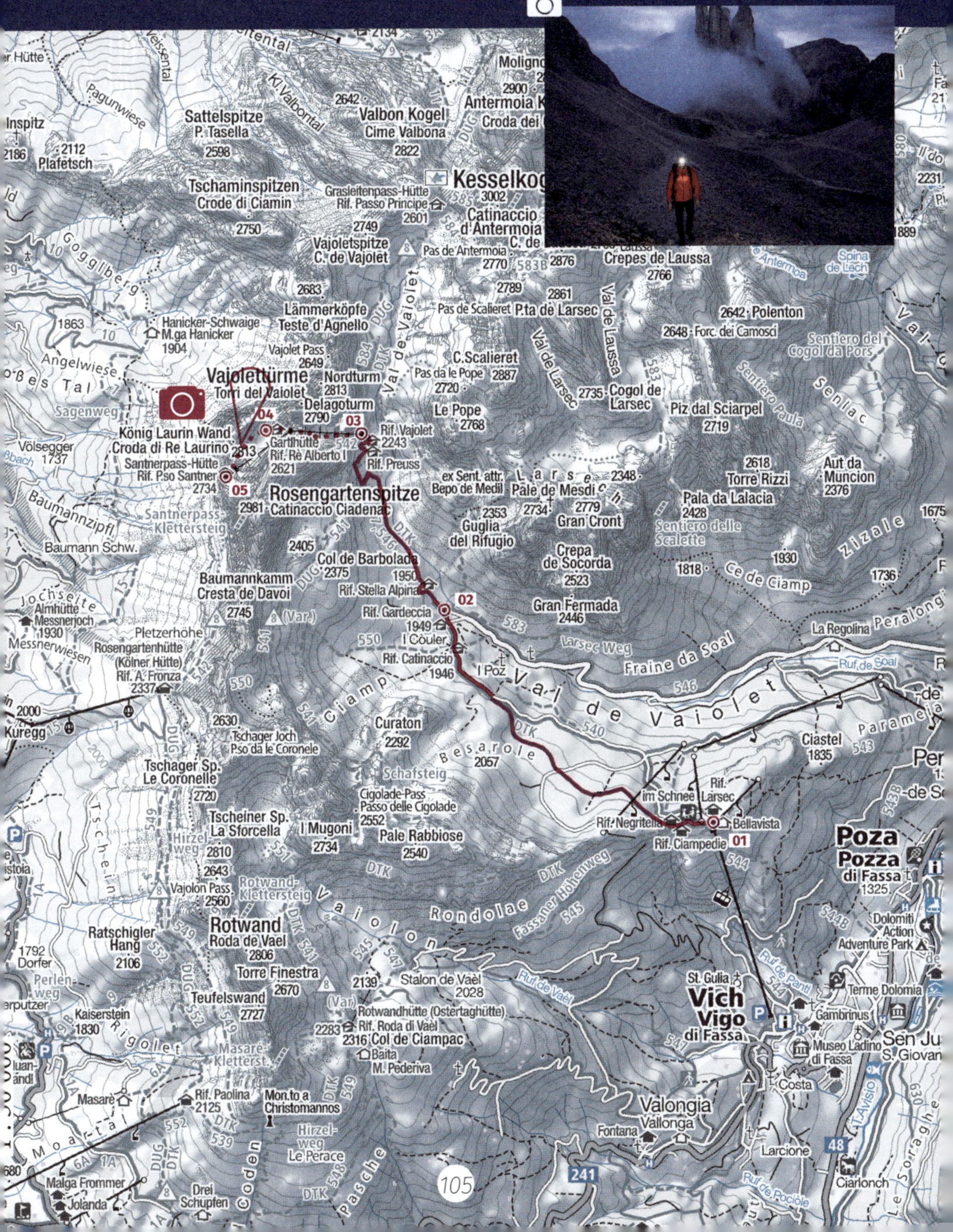

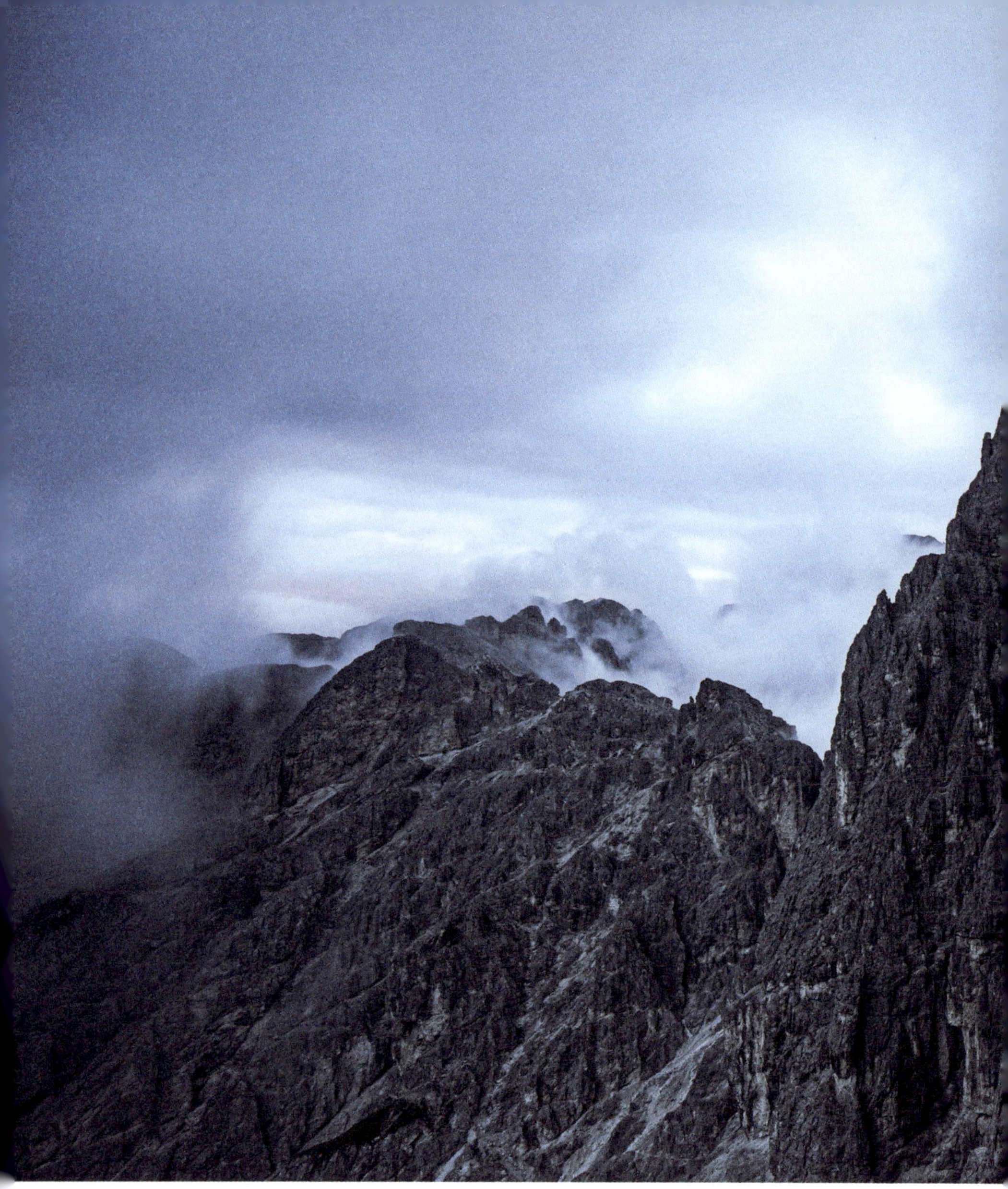

Die berühmten drei südlichen Vajolettürme.

Der zweite, wesentlich alpinere Abschnitt dieser Tour beginnt ein paar Schritte weiter taleinwärts, wo der Pfad Nr. 542 links abzweigt. Beim folgenden Aufstieg dominiert die links aufragende Rosengartenspitze, jenseits über dem Talgrund stehen die Felsflanken des Larsech und des Kesselkogels. Durch eine felsige Rinne und steiles, grobes Schuttgelände kommt man rasch hinauf; an anspruchsvolleren Stellen helfen Stahlseile. Nach 1 Stunde stehen wir vor dem Rifugio Rè Alberto I 04 (Gartlhütte, 2621 m), über dem die Vajolettürme alle Blicke auf sich ziehen. Über der Gartlmulde mit

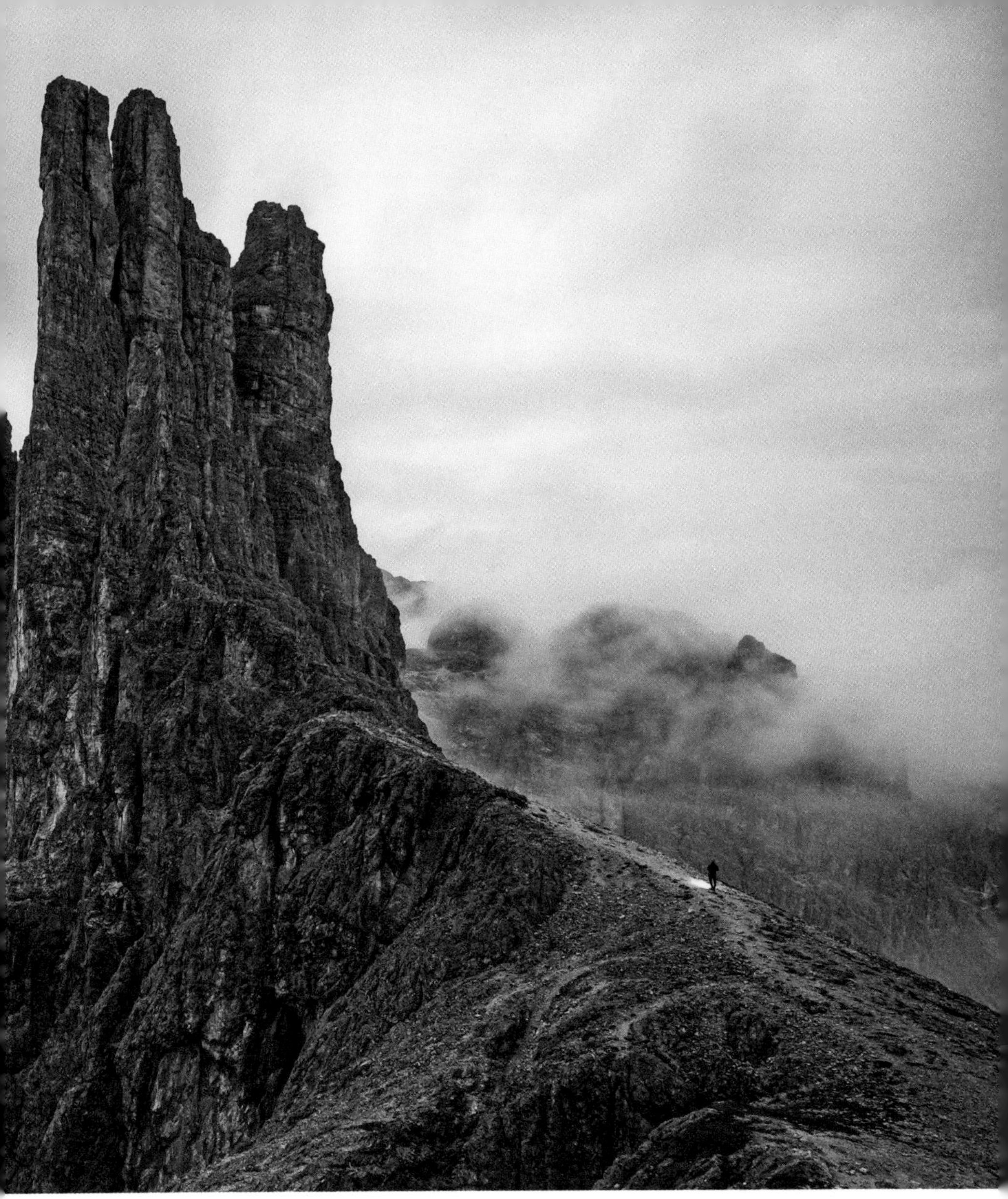

ihrem kleinen (und leider oft ausgetrockneten) See erhebt sich die Laurinswand; sie gibt die weitere Aufstiegsrichtung vor. Auf dem Pfad Nr. 542 gelangen wir dann in 20 Minuten auf den Santnerpass **05** (2734 m) mit seiner kleinen, feinen Schutzhütte. Der Abstieg erfolgt auf derselben Route; insgesamt ca. 2½ Stunden. Wer mit dem Bus angereist ist, könnte vom Weg Nr. 540 Gardeccia – Ciampedie links Richtung „Seggovie I–II Tronico Pera“ abzweigen und mit dem Sessellift (2 Sektionen) nach Pera hinunterfahren; damit erspart man sich ein paar Höhenmeter und 15 Minuten Gehzeit.

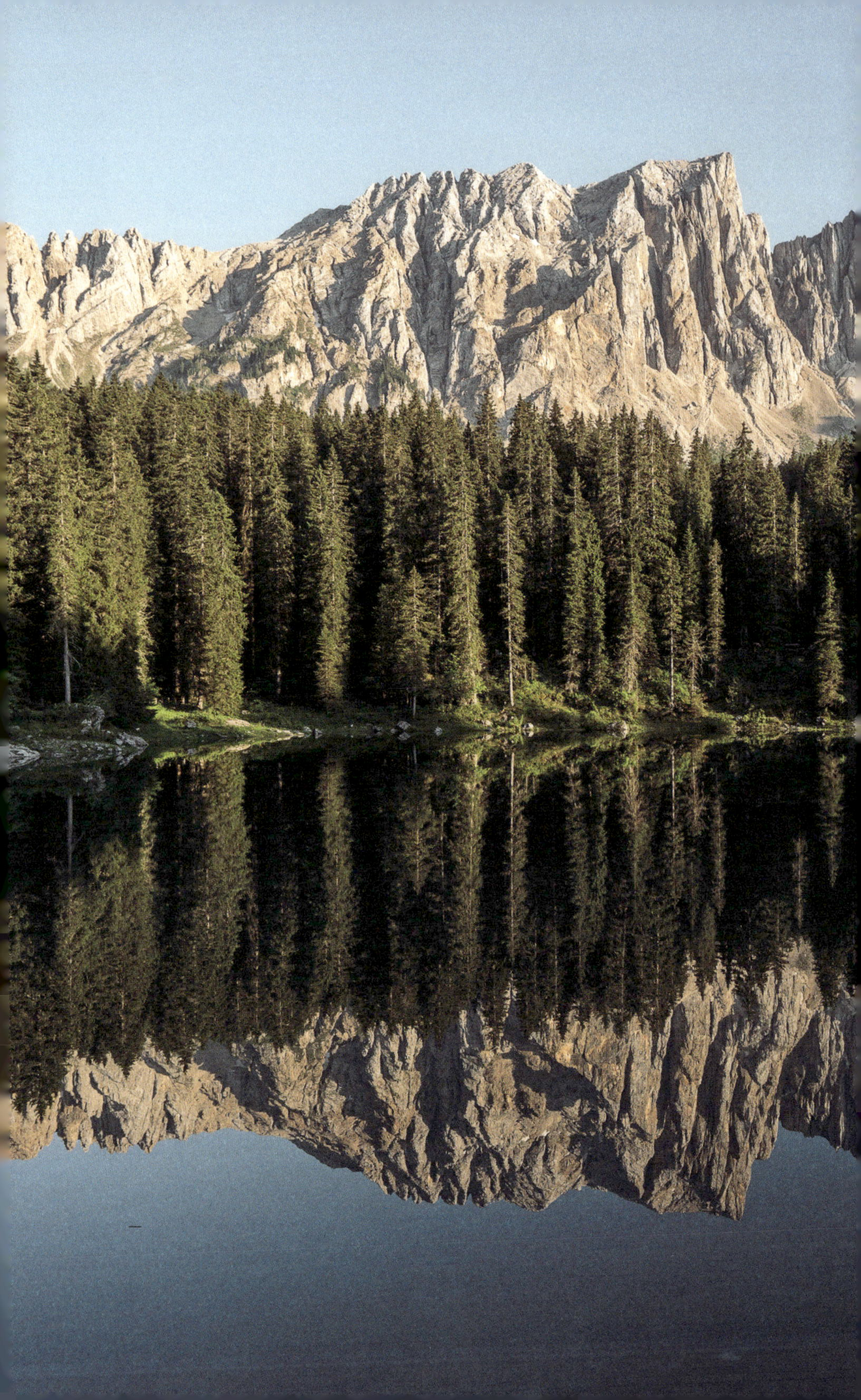

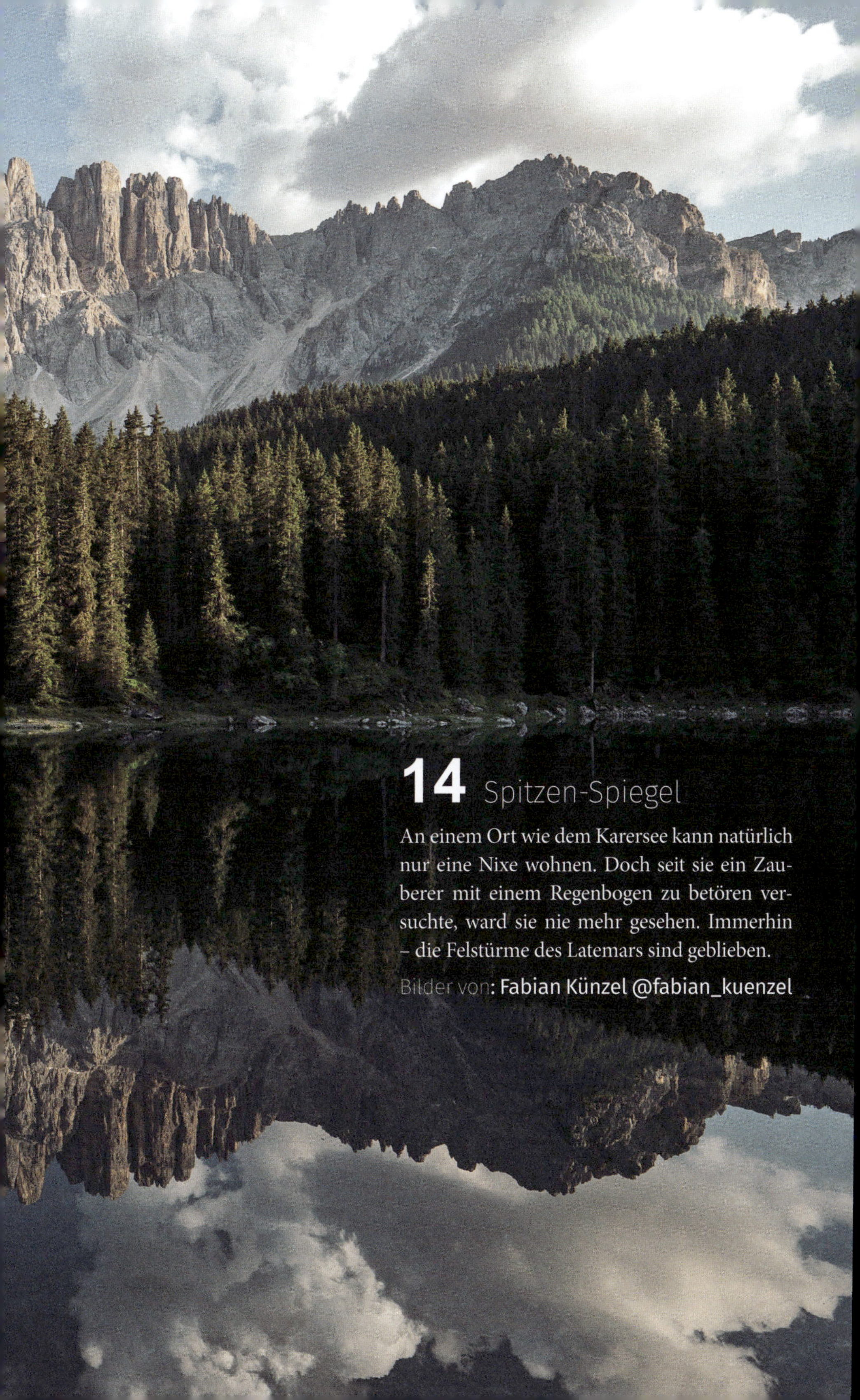

14 Spitzen-Spiegel

An einem Ort wie dem Karersee kann natürlich nur eine Nixe wohnen. Doch seit sie ein Zauberer mit einem Regenbogen zu betören versuchte, ward sie nie mehr gesehen. Immerhin – die Felstürme des Latemars sind geblieben.

Bilder von: **Fabian Künzel @fabian_kuenzel**

Von Obereggen zum Karersee 1520 m

Tourencharakter
Leichte, landschaftlich reizvolle Wanderung durch lichten Wald am Fuße des Latemars. Einkehrmöglichkeit am Karersee.

Start und Ziel
Obereggen, 1549 m. Zufahrt auf der Brenner-Autobahn A 22 zur Ausfahrt BozenNord, auf der SS 241 ins Eggental bis Birchabruck, dort rechts ab und nach 1 km links hinauf nach Obereggen; Parkplätze im Ortsgebiet.

Schwierigkeit: **leicht** - mittel - schwer
Dauer: **4:30 h**
Länge: **15,0 km**
Aufstieg **350 hm**
Abstieg **350 hm**

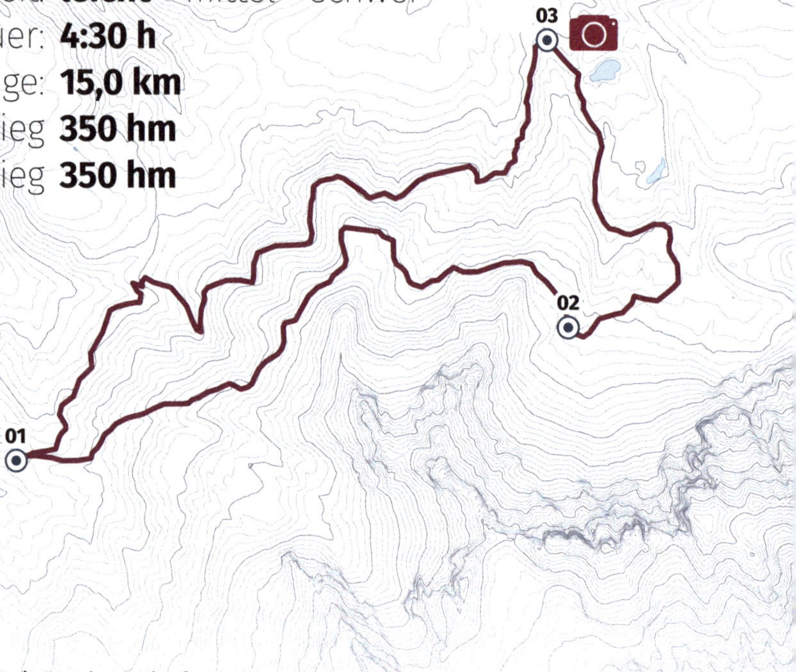

Höhenlinienmodell mit Streckenverlauf

Höhenprofil

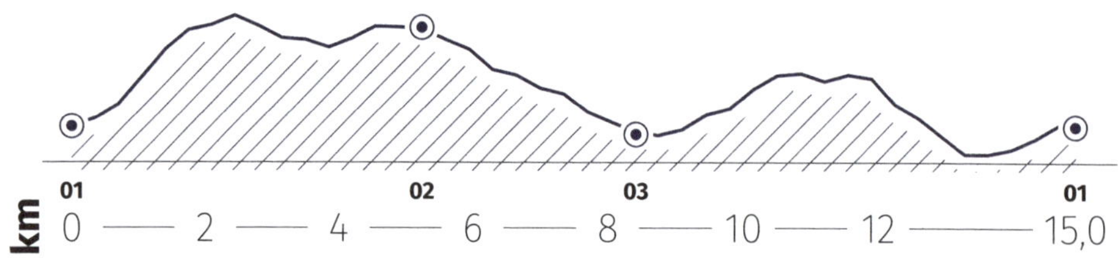

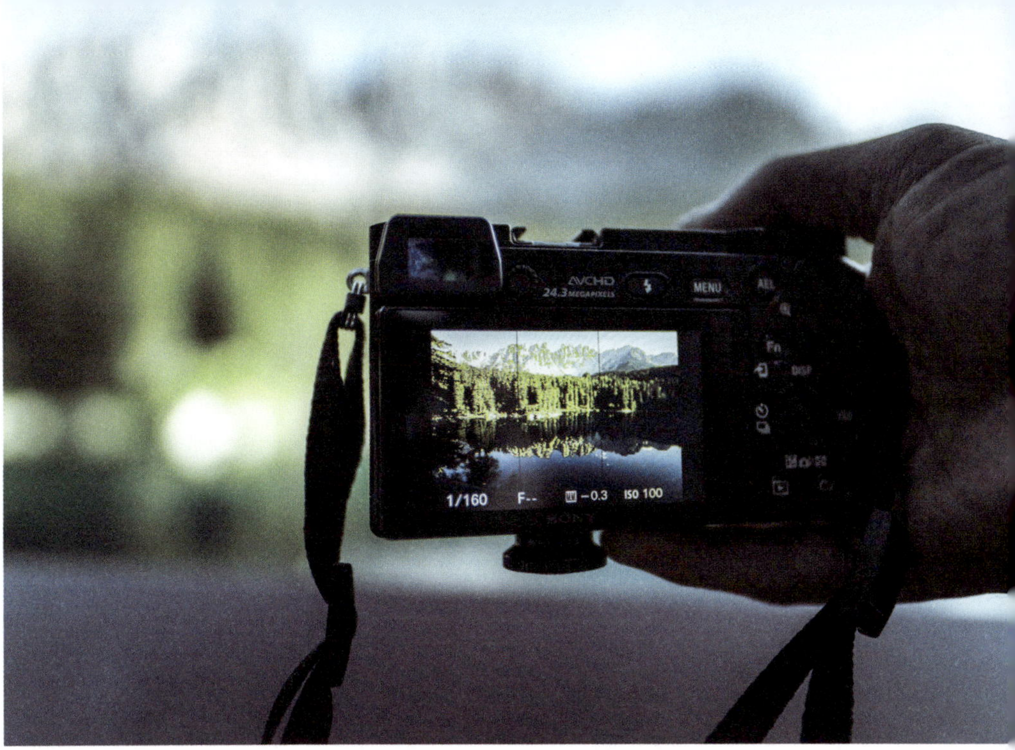

Karersee – digital.

Von der österreichischen Kaiserin Elisabeth (Sisi) über Agatha Christie bis Karl May – der Karersee zog stets Prominenz an.

Der Karersee ist schon seit dem Bau der Eggentaler Straße (Dolomitenstraße) im Jahre 1860 eine Berühmtheit. Seit einigen Jahren zählt das kleine Naturwunder am Fuß der Latemarwände aber auch zu den Instagram-Top-Spots. Daher – bitte Zurückhaltung im sensiblen Uferbereich! Das gelingt umso leichter, wenn man sich dem Karersee auf Schusters Rappen nähert. Dafür empfiehlt sich z.B. eine wunderschöne und recht stille Wald-Rundwanderung von der kleinen Skistation im Weiler Obereggen am Fuß des Latemars.

■ Vom Sporthotel in Obereggen 01 fahren wir weiter auf die leichte Erhebung zu, wo sich ein Parkplatz befindet. An der rechten Straßenseite führt der Steig Nr. 21 anfangs ansteigend durch den Wald, dann meist flach am Fuße des Zackengewirrs der Latemargruppe zum Mitterleger 02, wo sich uns ein freier, großartiger Blick auf die Latemarspitze öffnet.

Entlang des gut beschilderten Weges Nr. 11 steigen wir durch den weitläufigen Karerwald zum sagenumwobenen Karersee 03 ab. Eindrucksvoll spiegeln sich im See die Felszinnen der nahen Latemargruppe. Vom westlichen Ufer folgen wir 100 m der Straße in Richtung Welschnofen, bis nach links ein Forstweg zum Bewaller Hof abzweigt (Markierung Nr. 8 oder 14). Fast eben wandern wir auf dem bequemen Forstweg am Fuße des Latemars zum Bewaller Hof, 1491 m. Von dort gehen wir entlang der Fahrstraße zurück nach Obereggen **01**, dem Ausgangspunkt dieser Rundwanderung.

Berge wie aus dem Bilderbuch – der Latemar mit dem Diamantiditurm (2842 m).

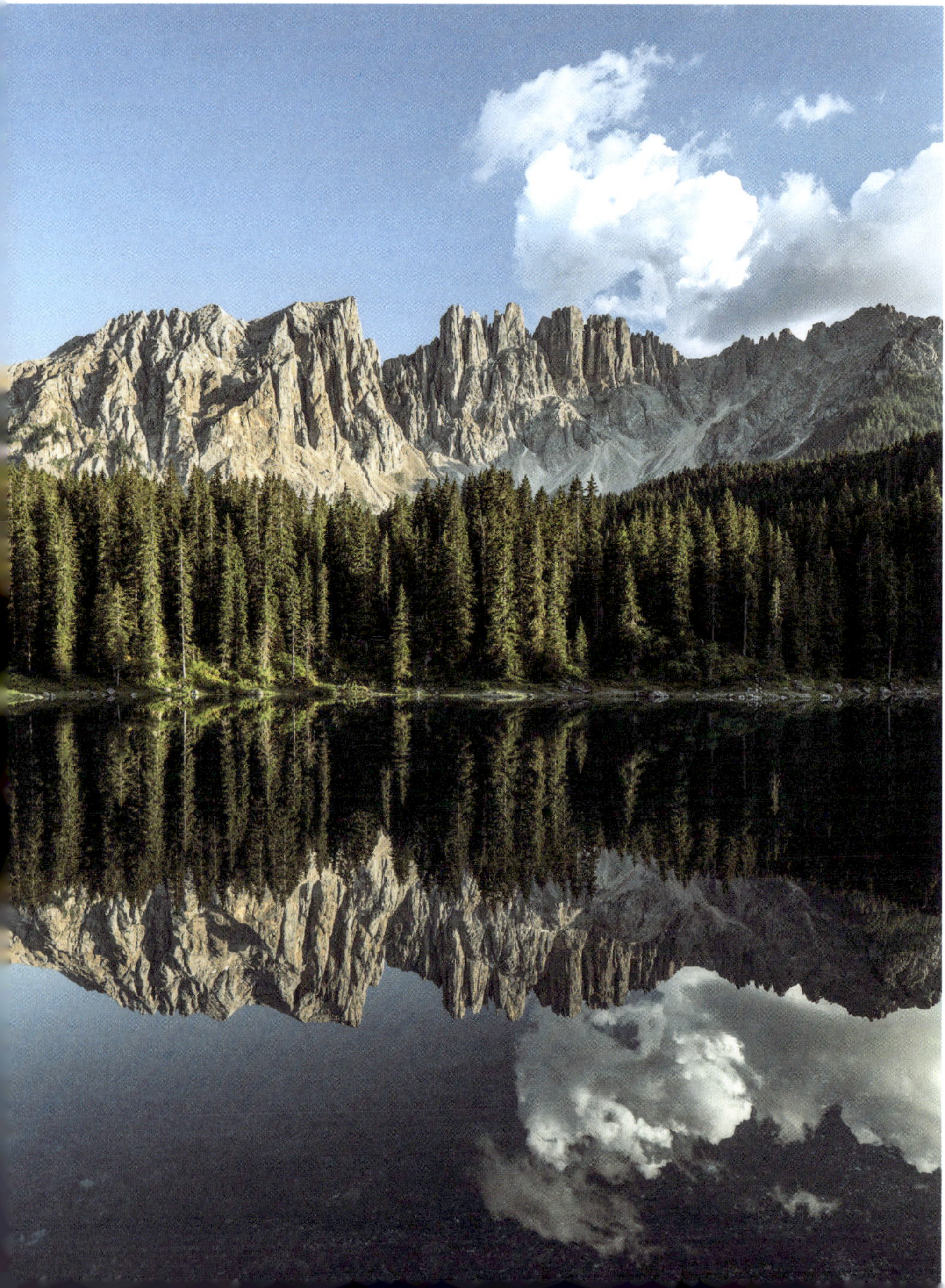

Dein Moment für die Ewigkeit

Naturschutz hat Vorrang

Das Ufer des Karersees ist eingezäunt, er steht unter Naturschutz. Das sollten wir respektieren und den Zaun keinesfalls überschreiten. Für eine perfekte Spiegelung braucht es das auch nicht.

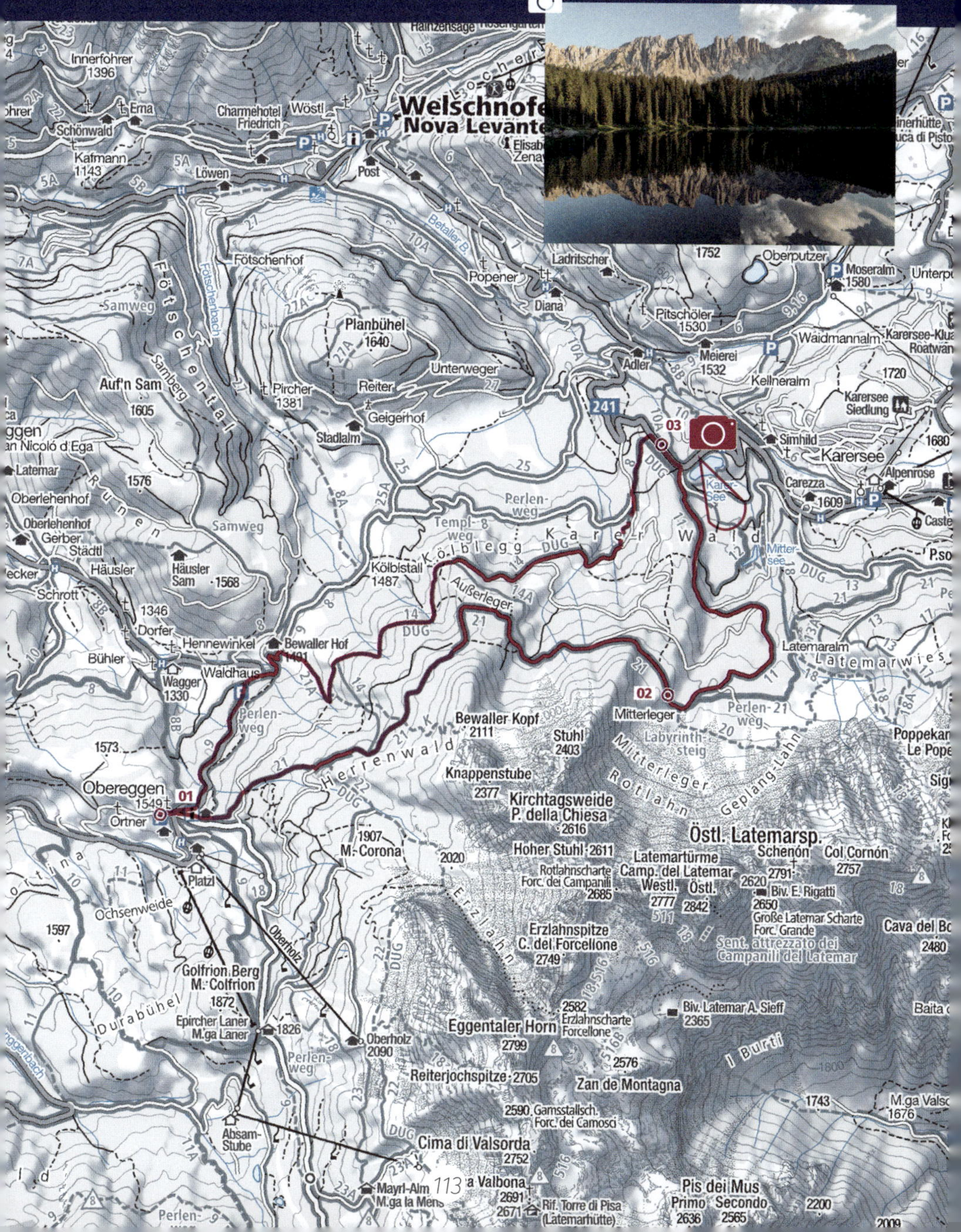

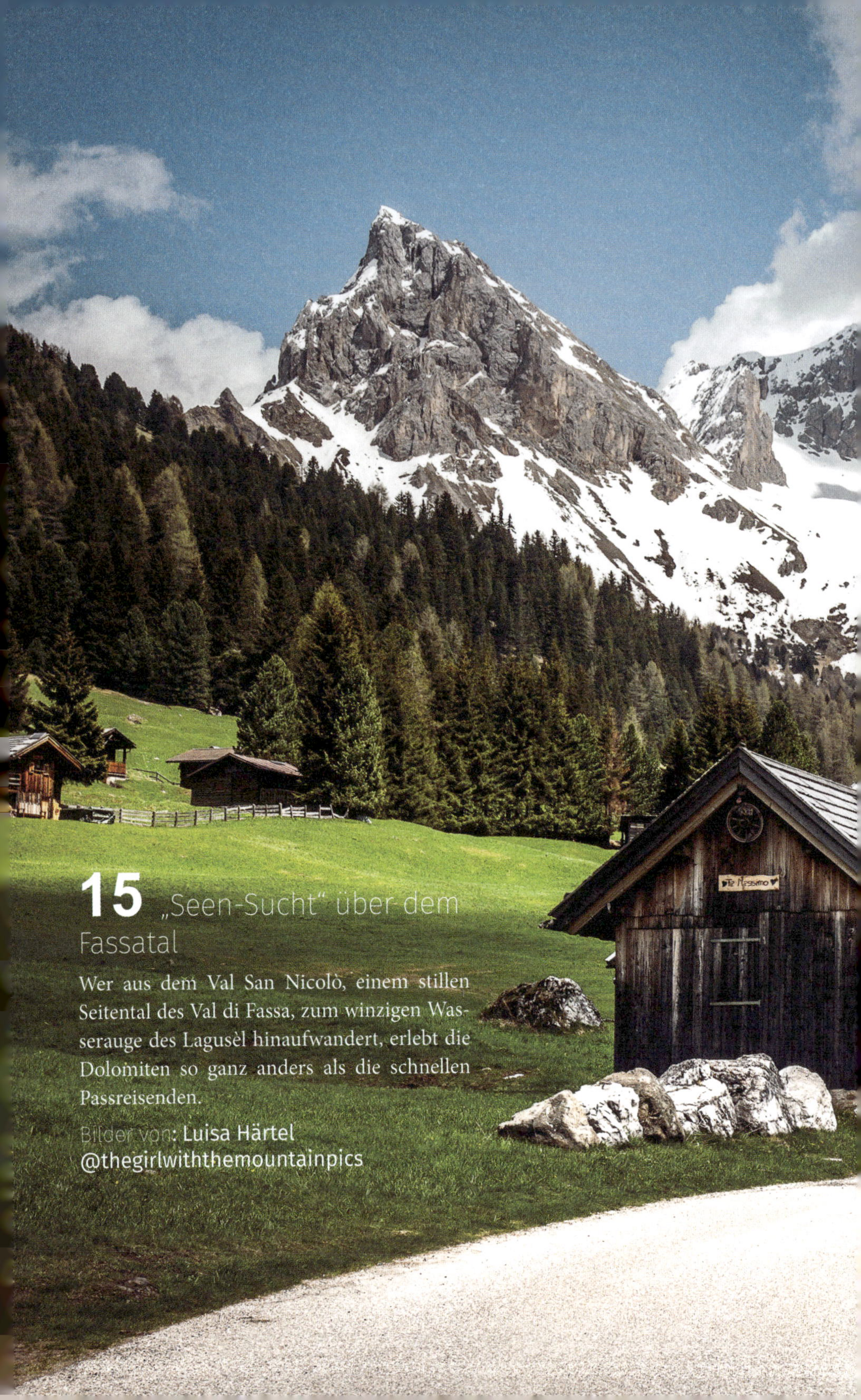

15 „Seen-Sucht" über dem Fassatal

Wer aus dem Val San Nicolò, einem stillen Seitental des Val di Fassa, zum winzigen Wasserauge des Lagusèl hinaufwandert, erlebt die Dolomiten so ganz anders als die schnellen Passreisenden.

Bilder von: **Luisa Härtel @thegirlwiththemountainpics**

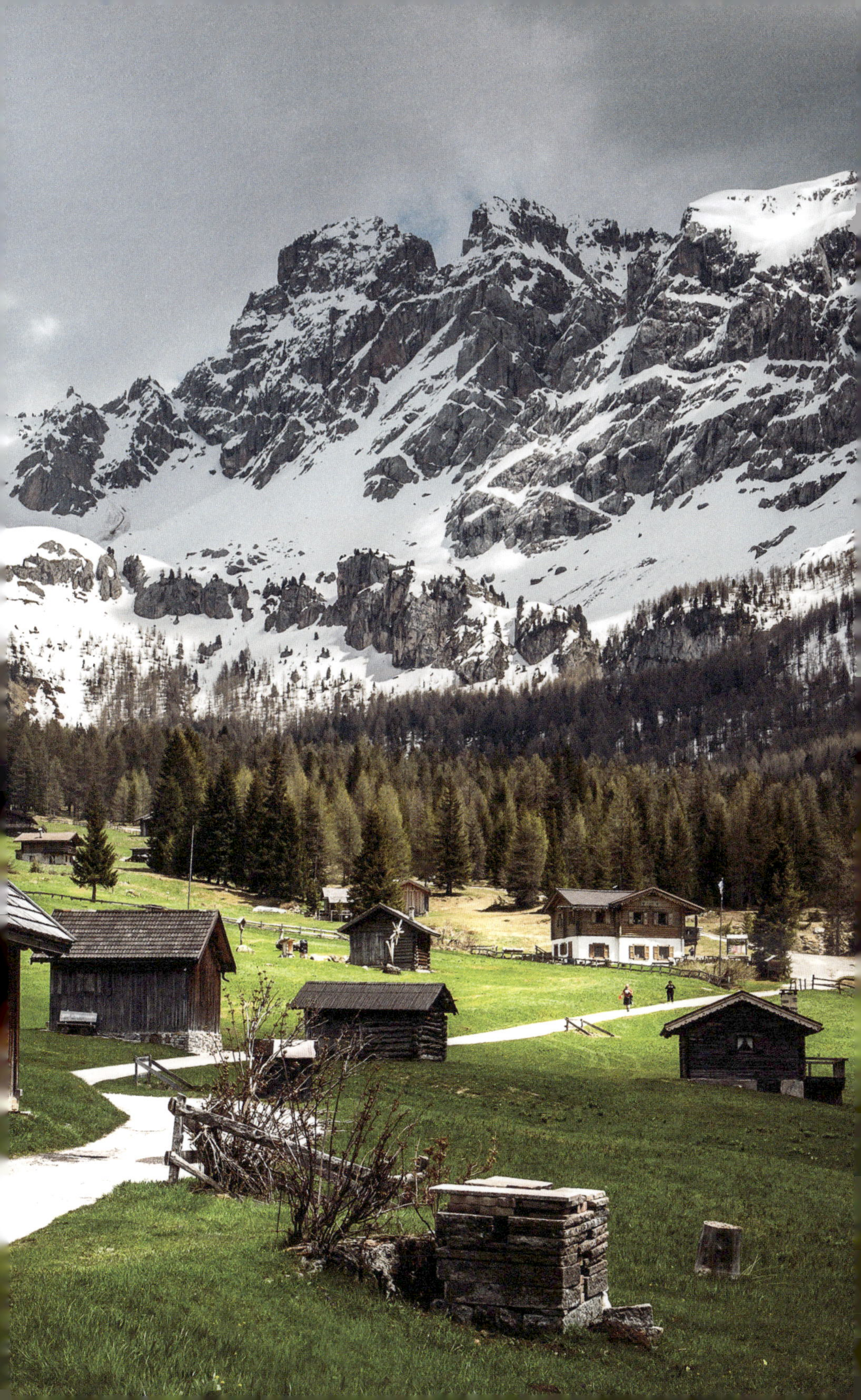

Lagusèl und die Wasserfälle

Tourencharakter
Bequeme und aussichtsreiche Wanderung zum See und zu den Wasserfällen.

Start und Ziel
Sauch, 1735 m, im Val San Nicolò. Zufahrt von Pozza di Fassa im Fassatal auf der asphaltierten Talstraße von San Nicolò an der Malga Crocifisso rechts vorbei bis Sauch, 1735 m, Schranke; Parkplatz.

Schwierigkeit: **leicht** - mittel - schwer
Dauer: **3:30 h**
Länge: **9,7 km**
Aufstieg **520 hm**
Abstieg **520 hm**

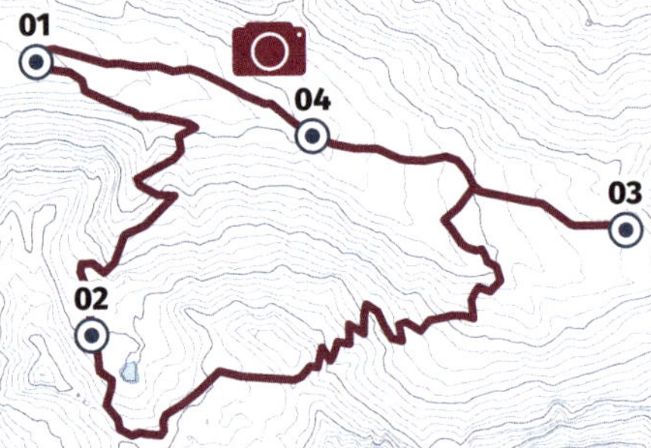

Höhenlinienmodell mit Streckenverlauf

Höhenprofil

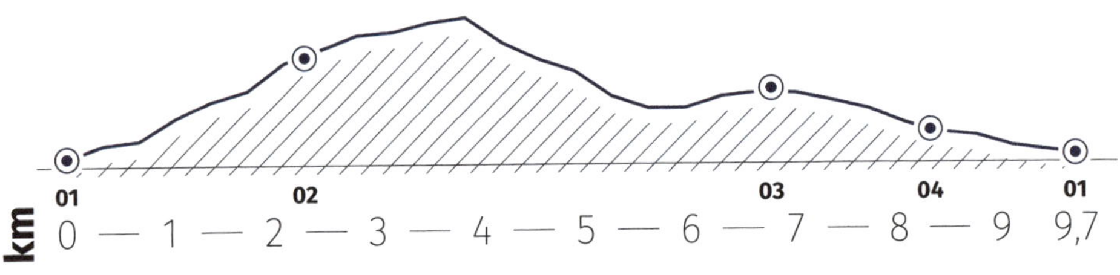

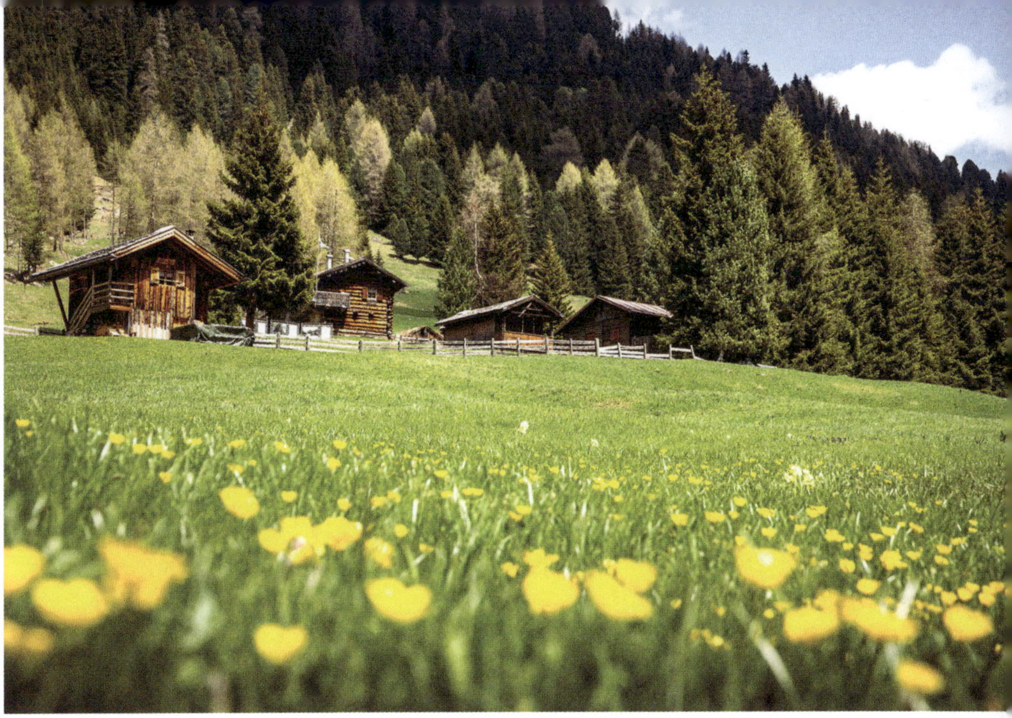

Start im Val San Nicolò.

Das Wandern ist nicht nur des Müllers Lust im Val di Fassa.

fassa.com

Lagusèl? Da muss man schon ein wenig genauer auf der Wanderkarte nachsehen, um dieses kleine Wasserwunder im Umfeld des Fassatals zu finden.

▶ Vom oberen Teil des Parkplatzes von Sauch 01 folgen wir der „Strada dei Russi" (Wegweiser nach Lagusèl) und biegen rechts in den Weg Nr. 640 ein. Hier geht es im Wald steil aufwärts bis zum Kruzifix Pauso del Pelegrin, 1970 m. Weiter steil aufwärts durchqueren wir eine eingezäunte Rinne und kommen – hinter einem Gatter – aus der Vegetationszone heraus. Mit freiem Blick auf den Sas dal Pief, 2522 m, wandern wir eben zum romantischen Lagusèl 02, einem in einer Wiesenmulde reizvoll gelegenen See. Der Weg führt rechts am See vorbei zu weiter oben liegenden Heustadeln, wobei wir dem Sas dal Pief, 2522 m, der die obere Wiesenterrasse beherrscht, immer näherkommen. Bei zwei Unterständen kreuzen sich die Wege Nr. 641 (Teil des Sentiero della Pace = Friedensweg) und der Sentiero Gino Badia, der auf Geröll unterhalb des Sas dal Pief aufsteigt. Wir gehen nach links auf den Weg Nr. 641 und wandern gemütlich über Wiesen aufwärts. Zurückschauend bieten sich immer wieder Ausblicke ins Fassatal und auf die Rosengartengruppe. Der Weg zieht jetzt zur Forcella Pecol, 2255 m, die oberhalb eines Brunnens in kurzer Zeit erreicht wird. Jenseits des Sattels, der sich zu Füßen

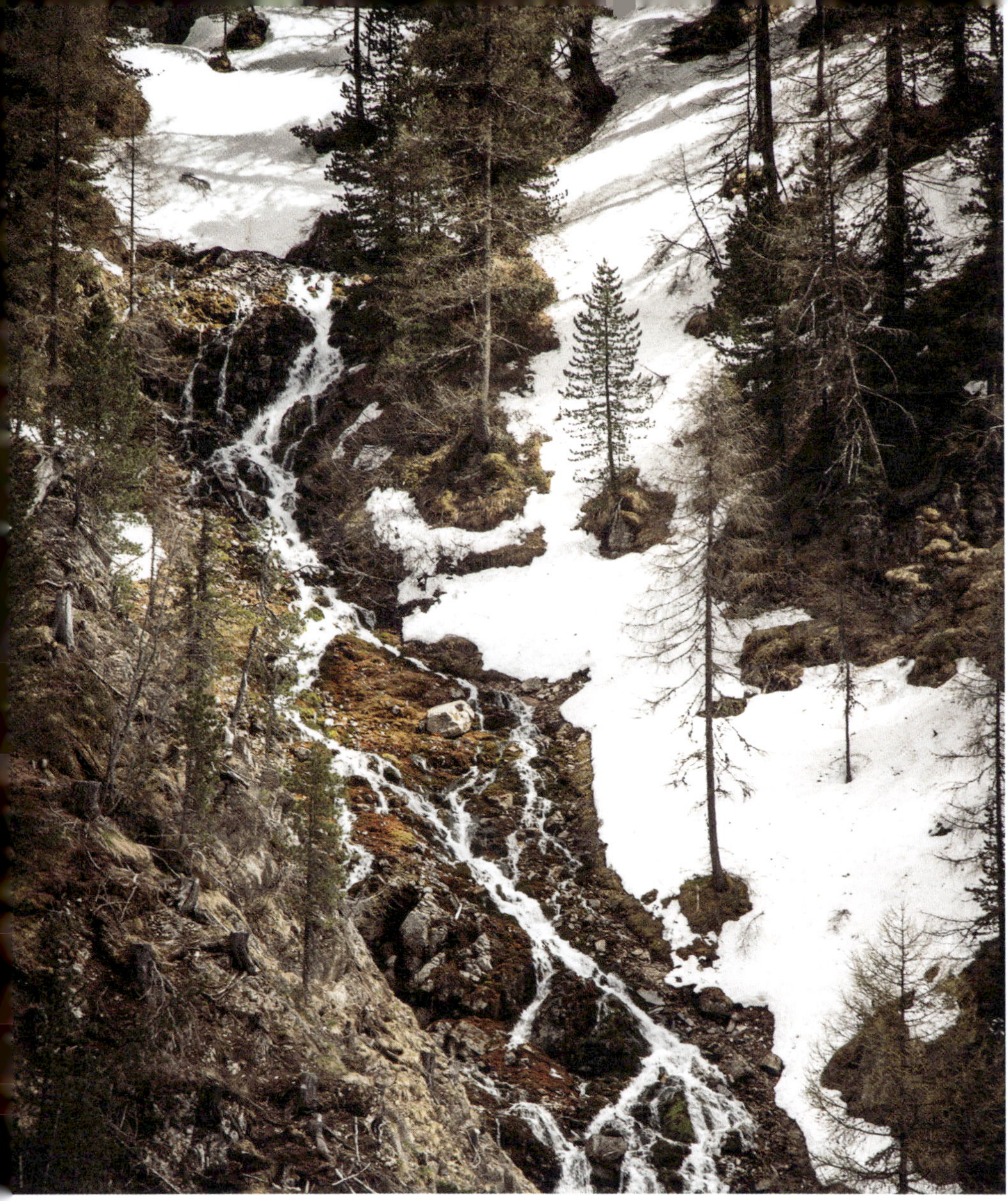

Zwischen der Waldidylle finden sich hier auch ein paar rauere Ecken!

des bescheidenen Sas da Pecol öffnet, geht es nun abwärts, durch ein Gatter und über Wiesen mit schönem Blick auf den Col Ombert, 2670 m, und ins Val San Nicolò. Wir wandern am Forstweg weiter hinunter bis zur „Russenstraße", auf der es nach rechts ein wenig ansteigt, bis zum Weg, der am San-Nicolò-Bach entlangführt. Auf ihm kommen wir zur charakteristischen Baita alle Cascate 03 (Blick auf die Wasserfälle). Nun folgt man nach links dem Weg Nr. 608 bis zur Baita Ciampiè 04, 1828 m, und weiter der Straße bis Mezzaselva zum Ausgangspunkt beim Parkplatz in Sauch 01.

Dein Moment für die Ewigkeit

Das kleine Einmaleins des Bildaufbaus

Das Bild weist einen perfekten Bildaufbau vor, da es schön gedrittelt ist: Im Vordergrund die noch grüne Almwiese, die bereits in Schnee gedeckte Bergkulisse im Mittelteil und dem Himmel als Abschluss. Je nachdem was man zeigen will bietet sich die Positionierung des Horizontes bei ⅓ oder bei ⅔ des Bildes an.

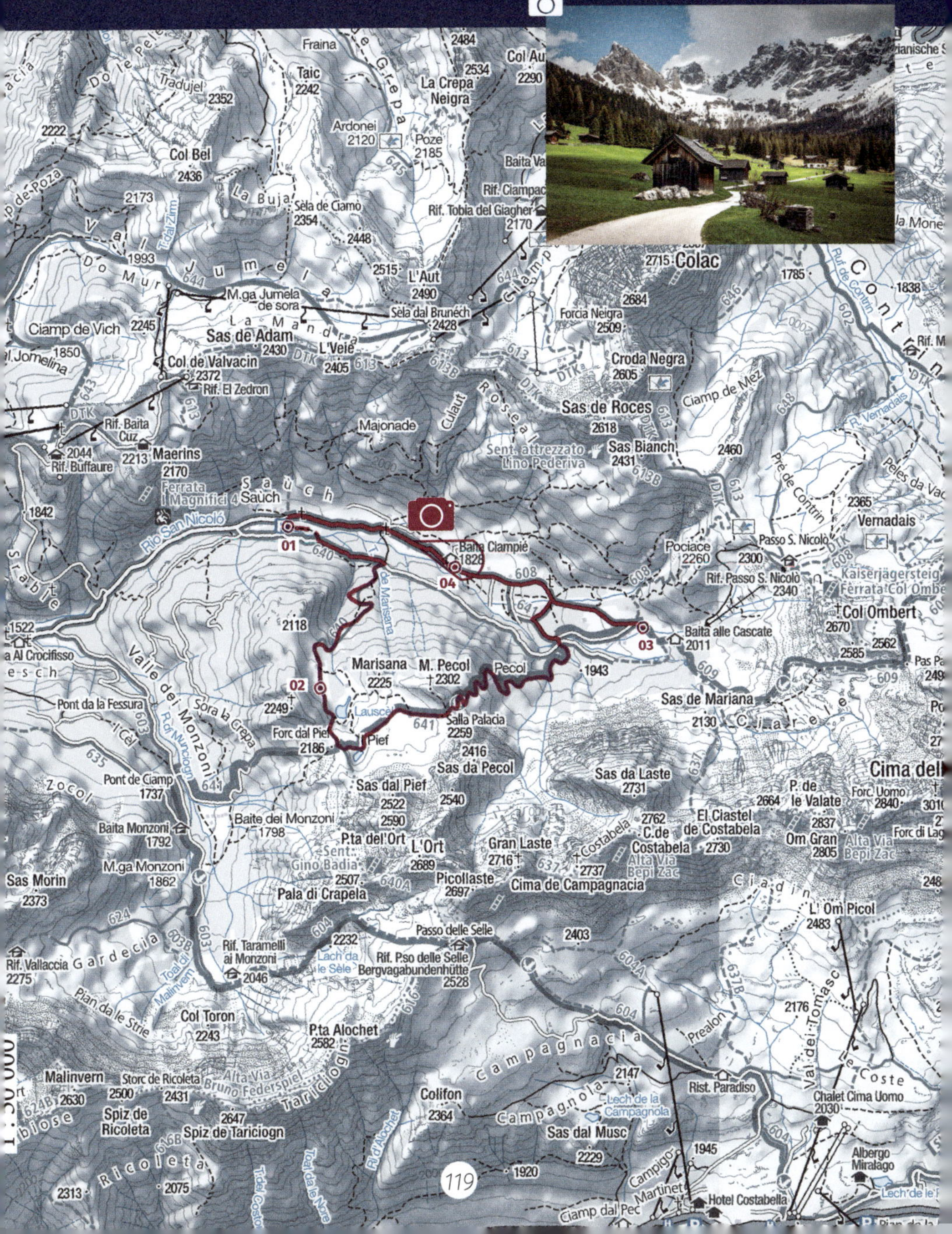

16 Steinzeit in den „Bleichen Bergen"

Im Mesolithikum – vor 9.000 bis 5.500 Jahren – sah die Landschaft am Fuße des Cimon della Pala wohl nicht viel anders aus als heute. Ob sie die Jäger der Mittleren Steinzeit auch an diesem Tümpel bewundert haben?

Bilder von: **Fabian Künzel @fabian_kuenzel**

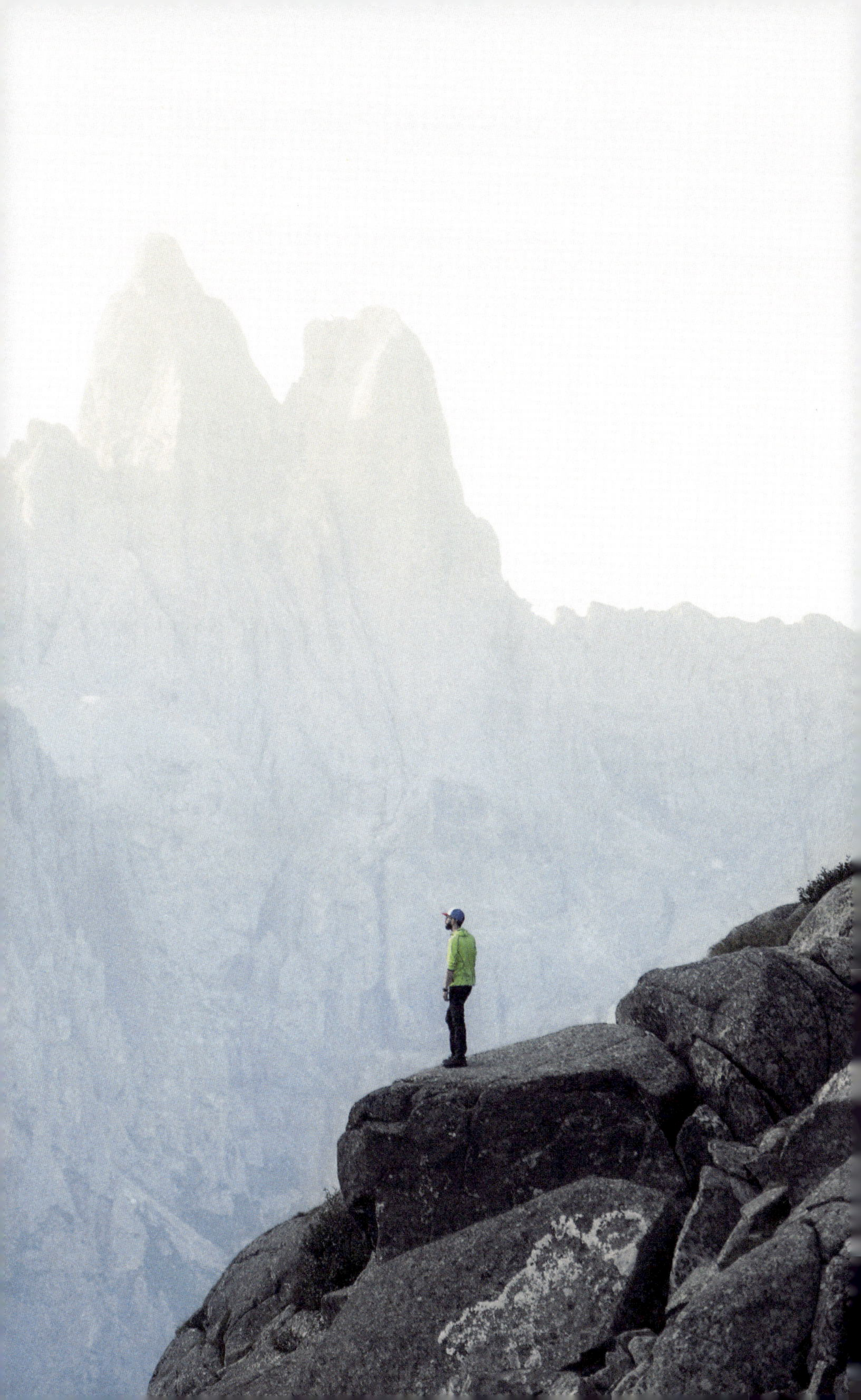

Vom Passo Rolle zum Cavalazza

Tourencharakter
Unschwierige, abwechslungsreiche Tour, die Grunderfahrung im alpinen Felsgelände voraussetzt; beeindruckendes Panorama der Palagruppe. Einkehrmöglichkeiten: Malga Rolle im Westen des Passes, Rifugio Laghi del Colbricon.

Start und Ziel
Passo Rolle, 1972 m, nördlich von San Martino di Castrozza in den südlichen Dolomiten. Zufahrt auf der Staatsstraße 50, die von Predazzo nach Belluno führt, zum Parkplatz auf der Passhöhe.

Schwierigkeit: **leicht** - mittel - schwer
Dauer: **3:45 h**
Länge: **6,8 km**
Aufstieg **530 hm**
Abstieg **530 hm**

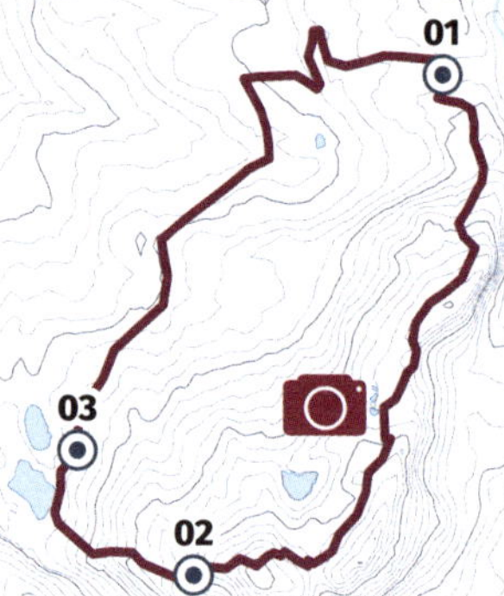

Höhenlinienmodell mit Streckenverlauf

Höhenprofil

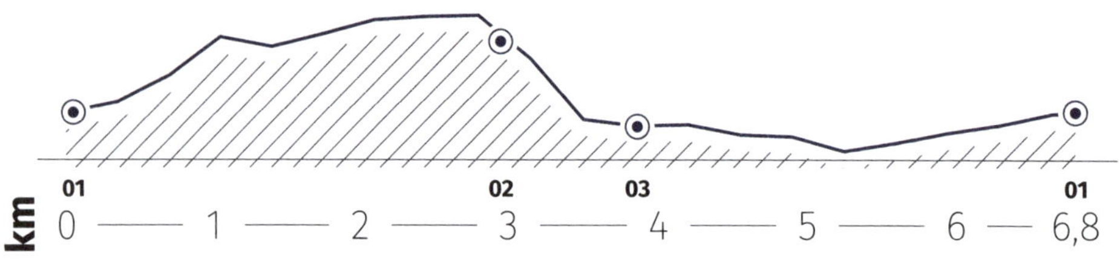

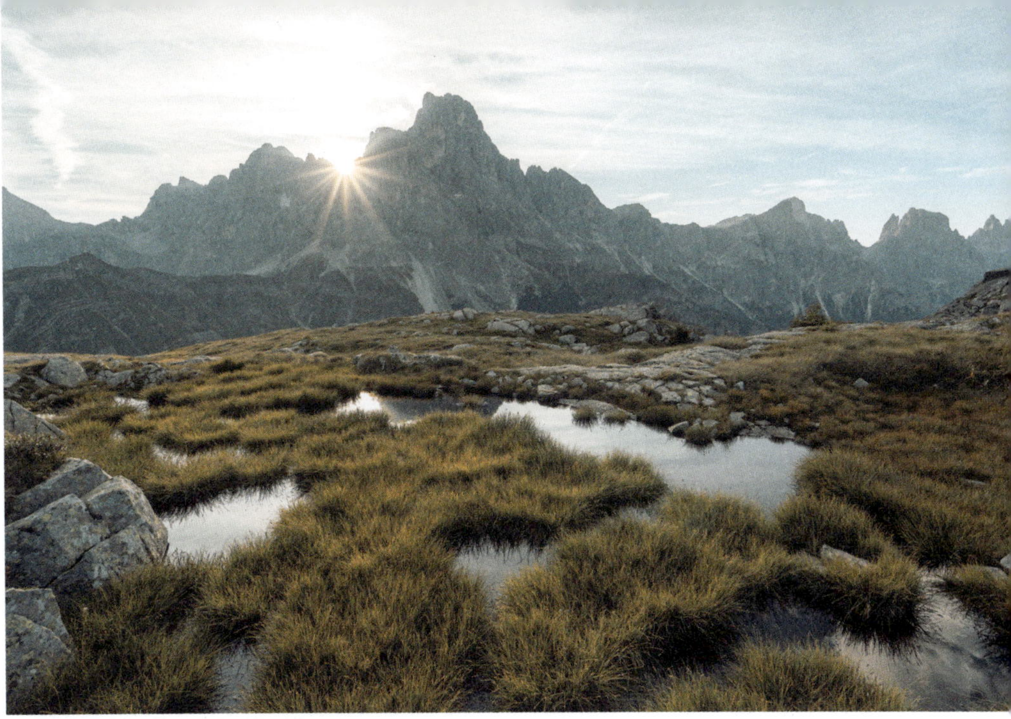

Die Palagruppe gilt als eines der schönsten Berggebiete der Dolomiten.

Die landschaftliche Schönheit sowie die geologische und geomorphologische Bedeutung der Dolomiten sind weltweit einzigartig.

Begründung des Welterbe-Komitees der UNESCO für die Aufnahme der Dolomiten in die Liste des Welterbes, 2009.

Die unübersehbaren Spuren aus dem Ersten Weltkrieg sind nicht die ältesten Relikte der Geschichte, die wir im Rahmen dieser Wanderung durch einen wenig bekannten Bereich der südlichen Dolomiten entdecken. Am Colbricon-Pass lagen schon steinzeitliche Jäger auf der Lauer; sie erlegten ihre Beute – Steinböcke und Gämsen, Rehe und Hirsche – mit wenigen Waffen, aber mit viel List. Sich das an den Seen dieses Gebiets vorzustellen trägt viel zur Magie der Dolomitenwelt bei.

▶ Von der Kaserne am Passo Rolle **01** gehen wir auf einer Treppe zur kleinen Kapelle und zur Caserma Capanna „Sass Maor" der Guardia di Finanza, wo die Skipiste Tognazza einmündet. Dieser folgen wir zu einer Rechtskurve, ehe wir auf einem unmarkierten Pfad südwärts abbiegen (Steinmännchen). Nach einem leichten Abstieg erreichen wir den Sattel zwischen Tognazza und Cavallazza, auf dem sich drei kleine Lacken befinden. Auf einem Pfad steigen wir nun auf die Cavallazza Picola (2310 m). Am ersten Nebengipfel vorbei führt der Pfad am Fuß einer Felswand in eine Rinne. Um den großen Gipfelfelsen zu ersteigen, muss man sich nun dem mit Stahlseilen gesicherten Steig anvertrauen, der auf zwei Gipfel führt – einer davon trägt ein Gipfelkreuz. Der weitere Wegverlauf führt auf einem be-

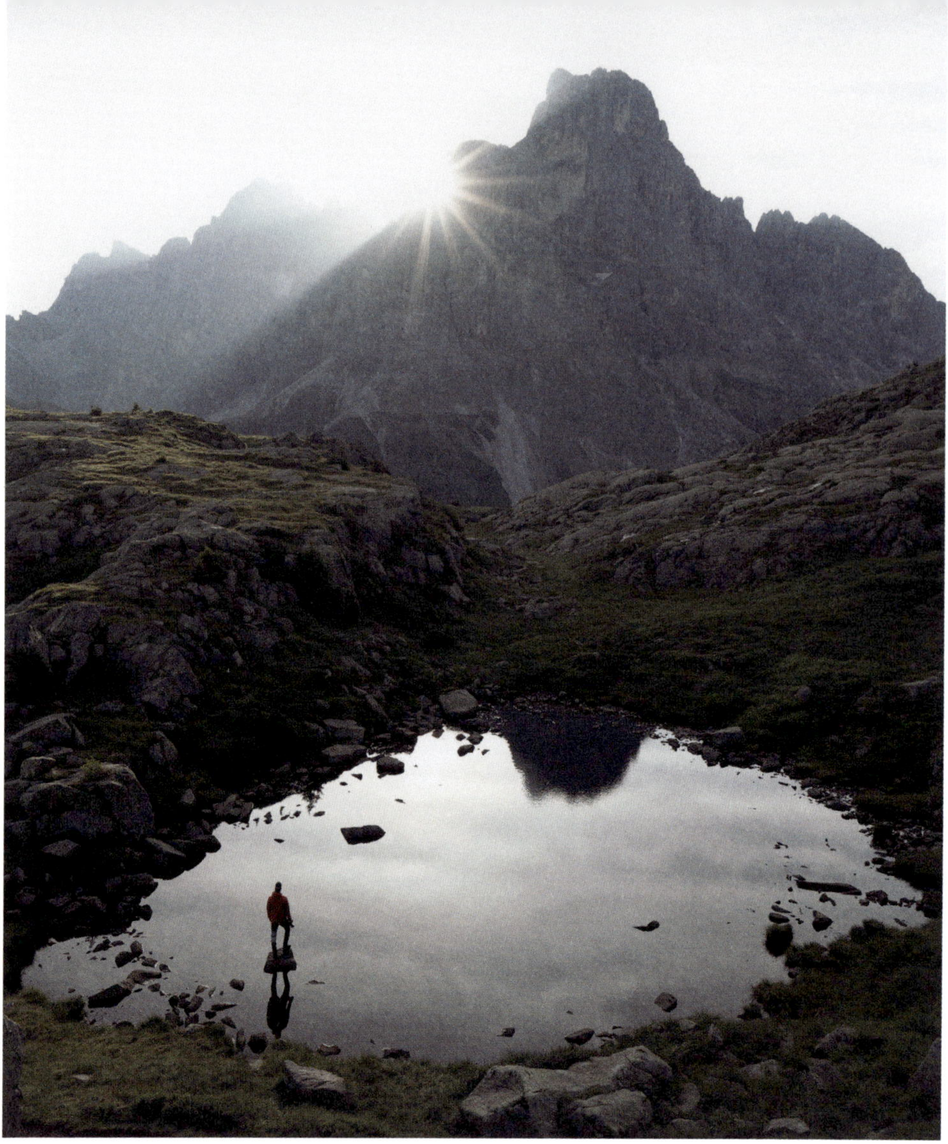
Der Cimon della Pala spiegelt keck sein Köpfchen.

quemen, weiter unten verlaufenden Pfad am dritten Gipfel vorbei zur Höhenkote 2226 m. In einigen Kehren steigen wir dann auf den nahen Gipfel der Cavallazza 02 (2324 m) hinauf. Nach 2 Stunden genießen wir dort eine prachtvolle Rundsicht über die imposante Gebirgskulisse der Pale di San Martino mit dem Cimon della Pala, zum Colbricon im Westen, aber natürlich auch den Blick auf den etwas tiefer gelegenen Lago Cavallazza. Wieder unten beim Weg angelangt wandern wir auf diesem in 45 Minuten durch Wiesen und Geröll zu den Laghi di Colbricon 03 (1922 m) mit dem gleichnamigen Rifugio hinab. Dort kamen prähistorische Funde ans Tageslicht. Im sanften Auf und Ab zieht der Weg Nr. 348 durch Wald bis zu einer Forststraße gegenüber der Malga Rolle (1910 m), von der wir rechts zum Ausgangspunkt am Passo Rolle 01 zurückkehren; 1 Stunde.

Dein Moment für die Ewigkeit

Die Tücken des Automatik-Modus: der Blitz

Beweg dich so schnell wie möglich aus der Komfortzone Automatikmodus heraus und lerne die Einstellungen deiner Kamera kennen. Ein klassischer Fehler ist das automatische Auslösen des Blitzes bei dunklen Teilbereichen des Bildes. Sofern du nichts im Nahbereich der Kamera aufhellen willst, wird dir der interne Blitz nichts bringen. Arbeite lieber mit der gegebenen Lichtsituation.

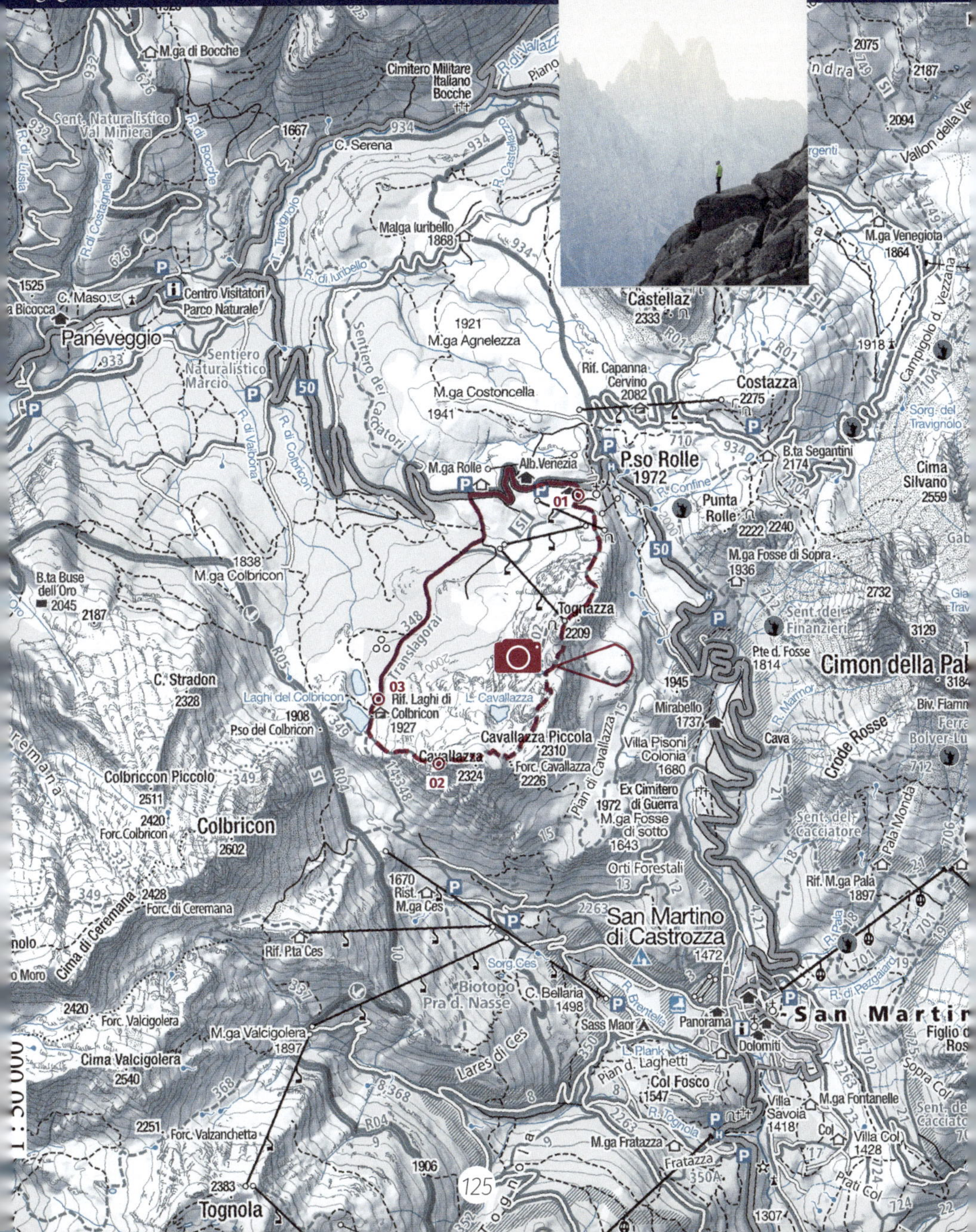

17 Der Blumenstrauß im Felszirkus

Inmitten der Dolomiten, ganz hinten im Gadertal, erheben sich sanfte Hügel, die weite Wiesen tragen. Dort blüht es im Frühsommer, als hätte man ein paar Farbkübel ausgeleert – was für ein Kontrast zur strengen Berglandschaft rundum!

Bilder von: **Stefan Mahlknecht @stefan_mahl**

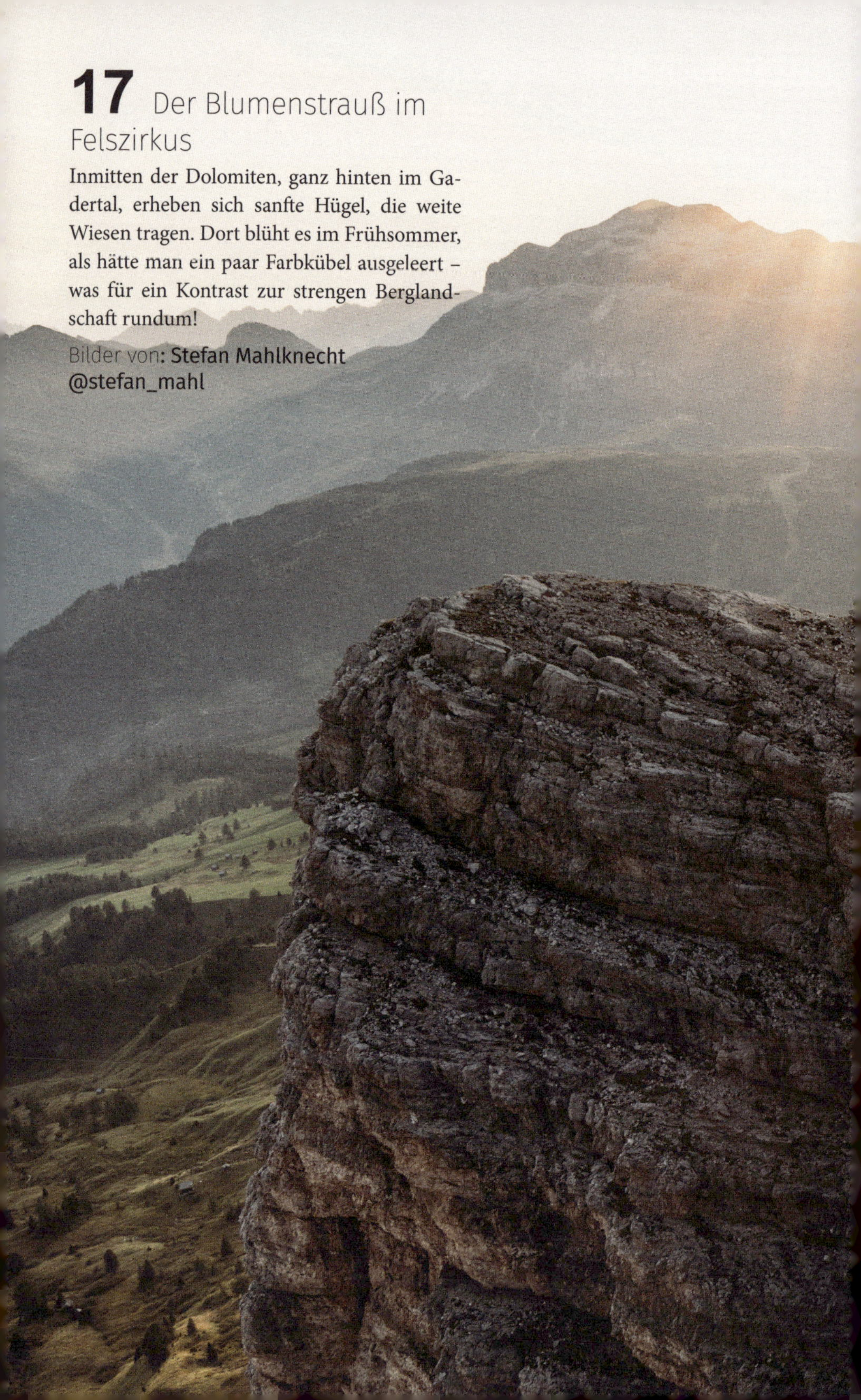

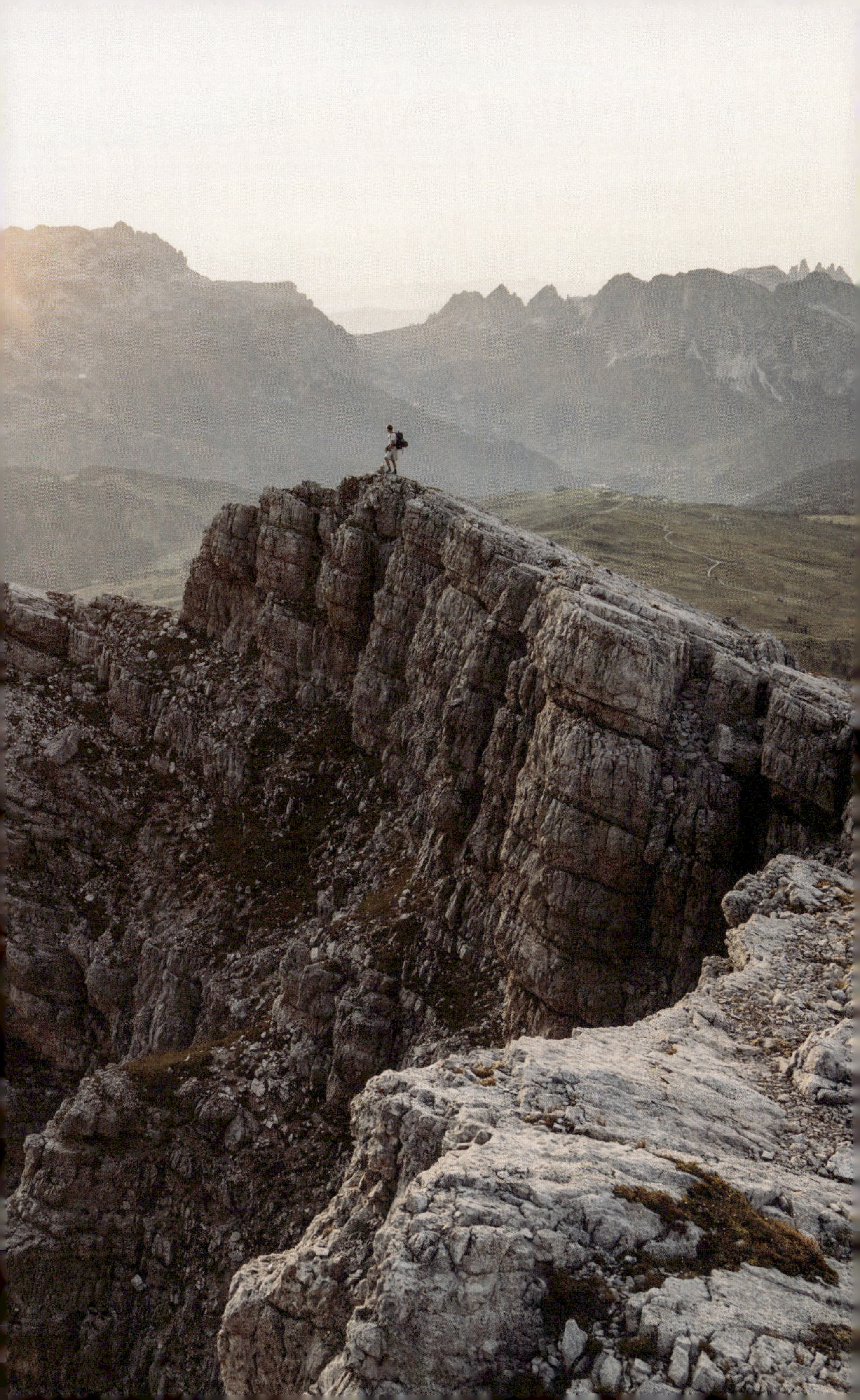

Vom Col Alt zur Pralongia 2139 m

Tourencharakter
Wenig anstrengende Höhenwanderung, teilweise auf Fahrwegen. Prächtige Fernsicht, vor dem Bergpanorama stehen allerdings viele Liftmasten.

Start und Ziel
Bergstation des Col-Alt-Sessellifts, 1980 m; Talstation in Corvara, 1555 m. Corvara besitzt gute Busverbindungen mit den anderen Ortschaften des Hochabtei. Der Sessellift Col Alt ist von Mitte Juni bis Mitte September von 8.45–12.45 und 14–17.30 Uhr in Betrieb.

Schwierigkeit: **leicht** - mittel - schwer
Dauer: **3:00 h**
Länge: **10,0 km**
Aufstieg **280 hm**
Abstieg **710 hm**

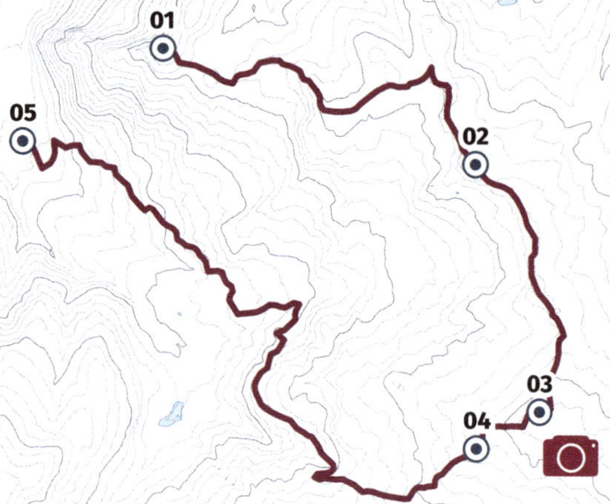

Höhenlinienmodell mit Streckenverlauf

Höhenprofil

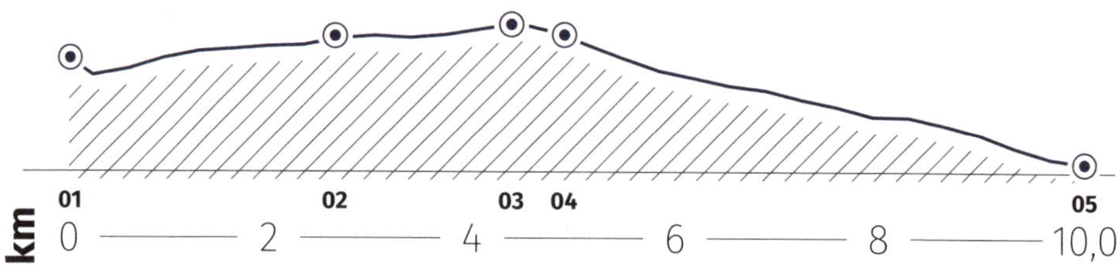

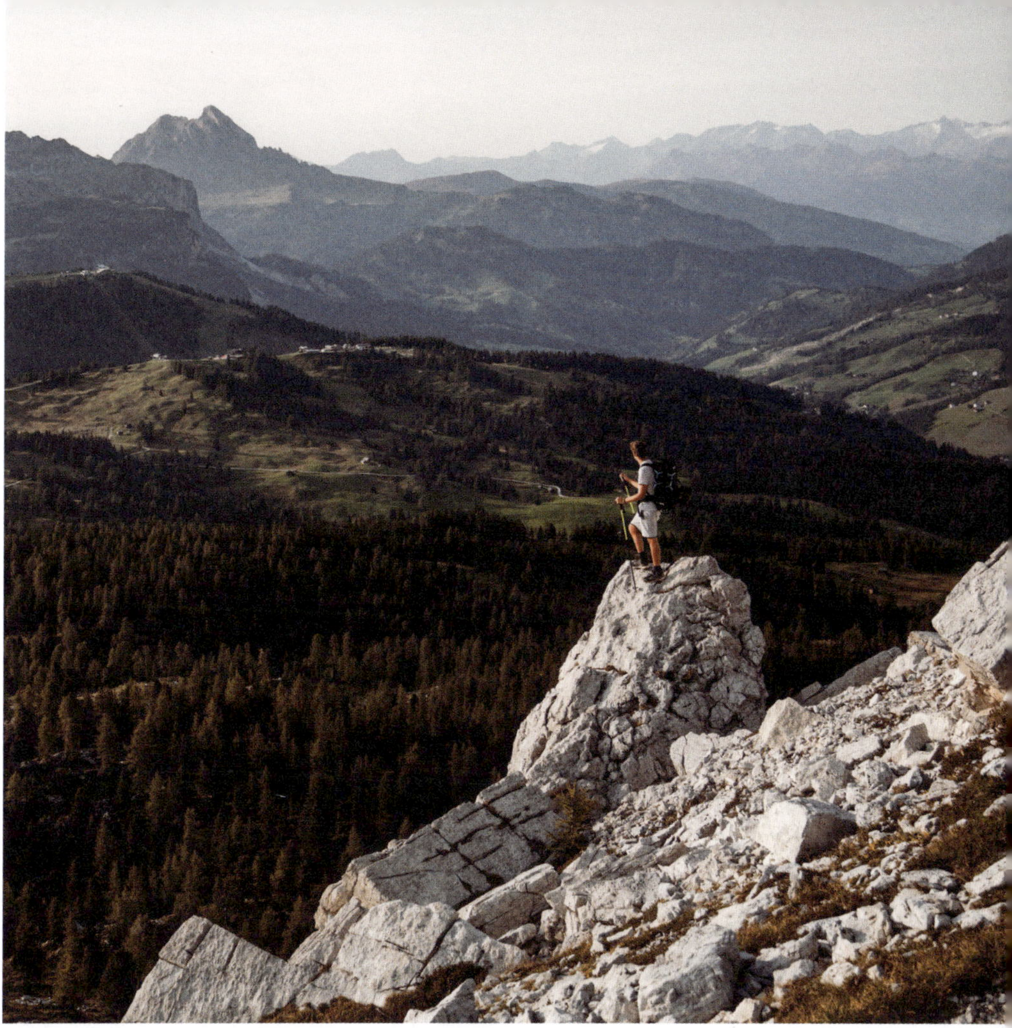

Zauber der Kontraste – Blick vom Settsass zur Pralongià und bis zum Peitlerkofel.

Man geht nie weiter, als wenn man nicht mehr weiß, wohin man geht.

Johann Wolfgang von Goethe (1749–1832)

Auch von Corvara kann man per Lift zum Rand der Pralongià-Hochfläche hinaufschaukeln, also oben aussteigen zur gemütlichen Aussichtswanderung. Deren Länge lässt sich dann fast beliebig variieren; Abstiege sind in alle Richtungen möglich, und mit dem SAD-Bus kommt man bequem zurück nach Corvara. Natürlich werden die meisten das Schauerlebnis mit einer gemütlichen Brotzeit verbinden, wozu gleich mehrere Hütten zwischen Col Alt und Pralongià einladen.

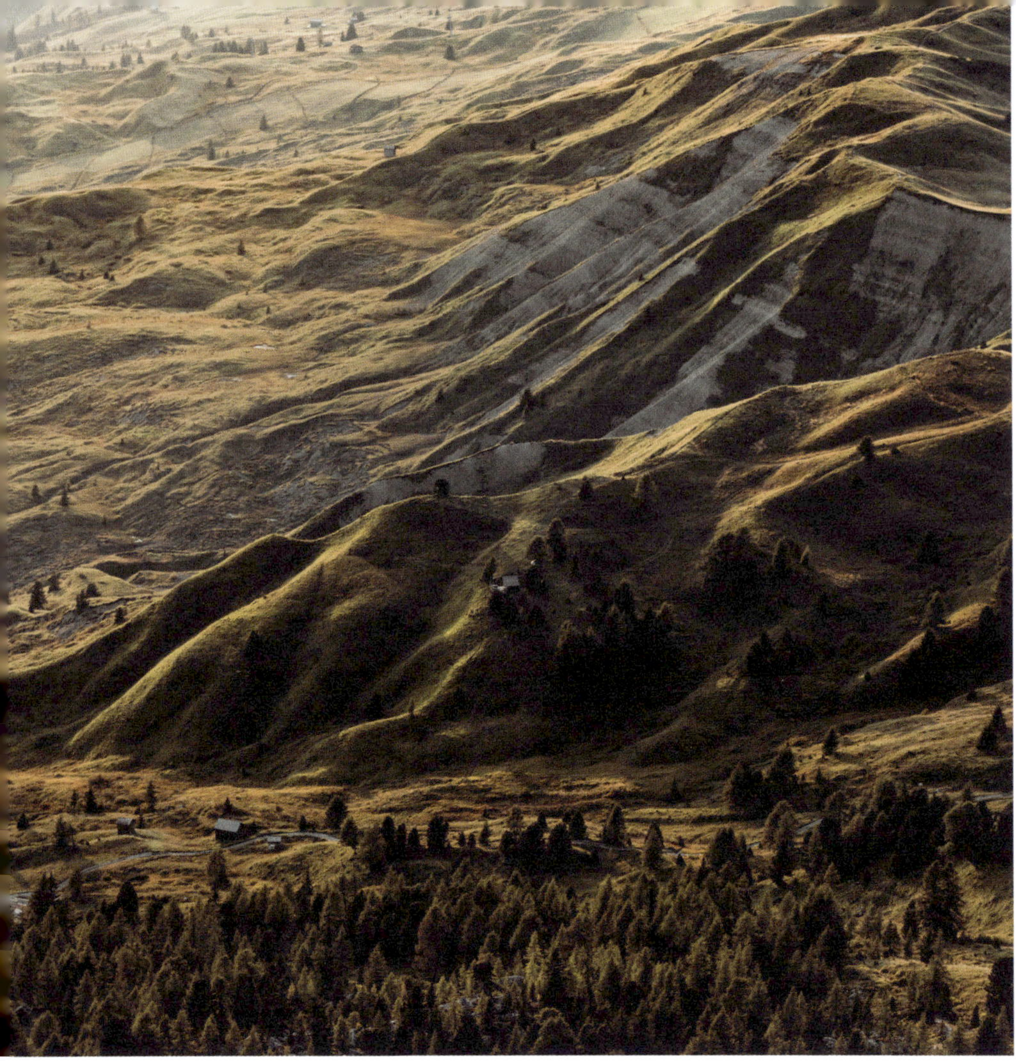

Die Wiesenweite im Herzen der Dolomiten zeigt auch geschichtetes Gestein.

Vom Col Alt 01 (1980 m) führt der Höhenspaziergang zunächst bergab zu einer Staßengabelung, dann mit der Markierung 23 über den breiten, licht bewaldeten Rücken hinauf zur Braia Frëida (2003 m) mit der Ütia Ciablun. Weiter in östlicher Richtung auf einem Fahrweg zu der im Sommer geschlossenen La-Brancia-Hütte. Man lässt das Haus links liegen und folgt dem breiten Fußweg über einen bewaldeten Hang zur Ütia de Bioch 02 (2079 m). Nun südwärts mit einigem Auf und Ab am Hauptkamm entlang, zuletzt ansteigend zu der von einem Kirchlein gekrönten Pralongià 03 (2139 m). Knapp unterhalb des prächtigen Panoramapunktes steht die Pralongià-Hütte Der Abstieg führt zunächst auf einer breiten Fahrspur westlich hinunter in den Ju d'Inzija 04 (1920 m). Weiter geht es mit der Markierung 24 in das Tälchen des Rü de Confin, des Grenzbachs. Rechts am Golfplatz vorbei und hinunter zum Parkplatz des Sesselliftes in Corvara 05 (1555 m).

Dein Moment für die Ewigkeit

Safety First

Gerade im alpinen Bereich sollte man die Gefahren nicht auf die leichte Schulter nehmen. Bei Gratwanderungen und Schlüsselstellen muss man die Hände frei haben und die Kamera in den Rucksack packen.

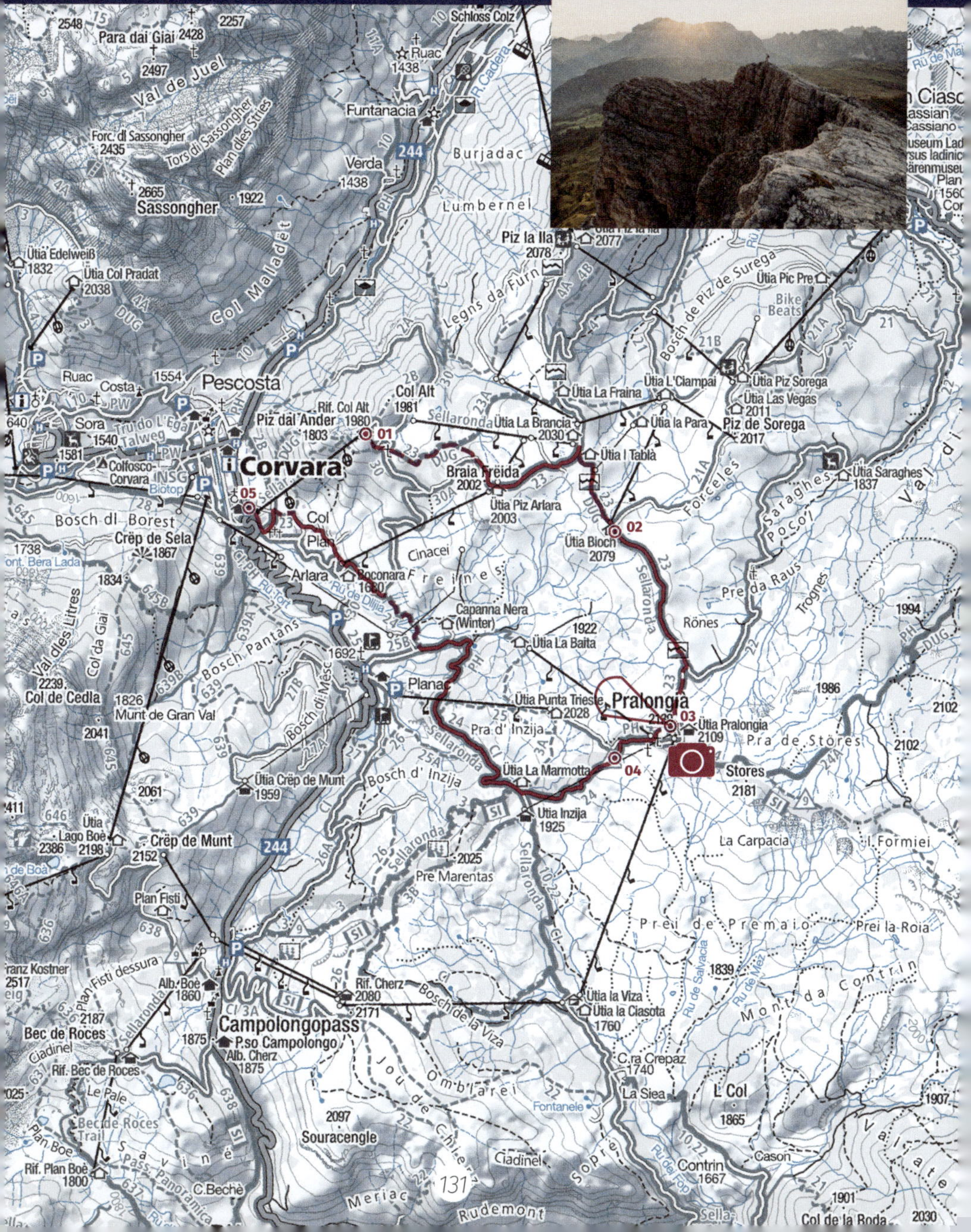

18 Bildschöner Bindelweg!

Im Ranking der schönsten Panoramarouten der Alpen spielt der Bindelweg – der Viel dal Pan, also der „Brotweg“, auf dem die Einheimischen einst ihr Getreide transportierten – seit hundert Jahren ganz vorne mit.

Bilder von: **Luisa Härtel**
@thegirlwiththemountainpics

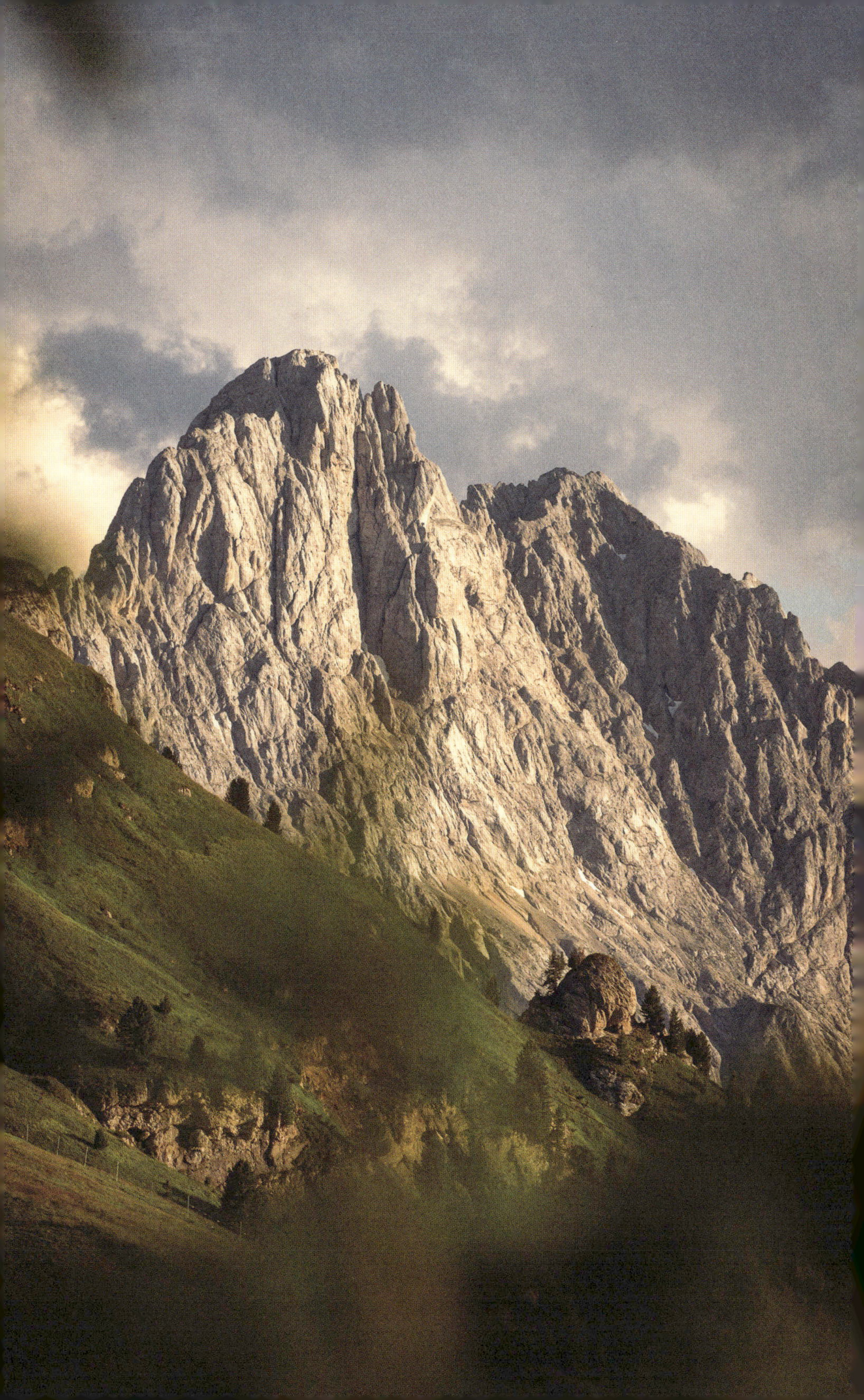

Rundwanderung zur Porta Vescovo

Tourencharakter
Großartige Höhenwanderung im sanften Auf und Ab durch steile Grashänge und auf Kammwegen mit großartigem Panoramablick zur Marmolata.

Start und Ziel
Passo Pordoi, 2239 m. Zufahrt auf der SS 242 über das Sellajoch und auf der SS 48 zum Pordoijoch. An der Pordoi-Seilbahn vorbei, rechts zum Albergo Savoia; Parkplatz.

Schwierigkeit: leicht - **mittel** - schwer
Dauer: **4:00 h**
Länge: **12,1 km**
Aufstieg **423 hm**
Abstieg **423 hm**

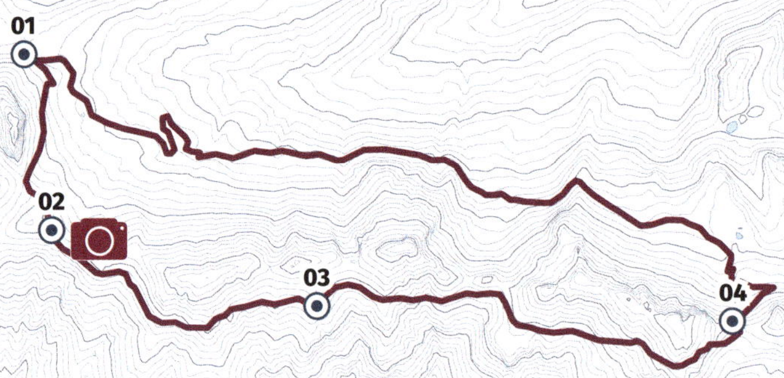

Höhenlinienmodell mit Streckenverlauf

Höhenprofil

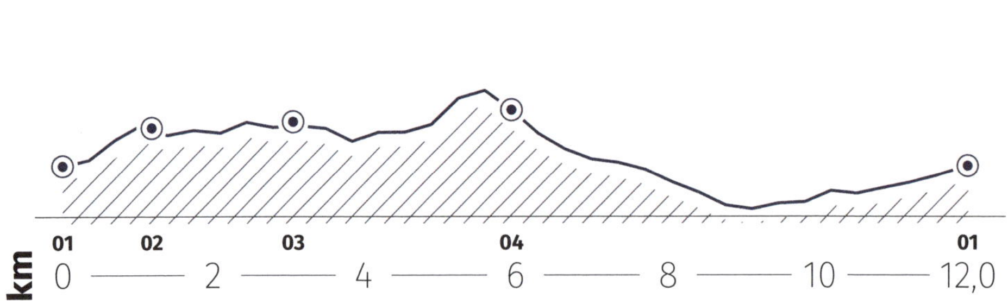

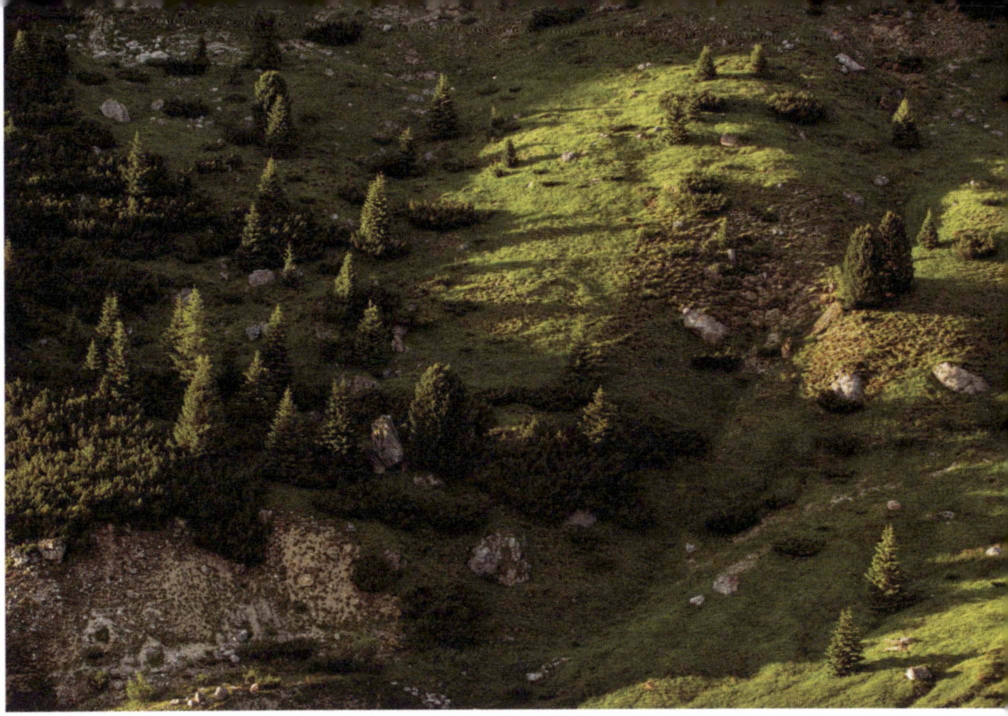

Da und dort lohnt sich auch der Blick aufs Naheliegende.

Dr. Karl Bindel (1857–1909), nach dem der Weg seit 1903 im deutschen Sprachraum benannt ist, war Lehrer, Bergsteiger und Vorsitzender der Alpenvereinssektion Bamberg.

Schnüren wir die Bergschuhe im Angesicht des Sellastocks und starten wir eine Aussichtswanderung vor dem gletscherweißen Alpin-Schaustück der Marmolata!

▶ Vom Albergo Savoia auf dem Passo Pordoi **01** wandern wir rechts die kleine Straße hinauf, die uns zum Pordoi-Kirchlein bringt. An diesem vorbei bleiben wir auf dem Weg Nr. 601 (Dolomiten-Höhenweg Nr. 2) unterhalb des Sass Beccèi. Rechts über uns sehen wir das Rifugio Sass Beccèi **02**. Wir steigen auf den Kamm hinauf, der zwischen dem Pordoijoch und dem Pian Trevisan verläuft, und haben beim Rifugio Fredarola einen großartigen Panoramablick über das gesamte Fassatal. Die Aussicht auf die Marmolata genießend wandern wir über Grashänge südlich vom Col del Cuc und erreichen in kurvigem Anstieg das bereits sichtbare Rifugio Viel dal Pan **03**. Auf gleicher Höhe bleibend kommen wir zur Forcella Col de Pausa, wo der Kammweg zu Le Forfesc und zum Belvedere sowie danach zur Porta Vescovo abzweigt. An diesem Weg wandern wir rechts vorüber und gehen nochmals rechts in leichtem Abstieg auf den aussichtsreichen Bindelweg. Die nächste Abzweigung führt auf bequemerem Weg zur Porta Vescovo.

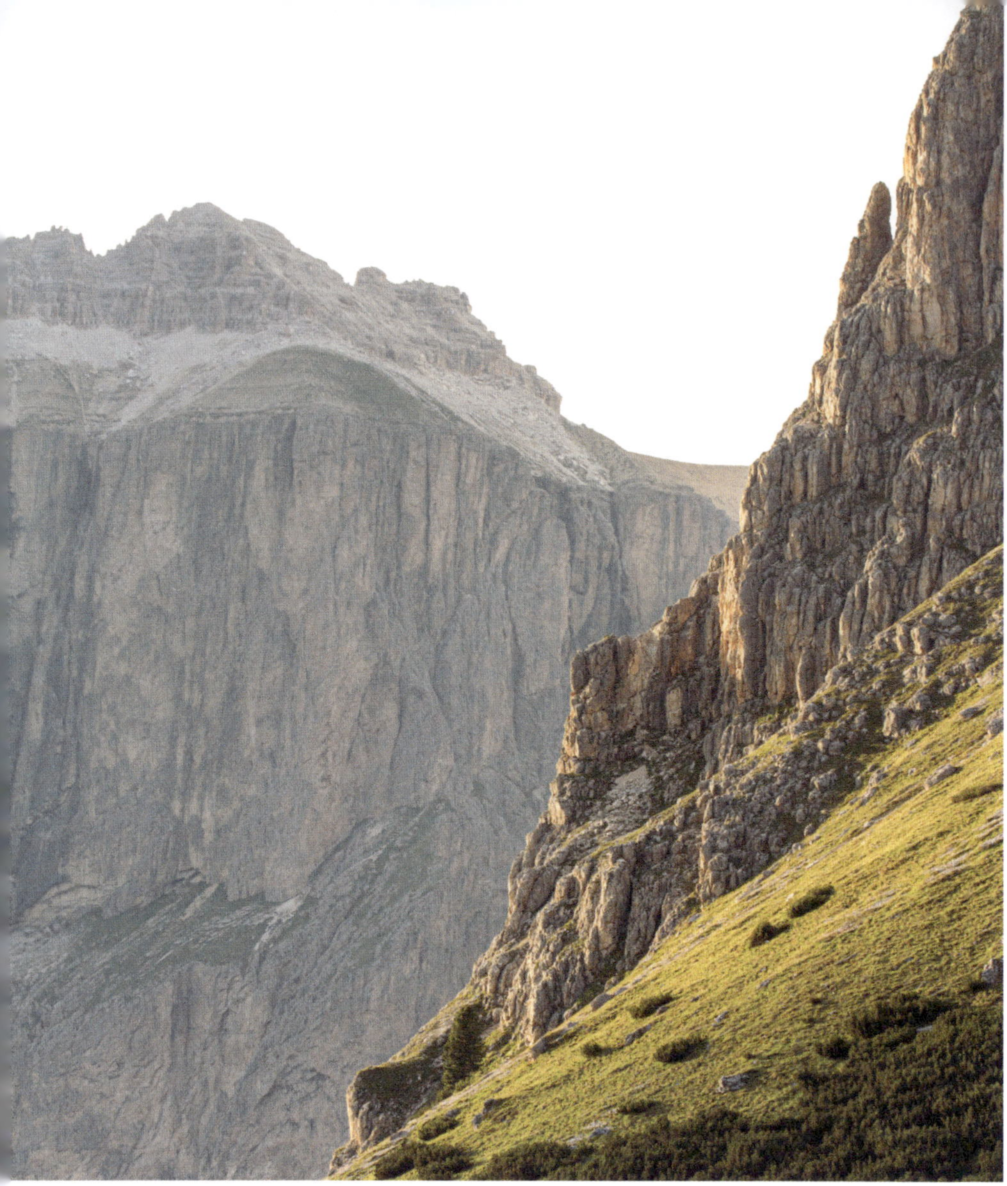

Weite und Wände – was für ein Weg, der Bindelweg!

Hier befinden sich nicht nur die Bergstationen der Arabba-Seilbahn und der Gondelbahn sondern auch die Bar und das Restaurant des Rifugio L. Gorza **04**. Auf dem Weg bleibend steigen wir nun nordwärts unter der Seilbahn ab und kommen recht bald auf der Höhe von 2319 m auf die Straße (Weg Nr. 680), die nördlich der Bergkette verläuft. Wir biegen links ein und wandern auf Wiesen in Richtung Passo Pordoi. Nach etwa 1½-stündigem Abstieg erreichen wir bei einer Kehre, 2159 m, die Staatsstraße 48 zwischen Kilometer 77 und 78 und laufen auf ihr die letzten beiden Kilometer zum Passo Pordoi **01** 2242 m, hinauf.

Dein Moment für die Ewigkeit

Motivwahl

Welche Bilder sprechen dich an? Als Fotograf muss man seinen Blick schärfen. Schau dir Bilder die dich fesseln genau an und versuche zu verstehen, was das Bild besonders macht. Ein Tipp ist Reduktion. Auch ein simples Motiv kann begeistern

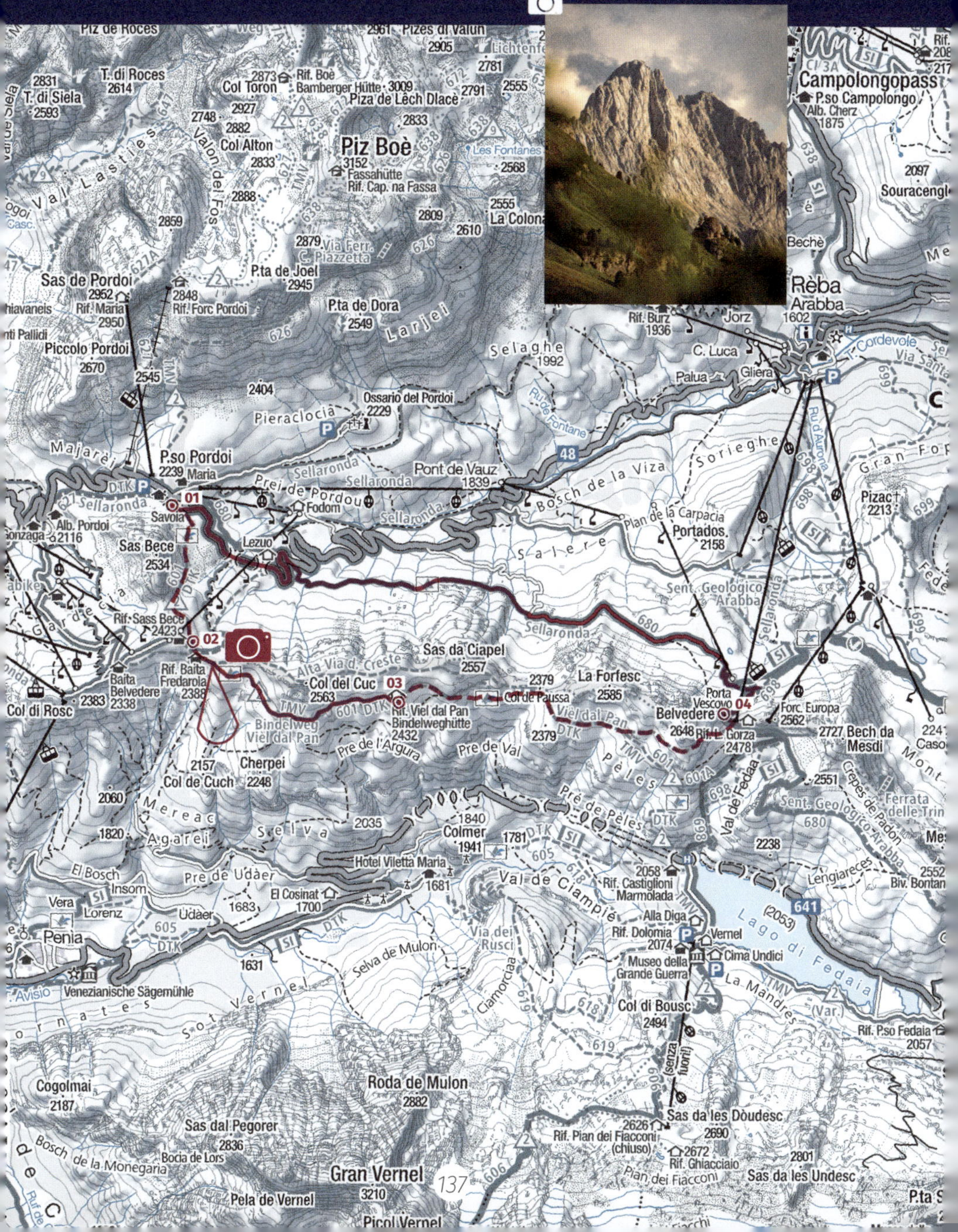

19 Der „Blutberg“

Man mag es angesichts der landschaftlichen Schönheit nicht glauben: Der höchste Punkt des im Ersten Weltkrieg brutal umkämpften Col di Lana wurde am 17. April 1916 von italienischen Soldaten in die Luft gesprengt – samt der österreichischen Gipfelbesatzung. Abseits dieses Wahnsinns kamen damals mehr Soldaten durch Lawinen ums Leben als durch die sinnlosen Kriegshandlungen ...

Bilder von: **Luisa Härtel @thegirlwiththemountainpics**

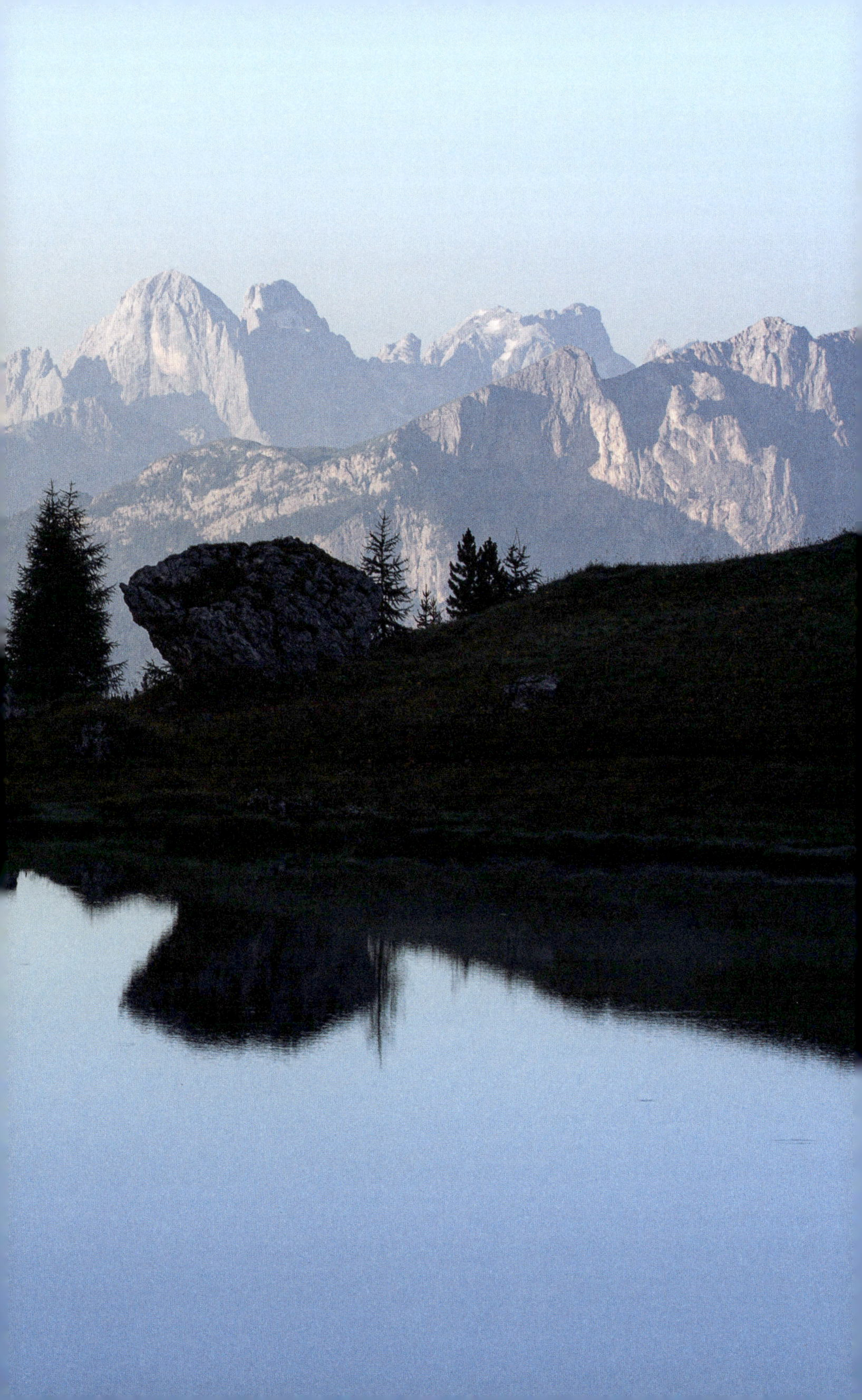

Zum Col di Lana - 2462m

Tourencharakter
Mehr Höhenwanderung als Gipfeltour; am Grat zwischen Cima Sief und Col di Lana einige Sicherungen. Im Frühsommer üppige Flora; vom Gipfel herrliche Dolomitenschau!

Start und Ziel
Ju de Valparola/Valparolajoch, 2168 m, Übergang vom Gadertal zum Falzaregopass (Richtung Cortina d'Ampezzo), 14 km von Stern, 2 km vom Falzaregopass. Zufahrt: Busverbindung Cortina d'Ampezzo – Falzaregopass – Valparolajoch; Parkplatz beim ehemaligen Sperrfort Tre Sassi Museum, 2183 m.

Schwierigkeit: leicht - **mittel** - schwer
Dauer: **4:45 h**
Länge: **11,8 km**
Aufstieg **284 hm**
Abstieg **284 hm**

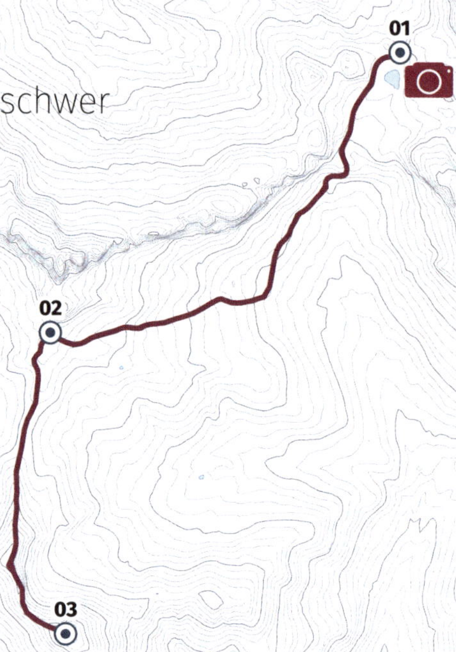

Höhenlinienmodell mit Streckenverlauf

Höhenprofil

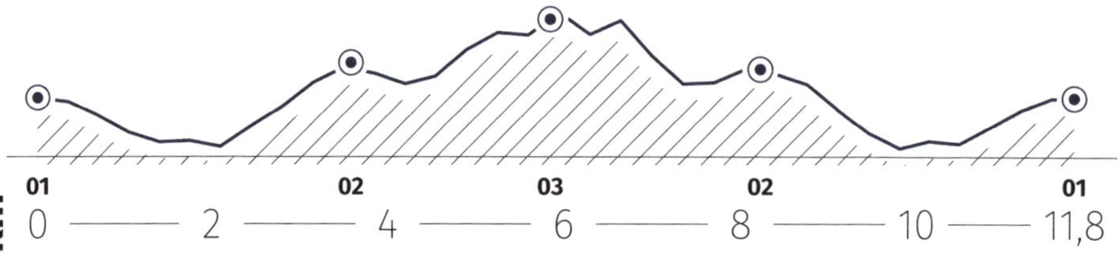

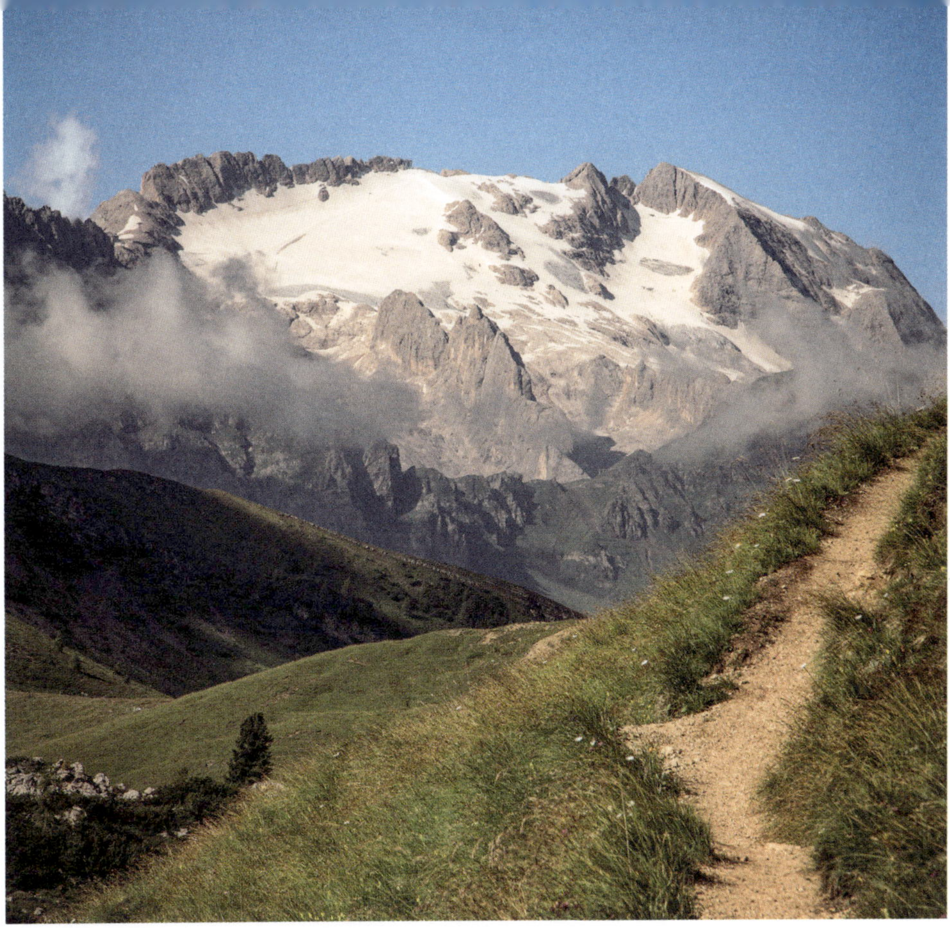

Zuversicht spendet der traumhaft schöne Blick zur Marmolata.

Noch heute gähnt ein tiefer Trichter in der geschundenen Erde; unmittelbar daneben steht eine Gedenkkapelle. Sie wurde 1935 eingeweiht, zu einer Zeit, als die Faschisten und Nationalsozialisten Europas bereits die nächste Weltkatastrophe vorbereiteten…

Eugen E. Hüsler

Ein kurzer Blick auf die Landkarte macht deutlich, weshalb es sich auf jeden Fall lohnt, den Col di Lana, 2452 m, zu besteigen: Der Aussicht wegen! Denn der unscheinbare Felsmugel steht ziemlich genau in der geografischen Mitte der Dolomiten, und wenn es ihm selbst an Statur mangelt, so zeigt der Blick ins weite Rund viele felsig-markante Profile – eine eindrucksvolle Parade berühmter Gipfel und Gebirge von der Sellagruppe im Westen über die Marmolata bis zum riesigen Monte Civetta im Südosten.

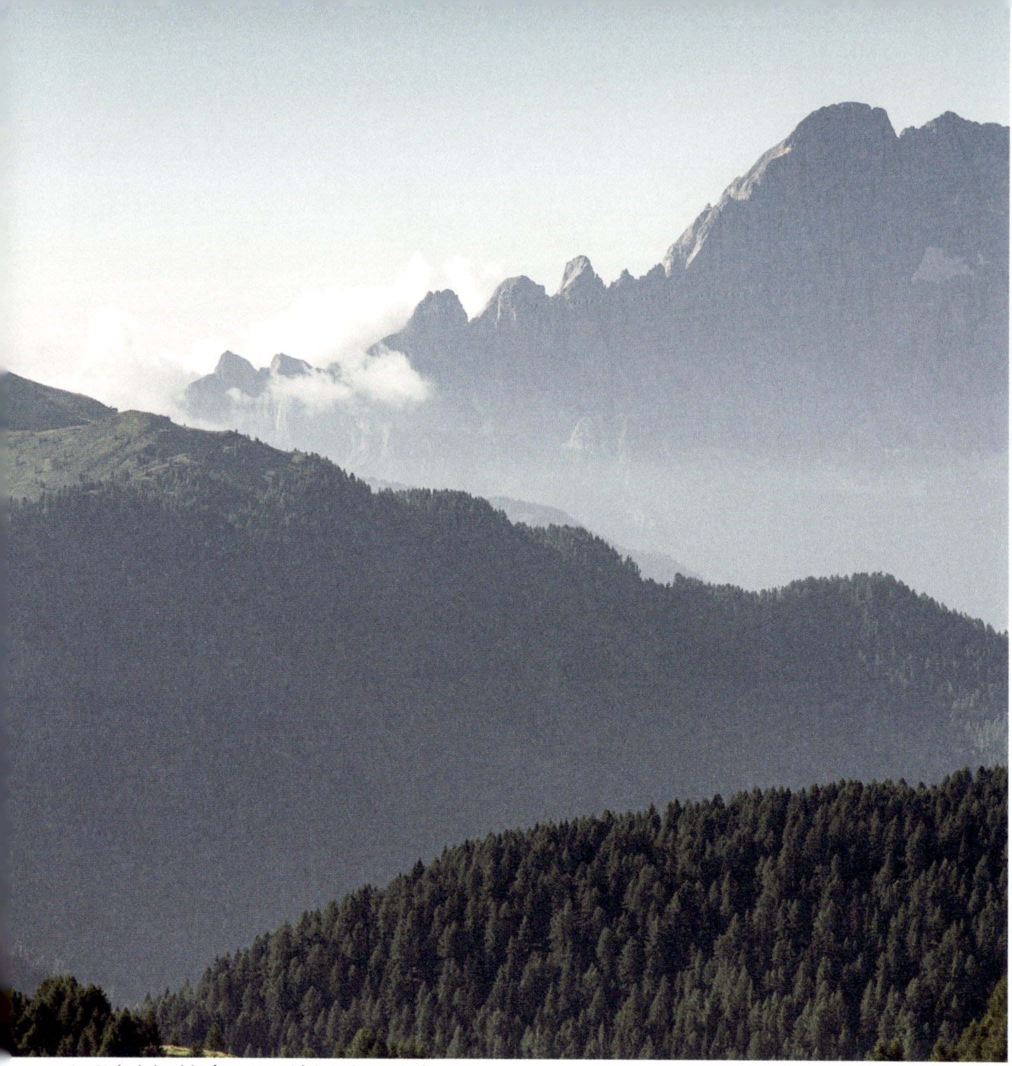

Im Nebel der blutigen Geschichte des Col di Lana ...

▶ Vom Ju de Valparola 01 (Wegzeiger) geht es zunächst einmal bergab, vorbei am gleichnamigen, seichten See 📷, über teilweise sumpfige Wiesen und durch eine kurze, felsige Rinne. Knapp unter der 2000-Meter-Höhenmarke beginnt der Aufstieg. Er führt aus lichtem Zirben- und Lärchenwald (Bosco la Vizza) bergan zu dem lang gestreckten Graskamm 02, 2262 m, der Setsas, 2571 m, und Cima Sief verbindet. Bei einer kleinen, unbewirtschafteten Schutzhütte biegen wir links ab. Am Passo Sief, 2209 m, stößt man dann – wie so oft in den Dolomiten – auf Relikte des Ersten Weltkriegs: Alte, verwachsene Schützengräben, Unterstände, Stacheldraht. Sie begleiten den Wanderer bis zum Gipfelziel über den gutmütigen Buckel der Cima Sief, 2424 m, dem ersten Höhe- und Panoramapunkt, und am felsigen, zersplitterten Kamm entlang zum Col di Lana 03, 2462 m. Zuletzt sind noch ein paar Kraxelstellen zu meistern, mit Drahtseilen und Eisenklammern bestens gesichert und auch nicht ausgesetzt. Rückkehr auf dem gleichen Weg.

Dein Moment für die Ewigkeit

Spieglein, Spieglein

Für die perfekte Spiegelung brauchst du ein ruhiges Gewässer, einen möglichst tiefen Standpunkt und Distanz zu dem was gespiegelt werden soll. Für eine Spiegelung eignet es sich das Bild zu halbieren, setze also die Spiegelung genau in der Mitte an. Spiegelungen sind ein beliebtes Stilmittel, versuche noch ein Highlight in das Bild zu platzieren.

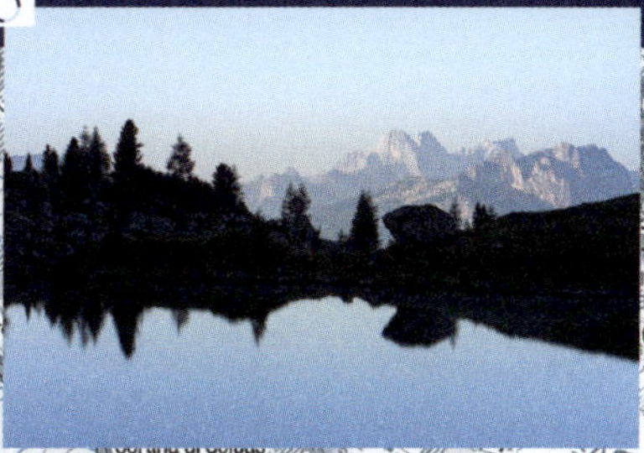

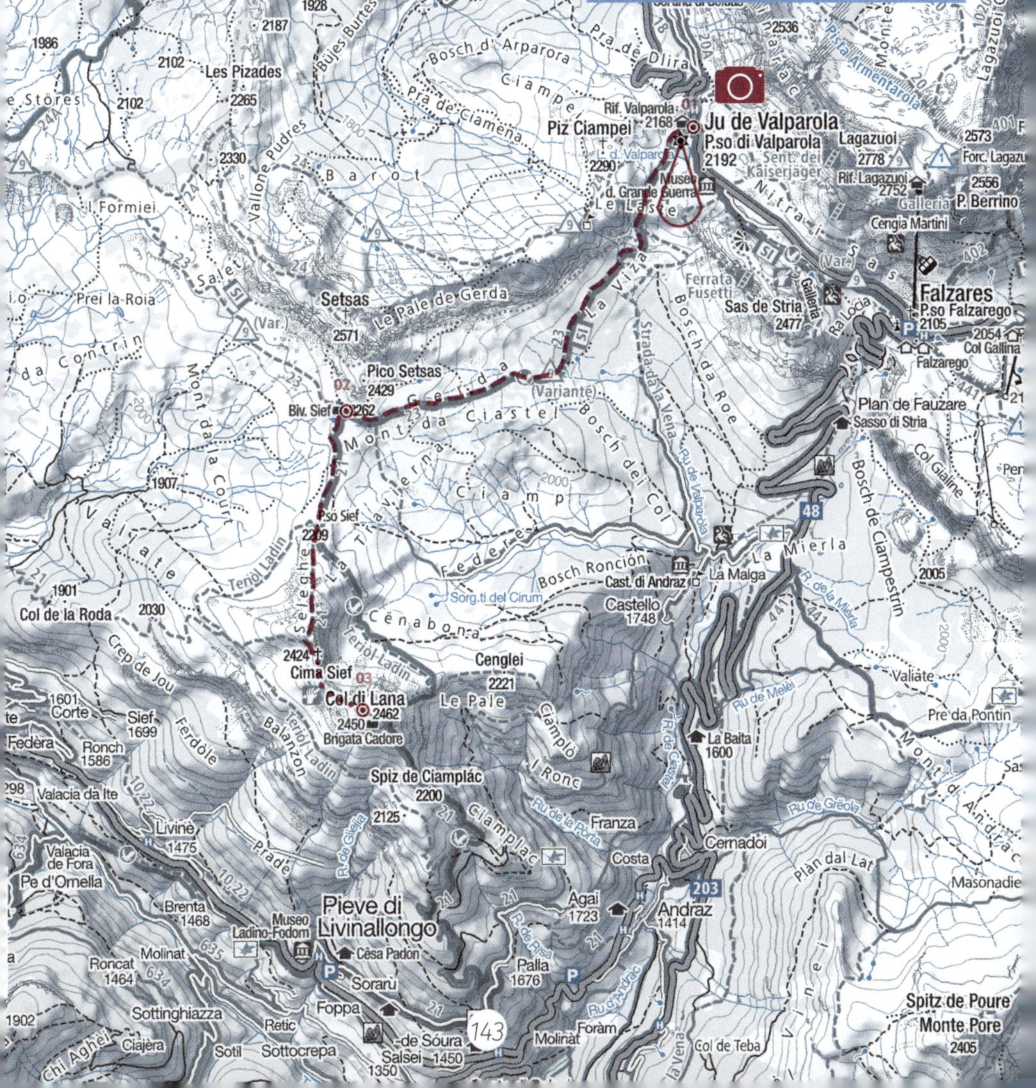

20 Verhext schön, verhext wild

Auch der sagenumwobene Sass de Stria, der „Hexenstein“ am Eingang zu den Ampezzaner Dolomiten, hat eine unrühmliche Geschichte aus der Zeit der „Dolomitenfront“ des Ersten Weltkriegs. Immerhin dienen die damals angebrachten Eisensicherungen heute dem friedlichen Ferrata-Vergnügen.

Bilder von: **Philipp Pliger**
@p.doublephoto

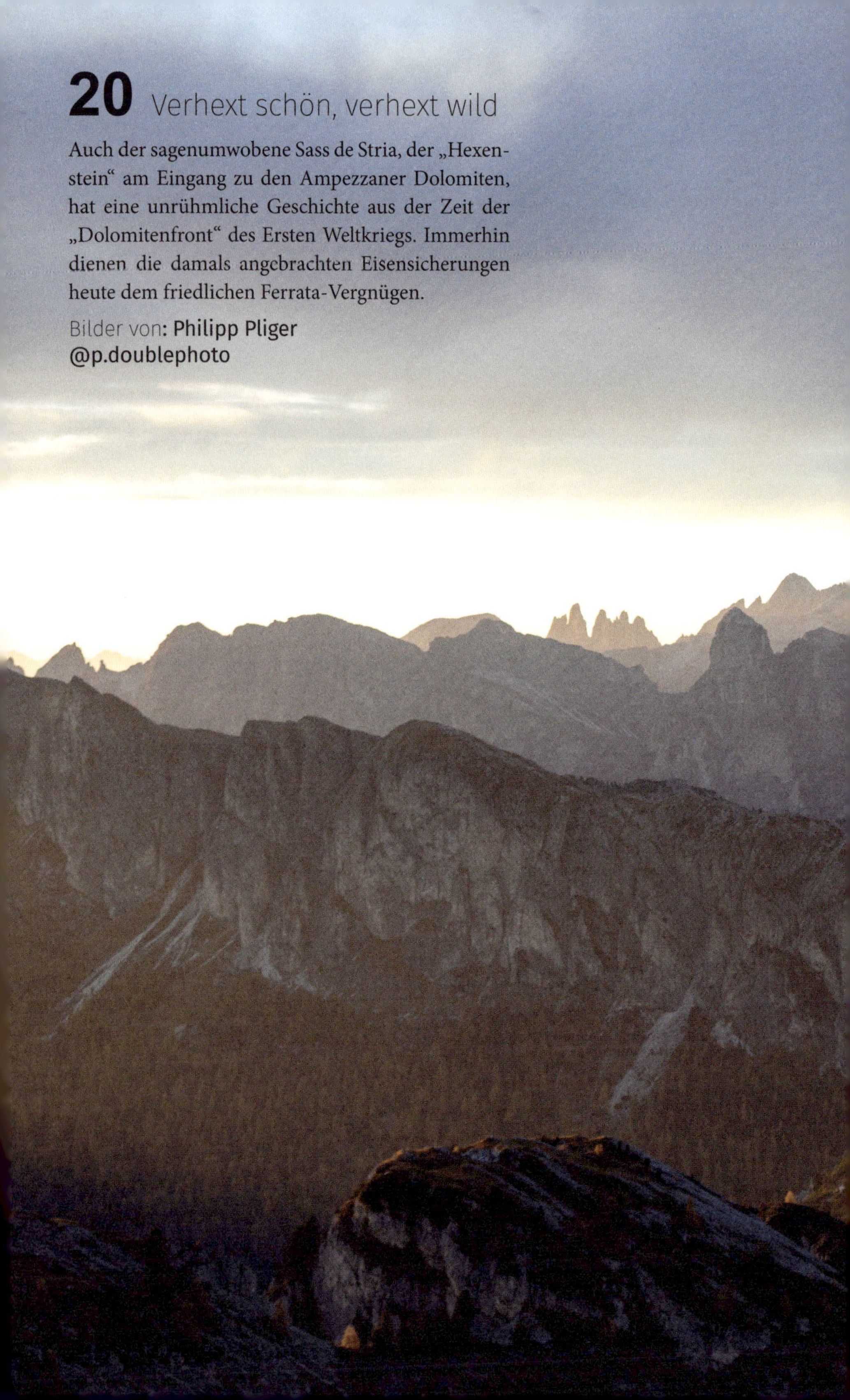

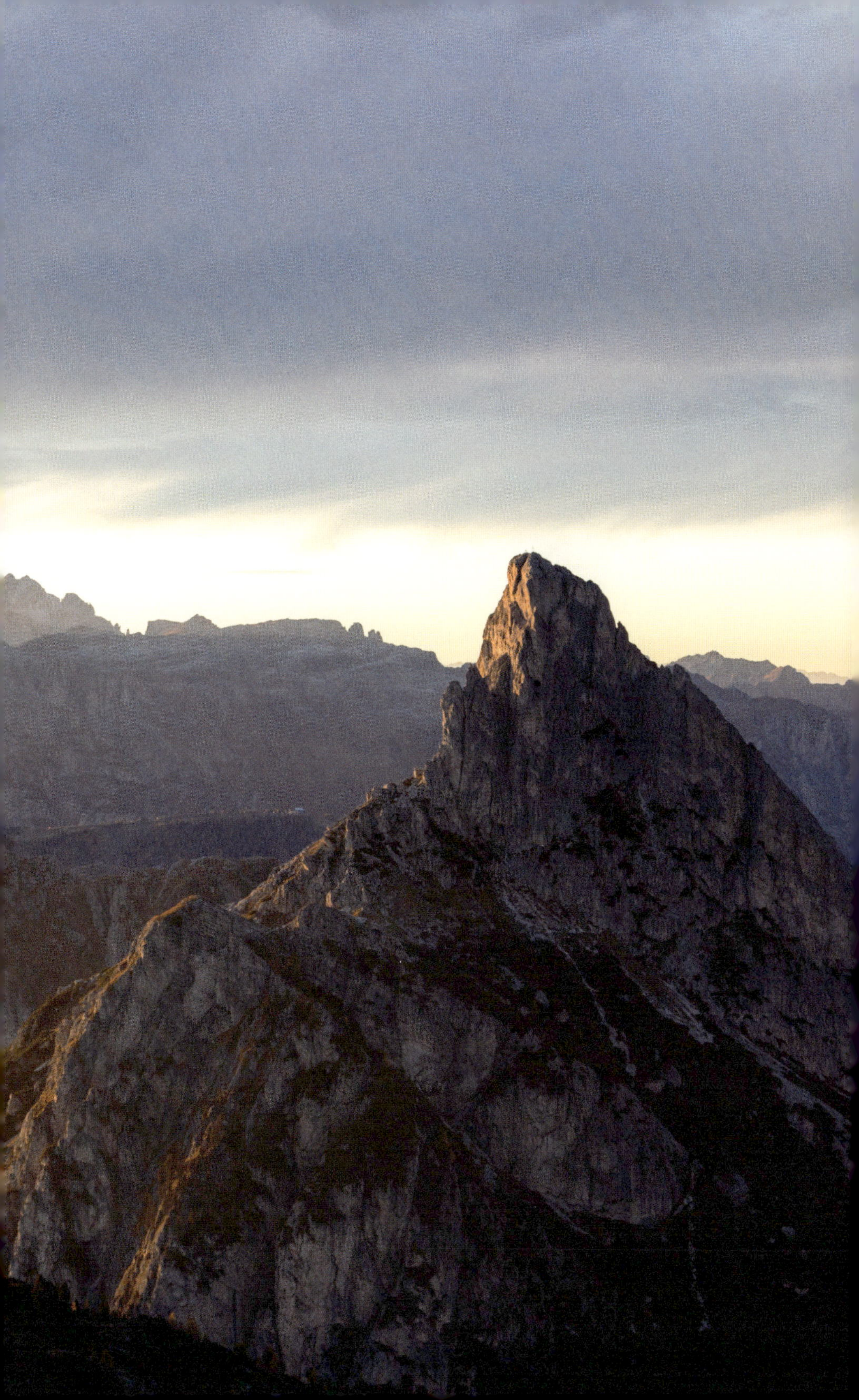

Auf den Hexenstein

Tourencharakter
Kurze, aber doch recht anspruchsvolle Tour, zum Gipfel hin leichte Kletterei (zwei Leitern). Bei Nässe nicht ratsam, da ziemlich abgeschmierte Felsen. Schlecht markierter Weg!

Start und Ziel
Festung Tre Sassi (Museum), 2183 m, am Ju de Valparola/Valparolajoch. Zufahrt: Auf der Staatsstraße 48 von Cortina d'Ampezzo zum Passo Falzarego und rechts ab zum Passo di Valparola oder von Stern im Gadertal. Busverbindungen zwischen Cortina d'Ampezzo und Passo Falzarego oder Gadertal – Passo Falzarego; Parkplatz neben dem restaurierten Sperrfort.

Schwierigkeit: leicht - **mittel** - schwer
Dauer: **1:45 h**
Länge: **3,5 km**
Aufstieg **294 hm**
Abstieg **294 hm**

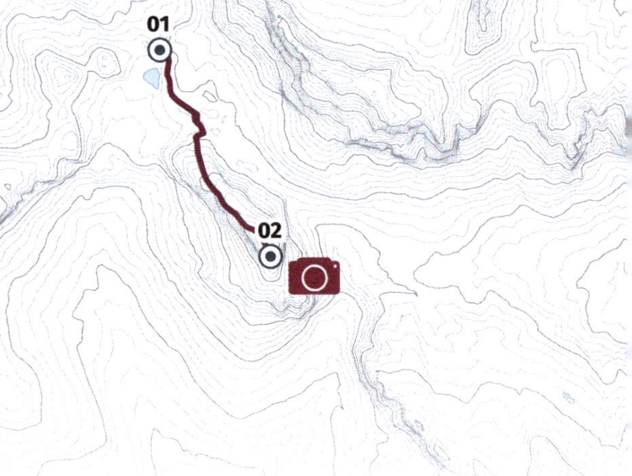

Höhenlinienmodell mit Streckenverlauf

Höhenprofil

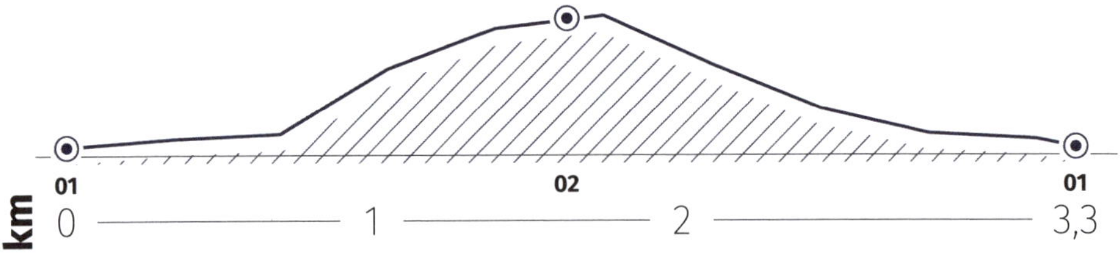

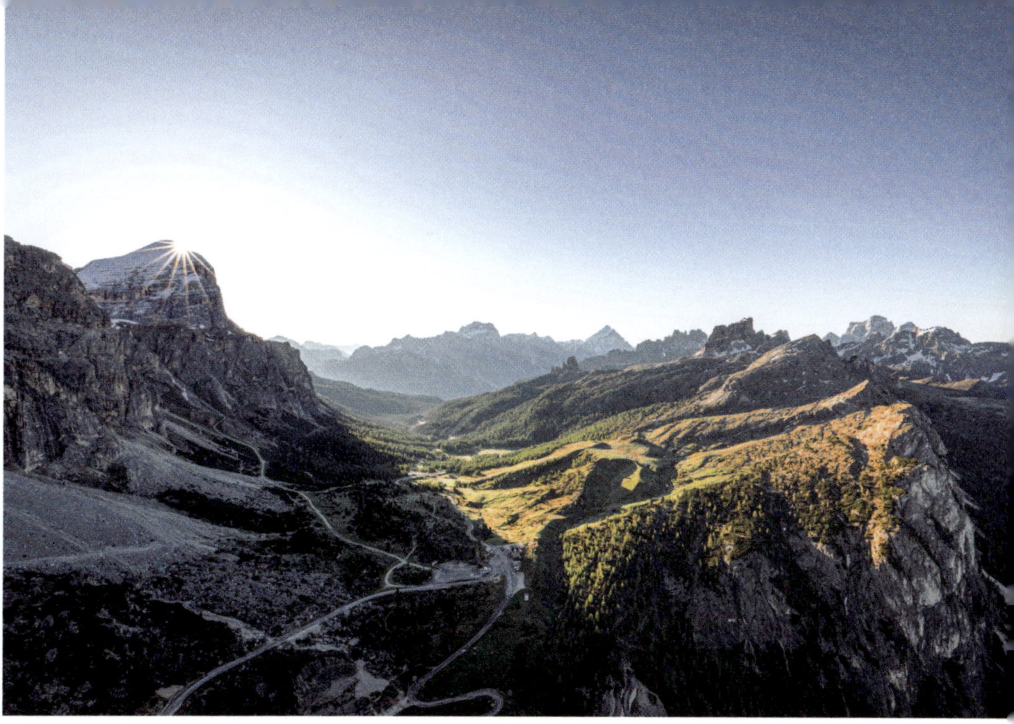

Morgenstund' ... Die Sonne tritt über der Tofana in Erscheinung.

Schön ist wüst, und wüst ist schön. Wirbelt durch Nebel und Wolkenhöhn!

William Shakespeare (1564–1616)

Eigentlich müsste man sich dem Hexenstein (Sass de Stria) immer von Süden nähern, über die Falzaregostraße, denn da präsentiert er sich als ebenmäßig gebautes, schlankes Felsdreieck. Kein Wunder, dass der Sass de Stria ein frequentiertes Kletterziel ist, mit Routen unterschiedlicher Schwierigkeit. Ein bisschen klettern muss man auch am Normalweg, der über den lang gestreckten Nordwestrücken verläuft. Immerhin helfen zwei Eisenleitern durch eine steile Felsrinne. Vom geräumigen Gipfel genießt man packende Tiefblicke auf den Falzaregopass, 2105 m; aufschlussreich ist der Blick hinüber zum Kleinen Lagazuoi, 2778 m, der im Ersten Weltkrieg heftig umkämpft wurde.

▶ Vom Parkplatz bei der Festung Tre Sassi **01** geht's auf einer undeutlichen Wegspur, den gelegentlichen roten Markierungen folgend, über den Schrofenrücken bergan gegen einen auffallend großen Felsbrocken, den ein Spaßvogel blau bemalt hat. Links an ihm vorbei und weiter durch Rinnen und alte Schützengräben auf einen kleinen begrünten Boden. Felsstufen leiten zur Mündung einer gestuften Rinne, die man an großen, teilweise aber schon recht abgerundeten Tritten und Griffen durchklettert (Schwierigkeit I–II). Anschließend steigt man mit Hilfe zweier Leitern durch einen engen Kamin und über Schrofen zum Gipfel des Hexensteins **02** . Abstieg nur auf dem Anstiegsweg!

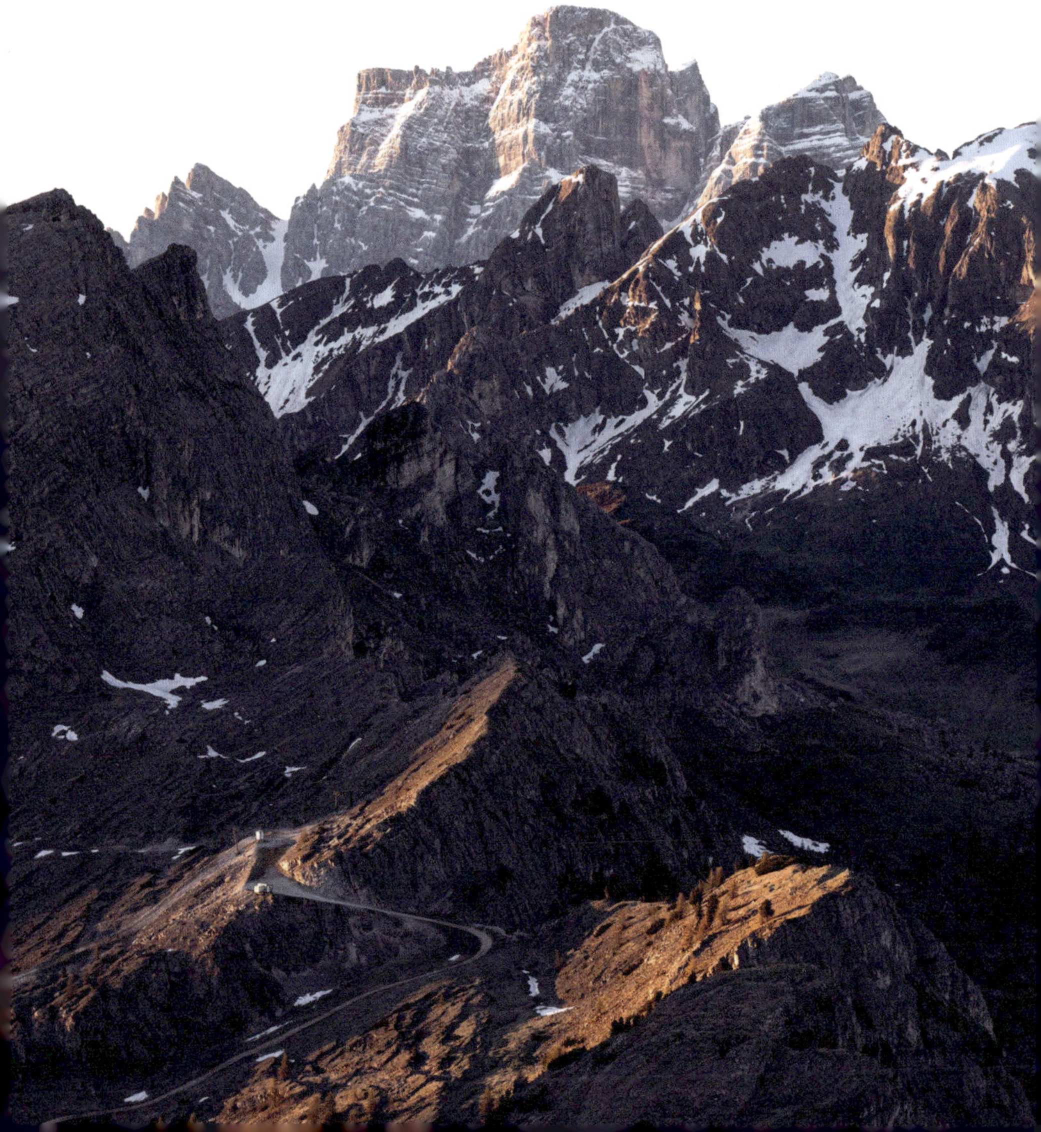

Dein Moment für die Ewigkeit

Das Wetter macht deine Kulisse

Wer in den Bergen unterwegs ist sollte generell die Wettersituation im Auge behalten. Bei der Landschaftsfotografie sagt uns die Wettervorhersage die zu erwartende Kulisse. Welche Wolken malen die schönsten Himmelszenarien? Achte darauf und du wirst schnell ein Gefühl dafür bekommen.

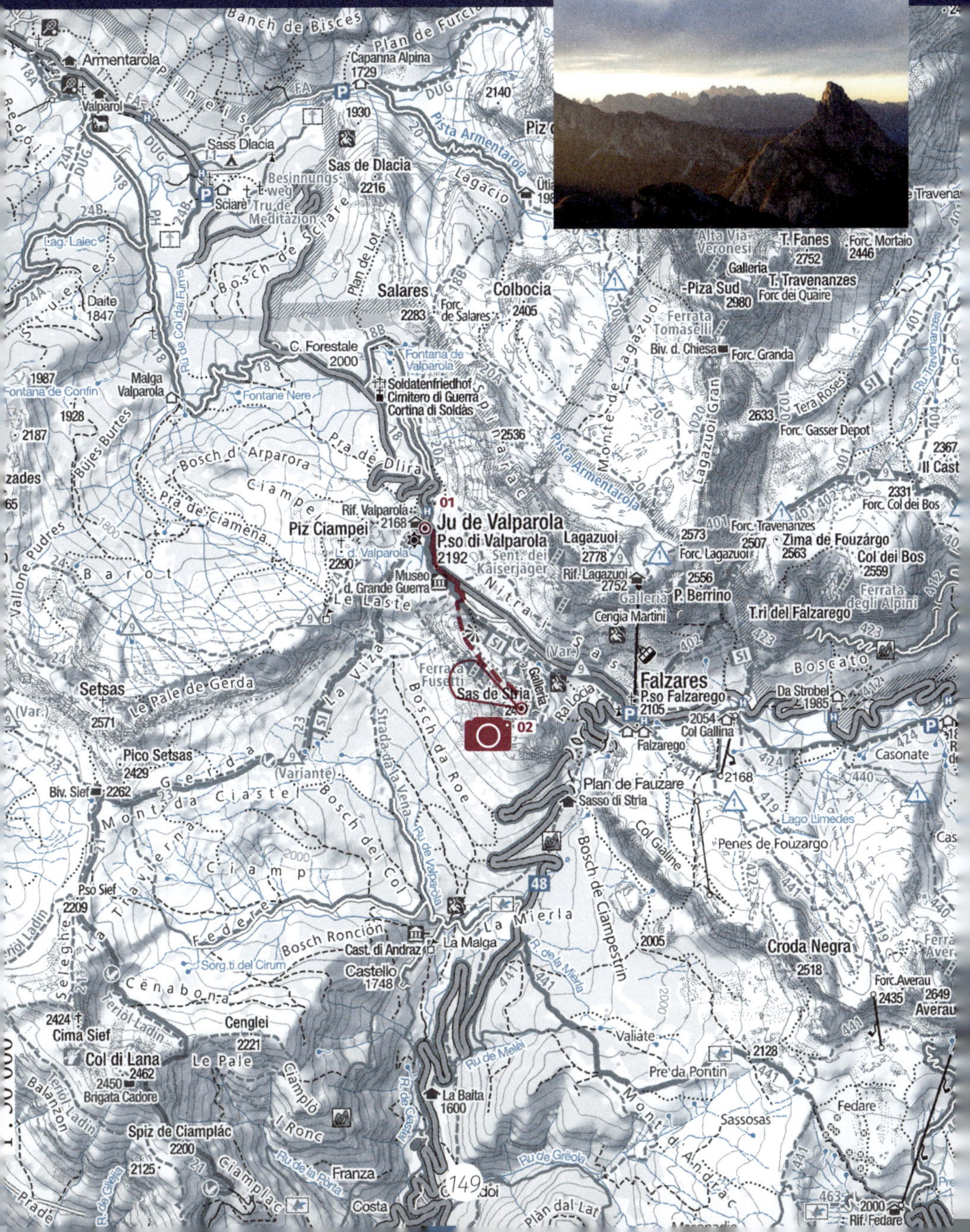

21 Frieden an der Felsfront

Wogende Wolken, dazwischen Sorapiss und Antelao, Croda da Lago, Monte Pelmo, Nuvolau und Averau. Dieses Bild des Friedens muss den Soldaten auf dem Lagazuoi vor gut hundert Jahren wie ein Hohn erschienen sein.

Bilder von: **Philipp Pliger**
@p.doublephoto

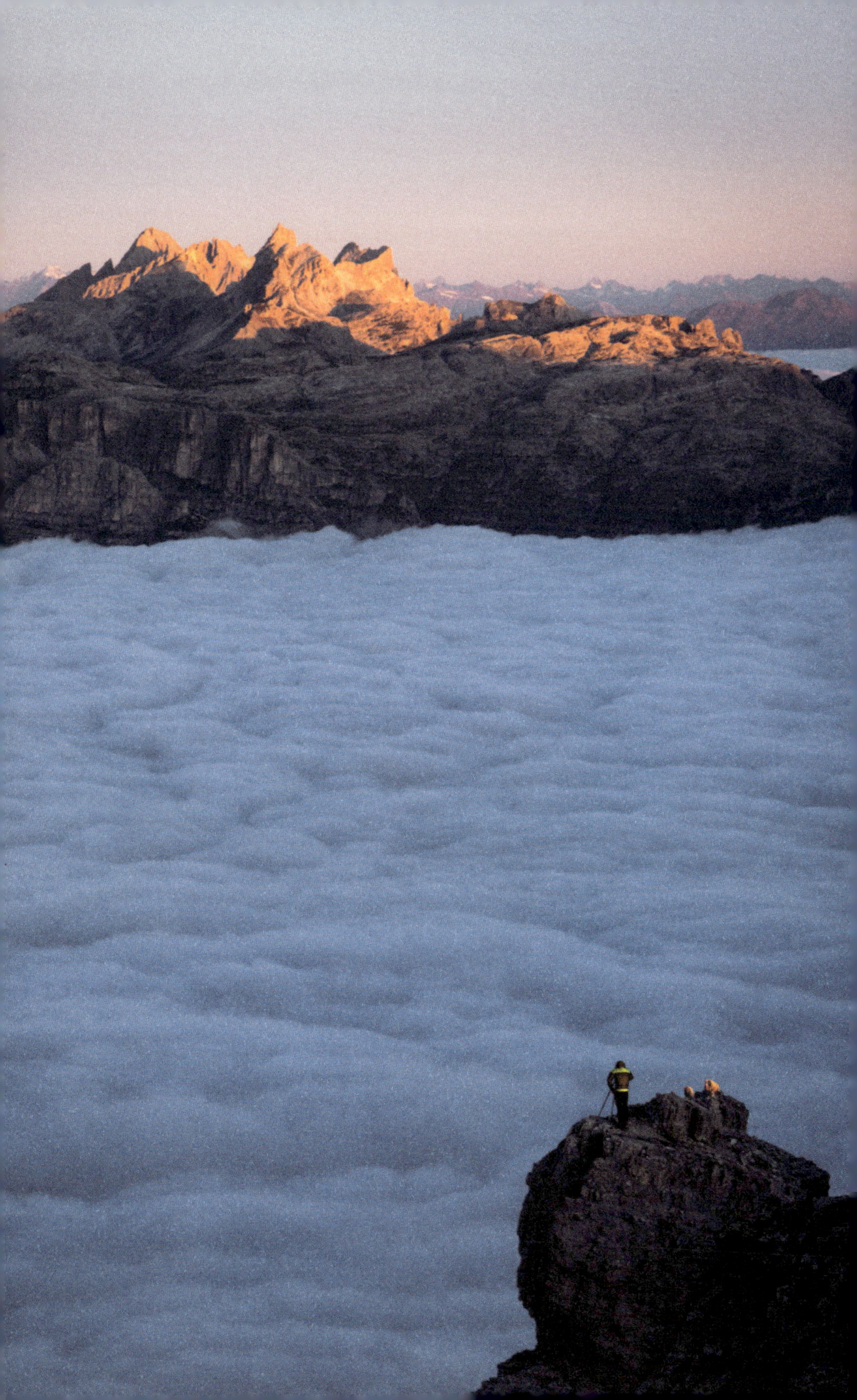

Am Kleinen Lagazuoi 2778 m

Tourencharakter
Der Aufstieg mit einigen gesicherten Passagen verlangt Trittsicherheit; Abstieg durch den Stollen problemlos, gutes Schuhwerk ist aber notwendig, dazu auch eine Taschen- oder Stirnlampe (im Rif. Lagazuoi werden Fackeln ausgegeben). Einkehrmöglichkeit: Rifugio Lagazuoi.

Start und Ziel
Passo Falzarego, 2105 m, an der „Großen Dolomitenstraße". Zufahrt auf der Staatsstraße 48 von Cortina d'Ampezzo zum Passo Falzarego; großer Parkplatz bei der Talstation der Lagazuoi-Seilbahn. Busverbindung zwischen Cortina d'Ampezzo und Passo Falzarego. Man könnte auch mit der Lagazuoi-Seilbahn hinauffahren (Mitte Dezember bis Mitte April und Anfang Juli bis Mitte Oktober, 9–17 Uhr).

Schwierigkeit: leicht - mittel - **schwer**
Dauer: **3:30 h**
Länge: **4,1 km**
Aufstieg **680 hm**
Abstieg **680 hm**

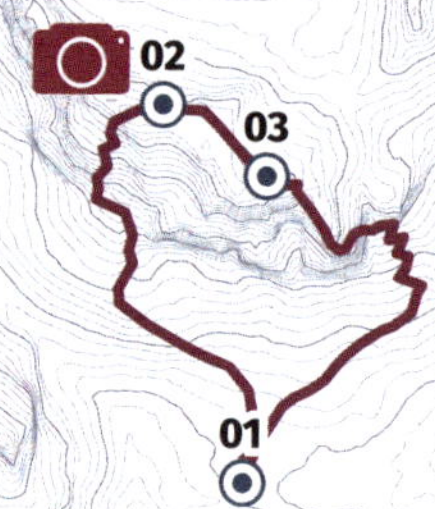

Höhenlinienmodell mit Streckenverlauf

Höhenprofil

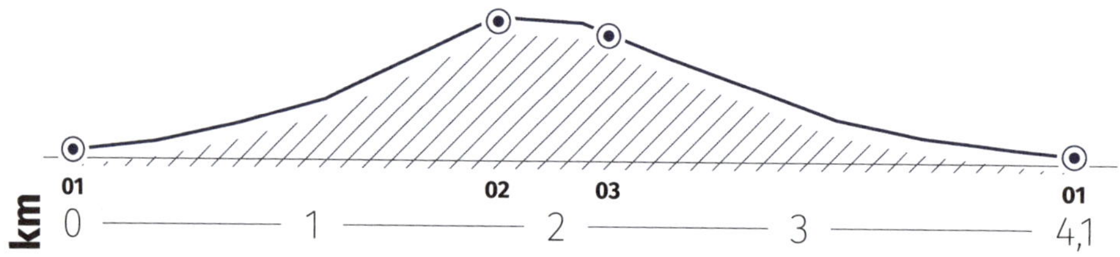

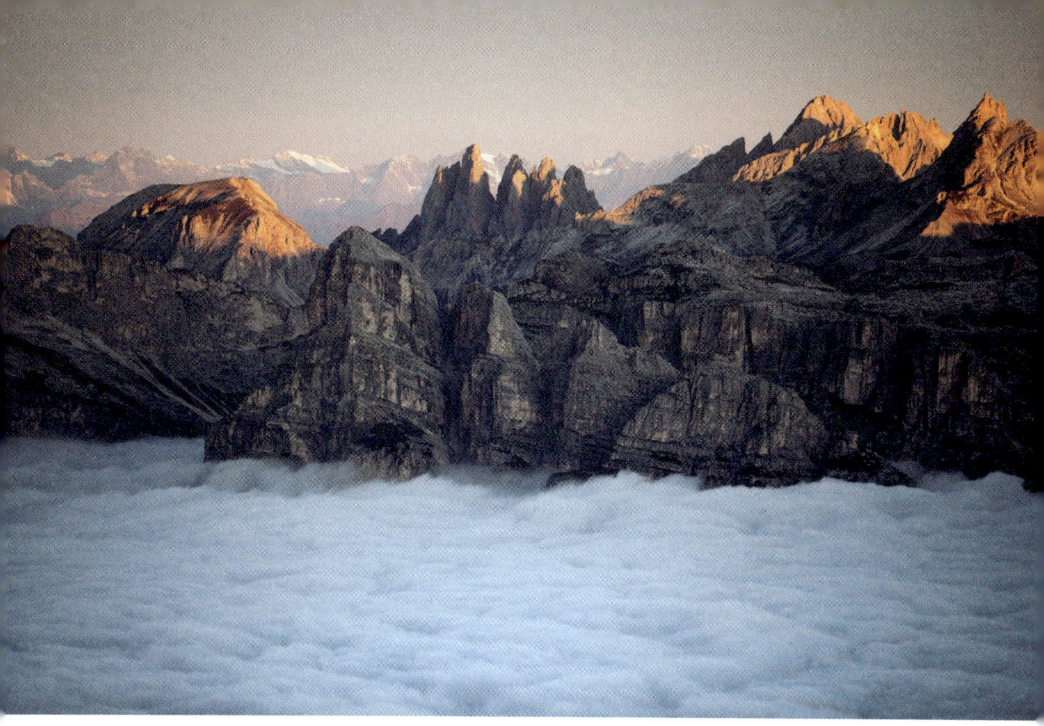

Die Österreicher saßen oben, die Italiener kämpften sich von unten heran. Bis heute ist der Lagazuoi ein mit Tunneln, Kavernen und Steigen regelrecht „durchlöcherter" Berg.

Frank Hollmann im „Rucksackradio" (Bayerischer Rundfunk).

Die Berge um den Falzaregopass, vom Hexenstein bis zum Castelletto an der Tofana de Rozes, waren im Ersten Weltkrieg Frontgebiet, und die Spuren des blutigen Ringens sind auch heute noch unübersehbar. Die beiden riesigen Geröllkegel am Wandfuß des Kleinen Lagazuoi stammen von Sprengungen, mit denen Alpini und die Kaiserjäger versuchten, gegnerische Stellungen auszuschalten. Die gesamten Stellungen werden restauriert, zahlreiche Wege erneuert, Stollen freigelegt und alte Festungen renoviert. So entsteht ein großes Freilichtmuseum – ein Erinnern vor der grandiosen Gebirgskulisse. Am schönsten ist eine Überschreitung des Kleinen Lagazuoi, die zunächst auf wieder hergestelltem Weg zum Gipfel führt, dann in den Berg. Durch den stockfinsteren, ungefähr 1100 Meter langen Lagazuoi-Stollen steigt man steil hinab zum Felsfuß gegen die „Cengia Martini" zum Weg 402.

Wer nur das halbe Programm absolvieren will, benützt für den Auf- oder Abstieg die Seilbahn.

▶ Vom großen Parkplatz am Falzaregopass **01**, 2105 m, geht's zunächst mit der Markierung 402 auf der Skipiste bergan, dann links (Tafel) über Geröll zu alten österreichischen Schützengräben und im Zickzack

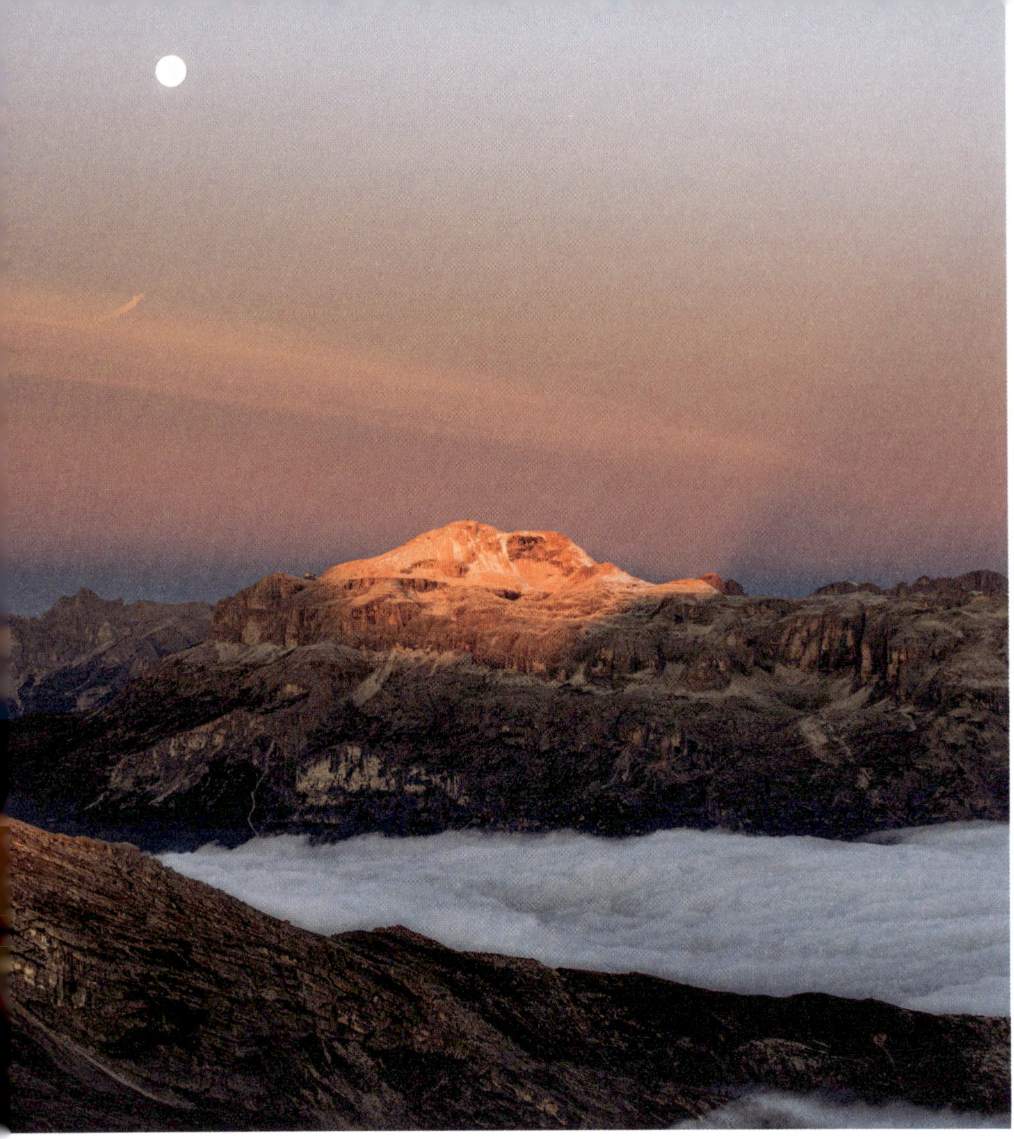

steil bergan zu den Felsen. Sicherungen helfen durch eine Steilrinne auf ein Band; auf solider Hängebrücke quert man eine tiefe Schlucht.

Weiter über Schrofen und Geröll hinauf zu einem markanten Band, das – teilweise mit Drahtseilsicherungen versehen – nach links hinaus zum Westgrat des Kleinen Lagazuoi **02** leitet. Zuletzt wandern wir über den abgeflachten Rücken zum höchsten Punkt.

Weiter geht's auf dem Kamm zum Rifugio Lagazuoi **03**, 2752 m, und zur Seilbahn-Bergstation.

Ein Schild weist zum großen Lagazuoi-Stollen. Er führt, durch ein paar Fenster nur sporadisch ein wenig erhellt, im Berg steil hinab gegen die „Cengia Martini". Ausstieg am Wandfuß zum Weg 402 und dann mit ihm auf der Skipiste hinab zum Falzaregopass **01**.

Dein Moment für die Ewigkeit

Über den Wolken

Wolken erzeugen im richtigen Maß Dramatik. Eine Inversionswetterlage (Kaltluft im Tal) mit einer geschlossenen Wolkendecke erscheint von oben gerne wie ein Meer. Dieses Szenario eignet sich besonders gut für atemberaubende Shots, bleibt aber meistens den Frühaufstehern vorbehalten.

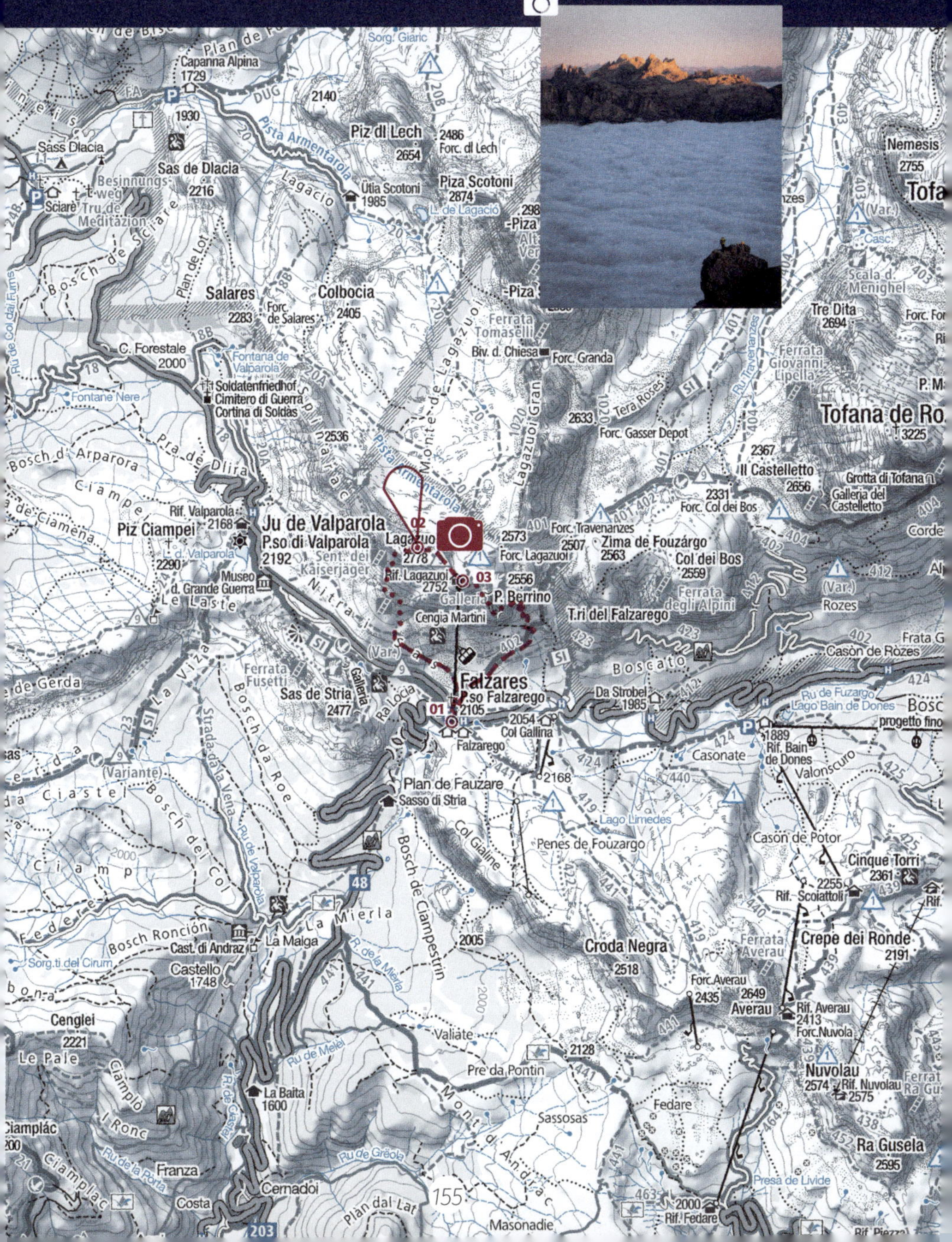

22 Bullenstarkes Bergwunder

„Kuck mal," freute sich ein Wanderer vor der Liftstation 5 Torri, „da vorne stehen die fünf Stiere!" Vielleicht kam der Herr gerade aus Spanien, doch bei den markanten Felsgebilden westlich von Cortina handelt es sich eindeutig um Türme. Und wer genau zählt, wird auch mehr als nur fünf entdecken ...

Bilder von: **Stefan Mahlknecht**
@stefan_mahl

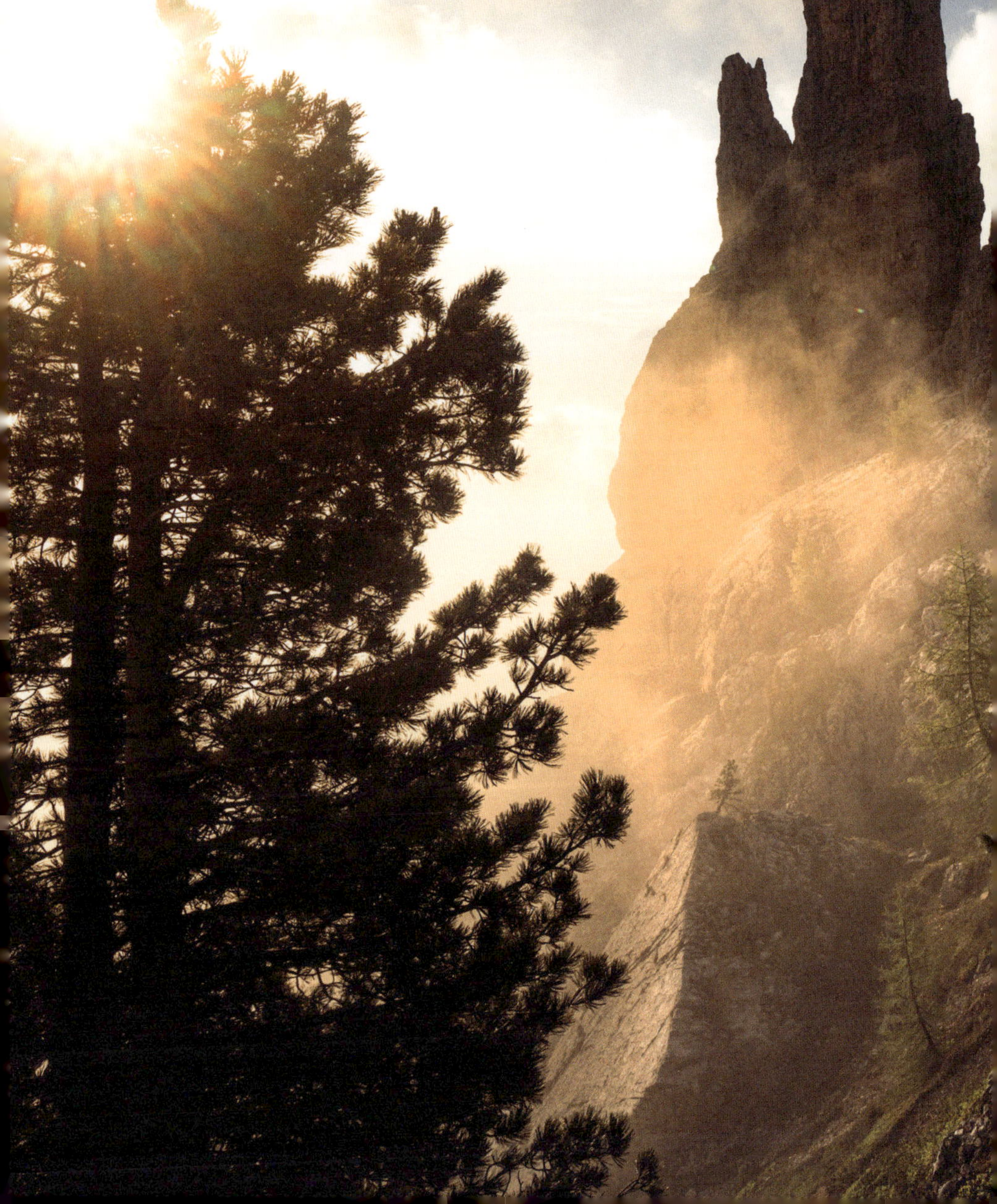

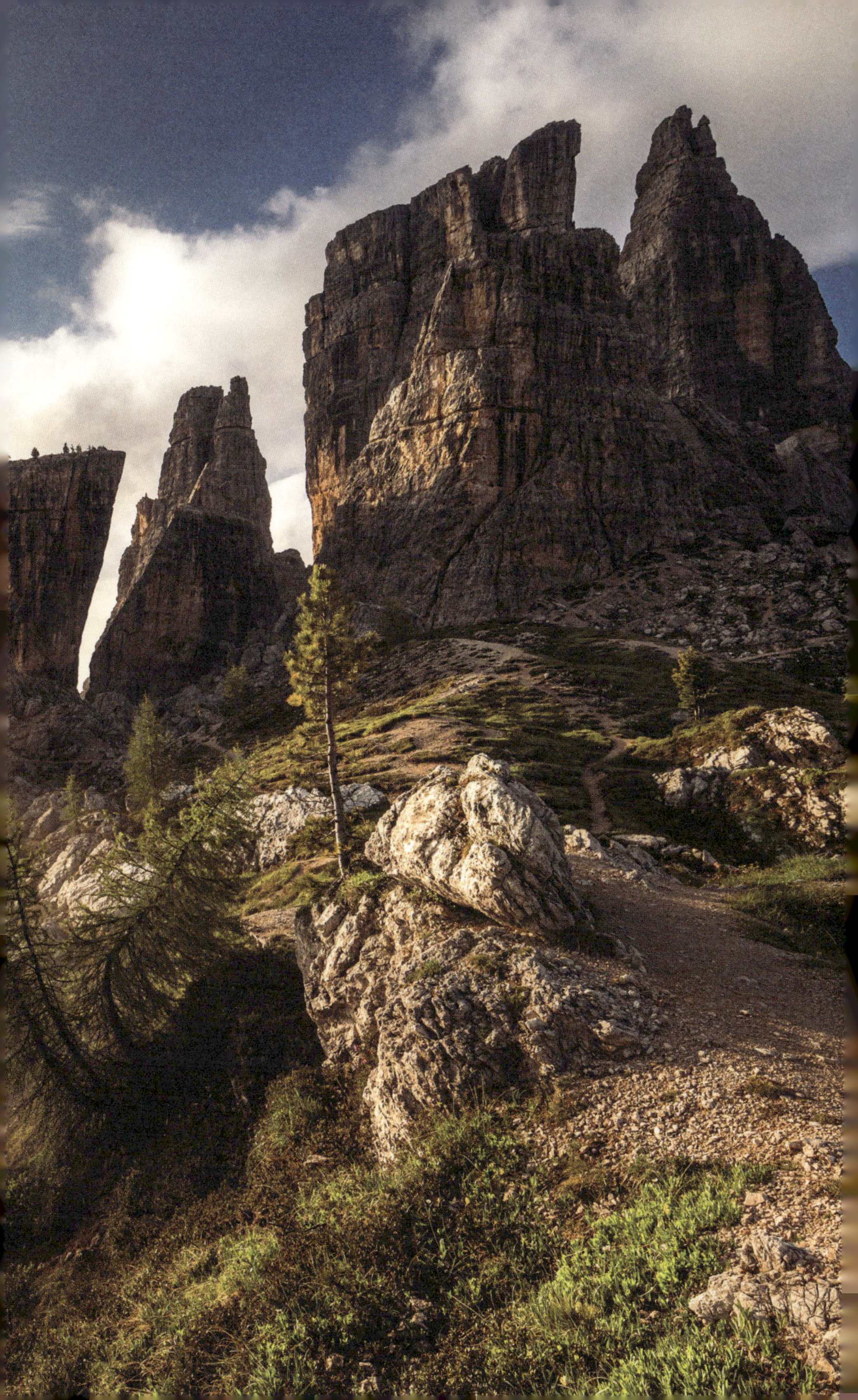

Zu den Cinque Torri

Tourencharakter
Einfache, aber landschaftlich besonders schöne Wald-, Alm- und Hüttenwanderung in den Ampezzaner Dolomiten.

Start und Ziel
An der Straße von Cortina d'Ampezzo nach Westen zum Passo Falzarego (SR 48); nach etwa 13 km vor der Kurve links zum Parkplatz des Sesselliftes (Seggovie 5 Torri) abbiegen, 1180 m.

Schwierigkeit: leicht - **mittel** - schwer
Dauer: **3:00 h**
Länge: **7,6 km**
Aufstieg **390 hm**
Abstieg **390 hm**

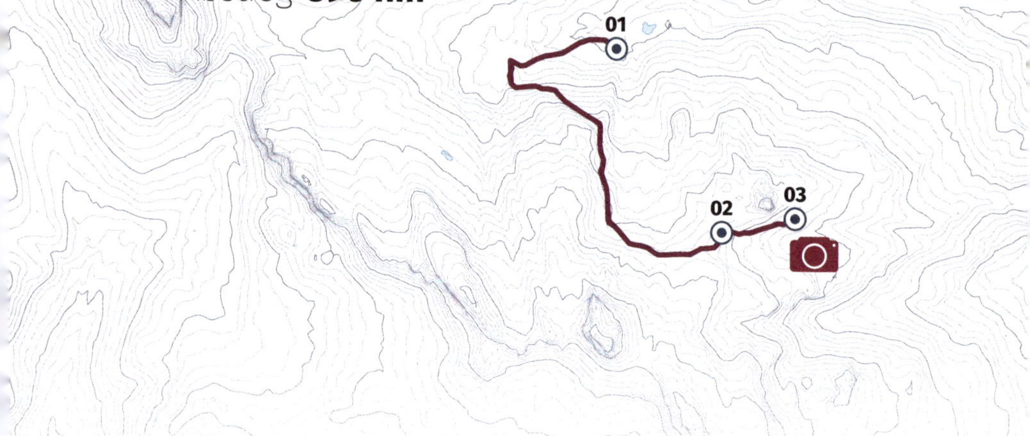

Höhenlinienmodell mit Streckenverlauf

Höhenprofil

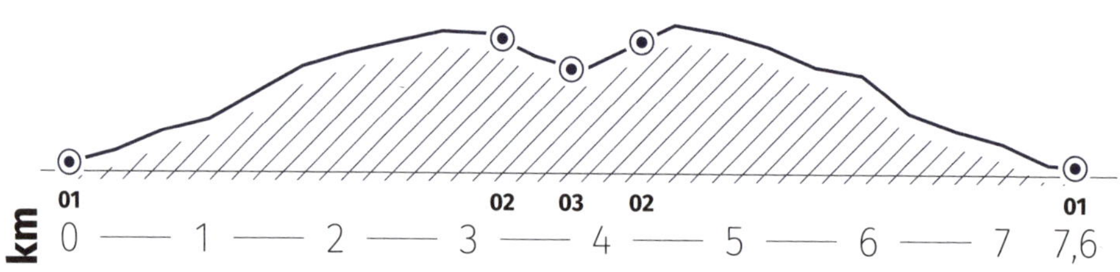

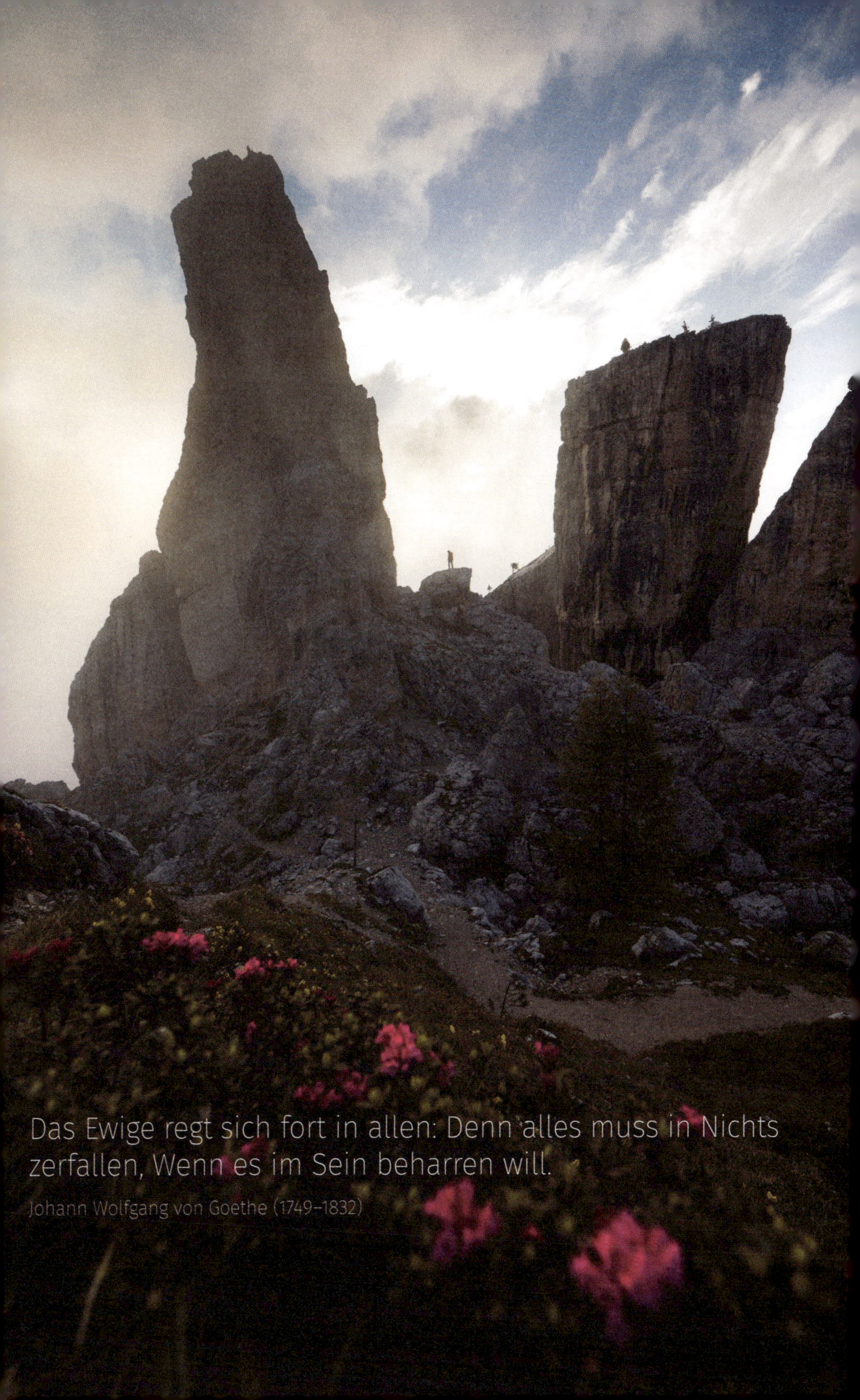
Das Ewige regt sich fort in allen: Denn alles muss in Nichts zerfallen, Wenn es im Sein beharren will.
Johann Wolfgang von Goethe (1749–1832)

Zugegeben: Es gibt größere Berge als die Fünf Türme zwischen der Olympiastadt Cortina d'Ampezzo und dem Falzaregopass – aber man braucht nur Kletterer danach zu fragen, die lieben sie. Der höchste dieser zerfallenden Dolomitklötze – es gibt natürlich weit mehr als nur fünf davon! – ist der 2361 m hohe Torre Grande, rundum gruppieren sich aufs Allerwildeste der Torre Seconda, der Torre Latina, der Torre Quarta und der Torre Inglese.

▶ Der Hüttenaufstieg zum Rifugio Scoiattoli (Nr. 424) beginnt direkt neben der Talstation des Sesselliftes 5 Torri **01**. Zunächst wandern wir in westlicher Richtung durch schütteren Wald aufwärts und erreichen so eine Anhöhe (schöner Blick zum Hexenstein (Sass di Stria) und zum Großen Lagazuoi. Der Weg wendet sich nun nach links und steigt etwas steiler gegen den mächtigen, 2649 m hohen Stock des Averau an (Markierung 440). Im Nordosten zieht das urgewaltige Massiv der Tofana alle Blicke auf sich – und im Osten zeigen sich bald die zerklüfteten Felsen der Cinque Torri in all ihrer bizarren Pracht. Schließlich erreichen wir den Sattel zwischen dem Averau und den Cinque Torri. Dort wird der Weg wieder flacher und bald stehen wir auch schon vor dem Bergrestaurant Rifugio Scoiattoli **02**, das sich direkt an der Bergstation des Sessellifts befindet. Zuletzt geht's sanft abfallend zur Cinque-Torri-Hütte **03** am Fuß der gleichnamigen Felsgestalten.

Der Abstieg bis zum Parkplatz **01** erfolgt auf derselben Route.

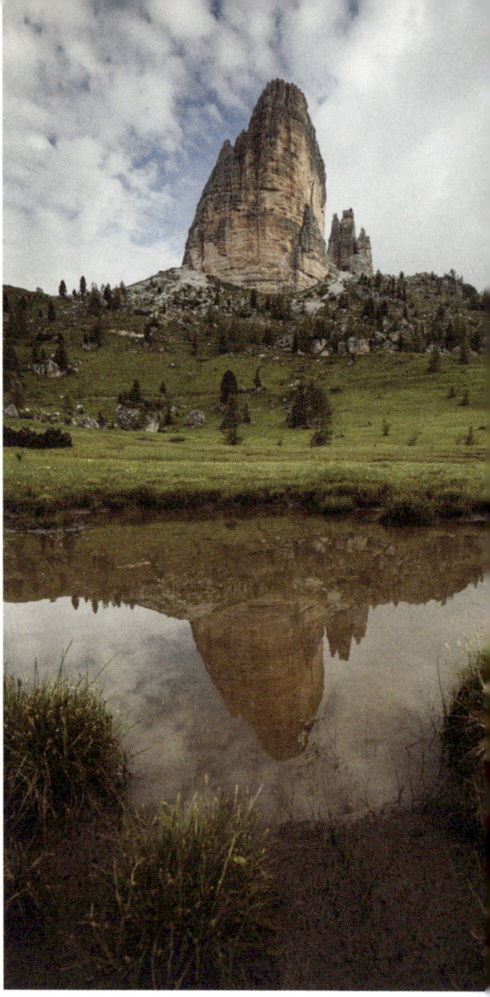
Türme im Spiegelbild.

Dein Moment für die Ewigkeit

Fotografieren im Gegenlicht

... das ist Fluch und Segen in einem. Gegenlicht lässt, wie hier beispielsweise, die Baumkrone magisch leuchten . Es besteht die Gefahr von Blendenflecken durch Über- oder Unterbelichtung. Setze die Belichtungsmessung weder an dem hellsten (Sonne), noch an dem dunkelsten Fleck (Schatten) an. So wird das Bild gleichmäßiger belichtet.

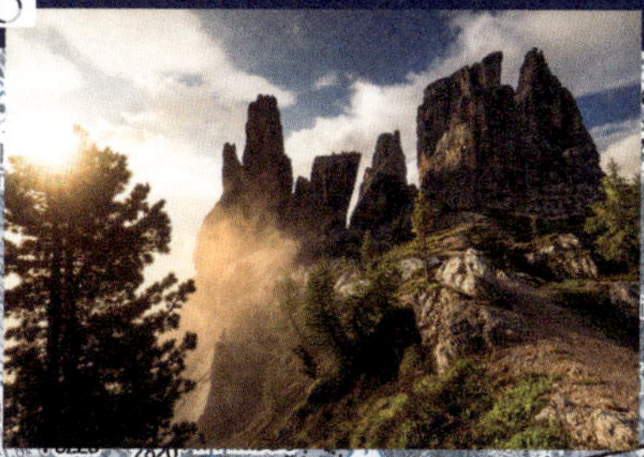

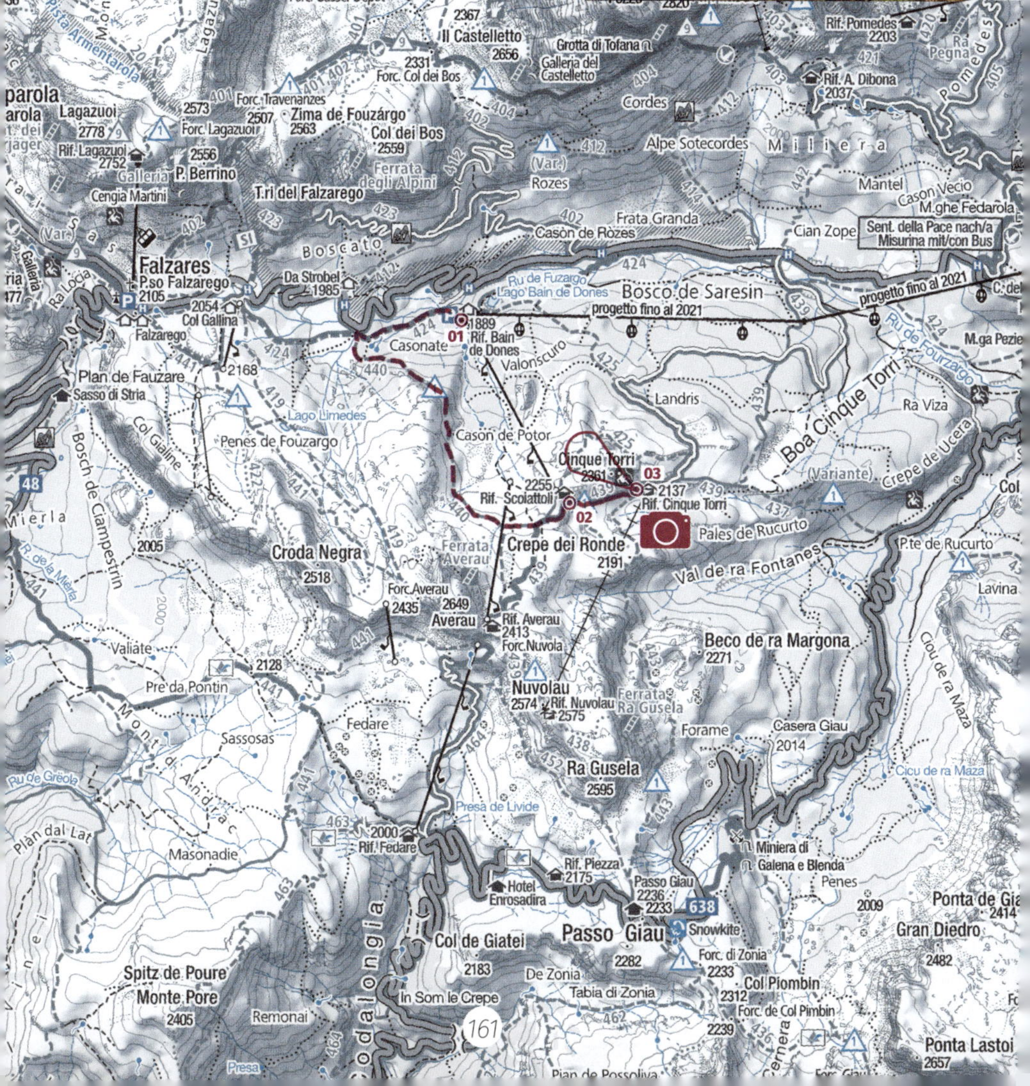

23 Morgenstund am Mittagszeiger

Der markante Becco di Mezzodi, der „Mittagszeiger", ist eine der schönsten Berggestalten der Dolomiten. Im frühen Licht eines windstillen Morgens spiegelt er sich besonders eindrücklich im Lago Federa.

Bilder von: **Roman Huber @romempix**

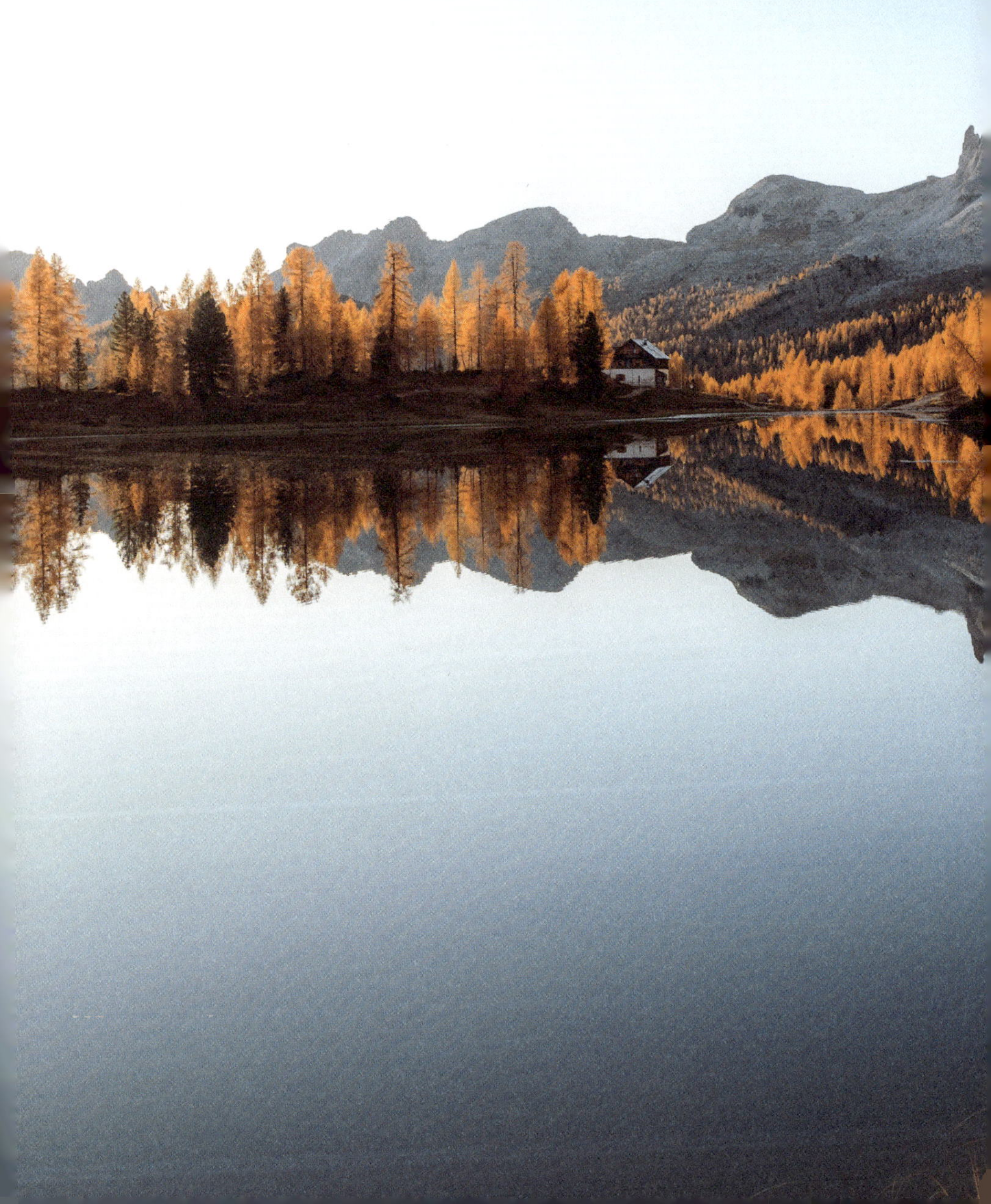

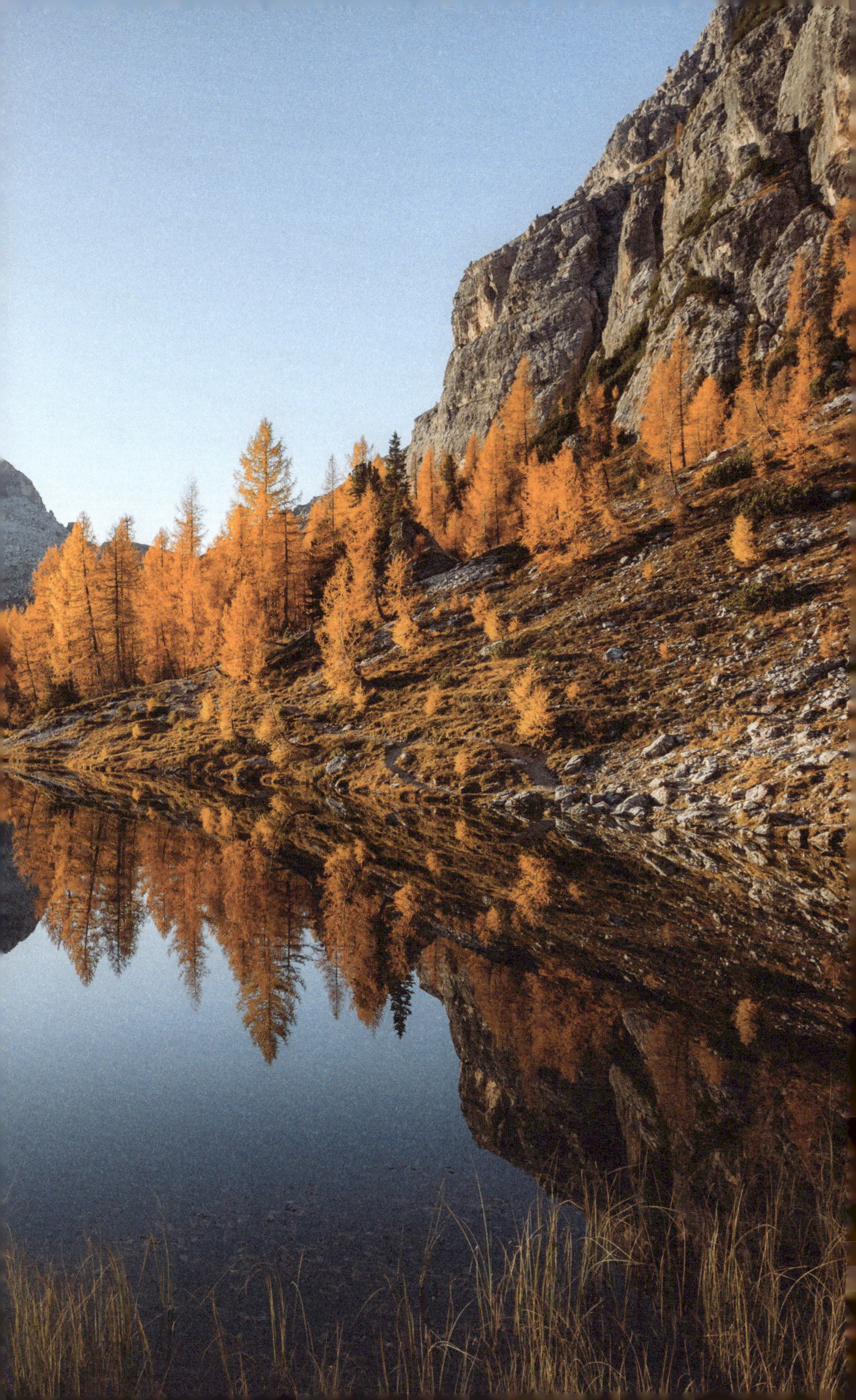

Rund um die Croda da Lago

Tourencharakter
Landschaftlich ungewöhnlich reizvolle Wanderrunde. Der Abstieg durch das Bergsturzgelände des oberen Val de Formin verlangt sicheren Tritt.

Start und Ziel
Kleiner Parkplatz beim Ponte de Rucurto, 1708 m, an der Straße von Cortina d'Ampezzo zum Passo Giau, knapp 5 km südwestlich von Pocòl. Zufahrt mit dem Bus nur bis Pocòl, 1530 m, das alternativ als Ausgangspunkt für die Tour in Frage kommt; beschränkte Parkmöglichkeit. Aufstieg dann nach Markierung 434.

Schwierigkeit: leicht - **mittel** - schwer
Dauer: **5:00 h**
Länge: **12,0 km**
Aufstieg **700 hm**
Abstieg **700 hm**

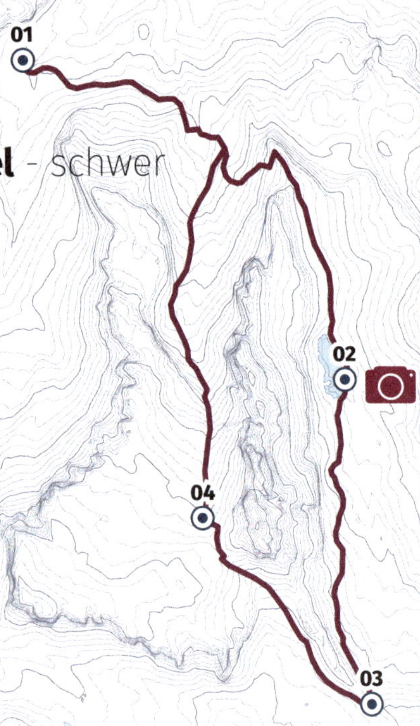

Höhenlinienmodell mit Streckenverlauf

Höhenprofil

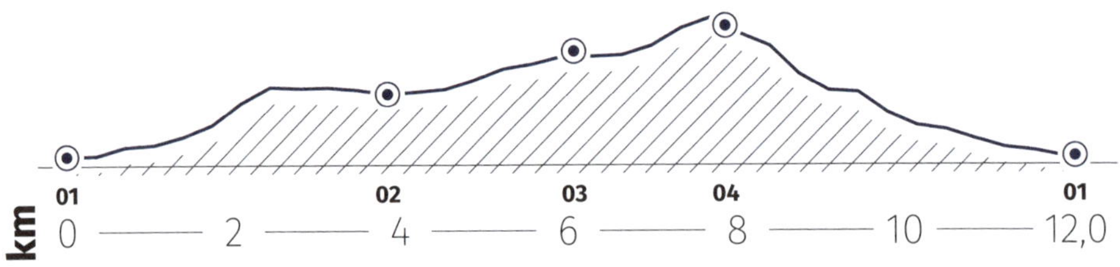

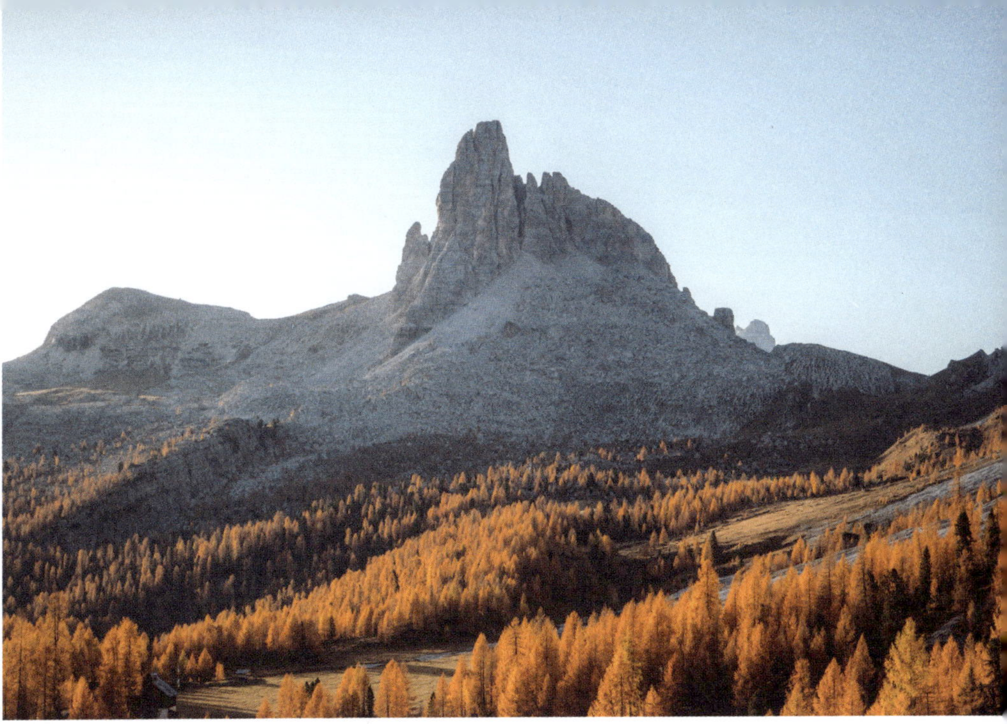

Er zeigte den Bergbauern einst die Zeit zum Mittagessen an.

Cortina d'Ampezzo, die „Königin der Dolomiten", liegt auf 1224 Meter Höhe mitten im UNESCO-Weltnaturerbe der Dolomiten. Hier in Venetien vereint sich alpiner Life-Style mit Dolce Vita …

dolomiti.org

Die Wanderung zum Lago Federa im Bereich der Ampezzaner Dolomiten muss man einfach erlebt haben!

Der kürzeste Anstieg zu dem rund vier Hektar großen Bergsee hat seinen Ausgangspunkt an der Ponte de Rucurto 01 an der Straße zum Giaupass. Von der Terrasse des Rifugio Croda da Lago–G. Palmieri 02 hat man einen herrlichen Blick auf zwei große Ampezzaner Gipfel: Den Sorapiss, 3205 m, und den Antelao, 3263 m. Die Runde um den lang gestreckten, vielgipfeligen Felskamm der Croda da Lago (Cima d'Ambrizzola), 2715 m, erfordert etwa 400 Höhenmeter zusätzlich, bietet aber auch faszinierende Dolomitenbilder bis tief ins Zoldano. Besonders schön ist der Blick aus der Forcella Ambrizzola auf die beiden mächtigen Felsmassive über dem Tal des Maè, Pelmo und Civetta. Vom Südufer des Lago Federa, 2038 m, auf gutem Weg,

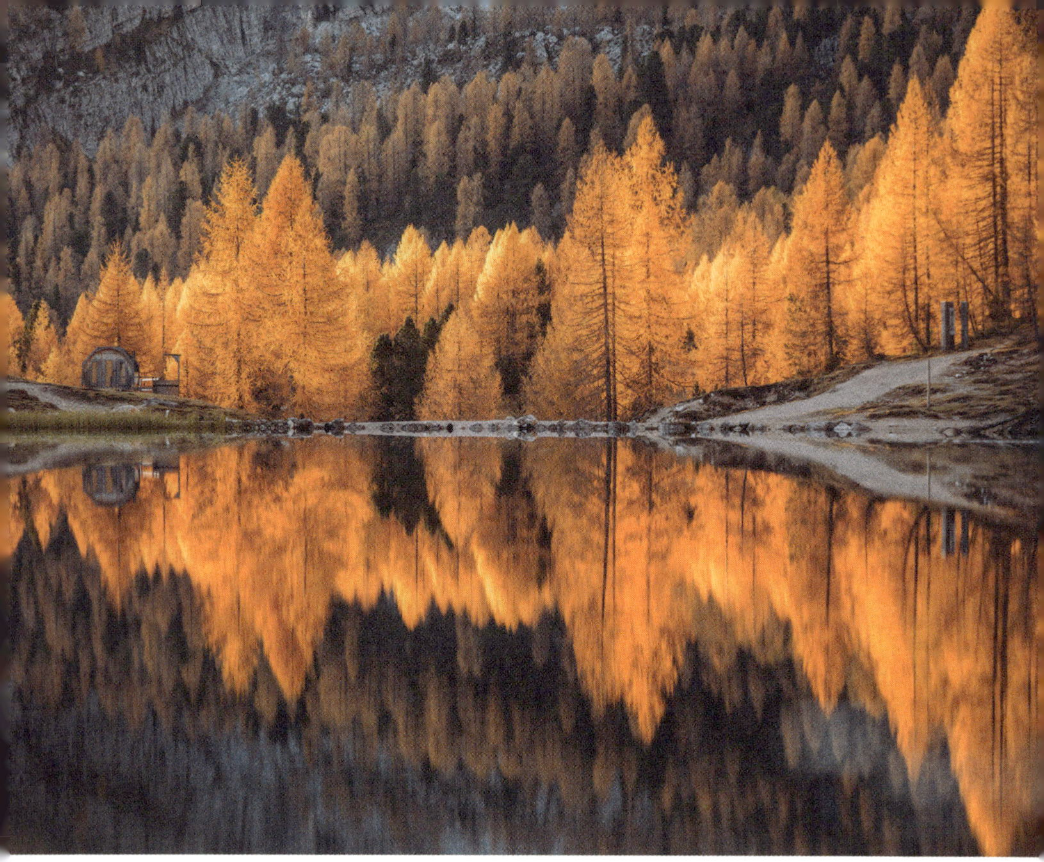

Goldrausch in der Herbstidylle.

mehrere Geröllreißen querend, in angenehmer Steigung südlich hinauf in die Forcella Ambrizzola 03, 2277 m. In der Scharte nun scharf rechts, an der Weggabelung mit der Markierung 435 geradeaus und ohne größeren Höhenverlust in die grüne Mulde unter der Cima d'Ambrizzola, 2715 m. Jetzt zunehmend steiler bergan zur Forcella de Formin 04, 2462 m, dem höchsten Punkt der Runde mit Aussicht zum Tofanamassiv. Der Blick nach Norden begleitet Wanderer auch beim Abstieg in das Val de Formin; rechts wachsen die (Kletter-)Felsen der Croda da Lago immer höher in den Himmel. Die markierte Spur schlängelt sich nun durch eine Bergsturzzone hinab; dabei muss man gelegentlich die Hände zu Hilfe nehmen. Anschließend im Wald talauswärts; an der gut beschilderten Wegkreuzung, 1875 m, links und auf dem Anstiegsweg zurück zur Ponte de Rucurto 01.

Variante: Von der Forcella de Formin aus kann man einen Abstecher zum höchsten Punkt des Karrenplateaus unternehmen. Der Anstieg zum Monte Formin, 2657 m, ist zwar nicht markiert, bei gutem Wetter (kein Nebel!) aber relativ problemlos; er vermittelt faszinierende Bilder der von Wind und Wasser geformten Felslandschaft vor der Kulisse der Croda da Lago und Cima d'Ambrizzola, 2715 m.

Dein Moment für die Ewigkeit

Golden Times

Im Herbst verfärben sich die Nadeln der Lärche in ein goldenes Meer. Diese Farbenpracht bietet sich perfekt für herbstliche Aufnahmen an. Hier wurde dieses Spektakel über die Spiegelung im glasklaren Gewässer perfekt in Szene gesetzt.

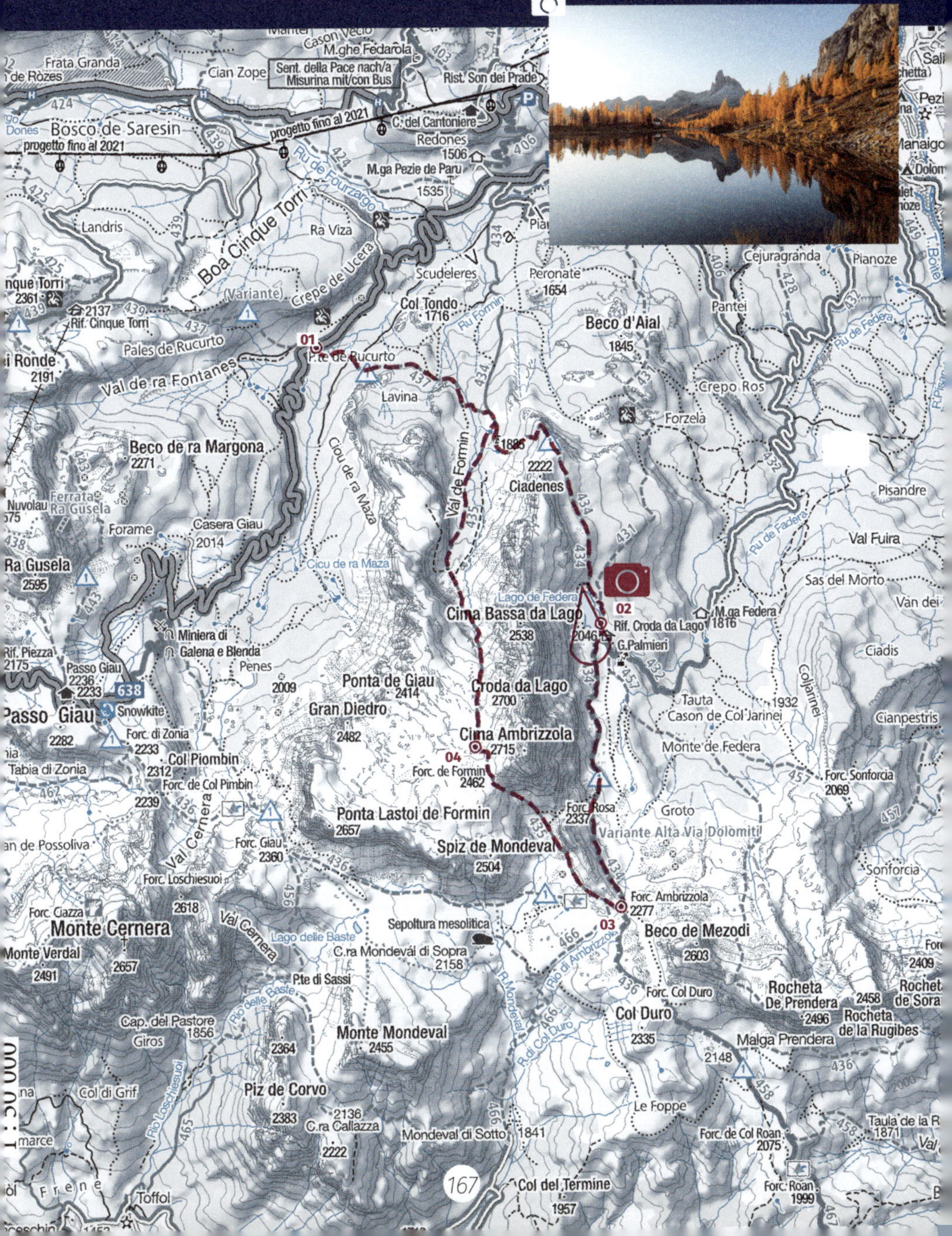

24 Steinzeit-Spaziergang

Ob der Monte Pelmo auch schon in der Mittelsteinzeit als „Götterberg" verehrt wurde? Hier auf Mondeval fand man jedenfalls Spuren von Menschen, die sich damals zum Jagen und Sammeln ein besonders schönes Stück der Dolomiten ausgesucht haben.

Bilder von: **Luisa Härtel**
@thegirlwiththemountainpics

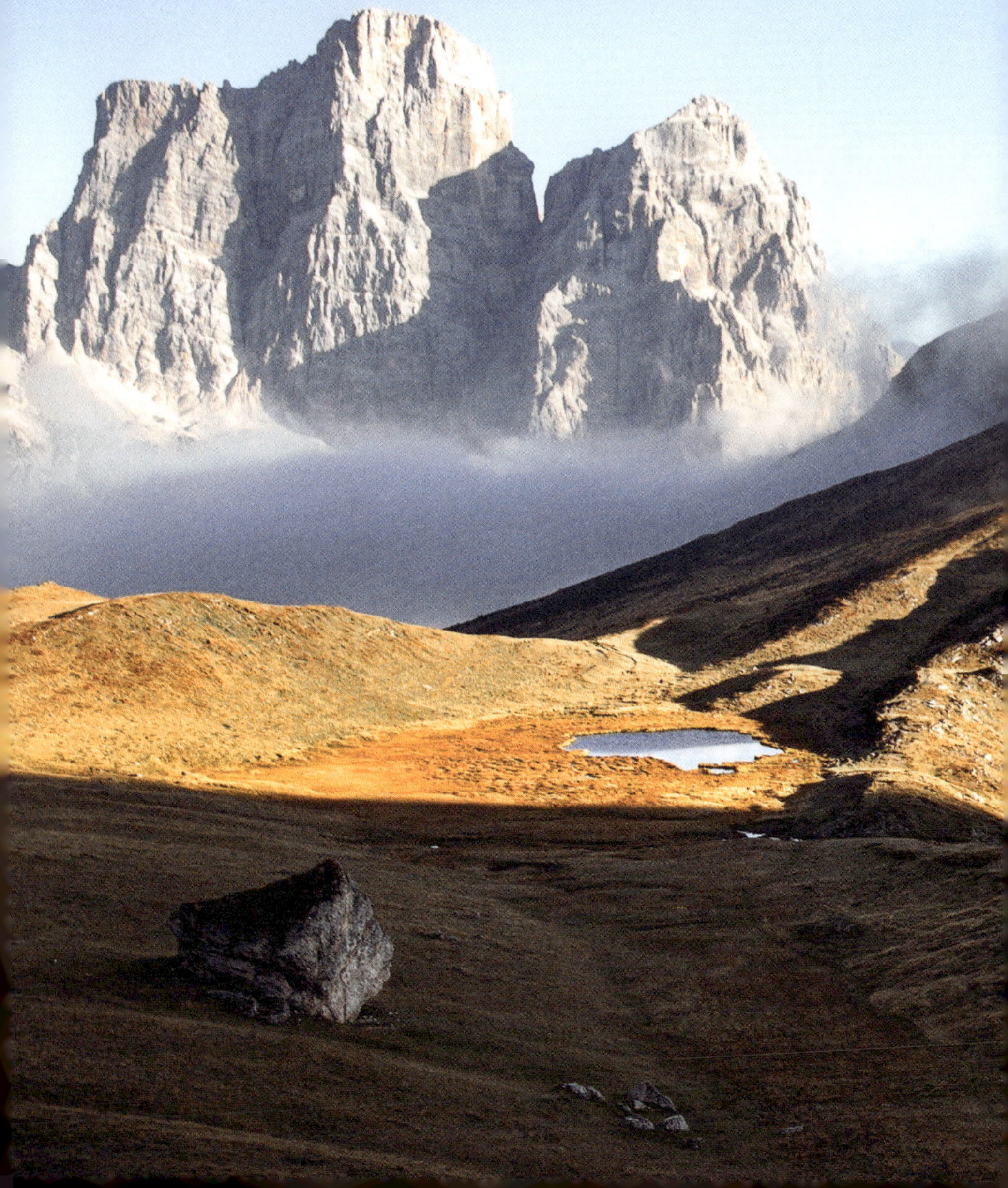

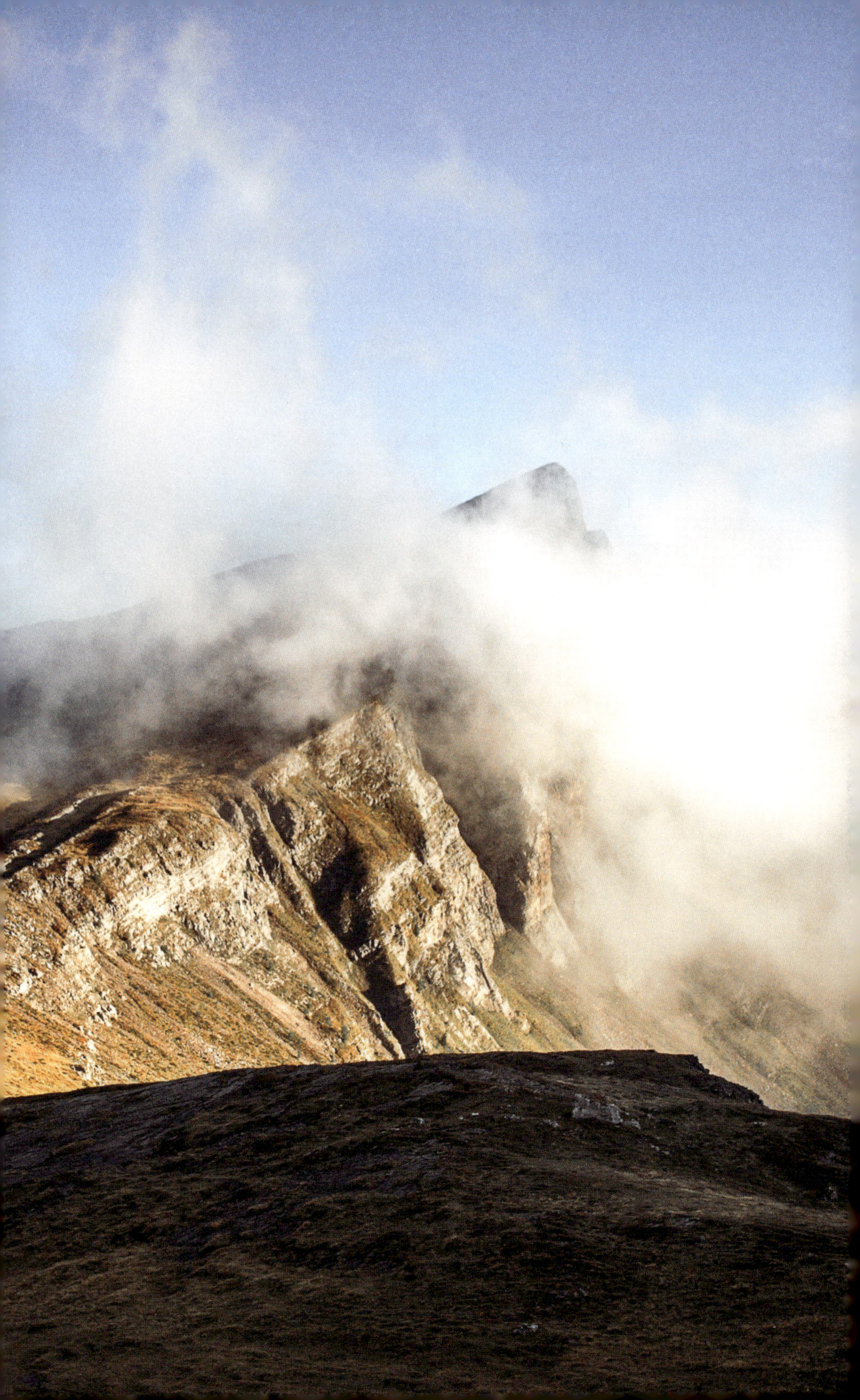

Rund um den Corvo Alto

Tourencharakter
Mittelschwere Bergwanderung für Wanderer, die Touren etwas abseits der Touristenströme schätzen. Allerdings müssen auch fehlende Einkehrmöglichkeiten in Kauf genommen werden. Ein Wegabschnitt verläuft auf der Route des Dolomiten-Höhenweges 1 von der Forcella di Giau zur Forcella Ambrizzola.

Start und Ziel
Toffol in Selva di Cadore, 1500 m. Zufahrt von Cortina d'Ampezzo auf der Staatsstraße 48 nach Cernadoi, links ab auf der SS 203 nach Caprile und wieder links ab auf der Straße 251 nach Toffol in Selva di Cadore; Parken östlich des Ortes.

Schwierigkeit: leicht - **mittel** - schwer
Dauer: **5:00 h**
Länge: **14,7 km**
Aufstieg **900 hm**
Abstieg **900 hm**

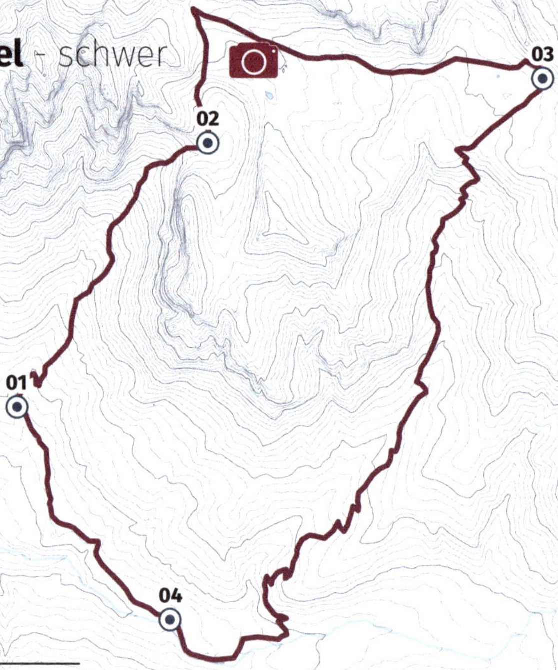

Höhenlinienmodell mit Streckenverlauf

Höhenprofil

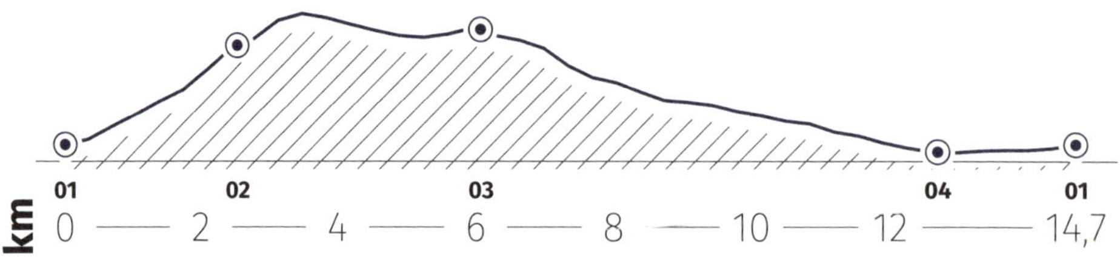

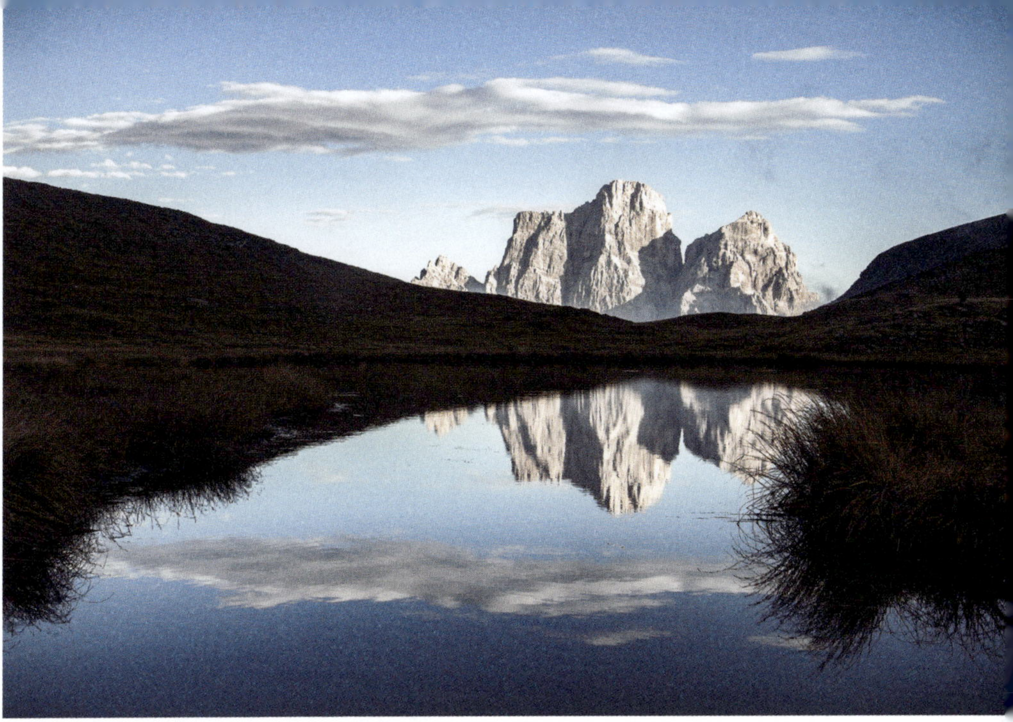

Monte Pelmo und Pelmetto – eine Bergverdoppelung.

Im Jahr 1987 wurde in diesem Gebiet unter einem dolomitischen Felsen das Skelett eines Jägers aus der Mittelsteinzeit gefunden, der vor etwa 7.500 Jahren hier lebte.

infodolomiti.it

Für so manchen mag in den Dolomiten eine Tour ohne „Massenbegleitung“ der Wunsch sein. Allerdings muss er dafür meist Touren ohne direkte Einkehrmöglichkeit oder sonstige touristische Stützpunkte an der Strecke auswählen. Dies trifft bei dieser Tour zwar auch zu, dennoch vermittelt sie ein wunderschönes Bergerlebnis und entschädigt für die Aufstiegsstrapazen.

▶ Sie beginnt zwischen den Häusern von Toffol 01 mit der deutlich erkennbaren Markierung Nr. 465, welche am Ende einer steilen, asphaltierten Hauszufahrt als steiler Pfad bergwärts führt. Zuerst östlich des Loschiesuòibachs, dann etwas abseits gelangen wir auf meist ziemlich steilem Weg im Talschluss zur Waldgrenze, zur Ponte di Sassi 02 und danach auf immer flacher werdendem Grassteig zum Dolomiten-Höhenweg 1, auf dem wir links zur Forcella di Giau, 2360 m, hinüberwandern. Dort tut sich ein schöner Blick ins Gebiet der Tofanen auf. Nun geht es auf dem schönen Höhenweg in südöstlicher Richtung ziemlich eben dahin, vorbei am kleinen Lago delle Baste zur aussichtsreichen Forcella Ambrizzola 03, 2277 m, hinüber. Wir genießen den freien

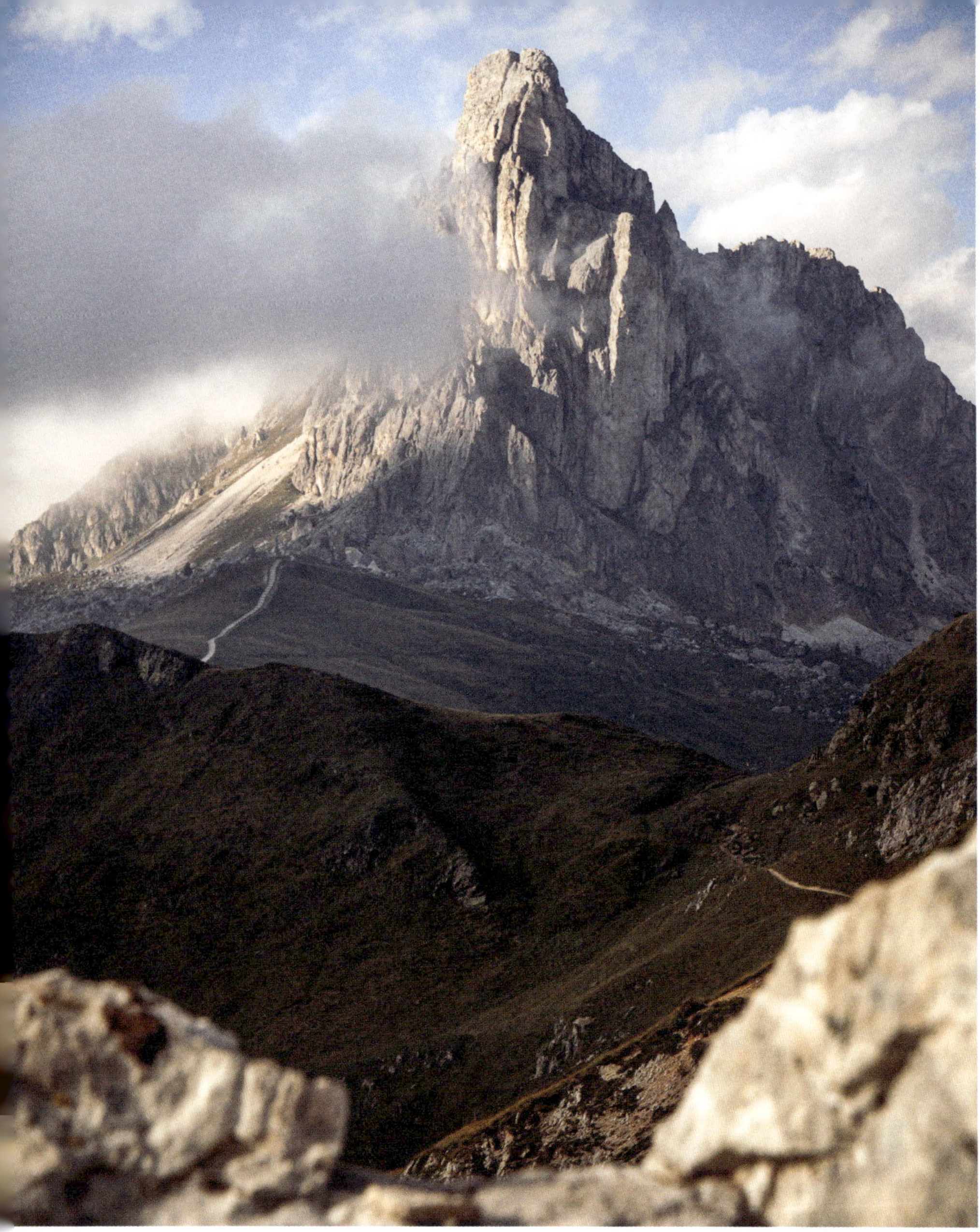

Manches ist noch im Nebel der Vorgeschichte verborgen …

Rundblick, vor allem zum nordseitig gelegenen Lago Federa und nach Süden zum mächtigen Gebirgsstock des Monte Pelmo. Wir steigen auf dem Weg Nr. 466 ins Valle Mondeval nach Südwesten ab. Der wechselnd steile Weg führt im letzten Abschnitt als Waldsteig hinunter zu einer Forststraße. Auf dieser links absteigend erreichen wir die Hauptstraße im Tal, die rechts nach Pescul **04** führt. Weiter nach Westen und rechts kurz hinauf zum Ausgangspunkt in Toffol **01**.

Dein Moment für die Ewigkeit

Wenn der Nebel sich lichtet

Gerade während der frühen Morgenstunden oder im Herbst ist die Weitsicht häufig durch dichten Nebel getrübt. Der Trick ist, dies als Chance und nicht als störend anzusehen. Die Herausforderung liegt darin, die Nebelschwaden in ihrer Bewegung einzufangen und so spannende, eindrucksvolle Bilder entstehen zu lassen.

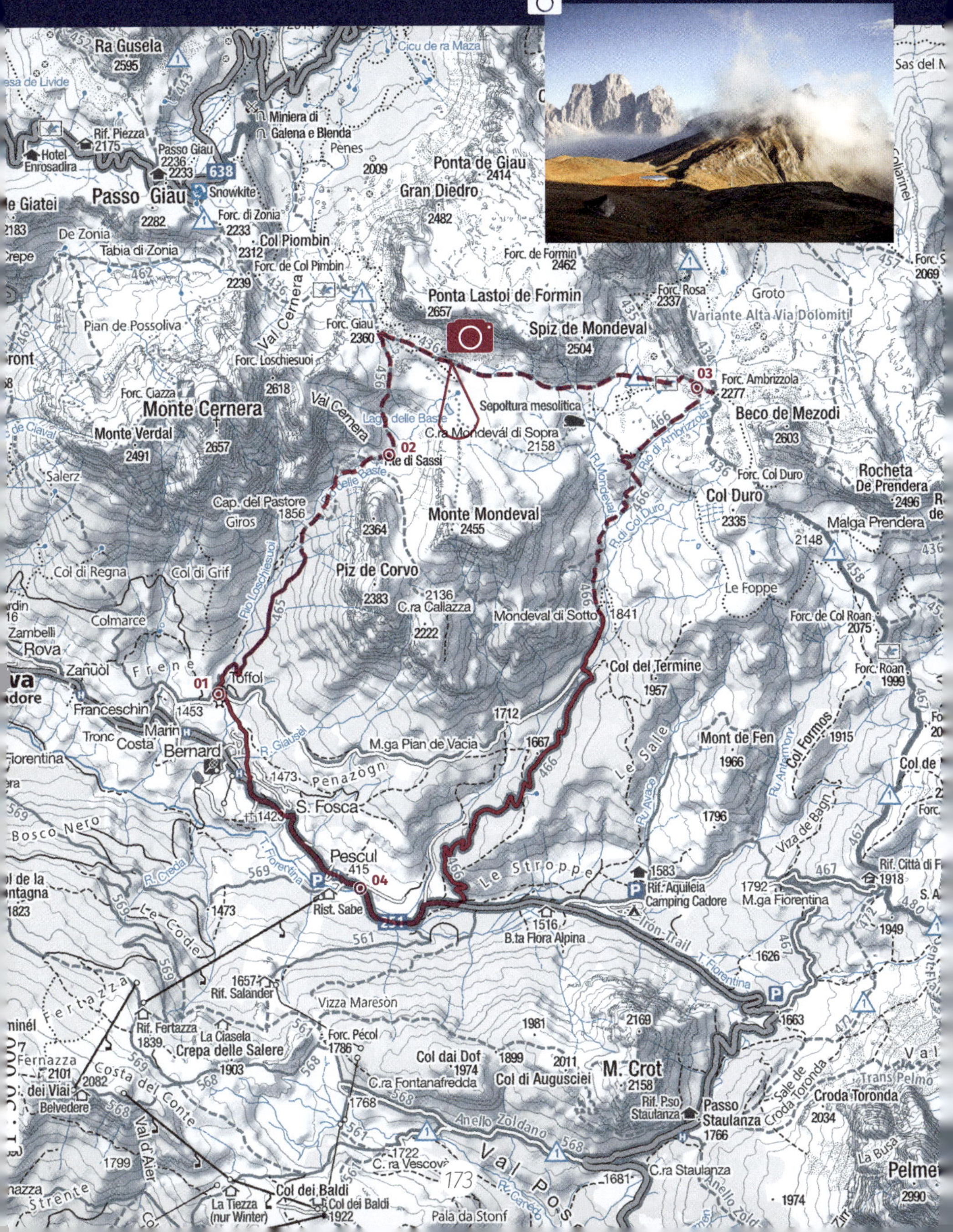

25 Auf zum Abgrund!

Dolomiten – das ist doch nicht nur Wandern, sondern auch Hand-an-den Fels-legen? Stimmt, und daher präsentieren wir hier einen der wildesten Klettesteige der gesamten Gebirgsgruppe, der höchst luftig über den Monte Civetta führt.

Bilder von: **Philipp Pliger**
@p.doublephoto

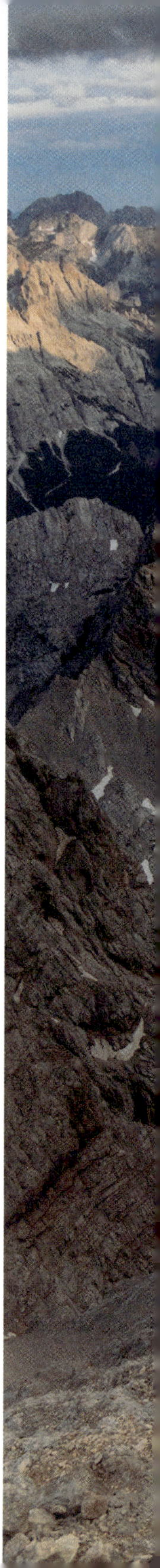

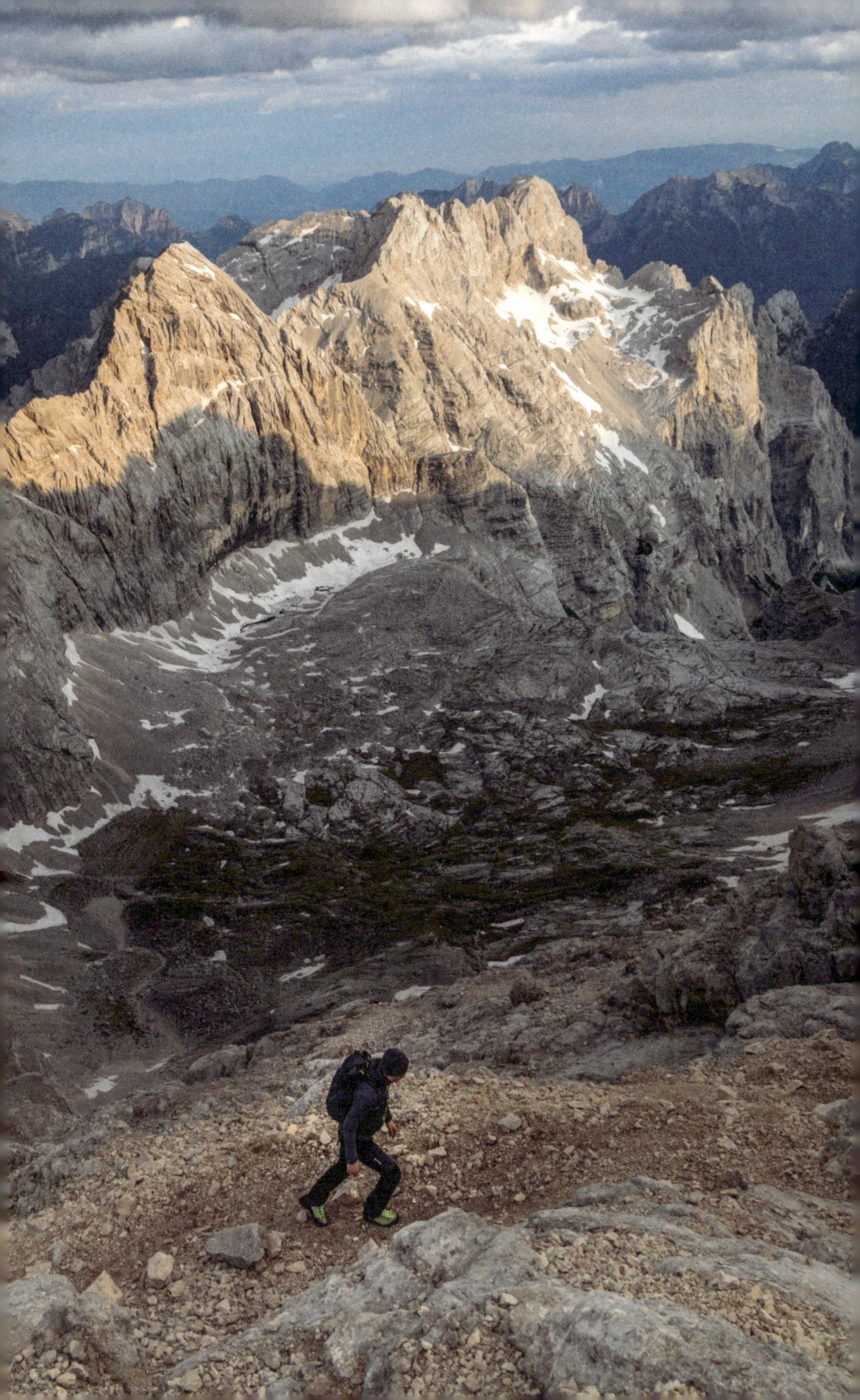

Via Ferrata Degli Alleghesi

Tourencharakter
Ein besonders schwieriger gesicherter, aber sehr anspruchsvoller Klettersteig – sehr lange und mit Kletterstellen bis zum 2. Grad. Nur mit entsprechender Ausrüstung und bei absolut sicherem Wetter begehen! Im Frühsommer sind Pickel oder Steigeisen von Vorteil.

Start und Ziel
Hotel Palafavera, 1520 m, 4 km südlich der Forcella Staulanza, 1773 m. Zufahrt von Cortina d'Ampezzo auf der Staatsstraße 48 über den Passo Falzarego nach Cernadoi, links ab auf der SS 203 weiter nach Alleghe; Parken im Ort. Auffahrt mit dem Sessellift zur Bergstation, 1887 m.

Schwierigkeit: leicht - mittel - **schwer**
Dauer: **10:00 h**
Länge: **13,8 km**
Aufstieg **1400 hm**
Abstieg **1400 hm**

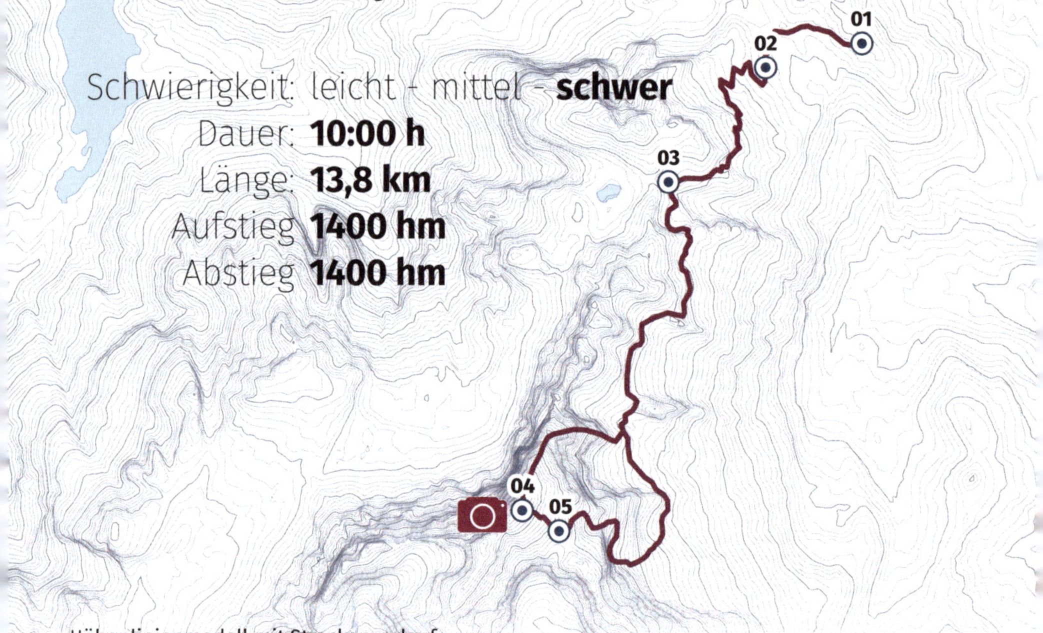

Höhenlinienmodell mit Streckenverlauf

Höhenprofil

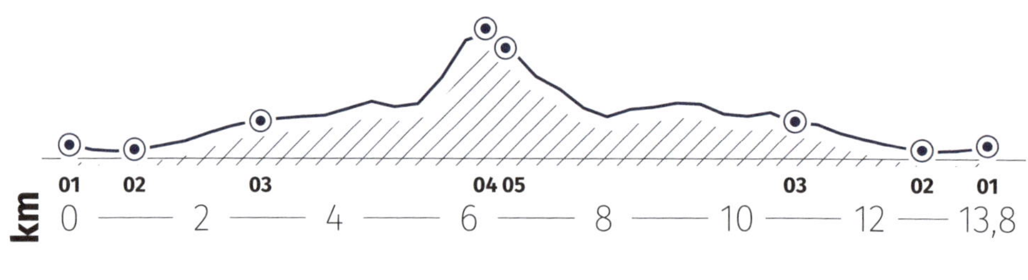

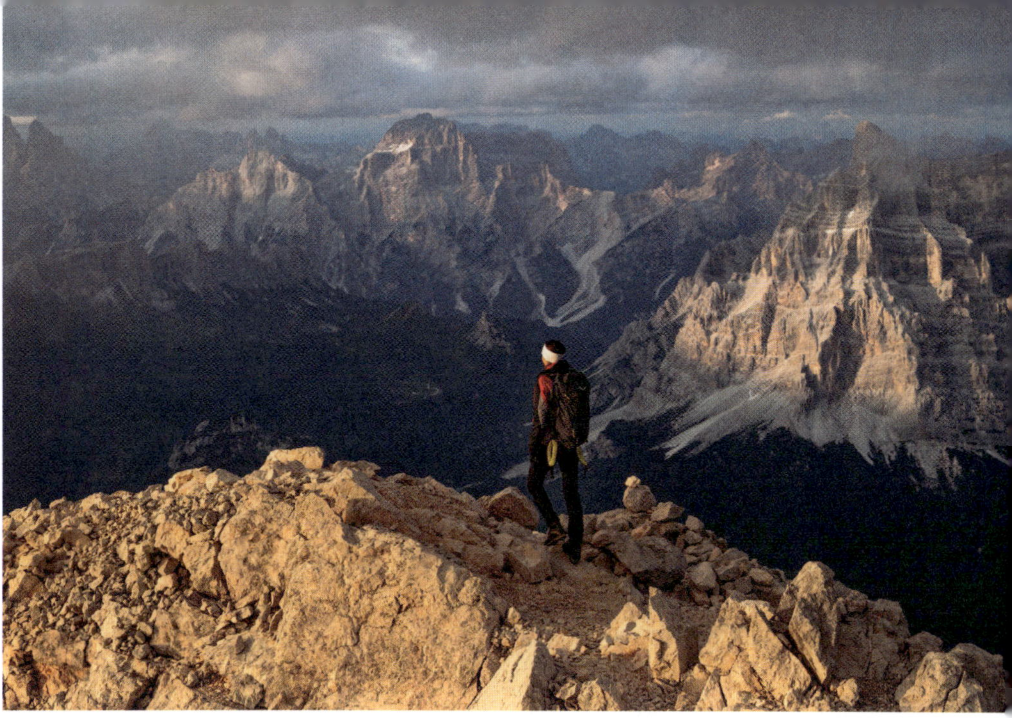

Dolomitenzauber vom Civetta-Grat.

> Climbing is a full-body sport from your fingers to your toes, but at the same time, it's like a dance on the rock. It's about being strong and fit but also graceful and elegant and efficient on the rock.
>
> Chris Sharma, US-amerikanischer Sportkletterer (geboren 1981)

Die Civetta bietet sehr geübten und erfahrenen Ferrata-Fans ein Klettersteigerlebnis der Extraklasse!

▶ Vom Hotel Palafavera, 1520 m (Parkplatz, Sessellift, Campingplatz), fahren wir mit dem Sessellift auf den Col di Dof **01** hinauf. Anschließend leicht abwärts zur Malga Pioda **02** und auf dem Weg Nr. 556 hinauf zum Rifugio A. Sonino al Coldai **03**, 2135 m. Der Weg Nr. 557 „Sentiero Tivan" führt südwärts zum Einstieg nahe der Scharte am Schinal del Bech. Über den Ostpfeiler (gesichert) auf den Nordgrat und weiter zum Gipfel des Monte Civetta **04** 📷, 3220 m. Teilweise ungesicherte Stellen erreichen die UIAA-Schwierigkeit I–II.

Abstieg: Vom Gipfel folgt man der roten Markierung über steiles Geröll (Steinschlag!) hinunter zum Rif. M. V. Torrani **05**, 2984 m. Weiter über schräge Platten und Schotterbänder, teilweise gesichert, auf dem Weg Nr. 557 zum Sentiero Tivan und zurück zum Col di Dof **01**. Bemerkung: Eine großartige Überschreitung der Civetta bietet der Auf-

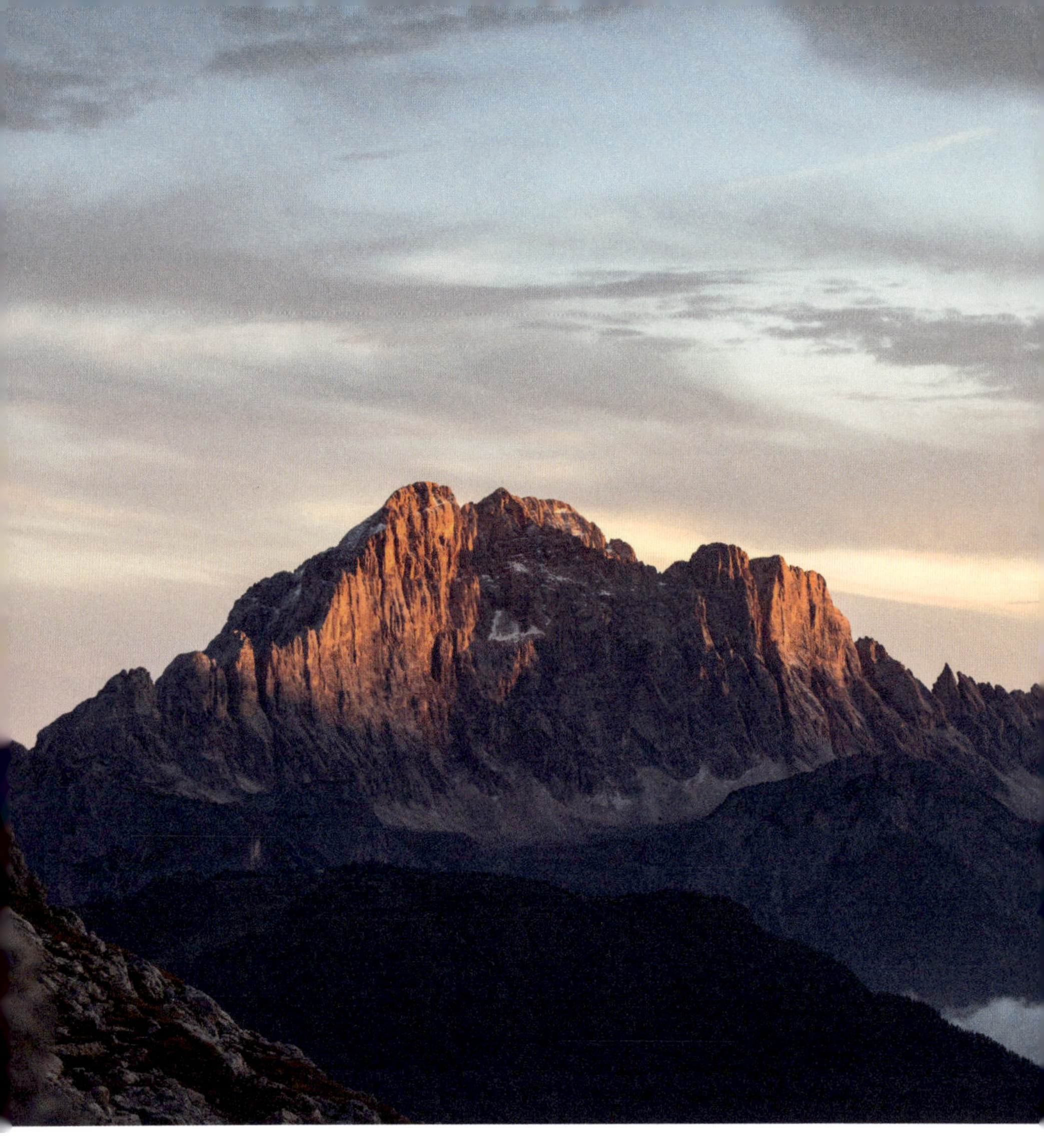

Dank ihrer Nordwestwand gilt die Civetta als einer der mächtigsten Berge der Dolomiten.

stieg über die Via ferrata degli Alleghesi und der Abstieg über die Via ferrata Attilio Tissi zum Rifugio Vazzoler, 1714 m. Wuchtig steht die Civettagruppe vor uns – nicht so tiefgründig zerklüftet wie die Palagruppe oder die Sextner Dolomiten, aber mit ihrer 1000 m hohen Nordwestwand ist sie ein Glanzpunkt der Dolomiten und in Kreisen anspruchsvoller Kletterer als Herausforderung bekannt. 1925 wurde diese Wand erstmals bezwungen, aber der Gipfel, 3220 m, wurde bereits 1867 durch den Engländer Francis Fox Tuckett über eine andere Route erreicht. Für den Klettersteiggeher gibt es zwei Möglichkeiten des Gipfelanstiegs: Über die „Via ferrata degli Alleghesi“ von Nordosten und über die „Via ferrata Attilio Tissi“ von Süden. Der großartige Rundblick vom Gipfel entschädigt für die beträchtlichen Mühen dieser anspruchsvollen Klettersteigtouren.

Dein Moment für die Ewigkeit

Keep Moving

Ein Bild ist eine Momentaufnahme. In der Landschaftsfotografie spielt sich normalerweise wenig Bewegung ab. Anders als bei Sportaufnahmen, wo man die Bewegung in den Vordergrund stellt, kannst du Bewegung dezent von einer Bergkulisse einrahmen lassen.

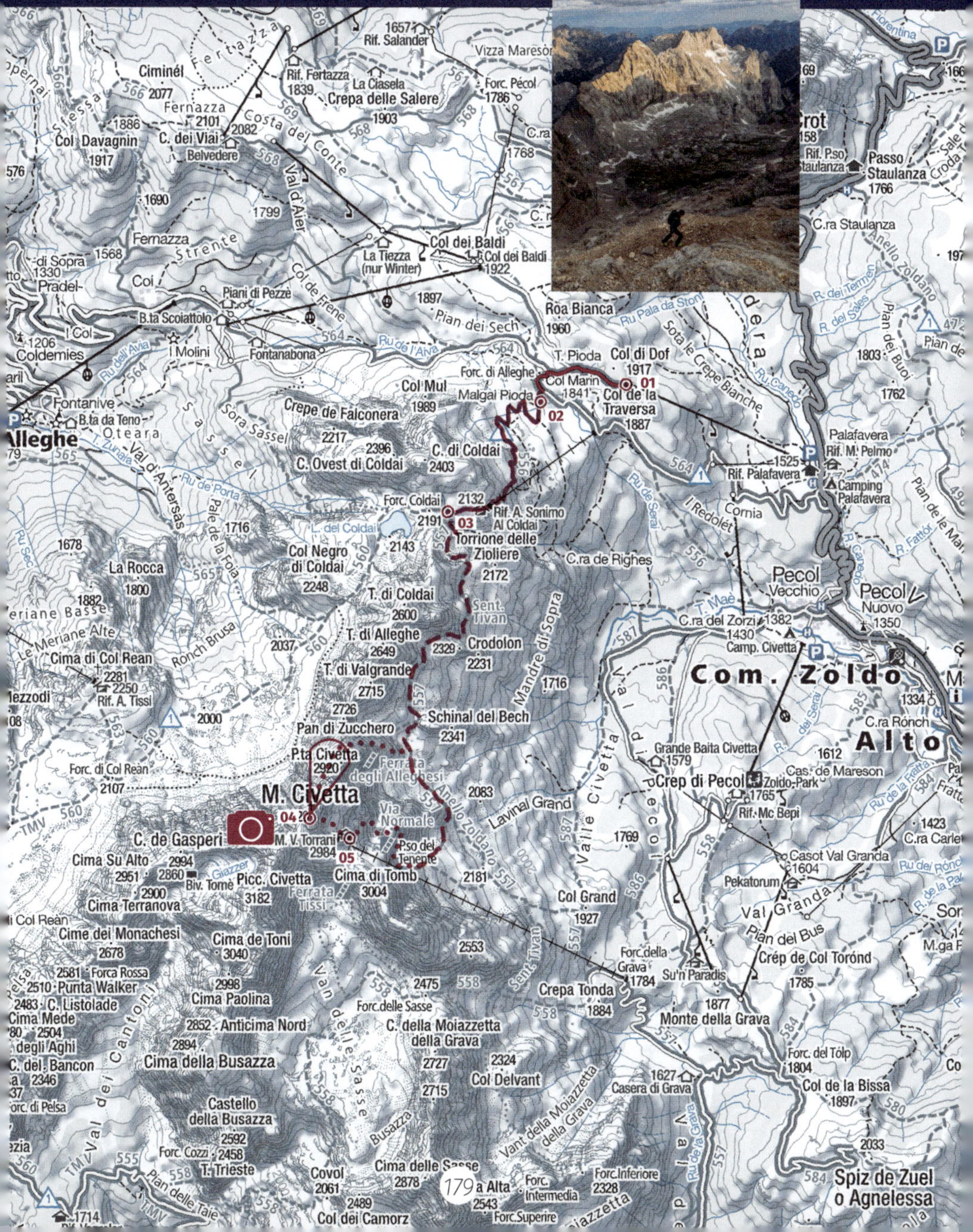

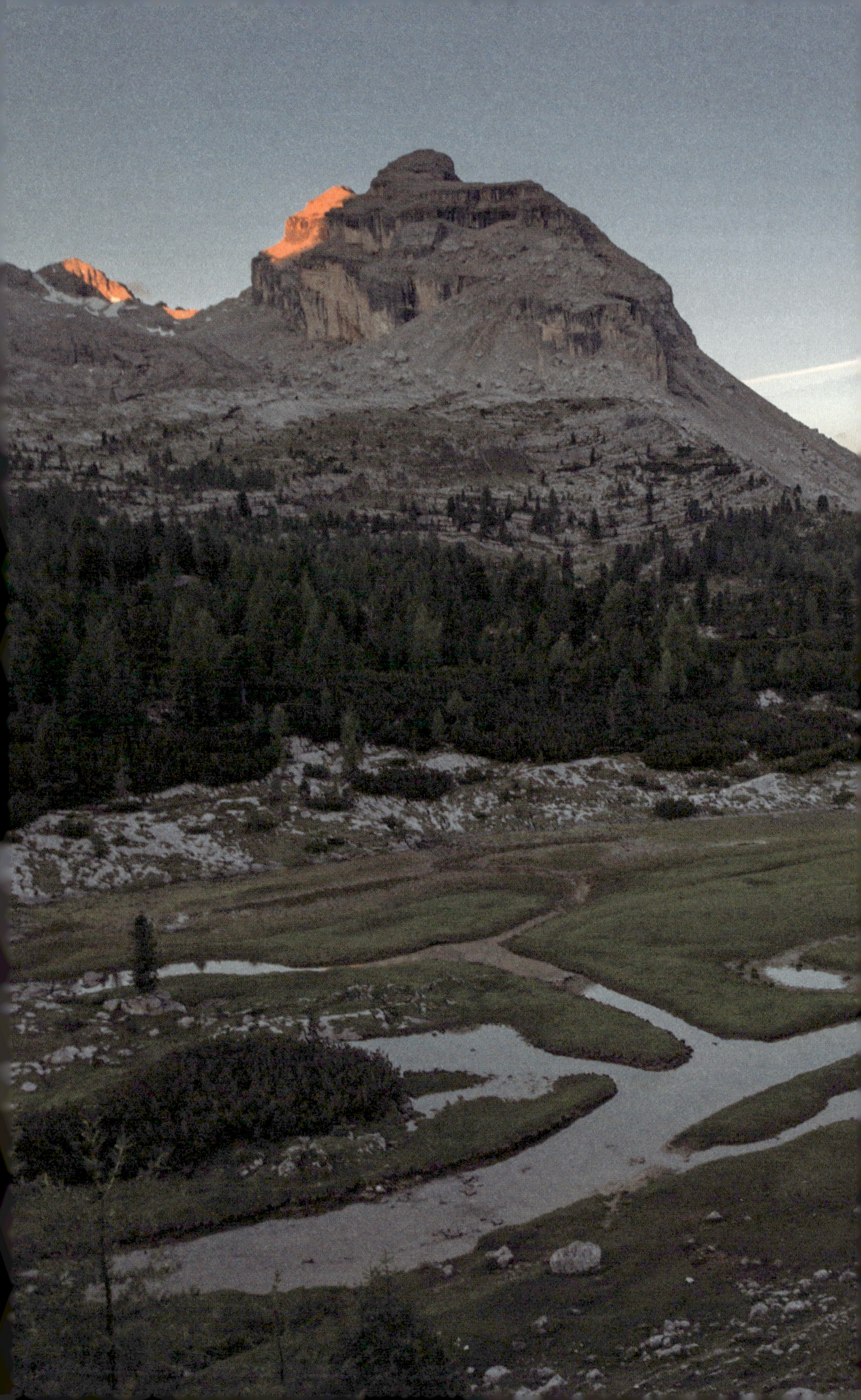

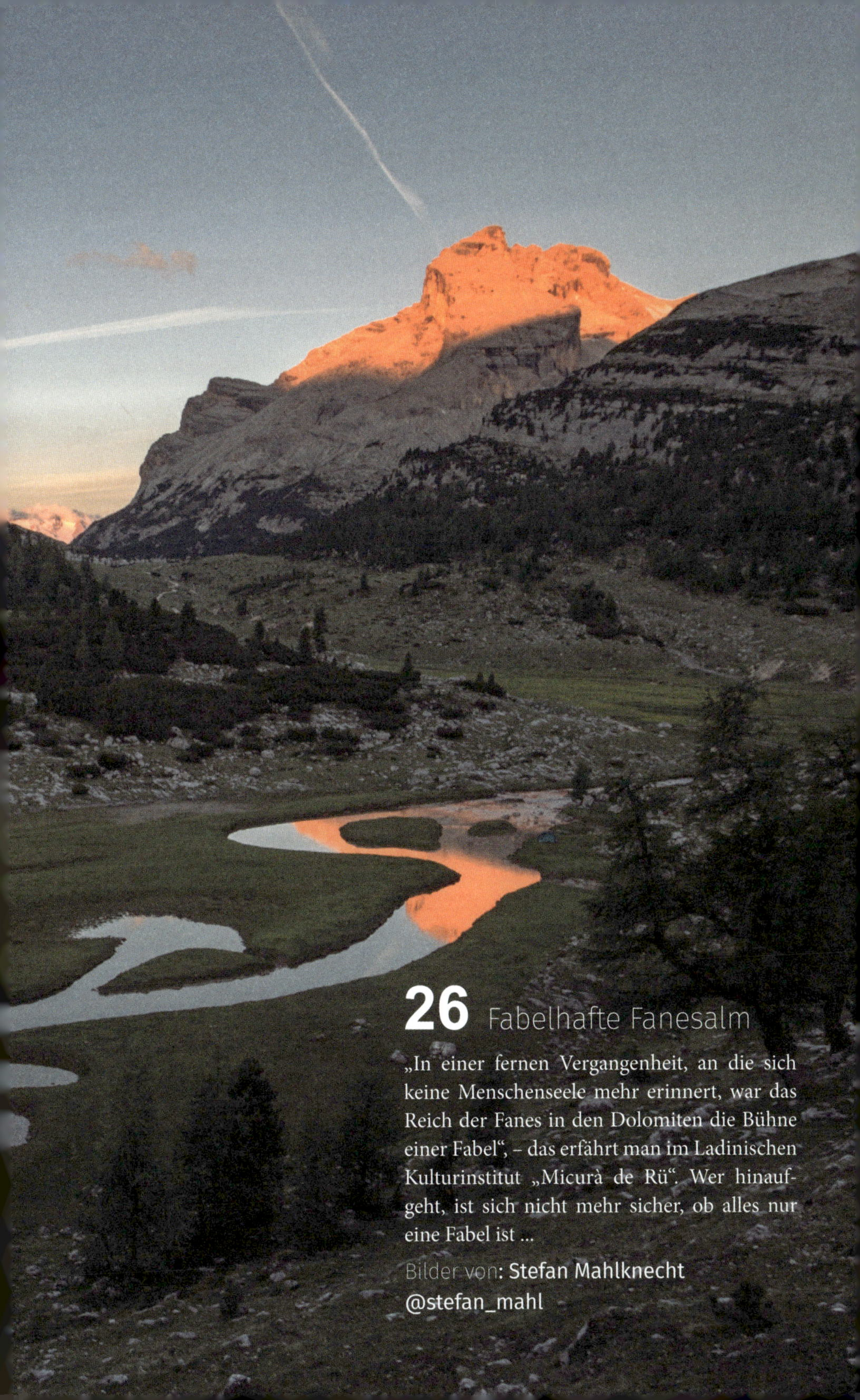

26 Fabelhafte Fanesalm

„In einer fernen Vergangenheit, an die sich keine Menschenseele mehr erinnert, war das Reich der Fanes in den Dolomiten die Bühne einer Fabel“, – das erfährt man im Ladinischen Kulturinstitut „Micurà de Rü“. Wer hinaufgeht, ist sich nicht mehr sicher, ob alles nur eine Fabel ist …

Bilder von: **Stefan Mahlknecht**
@stefan_mahl

Von Pederü zum Limojoch 2083 m

Tourencharakter
Wenig anspruchsvolle, landschaftlich aber sehr reizvolle Hütten- und Passwanderung. Hinweis: Wer morgens mit dem Bus vom Gadertal ins Rautal fährt, kann die Tour über den Ju dal'Ega zur Sarèbrücke fortsetzen. Einkehrmöglichkeiten Pederühütte/Rif. Pederü, Faneshütte/Ütia de Fanes, Rif. Lavarella (kleiner Umweg).

Start und Ziel
Pederühütte/Rifugio Pederü, 1548 m, im innersten Rautal, 12 km von St. Vigil in Enneberg. Zufahrt: Von der Staatsstraße 49 bei St. Lorenzen auf die SS 244 und in Zwischenwasser links ab nach St. Vigil und zum Rif. Pederü; Zufahrt mautpflichtig. Bus: Direkte Busverbindungen zwischen den Ortschaften des Gadertal, St. Vigil und Pederü.

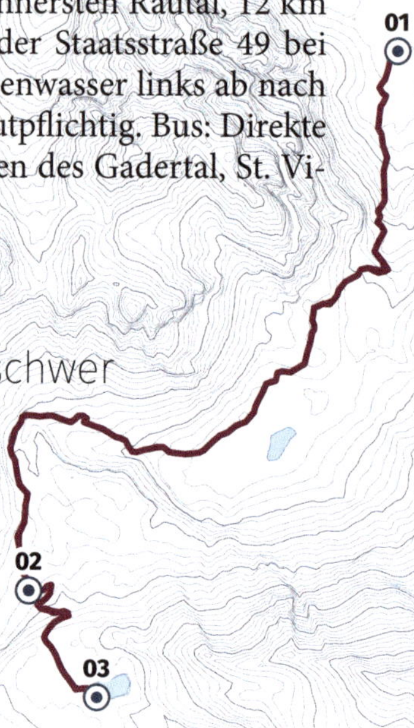

Schwierigkeit: **leicht** - mittel - schwer
Dauer: **3:45 h**
Länge: **13,0 km**
Aufstieg **650 hm**
Abstieg **650 hm**

Höhenlinienmodell mit Streckenverlauf

Höhenprofil

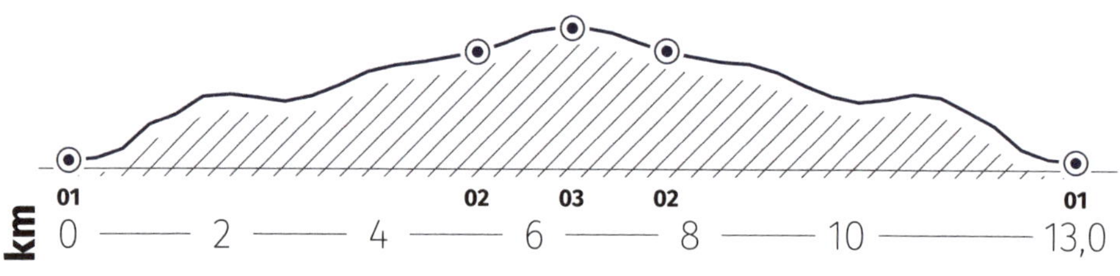

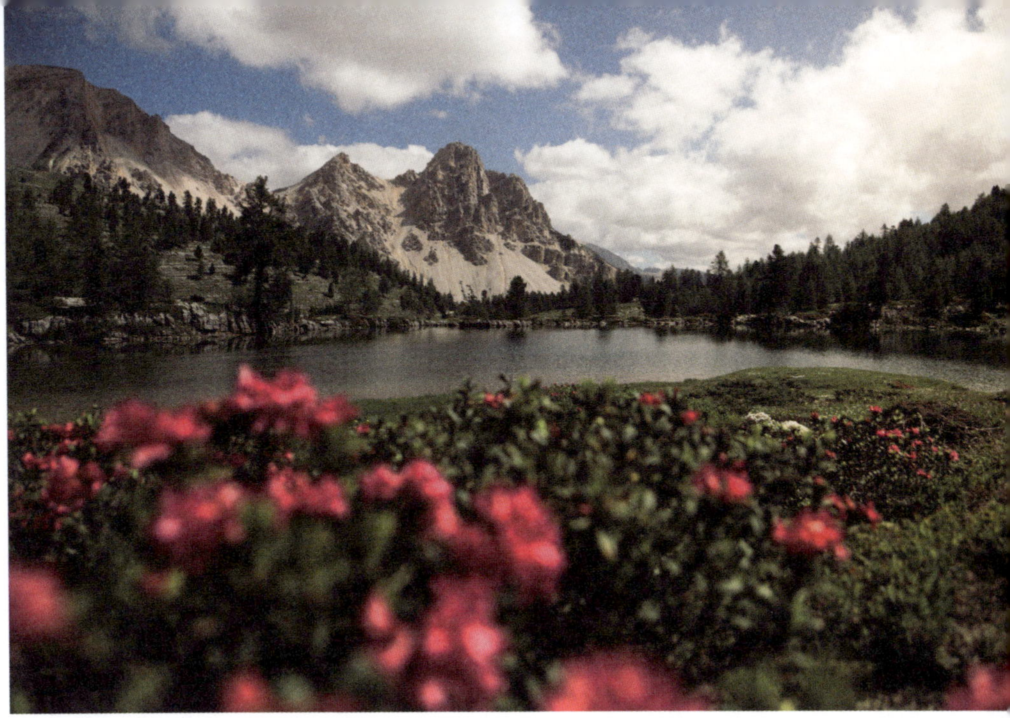

Seenzauber und Farbenpracht auf der Fanes.

Die neun Teilgebiete des Welterbes Dolomiten bilden eine Serie einzigartiger Gebirgslandschaften von außergewöhnlicher Schönheit.

Aus der Erklärung des UNESCO-Welterbe-Komitees.

Es soll unter den Bergsteigern ja viele Romantiker geben – auch heimliche. Sie dürften sich vom Fanesgebiet ganz besonders angezogen fühlen, ist die Wanderung hinauf in die sagenumwobene Almregion doch ein Kaleidoskop der vielfältigsten Formen und Farben. Da ragen graue, zersplitterte Grate in den blauen Himmel, ziehen mächtige Schuttströme aus steilen Bergflanken herab, sprudelt das Wasser des Vigilbachs zwischen Felsblöcken und Graspolstern, krallen sich knorrige Zirben an den meist steinigen Untergrund. Aus dem rauen, U-förmigen Rautal wandert man hinauf zu dem weiten Almgelände von Kleinfanes, wo einst die „Marmottes" regierten. Demokratisch natürlich, und wer das nicht glaubt, der kann sich ihr Forum gleich über dem Grünsee anschauen: Das „Parlament der Murmeltiere". Urkundlich wurde die Fanesalm vor mehr als tausend Jahren erstmals als „petra Uanna" erwähnt; mehrere Funde am Ciastel de Fanes, 2657 m, beweisen, dass die Gegend bereits in vorgeschichtlicher Zeit besiedelt war – reichlich Stoff für diverse Sagen und Legenden.

▶ Der markierte Anstieg vom Rifugio Pederü **01** zur Kleinen Fanesalm verläuft teilweise abseits der Limojochstraße. Wäh-

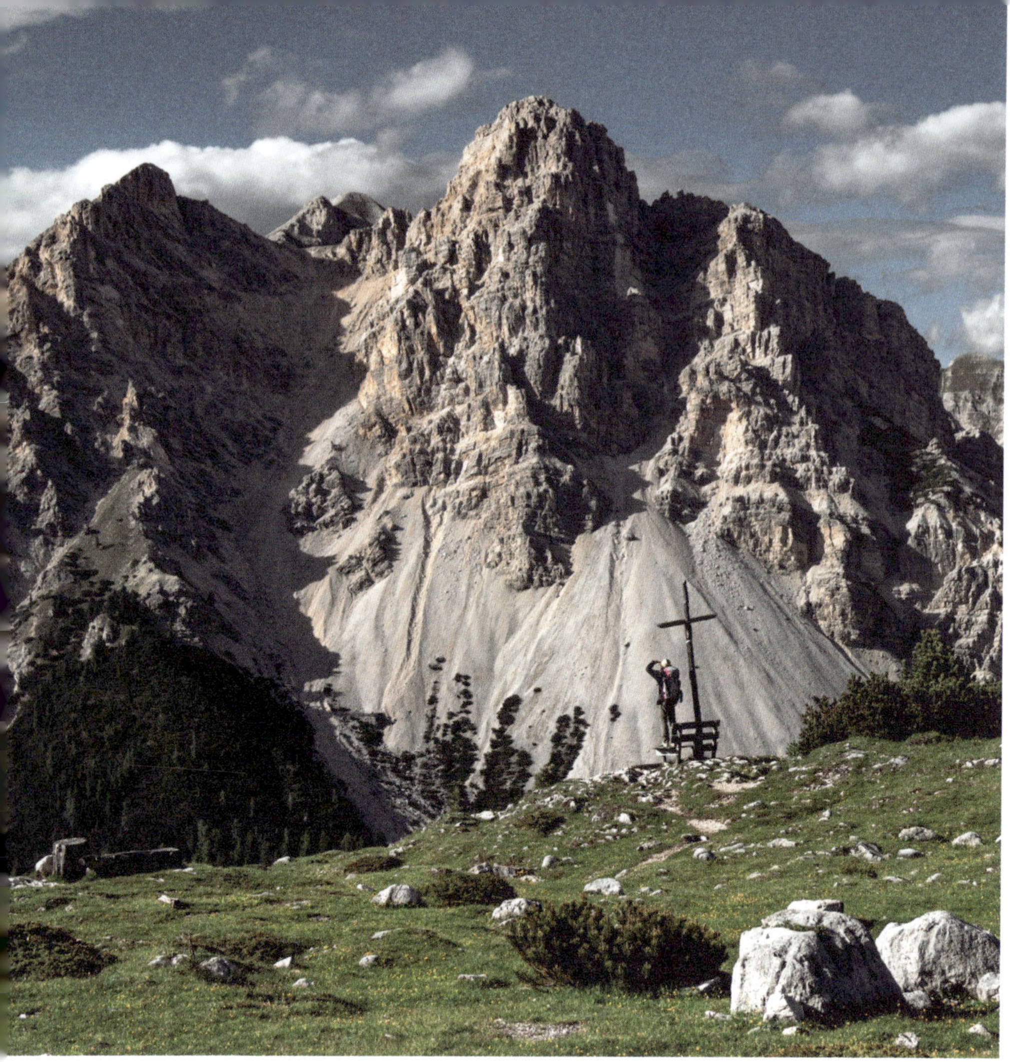

Foto-Rast am Limojoch.

rend die ehemalige Militärstraße in vielen Serpentinen an der östlichen Talflanke an Höhe gewinnt, verläuft der Wanderweg rechts des Vigilbachs, der knapp oberhalb von Pederü am Fuß eines wilden Gerölltrichters zu Tage tritt. Eine Talstufe höher bildet er den seichten Piciodelsee (Lé Piciodel, 1819 m). Dahinter, teilweise entlang der Straße, geht es über eine licht bewaldete Geländestufe in den untersten Boden der Kleinen Fanesalm, wo am Grünsee die Lavarellahütte, 2050 m, steht. Links entlang der Straße zur großen Faneshütte **02**, 2060 m, und über zwei Kehren weiter hinauf ins Limojoch (Ju de Limo, 2174 m). Gleich jenseits der Passhöhe liegt der Lé de Limo, der Limosee **03**. Wer zur Ücia de Gran Fanes Hütte absteigt (ca. 30 Minuten) erreicht den Standpunkt, von dem das Foto aufgenommen wurde.

Abstieg auf dem gleichen Weg; man kann natürlich auch auf die staubige Straße ausweichen (Geländewagen-Verkehr).

Dein Moment für die Ewigkeit

Führe den Betrachter

Ein Weg der von der Linse in die Ferne führt lädt den Betrachter ein, ihm zu folgen. So ist es auch mit dem Flusslauf, der sich von der linken Bildecke in den Hintergrund schlängelt. Versuche solche blickführenden Elemente in deinem Bildaufbau mit einzuplanen.

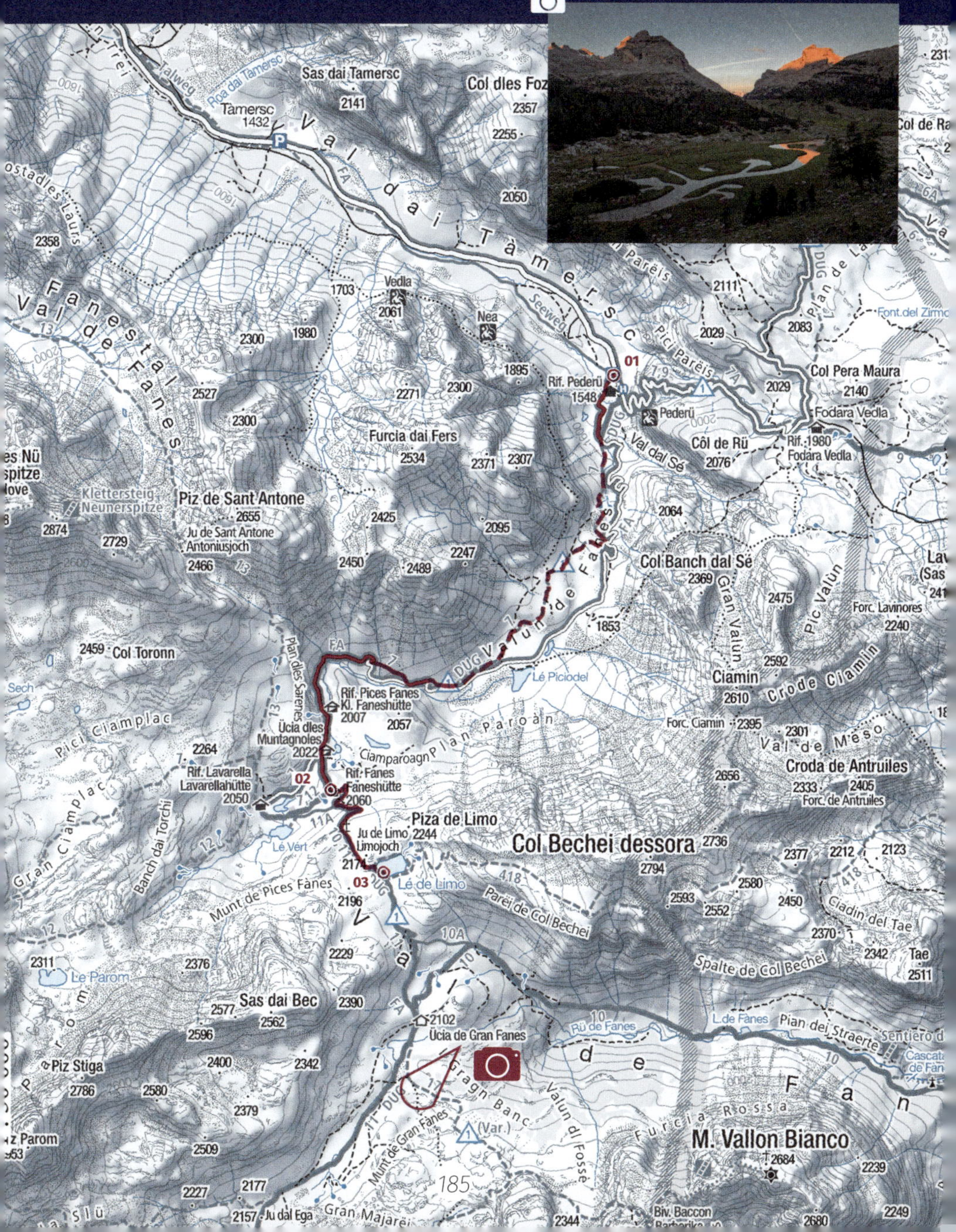

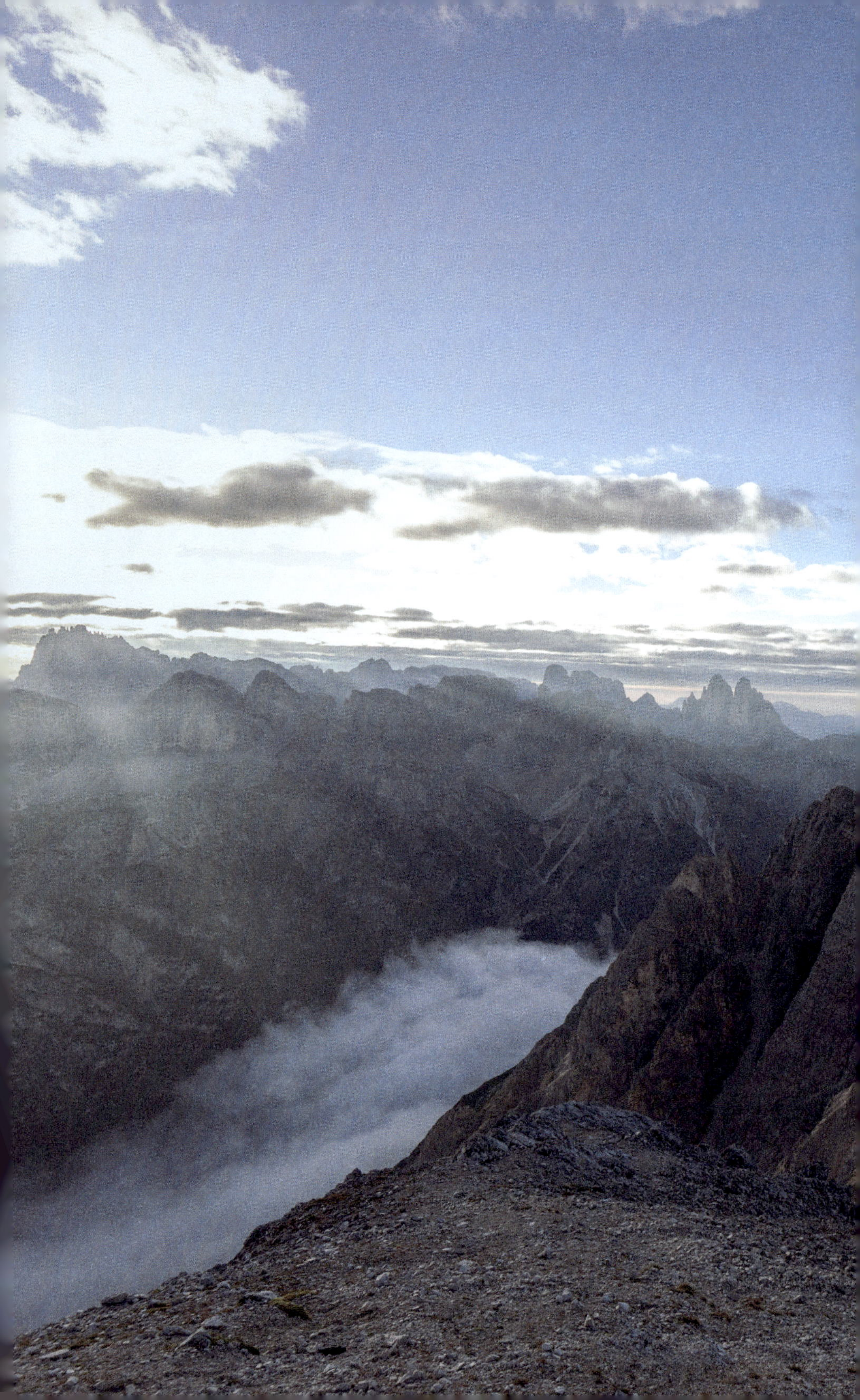

27 Wirklich keine „dürre“ Aussicht!

Ganz im Norden der Dolomiten verspricht der Dürrenstein ein Prachtpanorama, das auch den Monte Cristallo und die Drei Zinnen mit einschließt.

Bilder von: **Philipp Pliger**
@p.doublephoto

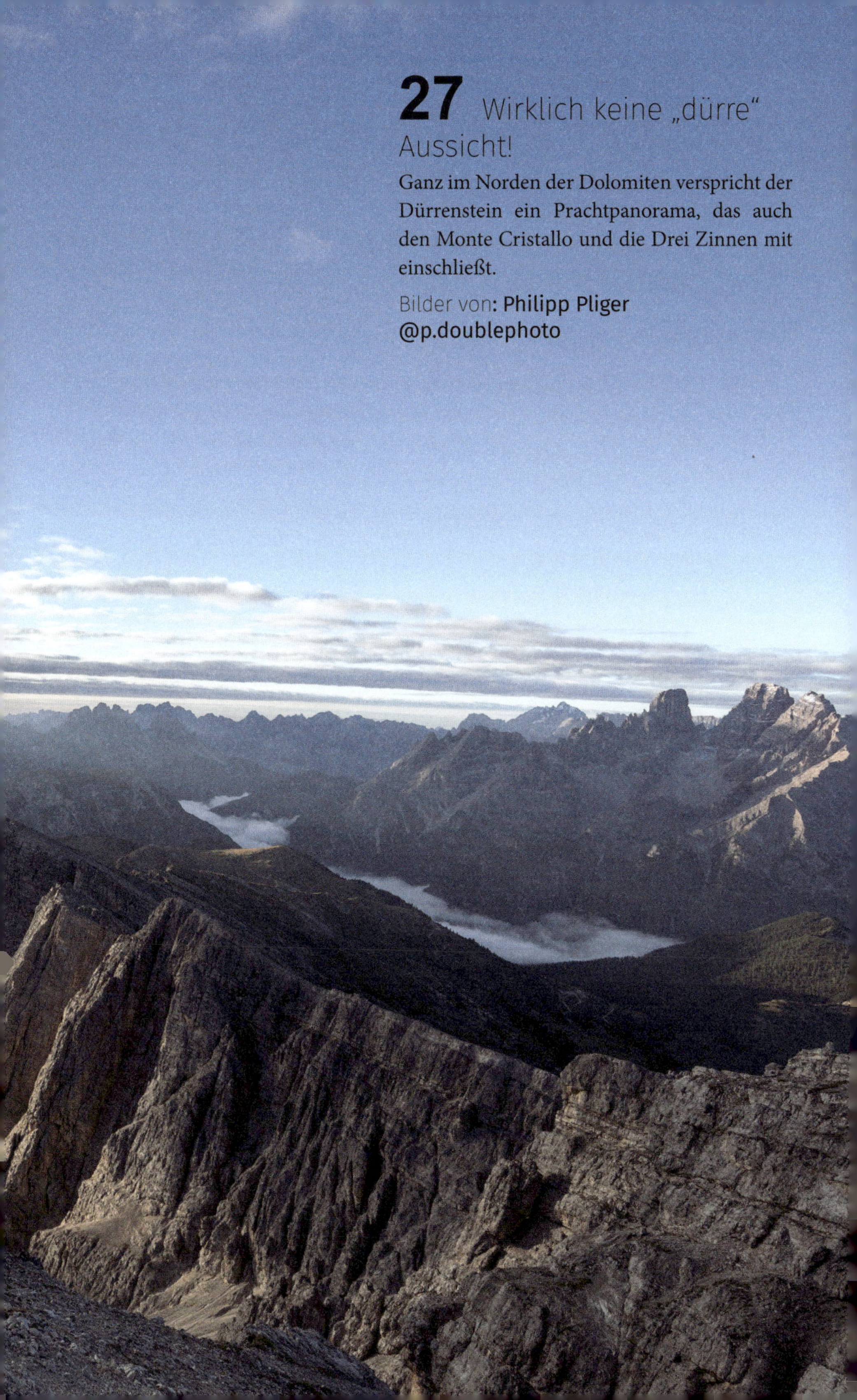

Zum Aussichtsberg Dürrenstein 2839 m

Tourencharakter
Mittelschwere Bergtour, die zuerst auf breitem Fahrweg zur Dürrensteinhütte führt. Über Almwiesen, dann steiler werdend über gut markierte Felssteigspuren zum Gipfel.

Start und Ziel
Plätzwiese, 1991 m. Zufahrt von der Staatsstraße 49 zwischen Welsberg und Niederdorf abzweigend nach Außerprags, links weiter zum Alpengasthof Brückele und auf kurvenreicher Bergstraße zur Plätzwiese; Parken bei der Hütte.

Schwierigkeit: leicht - **mittel** - schwer
Dauer: **5:30 h**
Länge: **10,3 km**
Aufstieg **846 hm**
Abstieg **846 hm**

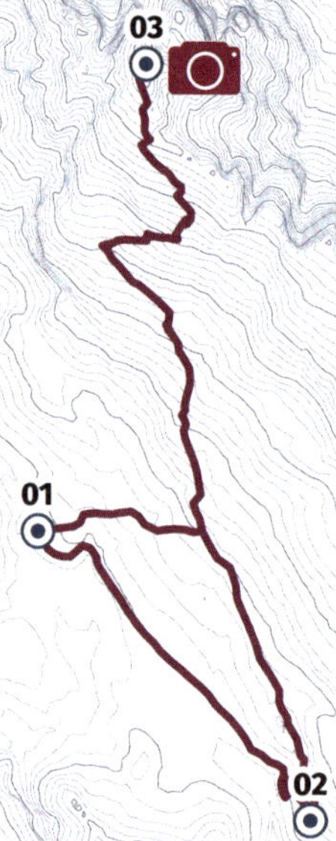

Höhenlinienmodell mit Streckenverlauf

Höhenprofil

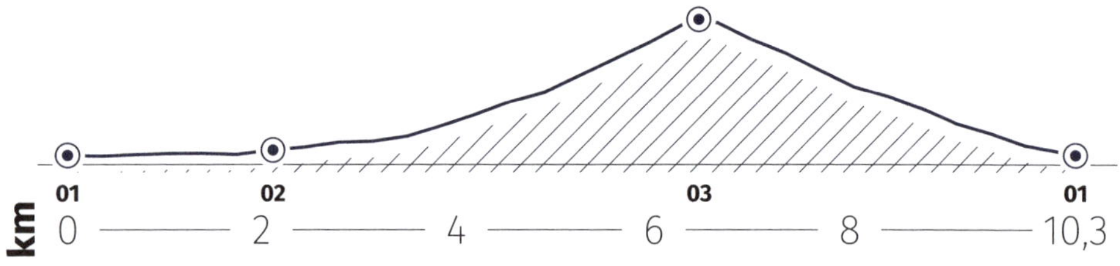

Im Sommer 2009 sind die Dolomiten aufgrund ihrer landschaftlichen Schönheit sowie ihrer geomorphologischen und geologischen Bedeutung in die Liste des Welterbes der UNESCO aufgenommen worden.

naturparks.provinz.bz.it

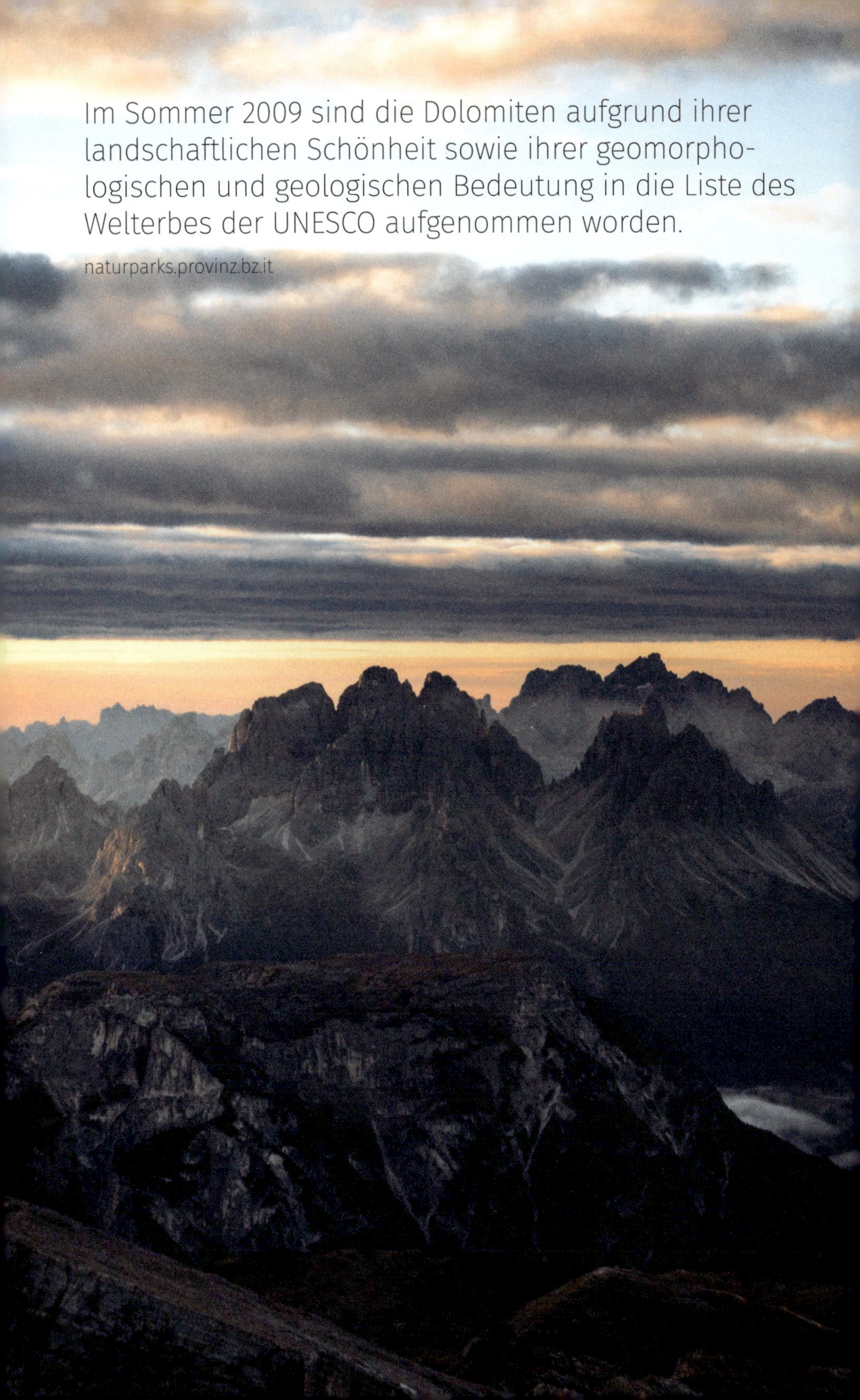

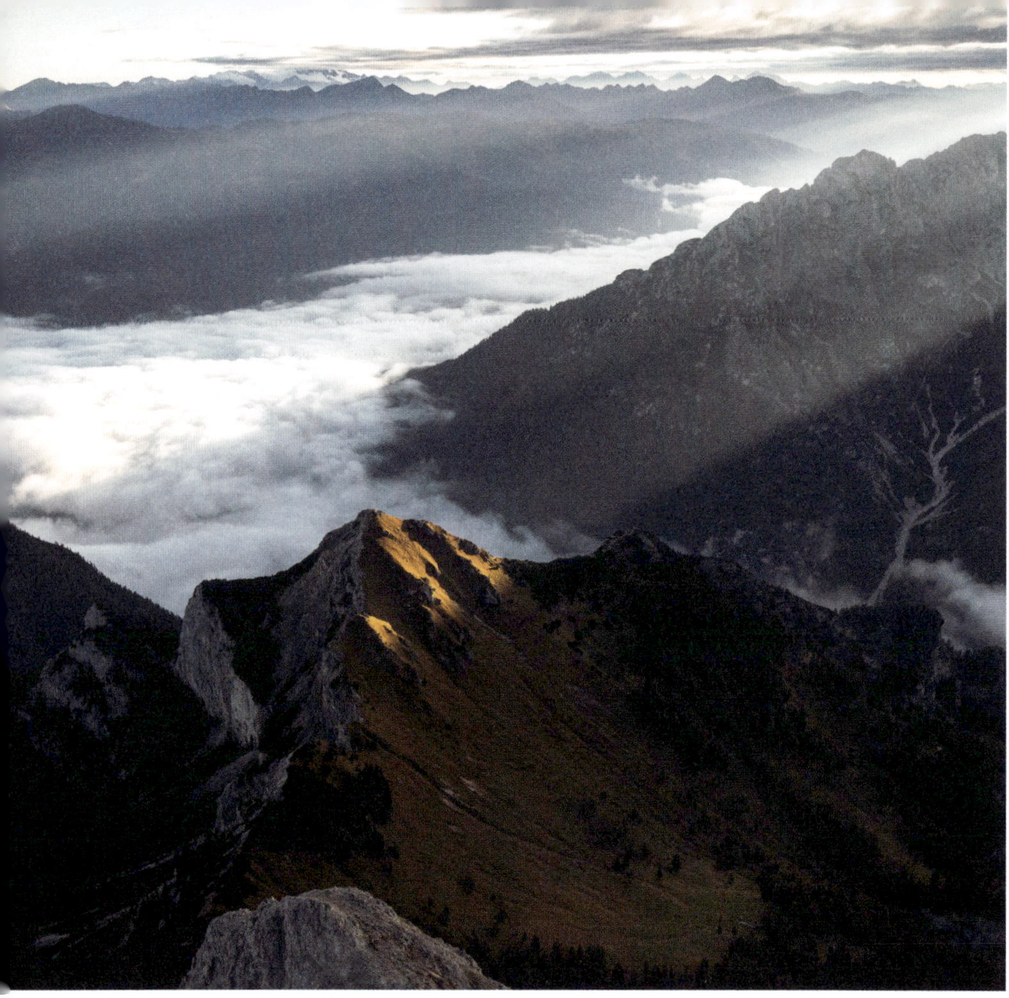

So ähnlich hat das Pustertal während der letzten Eiszeit ausgesehen.

Der Dürrenstein ist einer der meistbesuchten Dolomitengipfel – zu Recht!

▶ Mit dem Auto erreichen wir vom Alpengasthof Brückele, 1491 m, im Altpragser Tal die Plätzwiese 01, 1991 m. Auf dem breiten Fahrweg wandern wir in einer knappen halben Stunde zur Dürrensteinhütte 02, 2040 m, hinauf, von wo wir zur eigentlichen Tour aufbrechen. Wir verlassen die Hütte links auf dem Weg Nr. 40A (Dolomitenhöhenweg 3) ein kurzes Stück in nördlicher Richtung, bis wir am Südhang des Dürrensteins, den rechts abzweigenden Weg Nr. 40 erreichen, der uns anfangs sanft ansteigend über weite Almwiesen und zuletzt etwas steiler werdend über gut markierte Felssteigspuren auf den Gipfel des Dürrensteins 03, 2839 m, führt. Das Panorama zeigt uns im Norden die Zillertaler Alpen und Hohen Tauern und von Osten nach Süden die Sextner Dolomiten, den Monte Cristallo und die Hohe Gaisl. Nach dieser beeindruckenden Gipfelrast steigen wir nun wieder auf dem Weg Nr. 40 ab. Bei der Kreuzung mit dem Dolomitenhöhenweg 3 überqueren wir diesen und erreichen geradeaus in mäßigem Gefälle die Hochalm der Plätzwiese 04 (5½ h).

Dein Moment für die Ewigkeit

Vogelfrei

Um gute Outdoor-Bilder zu machen muss man zur richtigen Zeit am richtigen Ort sein. Der Dürrenstein ist mit seiner Aussicht definitiv der richtige Ort. Hier gelingen Bilder wie aus der Vogelperspektive.

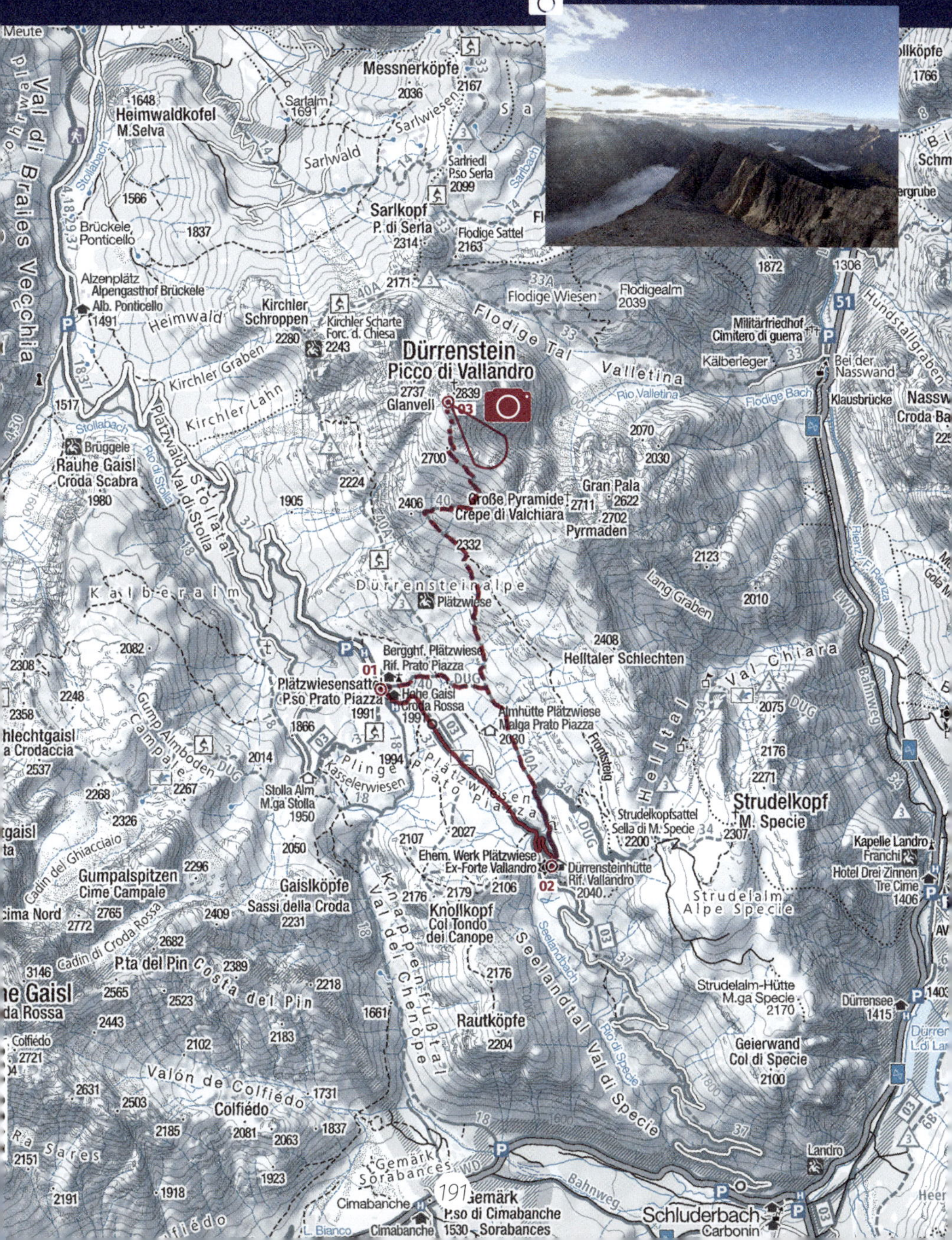

28 Paradies mit Kriegserinnerungen

Kaiserwetter, Blütenpracht und ein ungewöhnlicher Blick auf die westliche der Drei Zinnen – so schön kann eine Tour auf den Monte Piana sein. So schön war es auf dem Monte Piana aber nicht immer.

Bilder von: **Luisa Härtel**
@thegirlwiththemountainpics

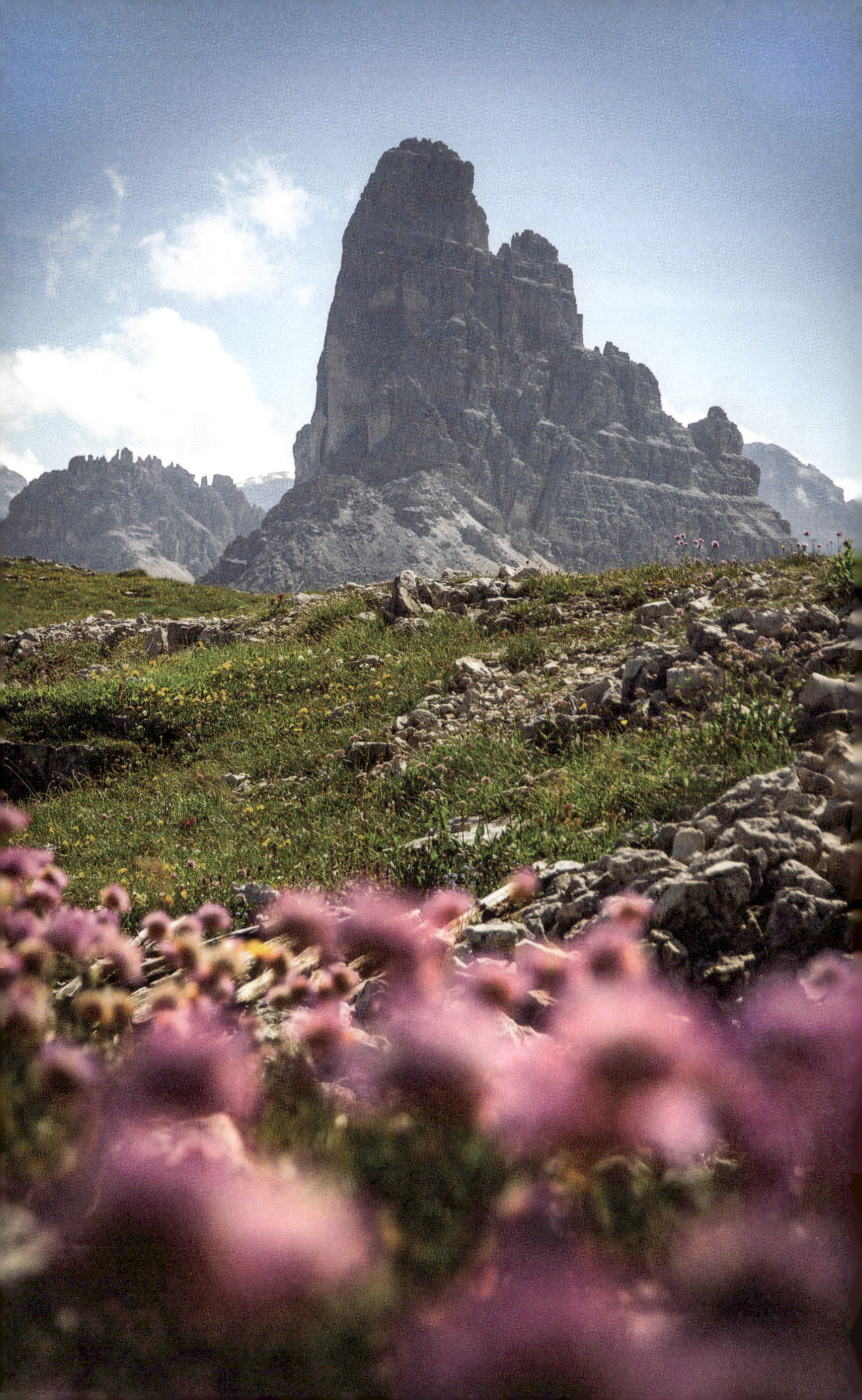

Monte Piana 2305 m

Tourencharakter
Sehr abwechslungsreiche Gipfeltour mit kurzen Steilpassagen (gesichert). Der Monte Piana, dessen Nordkuppe auch als Monte Piano bekannt ist, gilt als einer der schönsten Aussichtspunkte der östlichen Dolomiten. Historischer Rundweg auf dem Gipfelplateau.

Start und Ziel
Parkplatz schräg gegenüber vom Hotel Drei-Zinnen-Blick (1406 m) im Höhlensteintal zwischen Toblach und Cortina d'Ampezzo; Anfahrt von Toblach (Bushalt).

Schwierigkeit: leicht - **mittel** - schwer
Dauer: **5:15 h**
Länge: **10,6 km**
Aufstieg **920 hm**
Abstieg **920 hm**

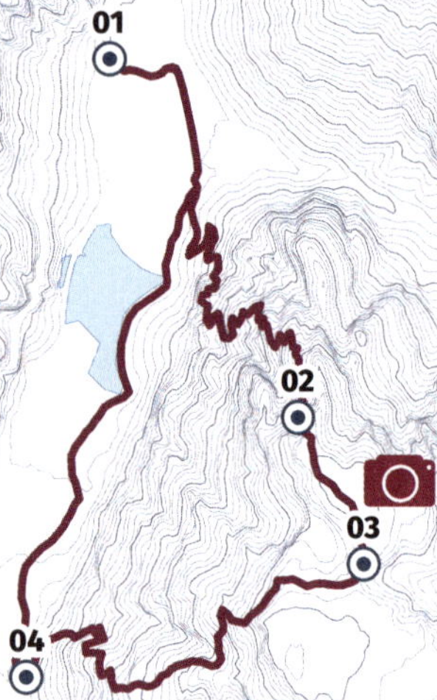

Höhenlinienmodell mit Streckenverlauf

Höhenprofil

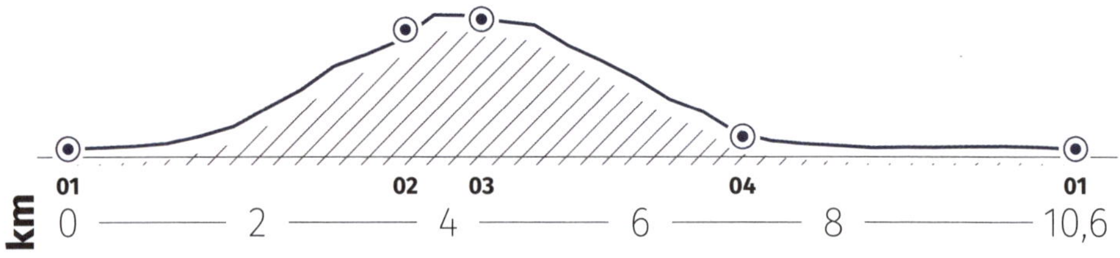

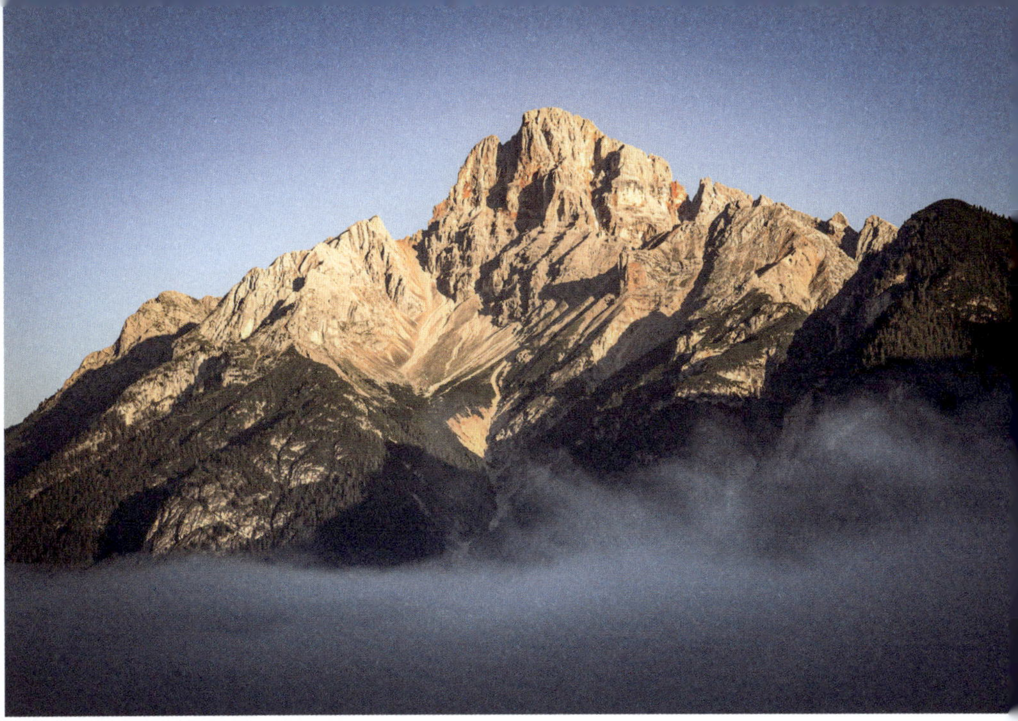

Schöner sieht man die Hohe Gaisl nirgendwo.

Während des Ersten Weltkrieges war der Monte Piana ein vielumkämpftes Gebiet: Am Nordgipfel waren die Österreicher, am Südgipfel die Italiener. Zur Verteidigung wurden Stellungsanlagen, Tunnels, Stollen und Schützengräben errichtet. Diese kann man heute noch besichtigen, viele wurden wieder sorgfältig hergestellt.

dolomiten.net

Wer den Monte Piana besucht, hat die Historie oder die Aussicht im Auge. Das ausgedehnte Gipfelplateau war während des Ersten Weltkriegs ein hart umkämpfter Eckpfeiler der Dolomitenfront; Kaiserjäger hielten die Nordkuppe (Monte Piano, 2320 m), Alpini den Monte Piana (2324 m). Heute ist der Berg ein großes Freilichtmuseum: Schützengräben, Stollen, Stacheldrahtverhaue und Bombentrichter als stumme Zeugen, die an das sinnlose Sterben inmitten einer grandiosen Hochgebirgsszenerie erinnern – nie wieder! Während des Sommers fahren Jeep-Taxis über die (für den Privatverkehr gesperrte) Straße zum Rifugio Bosi (2205 m). In gut einer halben Stunde kommt man so zum Südgipfel und zum großen Panorama. Weiter, aber auch ungleich erlebnisreicher ist die Überschreitung des Berges auf zwei interessanten Steigen: Hinauf über die vielen Serpentinen des „Pionierweges", Abstieg über den „Touristensteig".

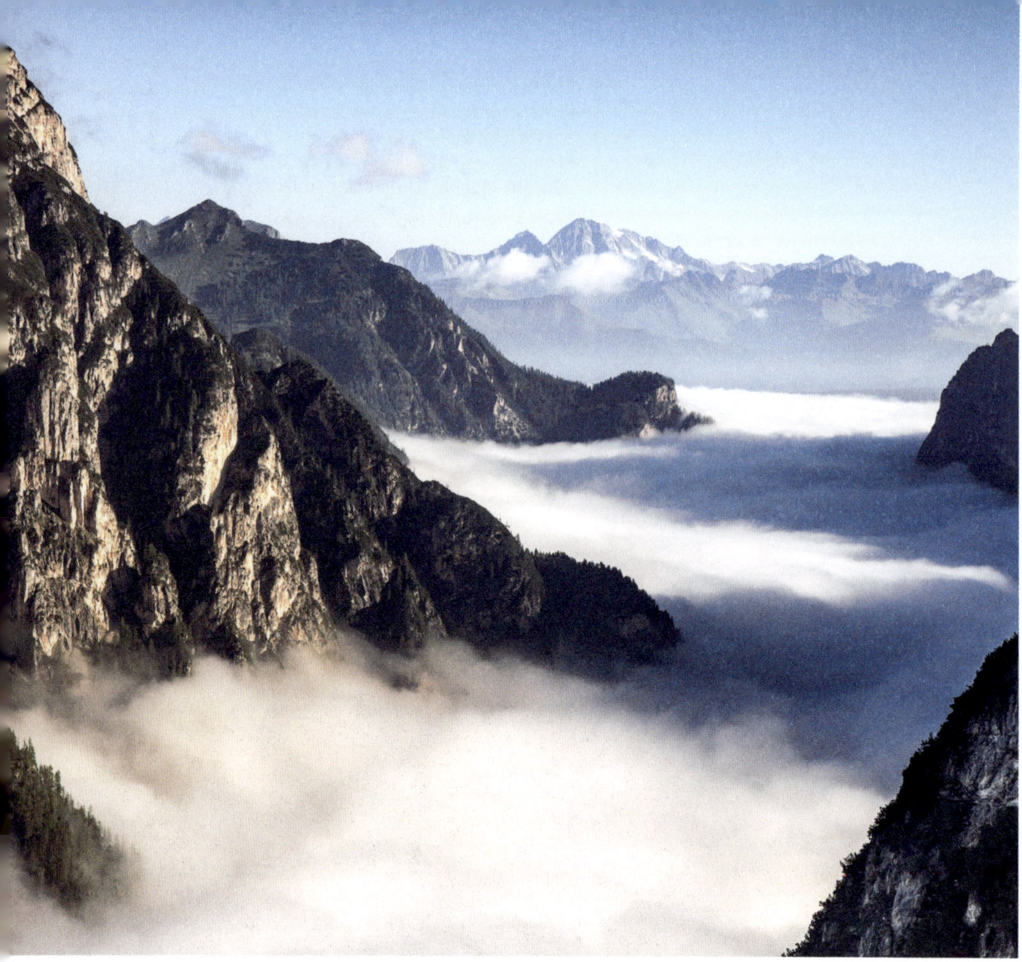

Hinter dem vernebelten Höhlensteintal zeigt sich der Hochgall in den Hohen Tauern.

Vom Wanderparkplatz beim Hotel Drei-Zinnen-Blick **01** (1406 m) auf einem Sandsträßchen zur Mündung des Rienztals, dann rechts über das breite Geröllbett des Flusses und auf dem Pionierweg (Tafel) in Kehren an der felsdurchsetzten Nordwestflanke des Monte Piano bergan. Dabei genießt man hübsche Tiefblicke auf den seichten Dürrensee; im Westen baut sich über hohen, mit Geröll beladenen Graten die Hohe Gaisl (3146 m) auf. Der Weg tangiert einen kleinen Soldatenfriedhof und führt dann zu den ehemaligen österreichischen Stellungen. Unter der senkrechten Gipfelwand rechts hinaus und in ein paar Serpentinen zur Nordkuppe des Plateauberges mit dem Toblacher Kreuz **02** (2305 m). Der Abstieg führt über den vom Krieg gezeichneten Rücken sanft abwärts in die offene Senke der Forcella di Castrati **03** (2272 m). Hier rechts und über Kehren hinunter zu einer tiefen Schuttreiße. Man quert sie, dabei kurz über eine Treppe ansteigend. Dahinter zunehmend steiler an der bewaldeten Flanke bergab zum Rand des weiten Geröllbodens (Abzweig) **04** von Schluderbach. Nun rechts am Bergfuß entlang in lichtem Wald zum Dürrensee (1403 m) und an seinem Ostufer zurück zum Wanderparkplatz **01** am Eingang des Rienztals.

Dein Moment für die Ewigkeit

Kombination aus Nähe und Ferne

„Wenn du glaubst du bist nah dran, geh noch einen Schritt ran.“ Probier das Sprichwort aus und du wirst merken wie nah man an Motive treten muss, um das gewünschte Ergebnis zu erzielen. Gerade in der Kombination mit einem Fernblick bietet sich eine Blumenwiese für das untere Bilddrittel an.

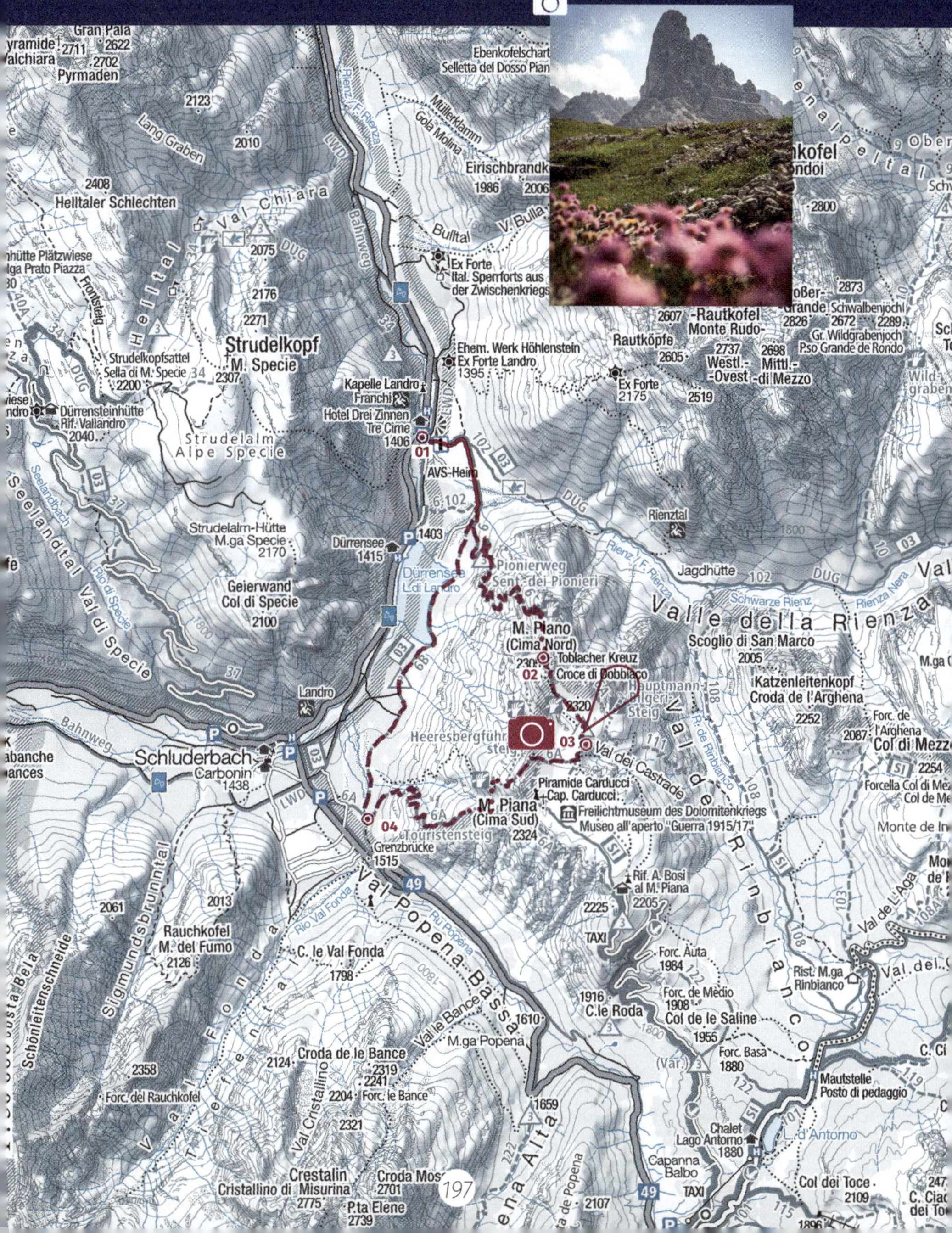

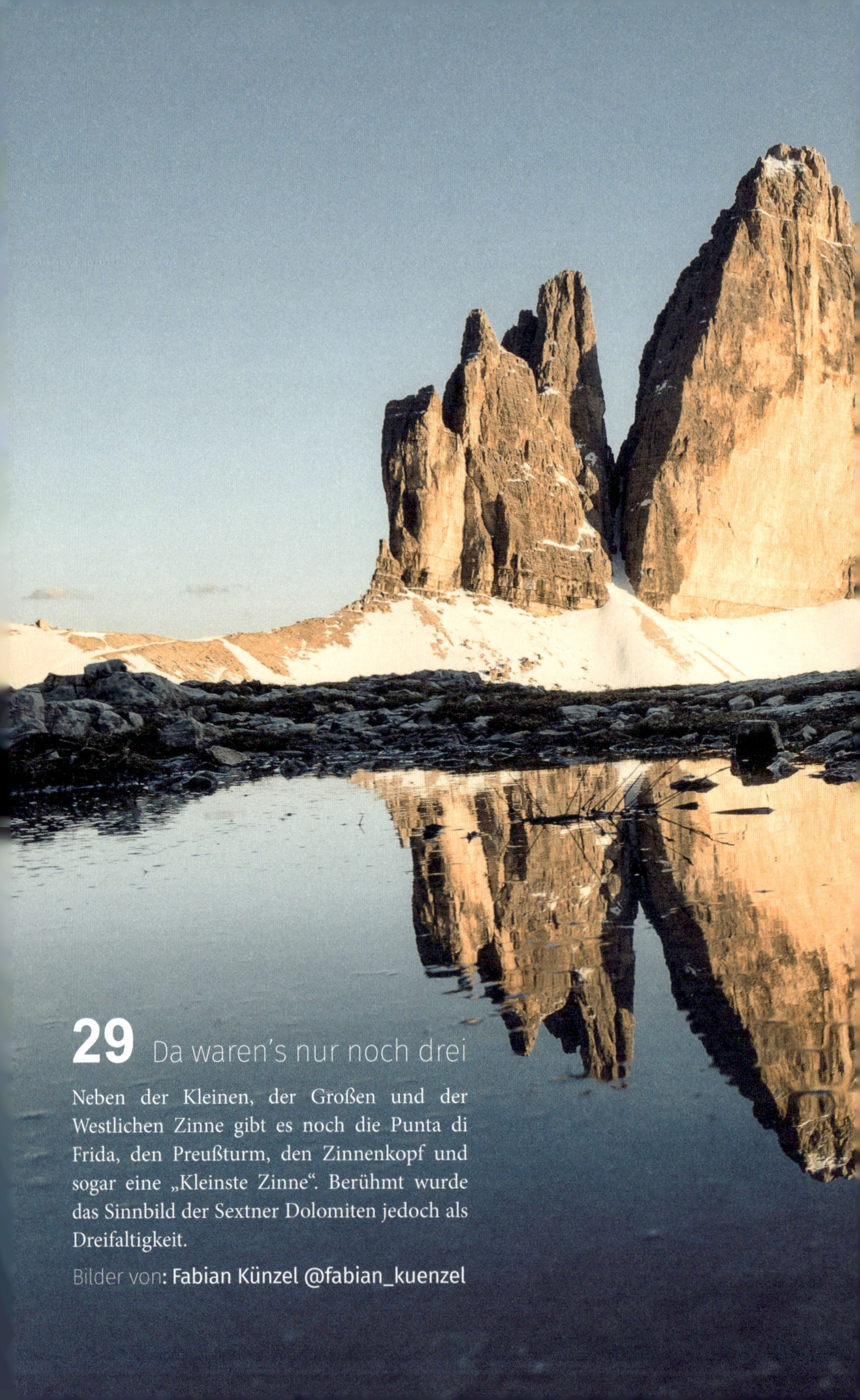

29 Da waren's nur noch drei

Neben der Kleinen, der Großen und der Westlichen Zinne gibt es noch die Punta di Frida, den Preußturm, den Zinnenkopf und sogar eine „Kleinste Zinne“. Berühmt wurde das Sinnbild der Sextner Dolomiten jedoch als Dreifaltigkeit.

Bilder von: **Fabian Künzel @fabian_kuenzel**

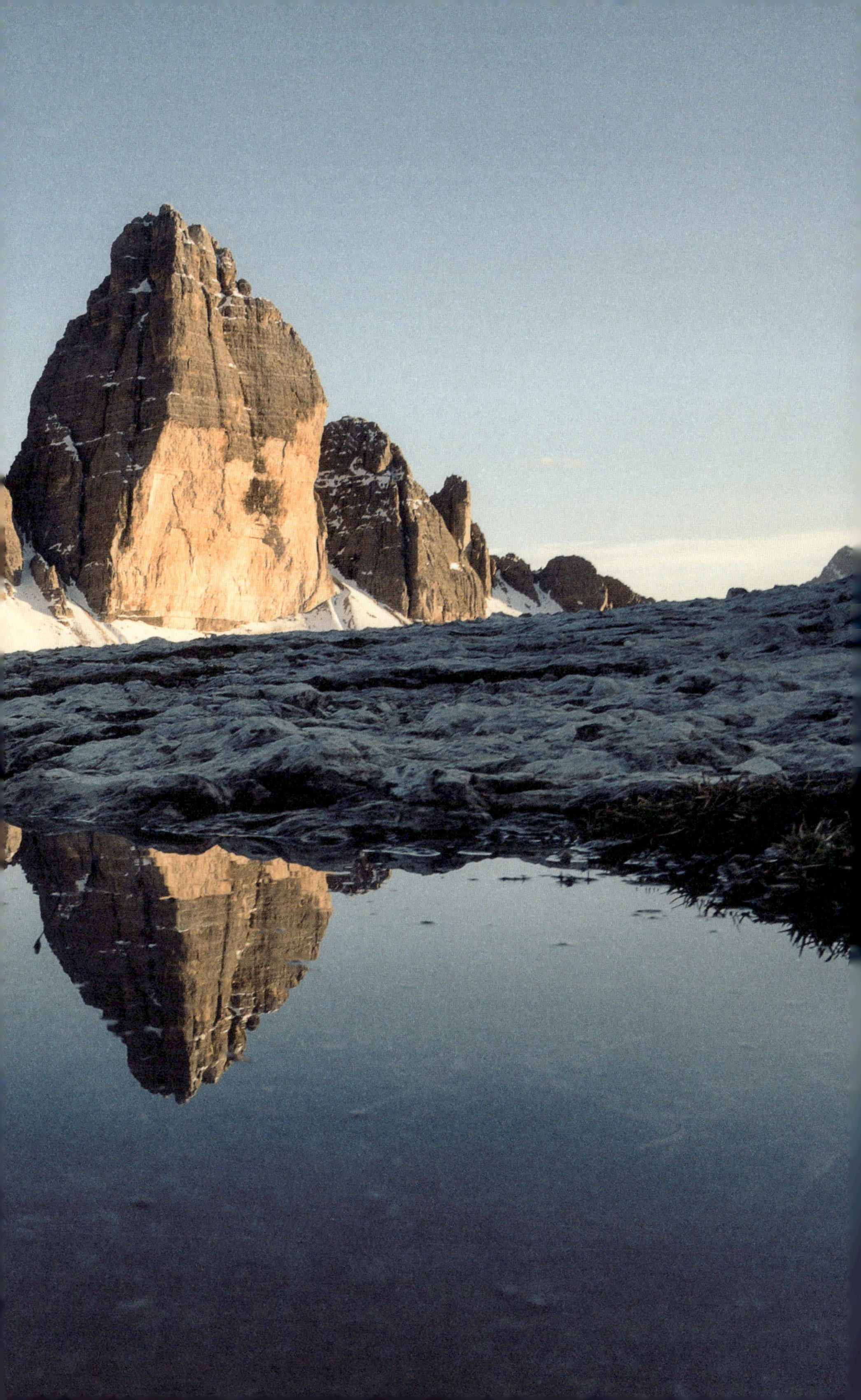

Auf den Toblinger Knoten 2617 m

Tourencharakter
Rekonstruierte Kriegssteige; Aufstieg über 17 Leitern, teilweise sehr ausgesetzt. Nur mit Klettersteig-Ausrüstung und Helm! Wanderer können den Toblinger Knoten auf guten Wegen umrunden – ebenfalls lohnend.

Start und Ziel
Rifugio Auronzo (2320 m) am Endpunkt der „Drei-Zinnen-Straße“, 8 km von Misurina. Riesenparkplatz, Bushalt.

Schwierigkeit: leicht - mittel - **schwer**
Dauer: **4:30 h**
Länge: **11,2 km**
Aufstieg **580 hm**
Abstieg **580 hm**

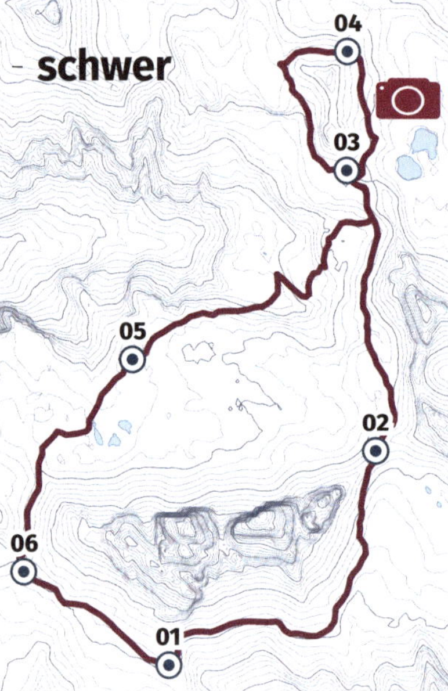

Höhenlinienmodell mit Streckenverlauf

Höhenprofil

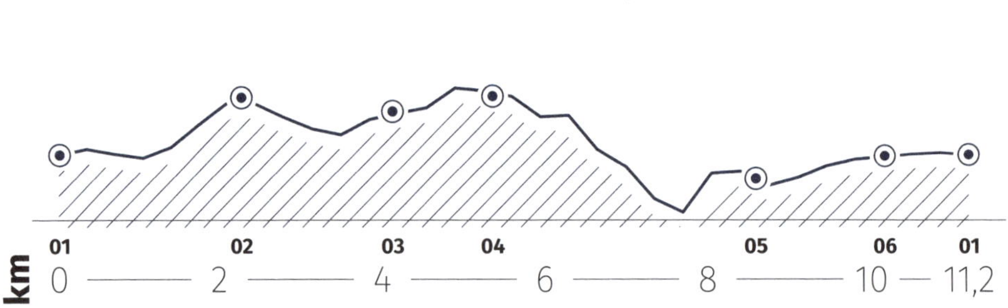

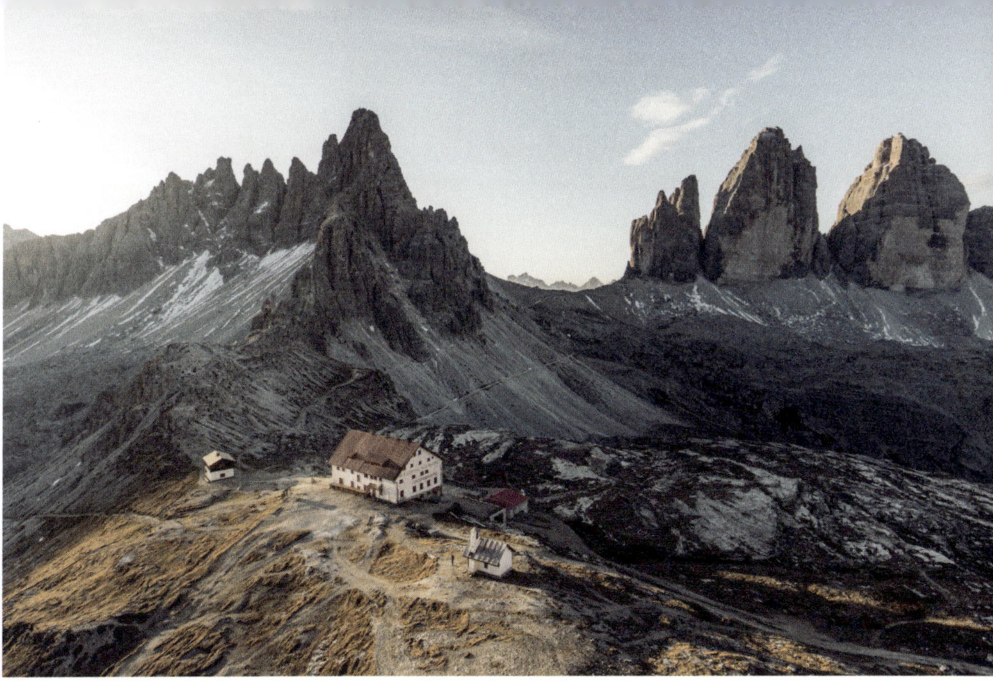

Die Drei-Zinnen-Hütte unter dem Paternkofel.

Das ist das Gefühl, scheinbar schwerelos zu sein und über schwierige Stellen hinaufzutanzen. Kurze Sekunden des Eintauchens in eine andere Wirklichkeit.

Sportkletterpionier Andreas Kubin über eine Tour an den Drei Zinnen.

Die Umrundung der Drei Zinnen zählt zu den schönsten Touren, die man in den Dolomiten unternehmen kann. Wesentlich ruhiger gestaltet sich hingegen ein Besuch des Toblinger Knotens, einer nordwestlich über der Drei-Zinnen-Hütte in den Himmel ragenden, völlig freistehenden Felsenburg. Sie ist der ideale Ausguck im Angesicht der „Großen Drei" und ihrer hochalpinen Umgebung. Das entging im Ersten Weltkrieg auch den Militärs nicht, und so wurde der frontnahe „Knoten" mit abenteuerlichen Sicherungen erschlossen und als Kriegsstellung befestigt. Durch seine nordseitigen Kamine verlief ein kühn angelegter Leiternsteig, von dem einige Überbleibsel noch zu sehen sind. Ende der 1970er Jahre rekonstruierten die „Dolomitenfreunde" diese Route, wobei das morsche Holz durch solide Eisenleitern ersetzt wurde. In Verbindung mit dem ebenfalls gesicherten „Feldkurat-Hosp-Steig" ergibt sich so eine spannende Überschreitung des Felszackens. Und oben bestätigt sich wieder einmal die alte Bergsteigerweisheit, dass kleine Berge oft eine ganz besonders schöne Aussicht vermitteln.

▶ Vom Großparkplatz beim Rifugio Auronzo **01** führt ein ehemaliges Kriegssträßchen unter den Südwänden der Drei Zinnen – vorbei an der Cappella degli Alpini – zum Rifugio Lavaredo (2344 m). Hier links und auf einem rauen Geröllpfad hinauf zum Paternsattel 02 (2454 m), wo man einen Blick in die Nordwände der Drei Zinnen genießt. Das Bild begleitet uns bis hinüber zur Drei-Zinnen-Hütte 03 (2405 m) am Toblinger Riedl.

Nun auf markiertem Weg links um den Sextner Stein (2539 m) herum und ansteigend zu einem Wiesenrücken (2457 m) westlich unter dem Toblinger Knoten. Eine Wegspur führt unter dem Felsfuß nach links (rechts ausgeräumte ehemalige Stellungen), dann um ein Eck herum auf ein Horizontalband (2530 m). Die steile Einstiegswand ist nur mit einem Drahtseil gesichert, der Fels liefert aber gute Tritte und Griffe. Die Sicherungen leiten links in den tiefen, senkrechten Nordkamin, wo die spektakuläre Leiternserie startet. Stufe um Stufe steigt man höher, wobei man sich zwei-, dreimal ordentlich verrenken muss, um die nächste Sprossenfolge zu erreichen. Unter der Scharte zwischen den beiden Gipfelkuppen leiten Drahtseile links hinaus zur zweiten, kürzeren Leiternserie, der man auf dem Toblinger Knoten 04 (2617 m) entsteigt.

Abstieg: Drahtseile sichern den ostseitigen Abstieg, der in gestuftem Felsgelände verläuft. Dabei kommt man an der (rekonstruierten) „Adler-Feldwache“, einer exponierten Stellung, vorbei. Der „Feldkurat-Hosp-Steig“ mündet schließlich auf einen Schrofenhang; auf einem schmalen Pfad wandert man hinunter zur Drei-Zinnen-Hütte 03 (2405 m).

Von dem stattlichen Haus am Toblinger Riedl führt der Weiterweg über ein paar Schleifen hinunter zum Rienzboden, dann vor den Nordwänden der Drei Zinnen mit einem längeren Gegenanstieg quer über die steinige Lange Alm. Weiter geht es vorbei an den Tümpeln beim Col Forcellina (2232 m) und der Langalm 05 (2283 m). An dem Grasrücken wenig oberhalb bietet sich ein letzter großartiger Blick auf das steinerne Monument (besonders am Abend).

Zuletzt geht's auf ausgetretener Geröllspur hinüber zur Forcella Col di Mezzo 06 (2324 m) und mit Aussicht auf Cadini, Sorapìs und Cristallo zurück zum Rifugio Auronzo 01 am Endpunkt der „Drei-Zinnen-Straße“.

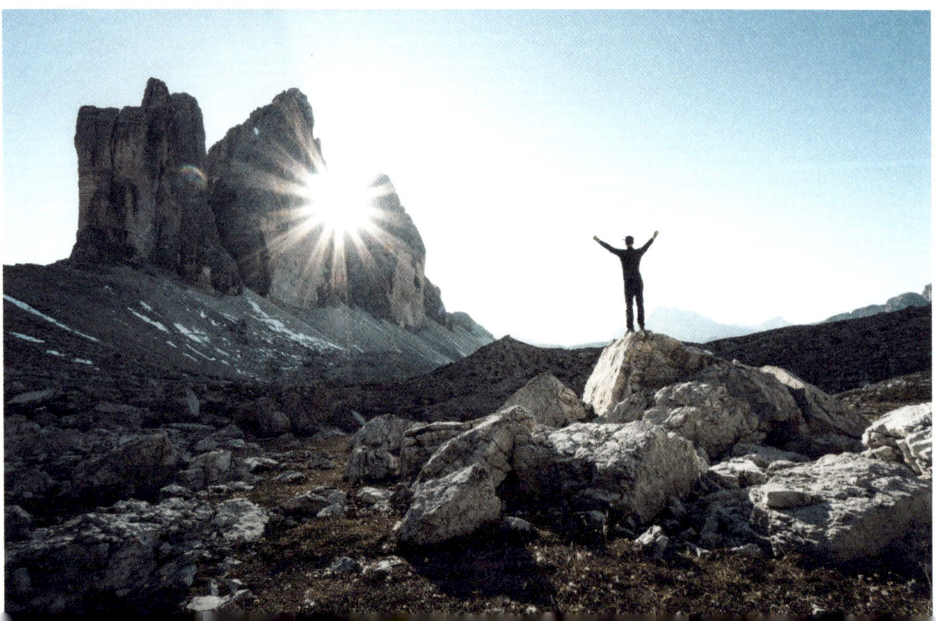

Dein Moment für die Ewigkeit

Wo ist der See?

Mit deiner Kamera kannst du die Realität selbst interpretieren und sogar eine eigene, neue erschaffen. Was auf dem Foto wie ein See wirkt ist gerade mal ein kleiner Tümpel, an den Fabian nur nahe genug herangegangen ist. Obwohl der Vordergrund im Schatten liegt, reflektiert er hell und farbenprächtig die gegenüberliegenden Drei Zinnen.

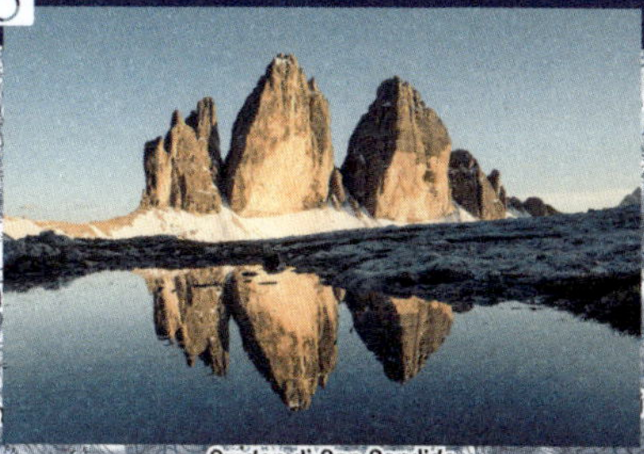

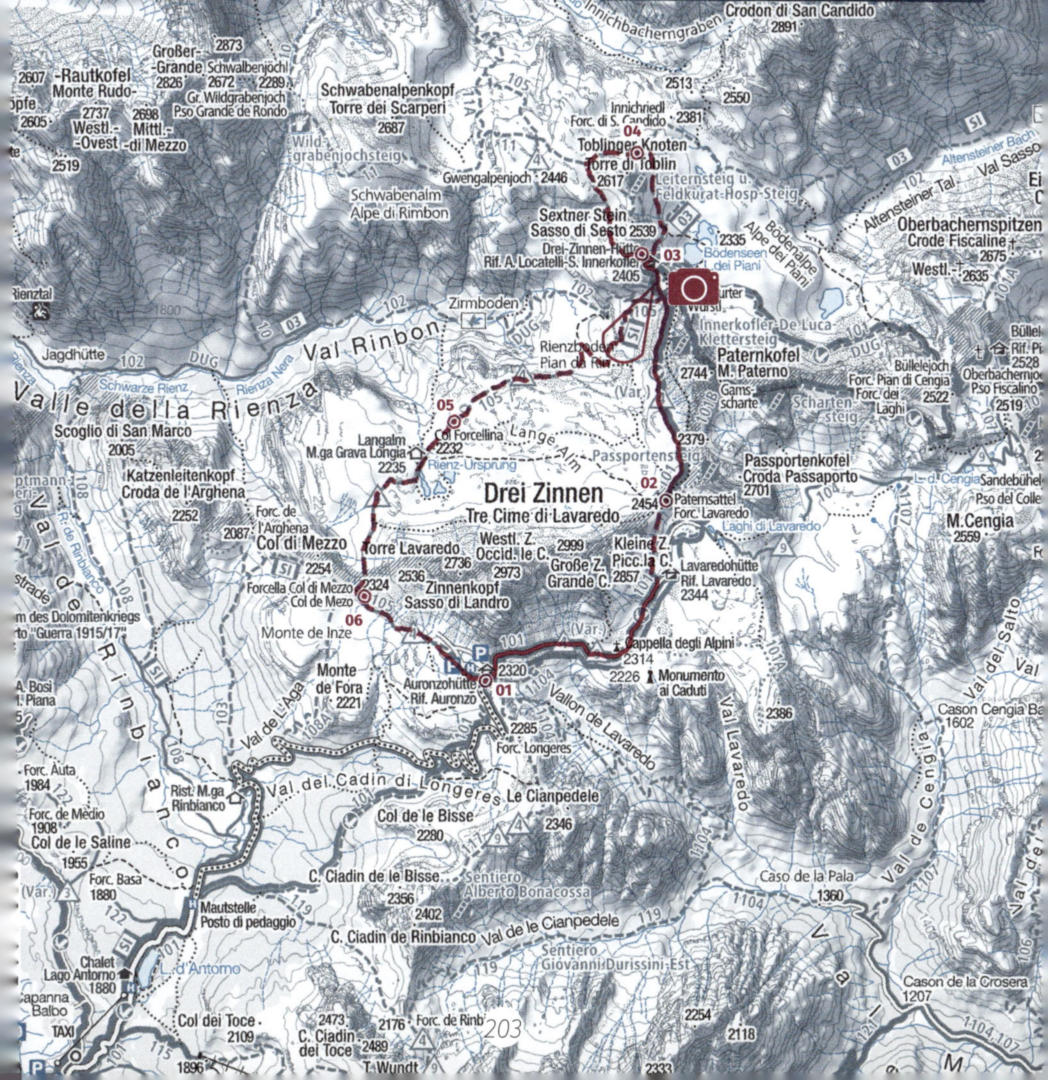

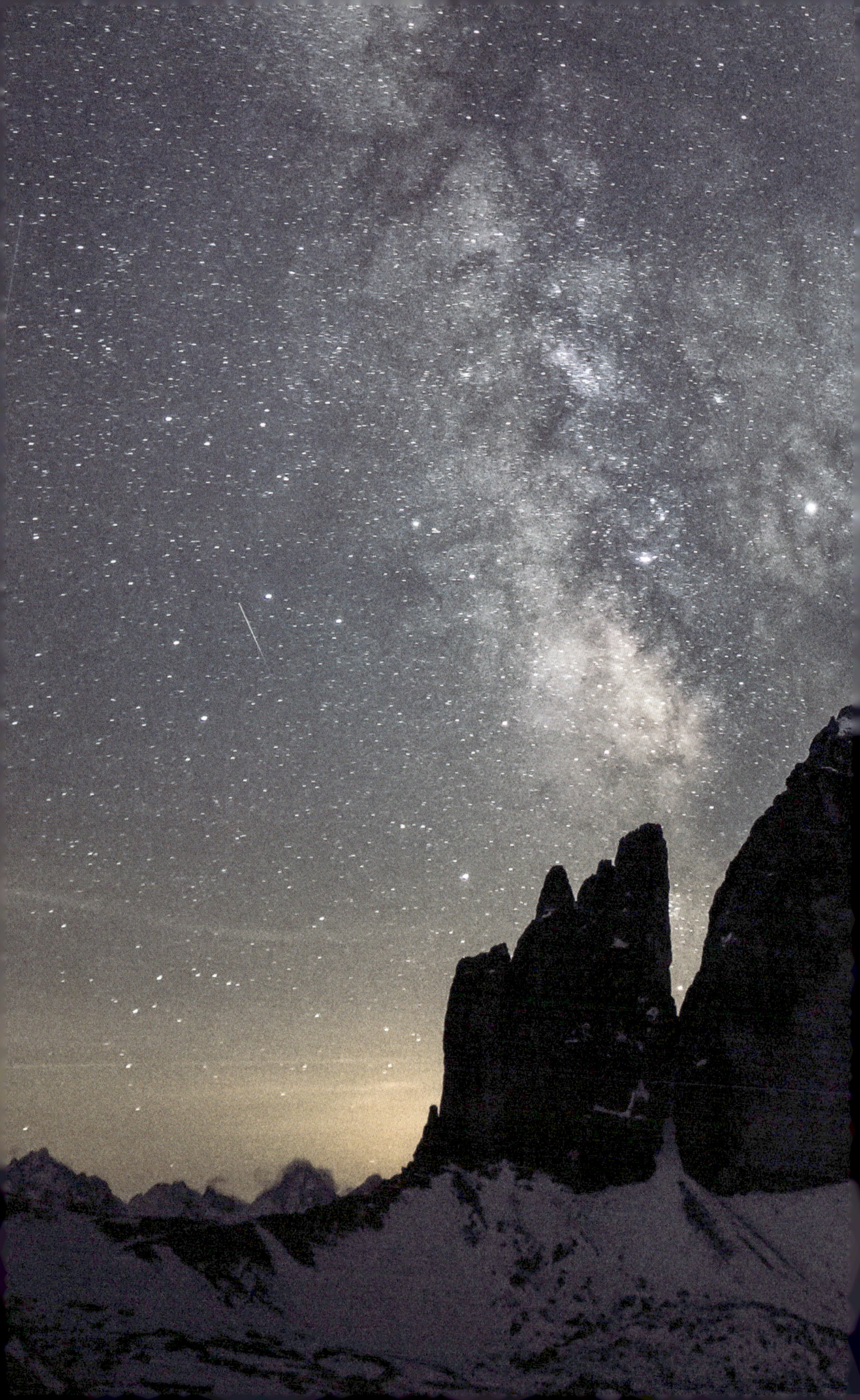

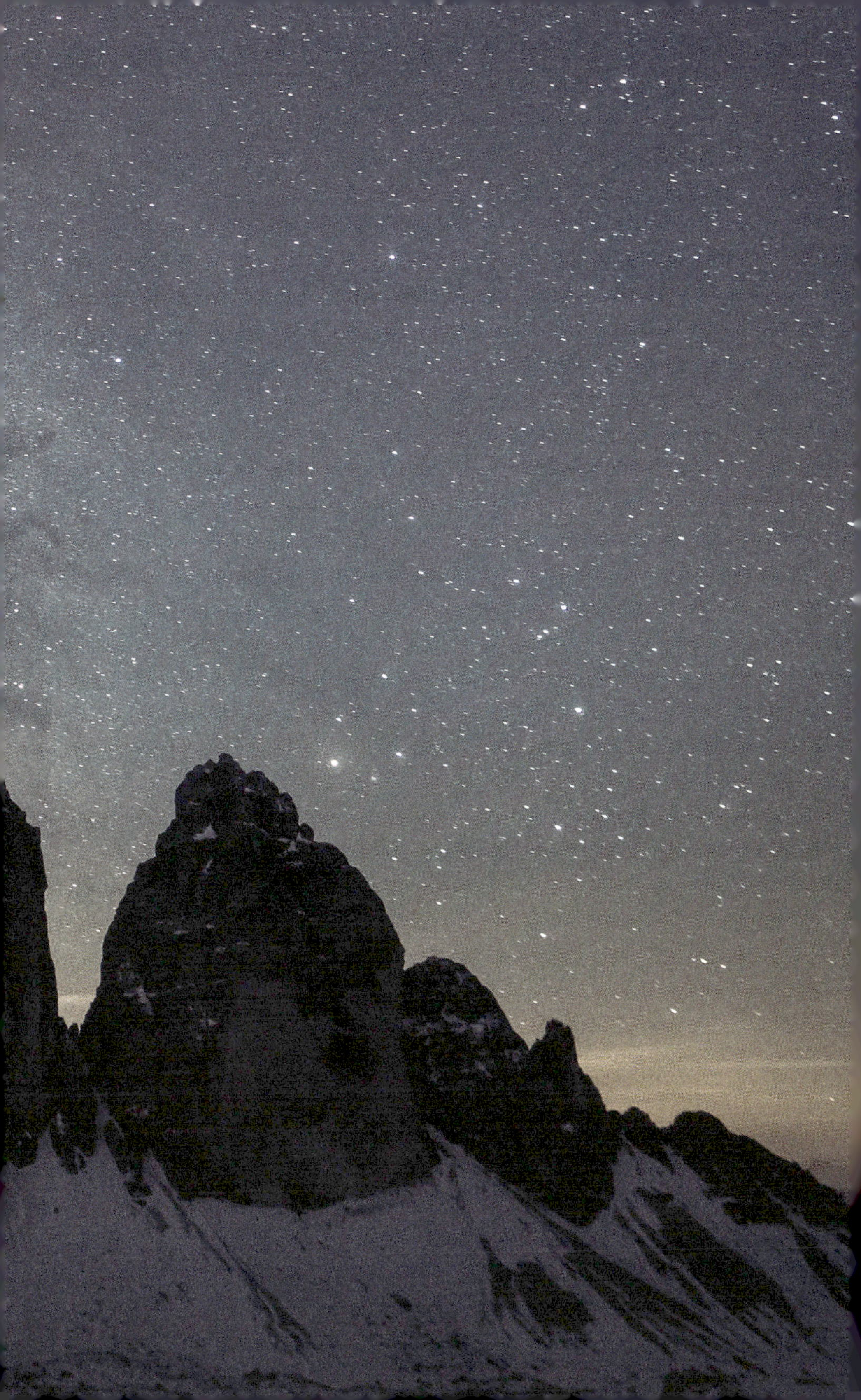

30 Im Reich des Riesen

Die Dolomiten sind überlaufen? Hier nicht! Hinter dem Ufer des kleinen Gletschersees am Fuße des riesenhaften Sorapiss erscheinen sogar die Drei Zinnen als exklusiv geformte Gestalten.

Bilder von: **Philipp Pliger**
@p.doublephoto

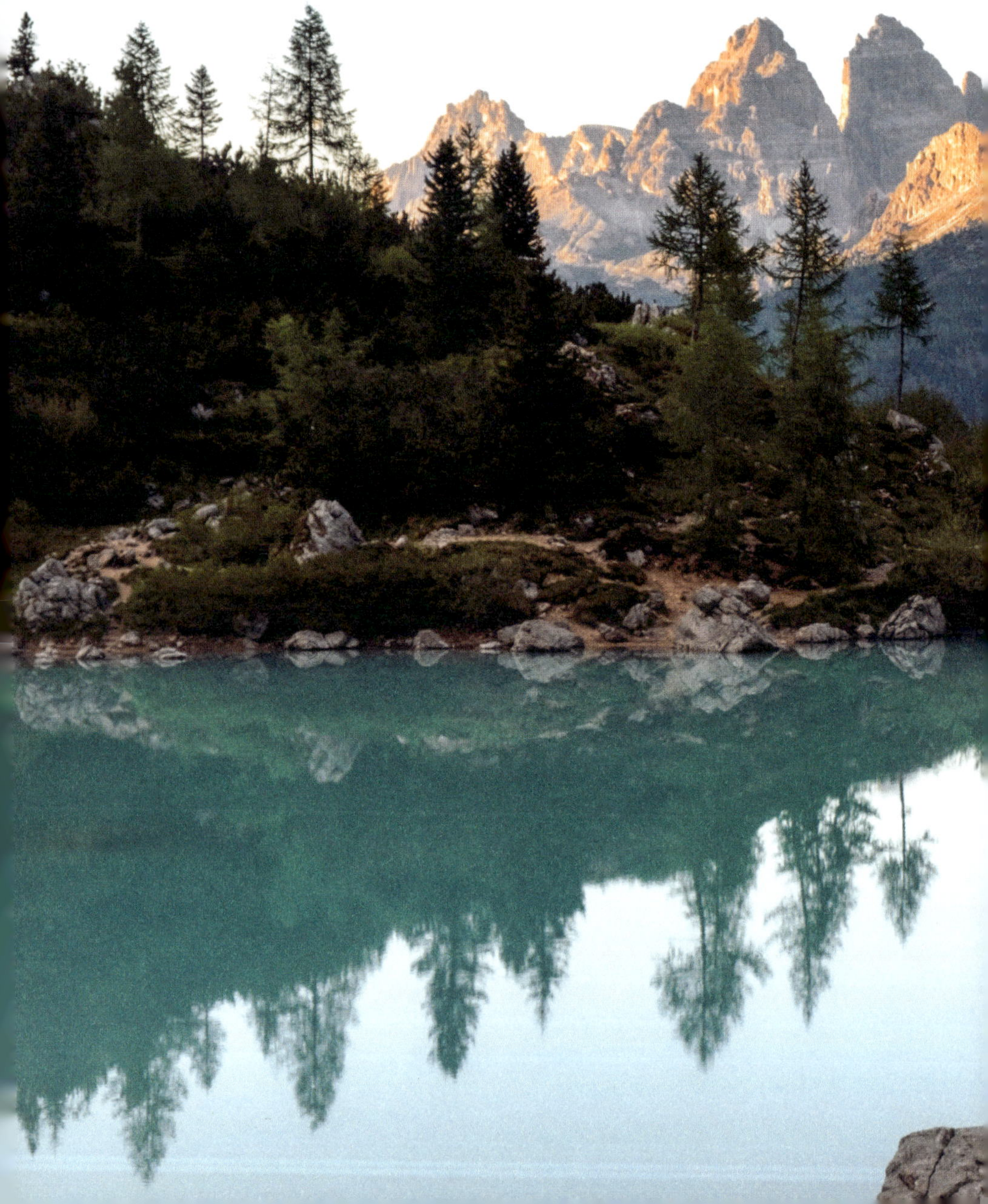

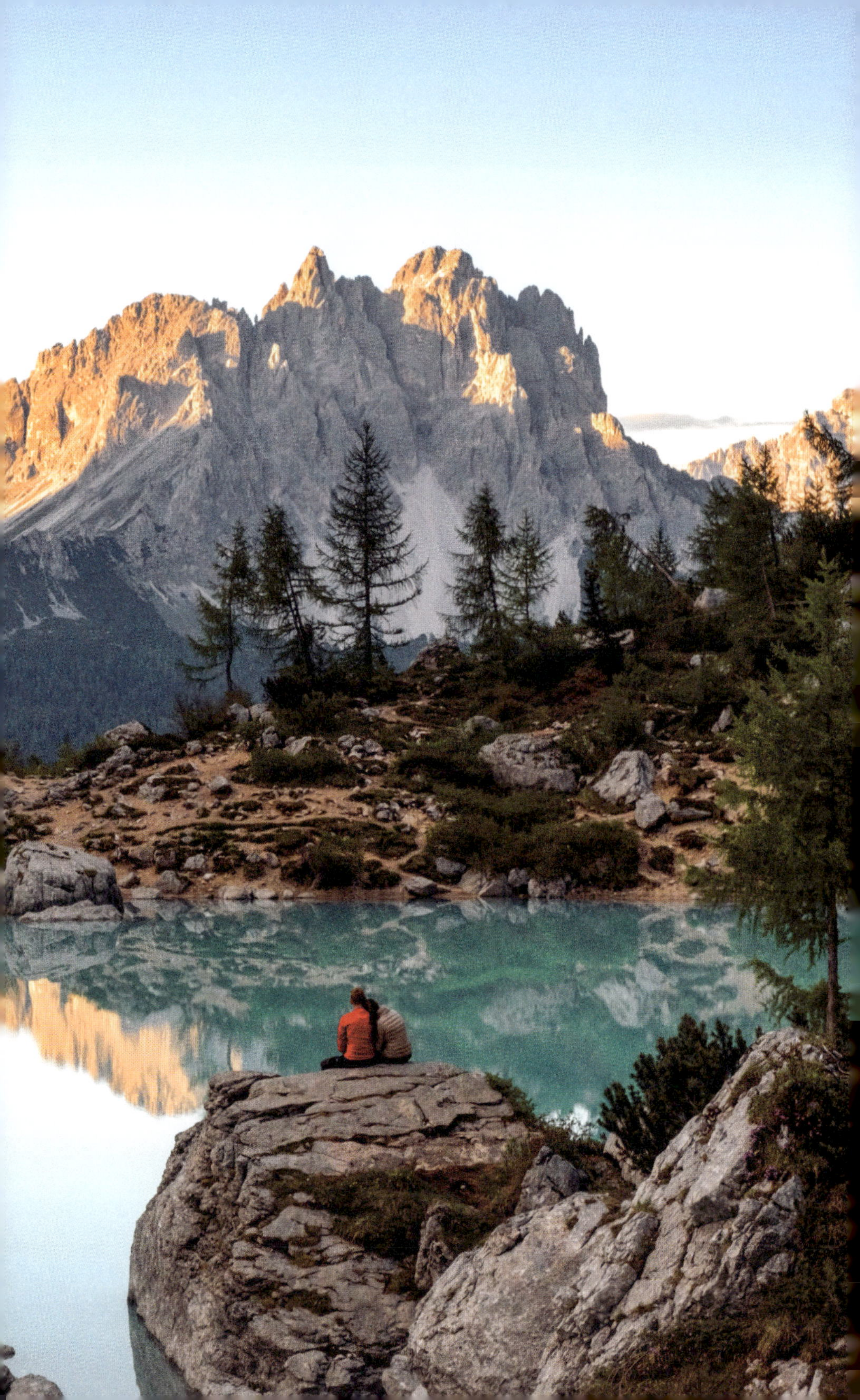

Zum Lago del Sorapiss

Tourencharakter
Überraschend alpine Hüttenwanderung mit ein paar gesicherten Passagen; auf der zweiten Weghälfte viele Latschenwurzeln und Karren.

Start und Ziel
Passo Tre Croci, 1805 m, Straßenübergang von Cortina d'Ampezzo nach Misurina bzw. ins Ansieital, 8 km ab Cortina; großer Parkplatz. Linienbus Cortina – Passo Tre Croci – Misurina.

Schwierigkeit: leicht - **mittel** - schwer
Dauer: **4:30 h**
Länge: **10,8 km**
Aufstieg **300 hm**
Abstieg **300 hm**

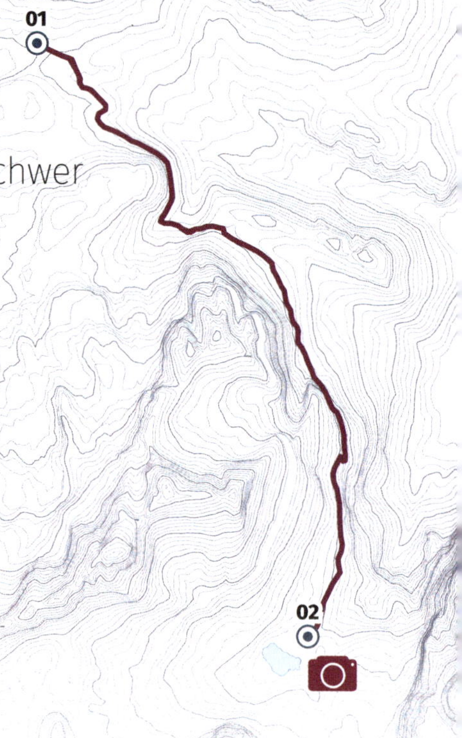

Höhenlinienmodell mit Streckenverlauf

Höhenprofil

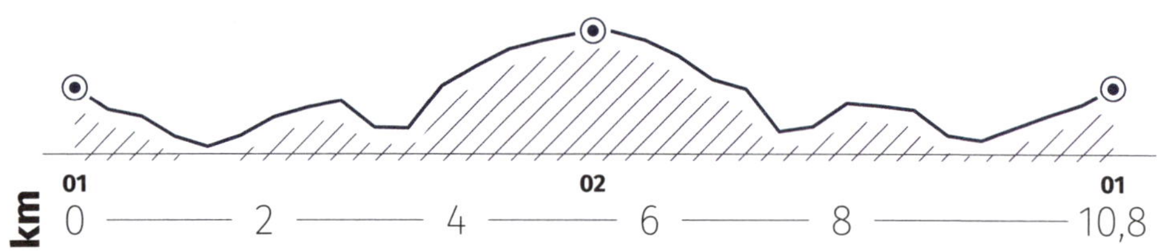

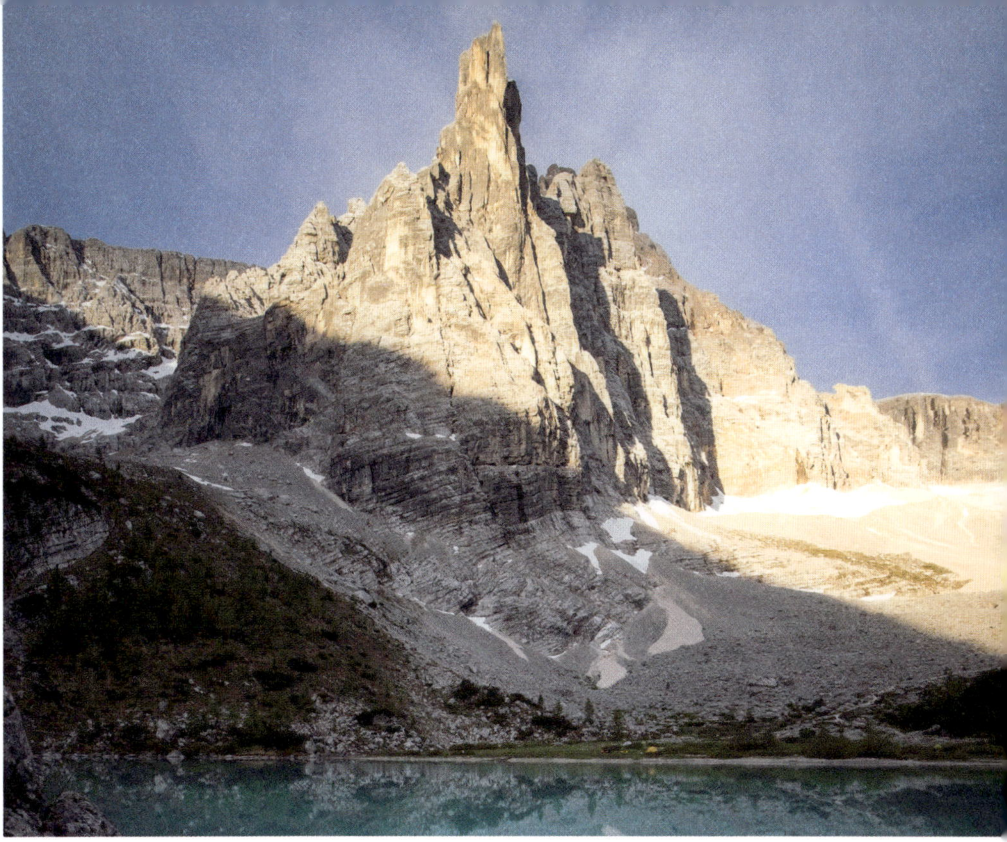

Der Gletscher ist schon fast ganz verschwunden, die Dolomittürme halten aber noch länger.

Es ist manchmal ein gutes Mittel, die notwendige Einsamkeit zu sichern, damit man sich auf etwas konzentrieren kann, was man tiefer erforschen will.

Vincent van Gogh (1853–1890)

Er wird nur selten bestiegen, der riesige, geröllbeladene Sorapiss, 3205 m, dafür umso häufiger fotografiert, am liebsten vom Misurinasee, 1750 m, aus, zu dem er mit seinen weiten Felsflügeln eine grandiose Kulisse abgibt. Stören tut da eigentlich nur „Pio XII", ein ebenso hässlicher wie großer Bau am Südufer, mitten in der herrlichen Landschaftspracht. Gänzlich unverbaut sind dagegen die Ufer des Sorapisssees, der als malachitfarbener Tupfer in der steinernen Wildnis des Circo del Sorapiss liegt, etwa 2½ Stunden vom Passo Tre Croci. Dafür verliert er nach trockenen Sommern viel Wasser, wird das idyllische Gewässer zum verlandenden Tümpel. Scheinbar für die Ewigkeit gebaut sind die Felsmauern rundum, und dazwischen haben sich in dem nordseitig-schattigen Karwinkel sogar Reste des einst mächtigen Sorapiss-Gletschers erhalten.

▸ Der gut markierte Hüttenweg zweigt etwa 300 Meter östlich vom Passo Tre Croci 01 rechts ab. Die breite Spur führt zunächst über Wiesen leicht bergab, dann in weitem Bogen um einen namenlosen Buckel herum, an den Resten alter Stellungen vorbei und als Fußweg in den Graben In Po' Taméi. Dahinter kurz bergan gegen eine Senke im Rücken des bewaldeten Col Cuco und flach unter den imposanten Ostwänden der Cime di Marquoira, 2422 m, hindurch. Hoch über dem Tal des Rivo Sorapiss führt der Weiterweg in felsiges Gelände; Eisentreppen helfen über eine Steilstufe, Drahtseile sichern ein schmales Horizontalband. Hier hat man einen schönen Blick auf den Ostflügel des Sorapissmassivs und bis zu den Karnischen Alpen. Weiter in allmählich verflachendem Gelände taleinwärts, zuletzt über den Sorapissbach und kurz hinauf zum Rifugio Vandelli 02. In der Karmulde hinter der Hütte liegt der seichte, aber wunderschöne Sorapisssee (Uferweg). Zurück zum Passo Tre Croci 01 auf dem gleichen Weg.

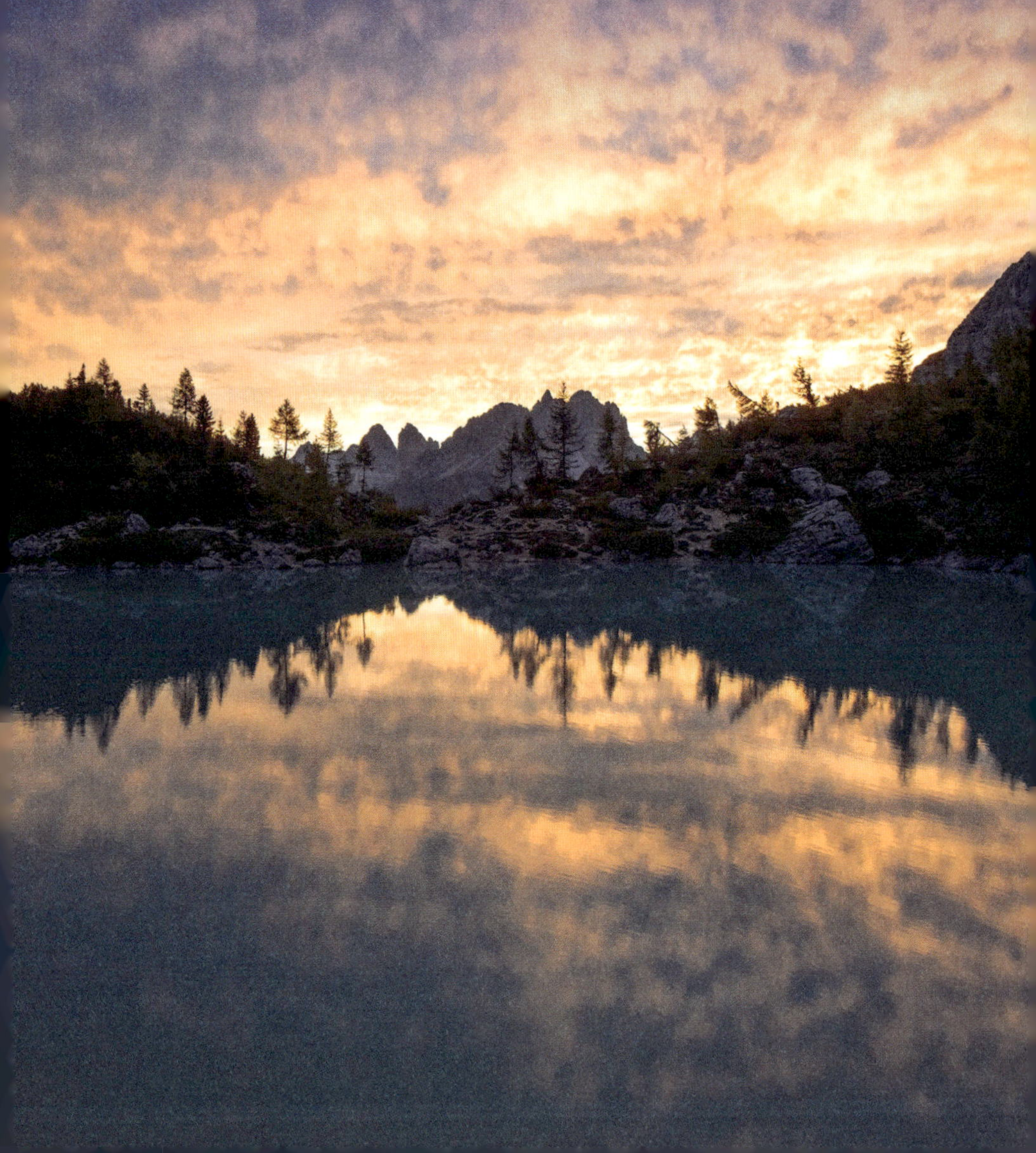

Dein Moment für die Ewigkeit

Natürlich unnatürlich

Die türkisen Farben des Wassers und der untiefen Stellen wirken wie aus einem Karibikprospekt. Wenn uns die Natur schon spektakuläre Farben schenkt, sollten wir es dabei belassen. Diese unnatürlich wirkende Farbe fasziniert uns, das sollte uns aber nicht dazu verleiten, mit der Sättigung oder anderen Filtern noch zu verstärken

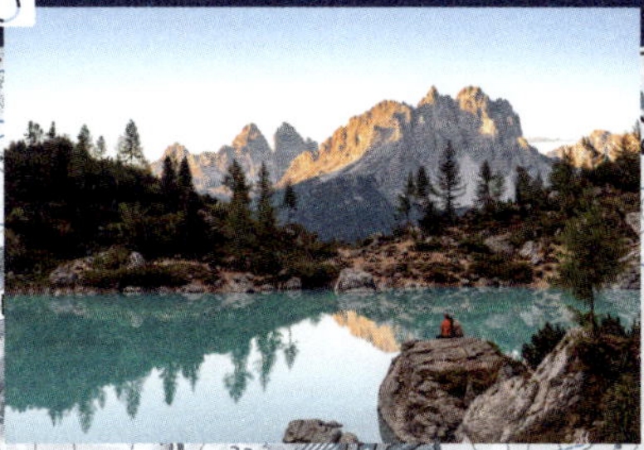

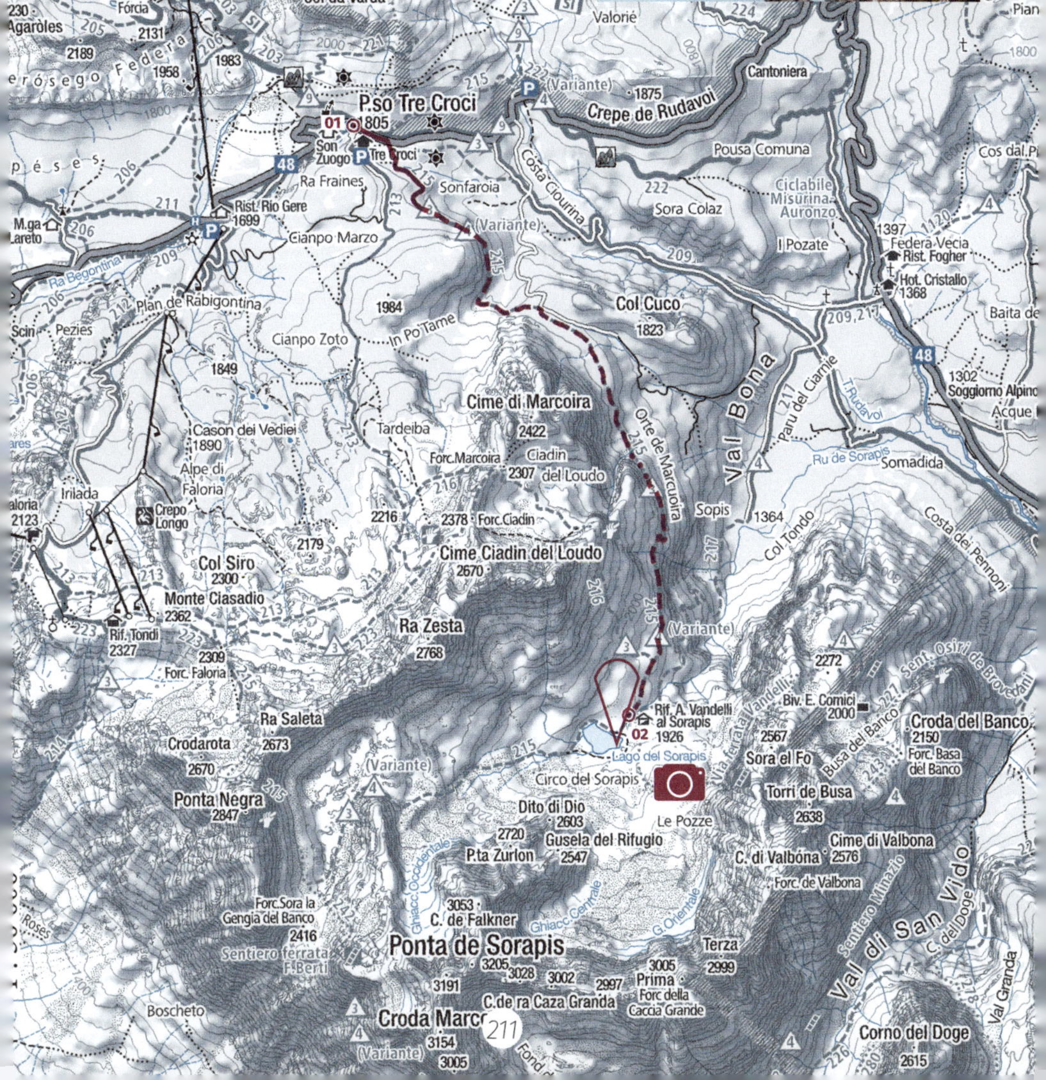

Wanderlexikon

Alles eine Frage des Verständnisses: Eine kurze Erklärung der wichtigsten Grundbegriffe rund ums Wandern und Bergsteigen.

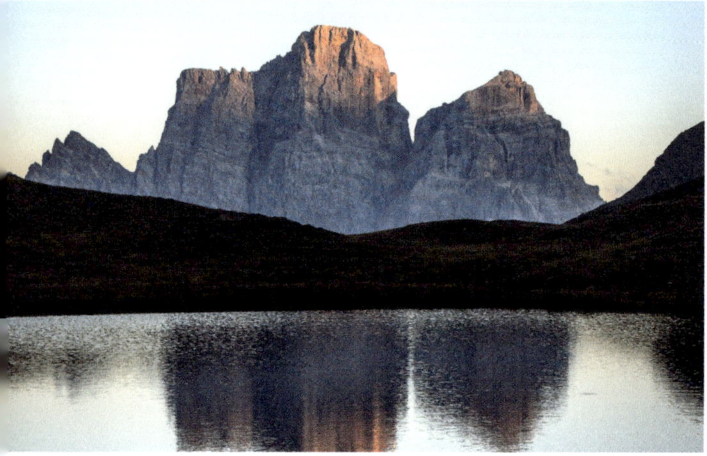

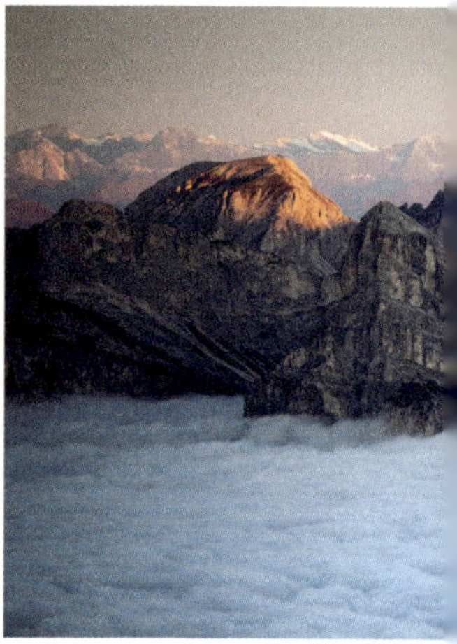

Schwierigkeit: Die Einteilung erfolgt nach der Länge, der zu leistenden Höhenmeter und den technischen Ansprüchen der Tour.

Leicht: Einfache Wanderungen ohne besondere Anforderungen und nötiger Vorkenntnisse.

Mittel: Wanderungen mit zum Teil steilen Anstiegen oder kurzen ausgesetzten Stellen. Schlüsselstellen und Schwierigkeiten werden im Tourencharakter beschrieben. Eine grundlegende Ausdauer und Wandererfahrung ist vorausgesetzt.

Schwer: Lange und/oder anspruchsvolle Wanderungen oder Bergtouren. Die Tour kann über steile und ausgesetzte Pfade führen. Gute Kondition, Trittsicherheit und Schwindelfreiheit sind je nach Charakter der Tour erforderlich.

Leichte Kletterei: Schwindelfreiheit und feste Bergschuhe sind erforderlich. Diese Passagen sind nur unter Zuhilfenahme der Hände zu bewerkstelligen.

Seilversichert: Schlüsselstellen sind mit (zumeist) verankerten Stahlseilen gesichert.

Markierter Wanderweg: Ausgeschilderter und zumeist nummerierter Wanderweg. Die Wegenummern werden in der Tourenbeschreibung und in der Karte aufgegriffen.

Variante: Vorschlag die Tour zu erweitern oder ein alternativer Routenverlauf.

Weiter wandern

Auf den Geschmack gekommen? Die Dolomiten bieten ein wahres Füllhorn attraktiver Spaziergänge, Wanderungen und Bergtouren. Hier findest du nützliche Infos und Adressen.

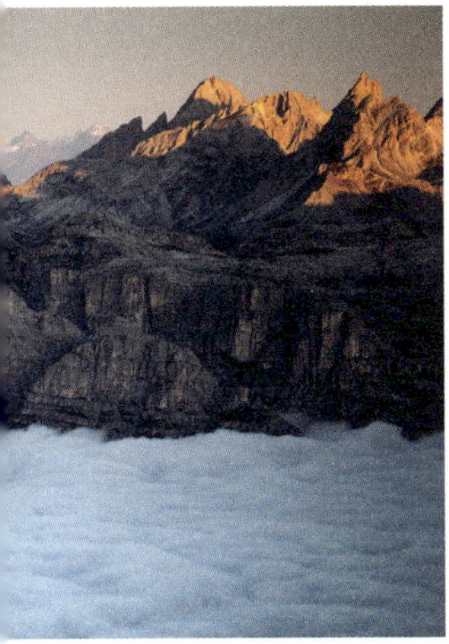

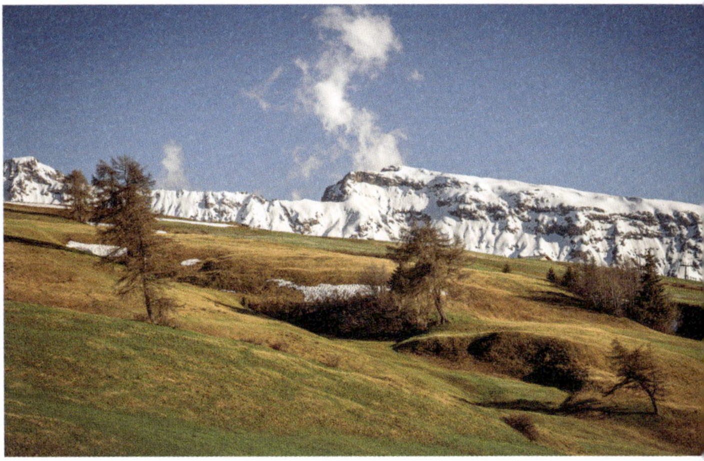

KOMPASS-Wanderkarten

4-teiliges Kartenset 672 Dolomiten, 1:50.000
Wanderkarte 047 Naturpark Drei Zinnen, 1:25.000
Wanderkarte 617 Cortina d'Ampezzo, 1:25.000
Wanderkarte 076 Gröden, Seiser Alm, 1:25.000
Wanderkarte 625 Sextner Dolomiten, 1:25.000

KOMPASS-Wanderführer

Wanderführer 5725 Seiser Alm
Wanderführer 5732 Grödental
Wanderführer 5733 Sextner Dolomiten

Touristische Informationen

Südtirol Information
Südtiroler Straße 60, I-39100 Bozen,
Tel. +39 0471 999 999, www.suedtirol.info

Trentino Marketing
Via Romagnosi 11, I-38122 Trento,
www.visittrentino.info

Veneto Tourist Info
www.italia.it/en/discover-italy/veneto
www.veneto.eu, www.venetoinside.com

Deine Orientierung

Für das Navigationsgerät deiner Wahl haben wir alle Touren als GPX-Track zum Download.

Du planst und navigierst lieber digital? Dafür haben wir alle Touren auf unserer Webseite für dich

www.kompass.de/gpx

Damit kommst du direkt zum Download-Bereich. Einfach das richtige Produkt auswählen, herunterladen und auf das Zielgerät oder in die gewünschte App importieren.

GPX-Track

GPX ist ein Datenformat für Geodaten. Mit einem GPX-Track bekommst du die rote Linie, also den Pfad, als geografische Koordinaten.

N 47° 24‘ 50.0076“
E 10° 20‘ 48.0336“

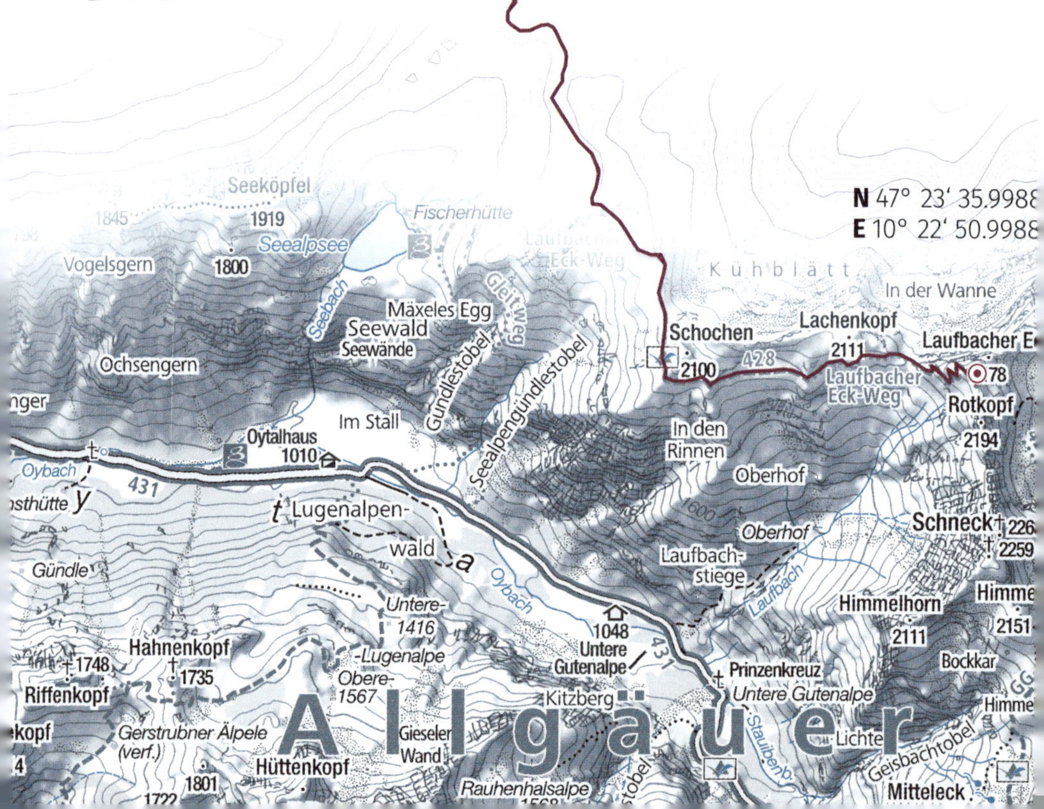

Impressum

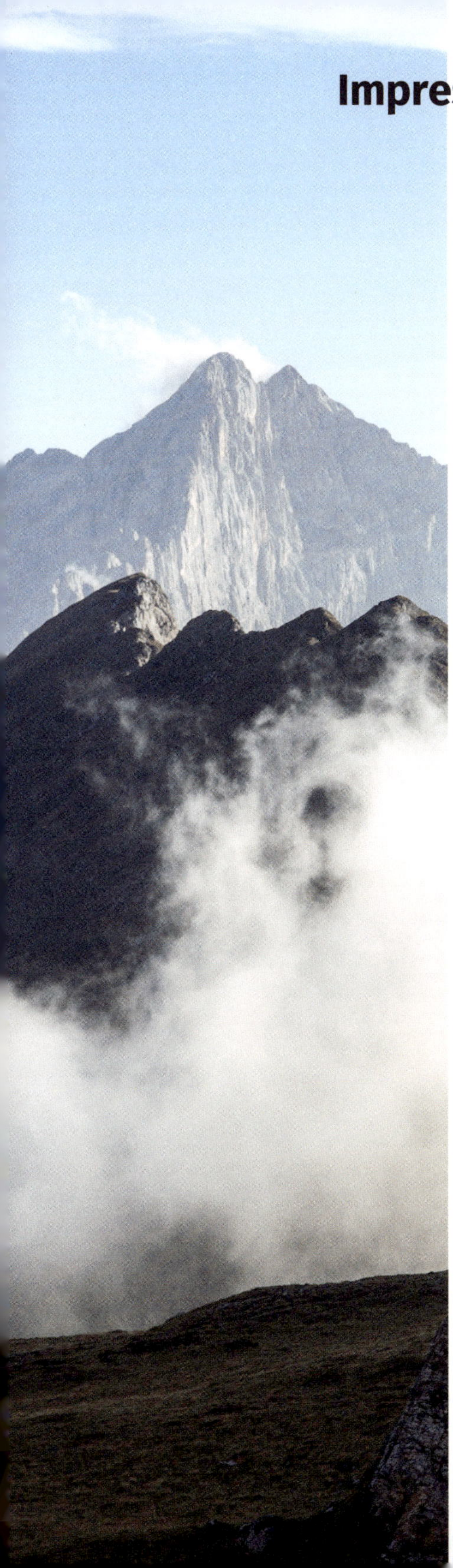

© KOMPASS-Karten GmbH, Karl-Kapferer-Straße 5, A-6020 Innsbruck
1. Auflage 2022 (22.01) Verlagsnummer 1315
ISBN 978-3-99121-516-5

Konzept und Bildnachweis

Konzept und Gestaltung: Thomas Kargl
Projektleitung: Miriam Weber
Text und Fotos (soweit nicht anders angegeben): KOMPASS-Karten
Titelbild: Schlernhaus von Stefan Mahlknecht
Grafische Herstellung: KOMPASS-Karten
Bildnachweis aufgelistet mit der Seitenzahl nach Fotografen:
Stefan Mahlknecht: 1, 4/5, 58–63, 82–87, 94–99, 126–131, 156–161, 180–185, Cover Rückseite; Roman Huber: 40–51, 162–167; Fabian Künzel: 21, 22, 34–39, 70–75, 100–113, 120–125, 198–205; Luisa Härtel (www.perspectumphotography.com):18–19, 52–57, 64–69, 76–81, 88–93, 114–119, 132–143, 168–173, 192–197, 212–213, 215; Thomas Kargl: 2/3, 25, 28–33; Philipp Pliger: 18, 144–155, 174–179, 186–191, 206–211, 212/213; Wolfgang Heitzmann: 19;

Alle Angaben und Routenbeschreibungen wurden nach bestem Wissen gemäß unserer derzeitigen Informationslage gemacht. Die Wanderungen wurden sehr sorgfältig ausgewählt und beschrieben, Schwierigkeiten werden im Text kurz angegeben. Es können jedoch Änderungen an Wegen und im aktuellen Naturzustand eintreten. Wanderer und alle Kartenbenützer müssen darauf achten, dass aufgrund ständiger Veränderungen die Wegzustände bezüglich Begehbarkeit sich nicht mit den Angaben in der Karte decken müssen. Bei der großen Fülle des bearbeiteten Materials sind daher vereinzelte Fehler und Unstimmigkeiten nicht vermeidbar. Die Verwendung dieses Führers erfolgt ausschließlich auf eigenes Risiko und auf eigene Gefahr, somit eigenverantwortlich. Eine Haftung für etwaige Unfälle oder Schäden jeder Art wird daher nicht übernommen. Für Berichtigungen und Verbesserungsvorschläge ist die Redaktion stets dankbar.

Erzähl uns von deinen Abenteuern auf Instagram und Facebook mit:

#folgedeinemKOMPASS

*#folgedeinem***KOMPASS**

KOMPASS